中华当代学术著作辑要

村庄的再造

一个超级村庄的变迁

折晓叶 著

商务印书馆
The Commercial Press

图书在版编目 (CIP) 数据

村庄的再造：一个超级村庄的变迁 / 折晓叶著 . —
北京：商务印书馆，2020
（中华当代学术著作辑要）
ISBN 978-7-100-18724-4

Ⅰ . ①村… Ⅱ . ①折… Ⅲ . ①农村社会学—研究—中
国 Ⅳ . ① C912.82

中国版本图书馆 CIP 数据核字（2020）第 116383 号

中华当代学术著作辑要

村庄的再造

一个超级村庄的变迁

折晓叶 著

商务印书馆出版
（北京王府井大街 36 号 邮政编码 100710）
商务印书馆发行
北京通州皇家印刷厂印刷
ISBN 978-7-100-18724-4

2020 年 12 月第 1 版 开本 710×1000 1/16
2020 年 12 月北京第 1 次印刷 印张 26

定价：118.00 元

中华当代学术著作辑要

出 版 说 明

学术升降，代有沉浮。中华学术，继近现代大量吸纳西学、涤荡本土体系以来，至上世纪八十年代，因重开国门，迎来了学术发展的又一个高峰期。在中西文化的相互激荡之下，中华大地集中迸发出学术创新、思想创新、文化创新的强大力量，产生了一大批卓有影响的学术成果。这些出自新一代学人的著作，充分体现了当代学术精神，不仅与中国近现代学术成就先后辉映，也成为激荡未来社会发展的文化力量。

为展现改革开放以来中国学术所取得的标志性成就，我馆组织出版"中华当代学术著作辑要"，旨在系统整理当代学人的学术成果，展现当代中国学术的演进与突破，更立足于向世界展示中华学人立足本土、独立思考的思想结晶与学术智慧，使其不仅并立于世界学术之林，更成为滋养中国乃至人类文明的宝贵资源。

"中华当代学术著作辑要"主要收录改革开放以来中国大陆学者，兼及港澳台地区和海外华人学者的原创名著，涵盖文学、历史、哲学、政治、经济、法律、社会学和文艺理论等众多学科。丛书选目遵循优中选精的原则，所收须为立意高远、见解独到，在相关学科领域具有重要影响的专著或论文集；须经历时间的积淀，具有定评，且侧重于首次出版十年以上的著作；须在当时具有广泛的学术影响，并至今仍富于生命力。

自 1897 年始创起，本馆以"昌明教育、开启民智"为己任，近年又确立了"服务教育，引领学术，担当文化，激动潮流"的出版宗旨，继上世纪八十年代以来系统出版"汉译世界学术名著丛书"后,近期又有"中华现代学术名著丛书"等大型学术经典丛书陆续推出,"中华当代学术著作辑要"为又一重要接续,冀彼此间相互辉映,促成域外经典、中华现代与当代经典的聚首,全景式展示世界学术发展的整体脉络。尤其寄望于这套丛书的出版,不仅仅服务于当下学术,更成为引领未来学术的基础,并让经典激发思想,激荡社会,推动文明滚滚向前。

商务印书馆编辑部

2016 年 1 月

目　　录

再版前言 ⋯⋯⋯⋯⋯⋯⋯⋯⋯⋯⋯⋯⋯⋯⋯⋯⋯⋯⋯⋯ 1

引言 ⋯⋯⋯⋯⋯⋯⋯⋯⋯⋯⋯⋯⋯⋯⋯⋯⋯⋯⋯⋯⋯⋯⋯ 5

第一篇　背景

第一章　探讨的问题 ⋯⋯⋯⋯⋯⋯⋯⋯⋯⋯⋯⋯⋯⋯⋯ 9

　　第一节　非农社会经济结构 ⋯⋯⋯⋯⋯⋯⋯⋯⋯⋯ 9

　　第二节　社会资本与合作行动 ⋯⋯⋯⋯⋯⋯⋯⋯ 11

　　第三节　产权变革的社会过程 ⋯⋯⋯⋯⋯⋯⋯⋯ 17

　　第四节　村庄变迁的型式 ⋯⋯⋯⋯⋯⋯⋯⋯⋯⋯ 20

第二章　研究的方法和资料 ⋯⋯⋯⋯⋯⋯⋯⋯⋯⋯⋯ 25

　　第一节　个案研究 ⋯⋯⋯⋯⋯⋯⋯⋯⋯⋯⋯⋯⋯ 25

　　第二节　"进入"村庄和社区生活 ⋯⋯⋯⋯⋯⋯⋯ 30

　　第三节　资料 ⋯⋯⋯⋯⋯⋯⋯⋯⋯⋯⋯⋯⋯⋯⋯ 34

第三章　调查的村庄 ⋯⋯⋯⋯⋯⋯⋯⋯⋯⋯⋯⋯⋯⋯ 37

　　第一节　调查村域的界定 ⋯⋯⋯⋯⋯⋯⋯⋯⋯⋯ 37

　　第二节　区域背景和经济地理 ⋯⋯⋯⋯⋯⋯⋯⋯ 40

　　第三节　村庄的概况 ⋯⋯⋯⋯⋯⋯⋯⋯⋯⋯⋯⋯ 44

　　第四节　村庄的人口和职业 ⋯⋯⋯⋯⋯⋯⋯⋯⋯ 47

　　第五节　村庄的代表性 ⋯⋯⋯⋯⋯⋯⋯⋯⋯⋯⋯ 49

第二篇　村庄的再组织

第四章　从分散化到再合作 ⋯⋯⋯⋯⋯⋯⋯⋯⋯⋯⋯ 57

第一节 "集体制"的形成与解体 …………………………… 57

第二节 分散后的农民走向哪里 …………………………… 67

第三节 农民再组织的合作取向 …………………………… 71

第五章 再合作的社区基础 …………………………………… 74

第一节 土地为本 ………………………………………… 74

第二节 "集体"运作 …………………………………… 79

第三节 家族联带 ………………………………………… 86

第四节 "利""权""情"秩序与合作关系 …………… 90

第六章 工业进村 ……………………………………………… 93

第一节 "请"工业进村 ………………………………… 94

第二节 "三来一补"加工业 …………………………… 100

第三节 建厂和招工 …………………………………… 103

第四节 工缴费和厂租 ………………………………… 107

第七章 非农经济聚集区 …………………………………… 111

第一节 传统经济结构的终结 ………………………… 111

第二节 外向型、依附性经济与自营经济 …………… 113

第三节 保护性的经济及内部劳动力市场 …………… 126

第三篇 共有体制

第八章 "村集体"与股份合作制 ………………………… 135

第一节 融资中村集体的特殊作用 …………………… 137

第二节 合作中集体经济的重整 ……………………… 139

第三节 法人资产的集体含义 ………………………… 142

第四节 不完全股份制和部分劳动合作制 …………… 144

第九章 "缘"关系与股份合作体系 ……………………… 147

第一节 集资团体 ……………………………………… 147

第二节 小村合作社 …………………………………… 149

第三节 大村合作联社 ………………………………… 154

第四节 "村集体"合作体系 ………………………… 157

第十章　共同所有权 ························· 161

　　第一节　所有权的确认和归属 ·············· 161

　　第二节　共同所有权结构 ················· 167

第十一章　分配、差别和"共同富裕" ············· 174

　　第一节　三种分配形式 ·················· 174

　　第二节　收入差别 ···················· 179

　　第三节　差别的平衡与"共同富裕" ············ 184

第十二章　责任、参与和传播 ················· 188

　　第一节　有限责任和参与 ················· 188

　　第二节　村议传统和草根民主 ·············· 195

　　第三节　传递网络与社会结构 ·············· 200

第四篇　村庄内生结构的变迁

第十三章　亲缘集团 ····················· 207

　　第一节　"家本位"与单系差序格局 ··········· 208

　　第二节　母系联姻集团 ·················· 217

　　第三节　亲缘关系在事业上的扩展 ············ 224

第十四章　"拟亲缘"联带团体 ················ 227

　　第一节　空挂户 ····················· 227

　　第二节　团年会 ····················· 230

　　第三节　春茗会 ····················· 236

　　第四节　公司的外聘班子 ················· 239

第十五章　村政府 ······················ 243

　　第一节　行政与自治 ··················· 243

　　第二节　村财政 ····················· 253

　　第三节　仲裁与治安 ··················· 259

第十六章　公司与社区 ···················· 274

　　第一节　村庄的公司体制 ················· 275

　　第二节　公司与社区的边界分化 ············· 280

　　第三节　公司与社区的相对分离 …………………………… 291

第十七章　社区身份和职业分化 …………………………………… 296

　　第一节　地缘、村籍与社区身份 ………………………… 296

　　第二节　资源分配和社会流动规则 ……………………… 302

　　第三节　身份群体的职业分化 …………………………… 311

第十八章　从"农"村到"工"村的演化 ………………………… 318

　　第一节　乡村人口与农业人口的分离 …………………… 318

　　第二节　村庄工业化与自然城镇化 ……………………… 320

　　第三节　工业化方式与村庄内生结构和秩序 …………… 327

第十九章　村社区关系的扩展 …………………………………… 332

　　第一节　村为边界的分化 ………………………………… 332

　　第二节　村与周边城乡的关系 …………………………… 339

　　第三节　村为载体的大区域关系 ………………………… 348

结语 ……………………………………………………………………… 353

参考文献 ………………………………………………………………… 357

附　　录

宝安万丰股份有限公司章程 ………………………………………… 361

万丰村经济联社章程 ………………………………………………… 376

万丰联队股份制章程 ………………………………………………… 380

万丰村村规民约 ……………………………………………………… 382

万丰村社会主义精神文明建设规定 ………………………………… 385

万丰村委会村民自治民主议事制度 ………………………………… 389

万丰村关于户籍问题的规定 ………………………………………… 390

万丰村加强外来人员管理规定 ……………………………………… 391

万丰文展馆文字说明 ………………………………………………… 393

编纂万丰村(万家萌)村志序 ……………………………………… 402

后记 ……………………………………………………………………… 404

再 版 前 言

这本书初版于 1997 年,距今已有 23 年,后来在 2007 年重印过一次,这次又经商务印书馆协议重刊,编入"中华当代学术著作辑要"系列。商务印书馆对待学术著作的执着态度,起到了动员作用,增加了我对再版的信心。毕竟社会变化太过迅速,那段乡村工业化的历史虽未远去,但时过境迁,对于它的再现大概也需要一定的经验积累才不至于误读。

关于此书,我不仅把它看作自己曾经留下的一段笔墨,也把它看作小村庄回应大社会变迁时留下的一个印迹。当我把它作为一个活的样本、一个记录乡村工业化的典型类型,拿起来重新审视时,不免有一种新的感受。

书中所描述的村庄工业,是珠江三角洲农村改革开放初中期典型的"三来一补"加工业,企业形态则是乡镇企业中的股份合作制类型。这种产业和产权模式与其他几种类型的乡镇企业一起,曾经在较长一个时期里发挥过重要作用,直接助推了乡村工业化乃至宏观经济的发展。与此同时,本书所称谓的"超级村庄"也在较短时间内转型成了一种我所谓的"非农社会经济区"。进入 2000 年以后,随着国家财政体制改革、城市化进程加快、国际产业链转换等宏观制度环境的变化,以及乡镇企业产权改制等微观制度变革,这些"三来一补"的加工业已经完成了它的历史使命,企业股份合作中的"集体"制度也逐渐解体,"乡镇企业"最终被作为一种制度遗产载入了史册。但是,这种前所未有的工业化和非农化,使得中国农村不仅经济上发生了急遽变化,而且社会结构上发生了转型,乡村社区的日常生活也被打上了深深的烙印。存活至今的那些超级村庄,凭借着它们业已形成的地位和实力,迅速完成了产业和制度转型,因而仍然活跃在城乡之间,在乡村经济和社会建设方面发挥着它们独特的作用。

超级村庄作为中国特定时期的一个特别类型,可以说是工业进村之后村庄变迁的一种顶峰状态。它并不是个别案例,而是在不同区域发展模式中都存在的,这就为我们提供了比较研究的可能。本书所研究的村庄,作为初始案例,使我对超级村庄有了一个定性的认识,确定了它的基本特征;从中获得的认识和结论,被用来作为比较研究中设立假设的基础和依据;它所提供的调查资料,也被作为与其他几类村庄进行比较的材料。在后来的研究中,我和合作者曾以《社区的实践》为题,从比较研究的角度讨论问题,关注在什么条件下才会出现此种现象,反之在同一条件下又为什么会存在多样化的选择。经过对不同地区的发达村庄进行考察,我们采用"集体制"合作体系、"股份制"合作体系和"村政"与"民企"合作体系三种基本指标进行分类,在经济同样发达的邻近省市和长江三角洲地区选定了几个不同类型的村庄进行比较研究。同时还在每个案例村周边选择了一两个非超级的村庄进行观察比较,以便对变迁发生的限制性条件进行说明。通过深入地讨论村庄实践中的各类问题,我们延展了本书的主题,进一步发现了村庄工业化过程中"新的经济力量与传统力量之间互动融合"所产生出的种种新的动力、规则、方式和关系,对于乡村日常工业生活的逻辑也有了更深入的理解。

对初始案例村的追踪研究是必要的。十年之后,带着比较研究的视角,我又一次回到这个村庄,有过数天短暂的观察。这时村庄的发展条件已经发生了巨大变化,当年机器生产的轰隆声已经减弱,土地大多已被水泥覆盖,村庄业已改为城市居民点,村民从事着农业之外但也不同于工业的各种职业,体制上的"村改居"已然成为邻近大城市的村庄的必然归宿。但是我所观察的核心问题仍然凸显,只不过那个"新的力量"已经由工业化变成了城市化,但仍然与"乡村传统力量"之间发生着冲突与合作。

我曾有多个研究议题都始发于对这个超级村庄的观察和讨论,产权变革即是其中的主要议题之一。在该书中我初步认识到"产权体系不仅是一个经济构造,也是一个社会构造";之后基本上沿着这个思路,进一步提出产权是一种"社会性合约",并试图从"产权怎样界定"这个基本问题入手去破解乡镇企业改制所面临的产权难题;再以后还从土地产权建构机制上建立过一个"追索权"分析框架。至今我所关注的这些产权难题依然存在,致使一些超级村庄发生了诸多问题,有的甚至解体。不过,这恐怕不仅是村庄里的乡镇企业所面临的难题,也是其他企业在市场化过程中难以绕开的问题,只不过各自的表现方式不同罢了。

书中所描述的超级村庄,在鼎盛时期已经形成了"自然城镇化",有的成为地方实际上的非建制的"中心地点"。这些村庄以自己的实力和地位为中心,既向城又向乡扩展出去的关系,显然不同于以往。特别是,超级村庄并不都出现在城市郊县或城市化地带抑或发达地区,有的就地处远离中心城市乃至远离乡镇的地方,在相对落后的周边地区拔地而起,并在诸多方面实际上发挥着地方中心的作用。这种自发的、自然的城镇化是农村改革以来中国乡村城市化不同于以往的最为突出的特点之一。这对于城市化和新农村建设的意义,在今天也还有待继续观察和讨论。

本书只是对一个具体村庄变迁的深描和解释。书中收集的资料,主要是20世纪90年代中期实地调查所得。对这个村庄的多次进入,使我品尝到社会学实地调查的滋味,既甜美又苦涩,也使我体会到经验观察和记录对于学术研究的重要性。这种尝试的初衷以及我如何选择这个村庄进行研究,在引言中已经交代清楚,这里想要补充的,是对于长时段实地调查在学术积累上有何种意义的一些理解。在我看来,学术研究需要一代代一项项地积累而不断前行。作为学人,长时段的学术积累来自两个方面:一方面是对前人研究文献的积累,这可以让我们在遇到难题时易于给自己的研究定位,知道从哪里开始又要到哪里去;另一方面就是对经验研究的积累,这可以让自己的学术志趣和偏好落在实地。当日常生活事件扑面而来时,更易于捕捉到其中的要意,让研究的脉络有似水到渠成,延展下去。这也算是我愿意将此书作为经验积累中的一种,让它重现于学界的一个原因吧。

这次再版仍保留了原貌,包括某些带有时代痕迹的表述,只修订了几处错误，其他未做修改和增补，用现在的眼光看，也许会对问题有新的理解和解释。但我希望它作为一段历史记录原样保存下来，让后来者了解历史，从而更好地认识当下，探索未来。

折晓叶

2020 年 3 月 25 日

引　言

　　最近十余年来,我国农村改革中出现了一系列令人关注的大事。其中有两件,一件是乡镇企业,另一件是农民流动,一直吸引着我浓厚的兴趣。不过,将这样两件大事一起放到一个小范围的村庄中去观察和研究,却是缘于几年前的一次实地调查的经历和体会。

　　1992年秋天,我与几位同仁结伴南下,在珠江三角洲一带的农村做调查,最后落脚在深圳沿海东岸的一个村庄里。当时,这个村子和村里人最近十几年来发生的巨大变化,令我十分吃惊,给我留下了极深刻的印象。我并不熟悉中国南部村庄过去的贫穷和落后,只是以往的知识告诉我,中国村庄在产业和职业构成上、在政治文化和传统心态上有着相当的同质性。于是,我调动起脑海中自己作为"知青"时的有关村庄的全部记忆,也调动起近年来在内地一些地区对村庄的一般了解和印象,但是都难以与眼前这个村庄的现实联系起来,因为它已经完全改观了。后来,我曾特意去看了残留在村子最东头的老"村防"——福镇围和仍然守着旧宅尚未离开的老人,想寻找对过去的"感觉",那种因比较而产生的反差无疑是强烈的、令人震惊的。在这个仍被称作村庄的社区里,农民已经变得越来越不像在土地上谋生的传统形象,大多数已经有了新的头衔,董事长、经理、厂长、文员、车间主任、拉长……这些在当时已经成了村民的主要称谓,人们习惯上把这些变化称作"非农化"。村子也已经变得越来越不像有田园、鸡叫、蛙鸣和"茅舍"的传统村社,到处是规划整齐的标准厂房和新型居住区,老街已经延展成一条狭长的商业街,人来车往,还设有酒店、宾馆、剧院、银行、超市和公园等,这些设施在城市里司空见惯,而在村子里尚格外显眼。人们习惯上把这种变化称作"乡镇企业"聚集地的

“拟城化”。引起我兴趣的是,上述两种变化成功地发生在一个村庄里,人们曾称这种现象是“离土不离乡,进厂不进城”。

　　追寻这些变化,可以知道,这主要是随着20世纪80年代初期当地农村引进来自香港的加工业而逐渐发展的。不过,当时初步调查的体验告诉我,农民在村域里办工业,不出村地改变职业,绝不仅仅是外来的工业因素导入,以及内在的变革冲动和力量回应的结果。这些的背后,还有着深厚的乡土社会基础。

　　以后,在村里走得多了,住得久了,这种体验就愈加明显。因为,在喧闹的工业表层下面,时时可以感觉到保持完好的乡土生活的基本秩序和宁静;在具有现代特征的工业体制中,随处可以触摸到伸展着的村落组织脉络;在取代了农业的工业文明中,顽强地表现出村社区文化和家族文化的韵味……显然,传统的力量与新的动力在这个单姓家族的村庄中具有同等的重要性。于是,外来力量与村庄内在的经济和社会结构是怎样相互作用而共同推进了村庄的社会变迁,就成为我要深入探讨的主题。

　　再以后,我数次进入这个村庄,在那里较长时间地观察这些变化,跟踪和记录可以观察到的事实。幸运的是,我的打算和举动得到了村里人,特别是村书记兼董事长和他的助手们的支持和帮助,使我得以将陆续调查到的资料反复地加以核实,并且在1996年对1993年调查的情况做了一次追踪研究。现在,我正是根据这几次收集到的资料,来着手这部书的写作。

第一篇

背　景

这是一部描述和分析农民怎样在村域内集体地实现向非农的转化，并且在这个过程中，外来力量与村庄内在的社会结构怎样相互作用，共同推进了村庄社会变迁的书；是根据对中国南部一个"超级村庄"的实地考察写成的。由于这一变迁的实际过程既受到沿海外来经济的直接影响，又具体地发生在一个小范围的村庄里，因此，本书要特别说明新的经济动力与传统力量之间的互动关系；又由于这种种变迁并未按照一般现代化和发展理论的某些预期假设而进行，因此引发出种种新的动力、规则、方式、关系和问题，本书又将着重探讨这些正在变化和形成的新现象。

第一章　探讨的问题

在展开全书的描述和分析之前,我想对本书将要涉及的几个重要问题,如非农社会经济结构、社会资本与合作行动、产权变革的社会过程、村庄变迁的型式等,预先进行讨论,以作为全书的引导。

第一节　非农社会经济结构

本书广义地理解农村非农化的过程,即将非农化一方面解释为农民由农业转向非农职业的过程,这个转化主要通过异地迁移和就地转移来实现,并且将进一步加剧农民群体内部的分化;另一方面解释为社区产业结构由农业转向非农业、社区形态由农村转向非农社区或城镇(包括自然城镇化)的过程。本书之所以要从广义上来理解和解释非农化,是因为注意到农村改革中出现的这样一些新现象。第一,最近十余年的非农化实践,使农村社区发生了剧烈的分化,在村社基础上生长出了一批"超级村庄",非农居民向这些村庄的集中,正在促使它自身发生"自然城镇化"的过程,有的已有超过周边乡镇的趋势。[1] 而一般的非农化概念中并不包括对这一现象的概括,认为非农化"即劳动力由农业转向非农产业,并发生人口的城镇化,即居民由农村转向城镇"[2]。这里的城镇仅指建置城镇,人口的地域转换仅指从农村向城镇的位移。第二,非农化的不同实现

---

[1]　参见折晓叶:《村庄边界的多元化——经济边界开放与社会边界封闭的冲突与共生》,《中国社会科学》1996年第3期。

[2]　辜胜阻:《非农化及城镇化理论与实践》,武汉大学出版社1993年版,序言第1页。

方式将导致不同的结果。如果非农化的过程是通过农民的合作行动在本域内实现的，那么就不仅会发生上述广义上的两个非农化过程，而且这两个过程往往还是合二为一的，并会发生在同一个村庄内。这正是我们在本书所涉及的这一类超级村庄中所看到的基本事实。

以往的研究，过多地注意到乡镇企业办在村庄的负面效应，无论从理论研究还是政策检讨上，仍然停留在对"村村点火"这个初期事实的责难上，对"离土不离乡"做了过于简单的判断，认为这只是由于农民"身份"的限制所造成的无可奈何的选择。这些研究忽略了一个基本的事实，那就是在最近十余年的市场竞争中，村办企业优胜劣汰，在不断的"挤垮"和"再生"中，已经培育出一种新的社会经济结构——非农经济聚集区。在这些村社区中顽强生存下来的村办企业，已有相当数量跻身于国家优秀企业的行列，带领农民进入了社会宏观体系，参与了与大社会的竞争。本书将指出，乡镇企业办在村庄有其深厚的经济和社会基础，"离土不离乡"既是城乡二元体制的产物，也是农民认识到现有体制虽然限制他们进入城市，但却也提供了将城市资源引入乡村即"请工业进村"的机会，因而也是他们利用本土的优势，在乡村实现集体流动的主动选择。农民在村庄谋求发展的行动不是完全"不得已而为之"的，而是不断自我调适、自我设计和主动进取的。新的村社区的非农社会经济结构也不是完全被社会大体系"造就"出的，而是农民不断"建构"出的。

这个非农社会经济结构具有这样一些特征，它是主流的宏观社会经济体系的边缘结构，不受国家财政的支持和政策保护，具有农民自治的性质；它以村社区为基本的社会边界，经济的触角却已经伸展进社会的宏观体系，发展出了完全能适应这个大体系的功能，并参与其中的竞争；它是一种有凝聚力的非农经济和社区实体，不但为本域内的村民提供非农就业机会和有保障的好职业，也为进入其中的外来农民提供充分的非农就业机会。

它的基本功能，首先是为农民转向非农提供大社会无法提供的机会，让他们整体地谋求新的发展天地。农民在这里可以克服与大社会竞争时的软弱无力,比较容易地找到非农的工作,得到较高的收入;可以利用他们各自有限的物质和人力资本,发展集体的和自己的事业。由于有不断增强的经济实力作为基础,这个聚集区具有强大的凝聚力,正如我们在这个村庄看到的那样,村民不再流出村庄,而外来的农民却大量地涌进来,成为在整体上相对稳定的暂住民。

其次是为村民提供受保护的职业和升迁途径。受保护的职业,是在聚集区内部产生的,它代表一个特定的劳动市场,面对的主要是那些参与社区合作行动的户籍村民,帮助他们获得在社区以外不容易得到的管理类和技术类职业,以便保障他们集体地流动到相对较高的职位上,获得优厚的待遇和较高的声望。正如我们在这个村庄看到的那样,村民中已经成长起一个企业家和管理者的群体,他们宁可投身于村庄的企业而不愿到外界去闯荡,主要是因为村社区为他们参与社会竞争和提高社会地位提供了保障。

最后,这个聚集区并不只是一个农民为寻求新的谋生出路而聚首相护的、自生自灭的"保护区",它还是一种新的非农经济力量,一种能够参与国内和国际市场竞争、能为乡镇企业和农民提供进入社会大体系的渠道和保护的经济和社会结构。正如我们在这个村庄看到的那样,村办公司已经有能力参股当地的三家国营企业并成为控股公司,有能力在外省市置办产业和开办公司,它们的发展已经与社会的宏观经济体系接轨,在地方乃至全局的经济活动中有了不可忽视的作用,从村民中成长起来的企业家有些已经进入大社会的评价体系,获得了国家和地方"劳模""优秀企业家"的称号。

第二节 社会资本与合作行动

一些研究已经注意到,非农化的两个基本类型或过程中都存在着合作行动。对农民异地迁移的研究证明,"民工潮"的主要方式是外散型的"连锁迁移",亦可称作"链式迁移"(chain-migration),即"移民本人不仅通过先行的移民获得就业信息,而且还接受了先行移民提供的就业、住宿等方面的实际帮助"①;采用这种迁移方式的劳工已占到外出劳工近一半的比例②。农民在本域内就地转移,则主要是通过开办乡镇企业、依靠社区内部的合作,实现内聚型的"集体流动"。有意思的是,以上两种方式都与村庄内在的社会结构有着密切的联系。在异地流动中,这种结构被带到了本土以外,移植到新的地域环境和城市化地带,在那里形成了许多同乡团体与群居村落③;在就地转移中,这种结构则在本土上不断延伸和重构,转型成了带有社区保护色彩的非农社会经济结构。

可见,农民在非农化中的合作行动有一个重要的社会特征,即它有深厚的乡土社会基础。而这一特征在以往关于非农化的研究中往往遭到忽视。

以往关于非农化的研究,主要受到西方经济学有关劳动力由农业向非农业转化理论的影响。比如,源自配第与李斯特的"推-拉理论"认为,农业耕地的有限性与人口压力是迫使劳动力向非农转移的推力,而工农之间的收入差异则成为劳动力非农化的拉力。刘易斯的"二元经济论"认为,发展中国家的经济可分为传统与现代两个部门,在传统经济部门中,存在大量的剩余劳动力,而这些剩余劳动力被现代经济部门吸收的数量与程度,取决于现代经济部门的投资。若从地域关系上讲,现代经济部门吸收传统部门剩余劳动力的过程,就是农业人口向城市转移的过程。舒尔茨的"人力资本理论"认为,在导致农业生产率增长的要素中,关键性的是农民必须要有能力去有效地获取并使用某些现代的"生产要素",因而要改造传统农业,就一定要开发人力资本。托达罗的"期望收入论"则认为,发展中国家大量农村劳动力流向城市是经常发生的,主要原因在

---

① 宋林飞:《"民工潮"的形成、趋势与对策》,《中国社会科学》1995 年第 4 期。

② 赵长保:《经济发展中的农村劳动力流动——对当前农村劳动力外出情况的调查与思考》,《中国农村经济》1995 年第 1 期。

③ 宋林飞:《"民工潮"的形成、趋势与对策》,《中国社会科学》1995 年第 4 期;王春光:《社会流动和社会重构:京城"浙江村"研究》,浙江人民出版社 1995 年版,第 5 章。

于城乡实际收入有差异,而且在城市有获得工作的可能性。[①] 经济学的上述研究,虽然提供了解释非农化的制度性因素,但却忽略了在现代经济部门投资同样存在城乡壁垒,而且农民在既缺乏物质资本也缺乏人力资本的情形下,同样也存在向非农转化的可能性。也就是说,社会性资源也可以帮助农民实现向非农的转化。

一些社会学研究指出,经济行为是紧密地依靠着前进中的社会关系结构的。这种观点认为,作为个体的人,并非只关心自己,只会单纯计算最大利润和最低成本,个体还拥有一些不为他自己所控制的资源。这些资源就是特定的社会关系、家庭关系、亲属网络,还有种种受感情、信任、承诺及其他文化价值观和道德标准约束的人际关系等等,这些构成他们特有的一大笔社会资本。[②] 关于非农化的社会学研究还指出,对农民而言,非农机会是一种相对稀缺的资源,要得到它,除开自身的各种条件(如年龄、性别、文化程度等)外,还必须借助自身之外的各种社会性资源。[③]这些研究,无疑使我们对非农化过程的解释有了更贴近乡土社会的说服力。在此基础上,本书要进一步说明的是,在本村域内整体实现转化的农民,作为个体,他们虽然缺乏足够的资金,没有更多的人力资本投入,但是有了这种社会性资源,作为整体的他们就有了参与竞争的力量,就可以为提高整体的社会经济地位而努力。本书还将指出,村社会的社会性资源虽然带有浓厚的亲缘和地缘色彩,但是它们不应该被看作与现代性和发展进步绝对背离的消极因素,它们是农民在既缺乏物质资本又缺乏人力资本、在孤立无援的自我发展中可资利用的一笔社会资本。不过,也需要指出的是,这种社会性资源虽然是大量普遍存在的,但是往往不为个人所

---

① 转引自陈俊杰:《"关系资源"与农民的非农化:浙东越村的实地研究》,中国社会科学出版社 1998 年版,第 8 页。

② 参见周敏:《唐人街:深具社会经济潜质的华人社区》,鲍霭斌译,商务印书馆 1995 年版,第 29 页。

③ 转引自陈俊杰:《"关系资源"与农民的非农化:浙东越村的实地研究》,中国社会科学出版社 1998 年版,第 11 页。

控制,因而也就不见得一定能成为"资本"。① 在农民的整体非农化中,往往需要借助合作行动,它们才能被加以开发和利用,从而转化成为真正的社会资本。

本书还要涉及的,是社区合作行动的内在逻辑。集体行动与工业化和非农化之间并没有直接的和必然的联系。西方工业化的基本模式就是私人资本主义的,而在我国乡村工业化的实践中,"除国家之外,地方社区政府、集体、个人也都成为推动工业化的重要力量"②。不过,在承认非农化是一种必然趋势的前提下,一旦城乡体制间的壁垒③限制了农民在城乡间的自由流动,农民向城市转移的机会成本过高时,他们就会以自组织的方式在本土举办非农产业;而一旦引进工业的水平和动员资源的能力超过了农户个人所能承担的限度,个人举办非农产业的组织成本和谈判成本过高时,他们就会转而借助合作组织的方式,采取合作行动来集体地实现转化。在这种情形下,村社区的集体组织和政权组织,往往成为合作行动的倡导者,他们将土地所有权、集体积累和村政基本设施作为合作的本钱投入其中,利用集体的权威将社会性资源作为感召内聚力和保护村民的力量,并将"共同富裕"作为合作行动的最终目标。因此,这种合作行动就在村域内具有持久的影响力。在我们所考察的这一类超级村庄中,几乎无一例外地都发生了这种以村集体组织为主导的社区合作行动。

---

① 李路路认为,社会资本"是指这样一种社会性资源,它与人们之间多少制度化了的相互认知和认可的持续社会关系网络相联系,能够给拥有这种关系的人带来好处或便利,并且在特定条件下能够转化为例如经济资本。它在形式上表现为社会关系网络,但这是一种特殊的社会关系网络,具有人性'亲密性和排他性'的特点,不同于人们一般所讲的可置换的社会关系,如生产关系、行政授权关系等。资源、信息、社会支持可以借助这个网络运动"。参见李路路:《社会资本与私营企业家——中国社会结构转型的特殊动力》,《社会学研究》1995 年第6 期。

② 王汉生:《改革以来中国农村的工业化与社会结构变迁》,《社会学与社会调查》1992年第2 期。

③ 参见北京大学"社会分化"课题组:《现阶段我国社会结构的分化与整合》,《中国社会科学》1990 年第4 期。

非农化过程中的合作行动,显然不同于中国农村以往合作制时期和公社时期的合作或集体行动。首先,它的基本目的是将以往农业时期"过密化"①的剩余劳力转移到非农产业上,而不是以集体制的方式将他们固定在农村和农业上。其次,新的合作行动,特别是以股份合作制为组织形式的合作行动,产生的共同所有权,建立在既承认个人所有又强调法人成员共同占有的基础之上,个人有权选择是否进入或终止合作,这就完全避免了合作制时代因个人所有权不明确、吃大锅饭又不允许退社(失去"安全阀")②而造成的普遍的"消极怠工"。最后,合作行动的边界是十分明确的,是法人成员间的合作,合作产生的利益群体的排他性十分强烈,任何形式的利益"平调"或分沾都会引起合作成员的反对。

但是,我们也看到,非农化过程中的合作行动仍然面临着几个难以解决的问题。

首先,是"做蛋糕"和"分蛋糕"的悖论问题。③ 我们把非农化分作"前非农化"和"后非农化"两个时期:"前非农化"时期,即尚未达到社区内普遍非农化的时期;"后非农化"时期,即社区内已实现普遍非农化,进而开始社会分层化的时期。在"前非农化"时期,合作行动产生的主要是为"增进共同利益"而相聚的利益团体,它碰到的是"做蛋糕"问题。"在'把蛋糕做大'过程中总是希望'做蛋糕'的人越来越多,集团规模越大越好,故这类集团总是欢迎具有共同利益追求的行为主体加入其中。"④但是在这种合作中,实现共同利益只是一种可能,它难以绕开集团成员"搭便车"的行为倾向,这就需要特殊的激励机制来解决集体与个人之间的利

---

① 参见黄宗智:《长江三角洲小农家庭与乡村发展》,中华书局 1992 年版。
② 林毅夫:《制度、技术与中国农业发展》,上海三联书店 1992 年版。
③ 参见陈郁等:《译者的话》,载曼瑟尔·奥尔森:《集体行动的逻辑》,陈郁等译,上海三联书店 1995 年版,第 6—8 页。
④ 参见陈郁等:《译者的话》,载曼瑟尔·奥尔森:《集体行动的逻辑》,陈郁等译,上海三联书店 1995 年版,第 6—8 页。

益关系问题。在"后非农化"时期,合作行动产生的则主要是为"保护既存利益"而相聚的利益集团,它碰到的是"分蛋糕"问题,既有内部成员谁分大谁分小或如何公平分配的问题,又有"希望分利者越少越好,分利集团越小越好"的问题,因此这类集团总是排斥他人进入。① 在这种情形下,需要特殊的制度和机制来调整小利益群体与大利益群体、"内利益群体"与"外利益群体"之间的关系。

其次,是合作产生的新的"过密化"问题。黄宗智在研究长江三角洲的小农家庭与乡村发展时,曾注意到造成农业有增长而无发展的根源不是集体制本身(按:更确切地说不是集体行动),而是农业的"过密化",即在生存压力和劳力多余的情况下,集体单位不断地投入劳力,尽可能地增加产量而无视社员的实际收入,直到其边际产品等于零。实际上那一时期的"集体单位犹如大家庭,不能解雇其过剩劳力","不容忍部分人失业,哪怕这意味着对其他劳动力更有效地使用"。② 那么,非农化过程中的合作行动是不是一定能够解决"过密化"问题呢? 答案是两可的。农民再合作的基本目标是将农业剩余劳力转为非农,但合作产生的对成员劳动权利的保护机制,却与集体制时代相仿。由于转移是通过社区保护政策集体地实现的,因而在许多村域内,仍然可以看到为满足村民就业的要求,在一些管理类岗位上形成的人浮于事、冗员甚多的现象。这显示出村庄内新形式的"过密化"现象仍有存在的根基。这已经成为村庄发展中面临的新问题。

本书将通过对一个村庄中农民再合作具体过程的描述,对他们所创造的"共有体制"的透视,揭示他们在面临和解决上述问题时怎样设计着自己行之有效的方案。

---

① 参见陈郁等:《译者的话》,载曼瑟尔·奥尔森:《集体行动的逻辑》,陈郁等译,上海三联书店 1995 年版,第 6—8 页。

② 黄宗智:《长江三角洲小农家庭与乡村发展》,中华书局 1992 年版,第 200—201 页。

第三节　产权变革的社会过程

产权研究始终是经济学的专利,不过,从社会学的角度来看,产权的形成乃至变革,绝不仅仅是一个经济过程,而且是一个更为复杂的社会过程。

产权研究是经济学的重要领域,一个产权的基本内容包括行动团体对资源的使用权与转让权,以及收入的享用权。据此可以将产权分为三类:私有权实质上是将上述权利完全界定给了一个特定的人;共有产权则意味着在共同体内的每一个成员都有权分享这些权利,而共同体外的任何力量都无权加以干扰;国有产权在理论上是指这些权利由国家拥有,它再按可接受的政治程序来决定谁可以使用或不能使用这些权利。① 关于产权的上述三分法显然是理想型的,它排除了因社会制度交融而产生的复合产权的类型。在我们这样一个正处于变革时期的社会,无疑在产权结构上出现了许多制度创新的东西,需要重新加以认识。本书所研究的这个村庄,在组织农民集体地实现非农化的过程中,发生了产权的变革和重组,提供了一个可以同时包容私有产权、小团体产权、小村集体产权和大村集体产权以及部分社会产权(国营企业和社会股民)在内的共有产权的实例,使我们可以就此将产权研究扩展到一个既不是以私有产权和市场制度为主的,而又正在对传统"公有制"和"集体制"进行改造的社区中。

这个带有制度创新特点的产权类型,提出了一些值得注意和研究的新问题。

按照经济学的解释,一种产权结构是否有效率,主要看它是否能为在

---

① 刘守英等:《译者的话》,载 R. 科斯等:《财产权利与制度变迁》,刘守英等译,上海三联书店1994年版。

它支配下的人们提供将"外部性"较大地内在化的激励。①"外部性"主要是指共有产权和国有产权下产生的"不经济绩效",以及因此而降低成员有效利用资源的积极性的问题。例如,在共有产权下,由于共同体内的每一成员都有权平均分享共同体所具有的权利,如果对他使用共有权利的监察和谈判成本不为零,那么他在最大化地追求个人价值时所产生的成本,就有可能让共同体内的其他成员来承担;并且,一个共有权利的所有者也无法排斥其他人来分享他所努力的果实,所有成员要达成一个最优行动的谈判,其成本也可能非常之高,因而,共有产权导致了很大的外部性。相比之下,在私有产权下,私产所有者在做出一项行动决策时,首先就会考虑未来的收益和成本如何,并选择他认为能使他的私有权利的现期价值最大化的方式,然后再做出使用资源的安排;而且他为获取收益所产生的成本也只能由他个人来承担。因此,在共有产权和国有产权下的许多外部性就在私有产权下被内在化了,从而产生了更有效地利用资源的激励。②

经济学的上述讨论,显然建立在两个基本假设上:一是理性的经济人总是追求效用最大化(已经替代了传统的利润最大化假定);二是产权的效率以个体产权主体收益的大小为依据。这里明显忽视了几个重要社会因素的作用。首先,忽视了社会资本对作为个体的人的激励作用。本书将指出,作为个体的人,特别是身处社区利益共同体中的个体,在做出使用资源的安排时,并不只是单纯地计算最大利润和最低成本,而是利用社区内的社会资本,在合作行动中做出争取效用的相对最大化或者说相对最好的选择。因此,出让一定的"外部性",在这里既是利用社会资本的交换条件,亦是合作的前提,同样可以对社区成员的投资热情具有激励作用。其次,忽视了合作行动在有效解决"外部性"问题上的积极作用。本

---

①　刘守英等:《译者的话》,载 R. 科斯等:《财产权利与制度变迁》,刘守英等译,上海三联书店1994年版。

②　刘守英等:《译者的话》,载 R. 科斯等:《财产权利与制度变迁》,刘守英等译,上海三联书店1994年版。

书将说明,在多元构造的共有产权体制中,由合作行动再组织起来的新集体,始终占有主导的地位,因此,共有产权产生的"外部性"在相当程度上是被"集体"内化了的。集体通过独自承担投资的初期风险和对剩余产权的福利性再分配,有可能将合作产生的"外部性"损失再次归还给个体,因为个体在这个共有产权体系中具有双重身份,既作为私有产权的拥有者,又作为公有产权的拥有者,从而使"外部性"的内化具有了新的途径。再次,忽视了"模糊产权"存在的合理性。本书将揭示,合作中出让的"外部性"利益,构成村社区内的"模糊产权"。这部分"模糊产权"以建立在村社人际关系之上的信任结构为基础,因而对于社区利益的分配并不一定就是消极的因素,反而可能是一种积极的有激励作用的因素。

最后,本书还将讨论的是,产权体系不仅是一个经济构造,也是一个社会构造。村社区的社会关系带有浓厚的亲缘和地缘特征,人们生活在一个熟人社会里,无论他们在做什么,总要比其他社区的人多出一层亲缘、地缘的关系,在我们研究的这一类单姓村庄中就更有一层紧密的家族关系。无论这种关系是真实的还是拟制的,都深刻地影响着社区成员的社会生活,其经济活动也不例外。在这个村子里,家族关系的不同类型,如近亲的、房亲的和族亲的,以及拟家族的关系,几乎决定着个人与哪一类型的产权集体相联系,例如,共有产权体系中存在着由近亲和朋友关系结成的集资团体产权、以房族为基础的小村集体产权等等。并且,共有产权体系中存在的那种共有之下的个人私有、"大公"之下的"小公"所有的双重产权制度,实际上也是村社会特定的组织结构和社会结构形态的翻版,也即村社会的双重社会结构方式。

这里还要特别说明的是,本书关于产权变革的社会过程的讨论,目的并不是试图提出解释产权变革的替代性因素,而是想指明经济体系外的社会结构因素具有不可忽视的影响力,因此,社会与经济因素的对照和相互作用,就成为极有意义的研究题目。

第四节　村庄变迁的型式

关于村庄在工业化和现代化进程中的命运,过去一直没有受到发展研究足够的重视。这可以追寻到两方面的原因,其中之一是,有关村庄是社会宏观体系的边缘结构的假设,以及工业化和城市化最终将促使村庄消亡的假设,过于强烈地影响着人们的看法,因而不会对村庄这样的非主流社会经济结构以过多的关注。其中之二是,村庄被认为是一种缺乏确定社会特质的基层单位,它或者只是一个为市场生产的单位,已被结合进较大的甚至宏观的贸易体系①;它或者易于被深入其中的外来行政体系所控制,已被结合进上层的行政体系之内,因此,往往不被看成是一个独立的基本生活单位而受到研究上的忽视②。一些近代史方面的研究,已经对此提出了不同的见解,强调重视"村庄共同体"研究的人认为,即使村庄已结合于大的贸易体系或上层的行政体系,但农民仍有"只以村庄整体成员的身份和意识做出行动"的可能。③ 对"村庄共同体"持有异议的学者,虽然强调村庄内部利益的不一致性和分化的作用,但仍对村庄作为独立的基本生活单位和在基层社会文化网络中的作用,给予了足够的重视。④ 社会学方面一些有价值的研究,也强调了村庄作为农民经济生活和社会生活的基本范围和组织的重要性,认为在乡村工业化的进程中,工业有进入村庄并在村庄生根的可能性,因为村庄的传统经济结构具有农工相辅的可融性。⑤ 这些研究都不同程度地关注到了地方工业化、市场化和现代化进程中村庄演变的型式问题。

① G. William Skinner, "Marketing and Social Structure in Rural China", *Journal of Asian Studies*, Vol. 24, No. 1－3 (1964－1965).

② 黄宗智:《华北的小农经济与社会变迁》,中华书局1986年版,第21—26页。

③ 黄宗智:《华北的小农经济与社会变迁》,中华书局1986年版,第21—26页。

④ 杜赞奇:《文化、权力与国家:1900—1942年的华北农村》,江苏人民出版社1994年版。

⑤ 费孝通:《江村经济》,戴可景译,江苏人民出版社1986年版。

本书对这个问题的讨论,将时空拉近到最近十余年农村改革和乡村工业化的现实背景中。关注的问题是:在这个现实背景中,村庄是否一定面临着消亡的命运? 社会结构在影响村庄的权力组织和经济组织的同时,是否也决定着村庄对非农化的反映? 已有的研究表明,在非农化的大背景下,村庄的变迁至少存在着两种完全不同的取向。一类村庄在非农化的过程中几近解体,大批村民外出谋生,村中往往只留下老人、妇女和儿童从事残存的农业。外出打工人的汇款不仅成了补贴家庭农业最重要的来源,而且在某种条件下打工有可能取代农业。① 这一类村庄中一般没有严格的内部结构和组织,村组织的解体和大量青壮年外出务工,使村庄变成了"空壳村"。显然,外散型的非农化在这类村庄中没有受到抵制,流出民通过汇款将村庄带进社会大体系的同时,也促使它走向解体,只要外出打工的行动不受到体制的绝对限制,这种情形就会继续存在下去。但与此同时,我们也发现了另一类,也就是本书要涉及的与之相反的情形。在另一类村庄中,农民采取着集体行动,就在村域里举办非农产业,整体地实现向非农的转化,村庄也因此与更大范围的宏观社会体系发生了密切的联系,但我们在这里却没有看到那种过去人们一般描述的村庄解体的情况:一方面,村庄与外部社会诸体系的联系日益加强;另一方面,村庄的内聚力和自主性逐渐下降。恰恰与之相反,中国乡村工业化和这一类村庄发展的现实,向我们提供了另外一种事实和变迁模式:村庄与外部社会体系联系的加强与村庄的内向聚合力和自主性的加强,同时并存,互为因果和补充;伴随乡村工业化的不是村庄的萎缩和消亡,而是村社区结构的膨胀和完善,村政功能的加强和村社区的超前发展,有的甚至已成为边缘地带新的经济和社会中心。② 在这里,对非农化等外力的作用做出了不同于前类村庄的反应,即在外部的非农就业资源稀缺的压力

---

① 黄平:《发展的困境:农村人口外流的后果》,《东方》1996 年第 2 期。

② 折晓叶:《村庄边界的多元化——经济边界开放与社会边界封闭的冲突与共生》,《中国社会科学》1996 年第 3 期。

下,更具内向聚合力,更倾向于在本土上实现向非农的整体转化。

那么,村庄发展到如此程度,特别是出现了"自然城镇化"①的过程之后,是不是仍然预示着村庄消亡的趋势呢? 本书的研究将说明,问题远比想象的要复杂得多。在我们考察的村庄中,在工业化基础上发生的"自然城镇化"并没有彻底消灭村社会的结构和文化,反而使之对引进的城市企业制度具有了新的适应力,二者嫁接出了更加灵活的企业体制;并且,这些村庄虽然已经演变成一种新的非农社会经济结构,但是大多数仍然保留着农业或者重新投资于农业,甚至在外地开发出新的农业村。坚持农工副三业相辅,使这些村庄具有持久的生命力。此外,即使企业制度或公司体制已经占据了支配的地位,村庄也仍然保留着村社会的规范和乡村生活秩序,在社区形态上目前也只完成了向"工业村"的转型。②

这类村庄的存在,使我们有可能跳出传统村庄的限制,将变迁研究扩展至正在发生工业化和非农化的村庄中。那么,这类村庄的变迁又具有怎样的型式呢? 这正是本书关注的另一个问题。在我们考察的这类村庄中,可以发现两条相互交错的变迁基线,一条是村社会结构中稳态要素的不断延伸,另一条是对村社会结构的不断"重建"和创新。

在这类村庄中,工业化和非农化已经基本上改变了村庄的外部形态乃至组织形态,但是如若把组织与结构加以区别,就需要重新评价"以往的因循守旧的看法,即认为现代化、都市化削弱血缘联系,并是在全新的基础上创立的一种新型社会组织。工业化确曾产生了一种新型的组织,它的外形结构纵然近似于现代西方社会中的组织结构,然而,它并不一定适应内在的结构变化……这表明,基本的社会结构仍不大受社会组织变化的影响"③。这也正是我们在本书涉及的村庄中看到的事实。实际上,

---

① 所谓"自然城镇化",是指不享有国家城镇政策和建置城镇的待遇,但社区形态和功能实际上都已经发生了向城镇转化的过程。

② 折晓叶:《村庄边界的多元化——经济边界开放与社会边界封闭的冲突与共生》,《中国社会科学》1996 年第 3 期。

③ 中根千枝:《日本社会》,许真等译,天津人民出版社 1982 年版,第 8 页。

村社会在结构变动的方向上,相当程度地延续着过去的趋势。无论外在的组织形态怎样变化,它都会将村社会的自然结构(如血缘和地缘的关系等)引进新的组织,或者变换了形态但却延续它所规定的基本秩序,或者产生出适应性的功能。我们在村组织中不但可以发现它的原始形态,而且还可以发现它的变种,即拟制出的非真实的但却在互动方式上相似的关系,如"拟亲缘"的或"拟家族"的关系等。

而另一方面我们又可以看到,新的村社区形态和组织要素并不是完全被"结构"出来的,而是不断"建构"出来的。它们不是原来结构的重现和恢复,而是重建和创新。在乡村工业化和非农化的过程中,最明显的莫过于村集体合作体系和家族的重建。在我们所考察的村庄中可以看到,农民的再合作不是一个纯粹的自组织的过程,公社体制的遗产——村政组织和村集体经过市场化改造后,仍然是新的合作体制运作的支柱和内核。但是,新的合作体制绝不是原有组织的翻版,而是一种利用了原有组织框架、人力资本和社会资本并具有创新意义的法人成员集体制,因为合作产生的共同所有权,建立在既承认个人所有又强调法人成员共同占有的基础之上,与传统集体制有了本质上的区别。在这个单姓家族村庄的再合作中,家族的重建似乎也是题中应有之义。家族关系被引进了新的合作体系,成为再合作的基础之一,家族组织的外部象征也几乎完全恢复了,修祠堂、续家谱、祭祖、正族训等重建家族的活动近几年十分活跃。但是,我们在村子里却难以找到家族组织的完整形态,家族的基本功能是由正式的权威组织——村集体组织来承担的,例如上述所有重要的家族活动都由村组织出面主持。我们追寻到两个可以解释的原因。首先,家族组织具有相当大的弹性,即使在单姓村中,如果正式的权力组织力量强大,家族就会借助于它来成功地实现自身的功能,而不会再生出家族的权力结构来,或者说村组织亦会找到替代家族基本功能的适宜途径,从而使家族重振和繁荣。其次,家族在求生存、图发展的过程中,内聚心态的强化和传承是最重要的文化手段之一。村组织重建家族的活动,实际上是对家族关系做一次总的探讨和检阅,是把家族关系和力量作为一笔巨大的社会资本,借助于它实现村庄再合作以至于达到"共同富裕"的基本目标。因而,这个村组织成功地重建了家族,借以对村内的族人感召凝聚力,与村外的族人发展联系并吸引他们投资,甚至拟制出拟家族的关系,来扩展合作体系。可以肯定地说,家族在这个村的重建,绝不是简单地恢复多年被压抑的寻根寻祖情结和家族组织形态,而是让家族扮演新的角色,对家族关系进行创造性再利用的过程。

本书正是在上述两条基线的基础上来讨论村庄变迁的型式的,并且将这种变迁型式概括为村庄的"再造"型式。

第二章　研究的方法和资料

我们刚刚讨论的理论层面的问题,实际上是对村庄社区生活种种面相的高度概括和抽象。一项研究固然少不了理论上的预设,但更离不开调查和资料的基础,而调查正是从触摸那些实实在在的生活事件开始的。

第一节　个案研究

本书是根据对一个村庄社区生活的实地考察写成的。在一个小范围的社区里所进行的研究,往往将社区作为一个整体来设计研究的思路,通过详细地调查一个案例,来了解这一案例所属的整类个体的情况。因而,这类研究在方法上被称为个案研究。尽管在方法论上,它无法对不同类的现象和事例进行因果关系的分析,也无法提供关于某种现象一般性质的结论,因为被观察到的只是一个固定的关系形式;但是如果研究者的目的是发现某一现象的重要变量及范畴,涉及内部变化及社会关系深层结构的特定问题,或者说处在研究的初始阶段和积累阶段①,那么个案研究则是必不可少也是最为有效的方法。

一般来说,个案村的选择决定于所要研究的特定问题,但是研究的程序却往往是依据先前积累的经验,带着一个假说中的问题,首先进入一个或多个村庄,进行较为随意的观察,从中发现真问题,然后提升为研究的

---

① 笔者将研究看作一个整体,即由初始阶段(收集个案)、积累阶段(增加个案)和终极阶段(比较研究)组成,而前两个阶段的成果,则应是终极阶段设立理论假设、进行因果分析的基础。

问题,最后再确定在哪里收集分析的资料最为合适。关于我所选择的这个个案的实际情况和它作为典型案例的意义,将在下一章中详细加以叙述。这里先就与方法论有关的几个问题展开讨论。

调查和研究这类个案在方法上有这样一些特点①:在理解方式上,研究者更努力去认识案例单位的形成,掌握其各组成部分之间的关系(而忽略类别及因果关系),这种工作可能较为接近于某种"鉴赏"或"审美"工作,是为了努力认识使各组成部分始终协调一致的原则;在解释问题时,主要兴趣在于剖析一个独立的事例,看看它出现或不出现的原因;在研究技术上,更多地依赖于广泛观察有关的事件和关系,以识别某种复杂现象及其含义;等等。据此,本书基本上形成下列研究和叙述的方法:

——中心事件以及与此相关的逻辑事件;

——事件发生的机遇和限制;

——事件发生前后的主要经历;

——事件前后所涉及的主要内外部关系;

——村庄在各种事变中的对应策略;

——事变在村社会结构的诸多层面引起了怎样的变化,是否有稳态的关系和结构继续延伸;

——这些变化使村庄具有了哪些新的社会特质,怎样为它在社会宏观体系中重新定位;

——村社会关系和结构的变化或延伸,改变了社会性资源分配和社会发展的哪些规则,新的规则对于社区进步具有怎样的意义。

采用上述方法,实际上是为了将村庄的"内部变化"记录下来,描述详尽,分析清楚。这样做的结果,实际上是在个案内部"扩大案例的数目,或者通过把该社会与其过去相比较,或者把它再细分为若干部分,从而形

①　参见尼尔·J. 斯梅尔塞:《社会科学的比较方法》,王宏周等译,社会科学文献出版社1992 年版,第 230—231 页。

成研究经验性共变的可能"①。从这层意义上说,我更愿意将这种研究称作"社区研究"。又由于我们进而将它放到社会大体系中去定位和比较,因此,我们已经不能把现在书中的个案看得过于简单,它已经由于案例的相对扩大,正在进入比较研究的预备阶段。这也是我为克服个案研究的局限性所做的一种努力。

尽管如此,仍然应该承认"对这样一个小的社会单位进行深入研究而得出的结论并不一定适用于其他单位。但是,这样的结论却可以用作假设,也可以作为在其他地方进行调查时的比较材料。这就是获得真正科学结论的最好方法"②。在这里,我需要补充说明的是,我们正着手一项有关"超级村庄"的专题研究,从笔下这个村庄分析而得出的结论,已经被用来作为设立理论假设的依据,它所提供的调查资料,也正在作为与长江三角洲和其他地区的村庄进行比较的依据。这也是我们为克服个案研究的局限性,力图将个案的学术生命力延长,并且由它们不断推动研究前进所做的另一种努力。

关于个案研究,还应该说到的是,由于研究者带有个人主观色彩,不管有意还是无意,都会影响到研究的信度与客观性。这就涉及另一个重要的方法论问题,即如何处理主位与客位的关系问题。③ 所谓主位研究,是指研究者"不凭自己的主观认识,而是通过听取当地提供情况的人所反映的当地人对事物的认识和观点,然后加以分析和整理。它是以被调查者的主体观定向的"④。而客位研究则是"一种从观察者的角度出发,以科学家的标准研究文化的方法。它解释行为的原因和结果,以说明当地

---

① 参见尼尔·J. 斯梅尔塞:《社会科学的比较方法》,王宏周等译,社会科学文献出版社1992年版,第226页。

② 费孝通:《江村经济》,戴可景译,江苏人民出版社1986年版。

③ 陈俊杰博士在其学位论文中对此有着精彩的论述。笔者在写作过程中受到他的启发,改写了原来"非土著能否具有主位角度"的问题。参见陈俊杰:《"关系资源"与农民的非农化:浙东越村的实地研究》,中国社会科学出版社1998年版,第7页。

④ 吴泽霖总纂:《人类学词典》,上海辞书出版社1991年版,第229页。

人可能不承认的信仰,并用比较和历史的观点来看待民族志提供的资料"①。由于涉及如何才能听"明白"和设身处地地理解到"当地人对事物的认识和观点",又涉及要"以科学家的标准研究文化的方法",因而主位研究和客位研究之间始终存在着"张力"。"严格地说来,社会研究中并没有绝对意义的主位研究,研究的真实性程度只不过是这距离(研究者与调查对象心理世界之间的距离)的远近而已。如何在实地研究中把握好主位与客位之间张力的平衡,是一个不易解决的方法论困境。"②如果研究者将自己置于"主位成员"的位置,即以"原土著者"的身份进入自己曾经生活过的社区,用自己在离开故乡之后学习到的科学知识,来实现对本土文化更为科学和深刻的认识,这当然是缓解"张力"较为理想的方式。但是,于研究者而言,主位成员的身份是十分有局限的。且不说由于他是本土社会关系网络中被网住的成员,难于摆脱被"结构"定位的某些偏见,又由于他参与至深因而对社区和社会关系负有道德上的责任,往往会影响到研究的科学性,仅就研究的深入而言,一旦他的研究进入个案积累阶段进而又进入比较研究的阶段,他定会失去其主位成员的身份和地位,要去接触和进入他所不熟悉的环境。因此,于研究者而言,"客位成员"的地位才是一种常态。我在本书涉及的这个村庄中所处的就是"客位成员"的身份,面临的是与"主位成员"不同的难题。作为客位成员,研究者需要根据研究主题的要求和时限,以及对研究环境的知识储备情况,仔细把握是否具有深入到对方生活中的条件,能不能得到村里人,特别是村领导人的通力合作,等等。还要主动训练自己设法进入研究环境、贴近研究对象的能力,花一定的时间去熟悉对象及其所处的文化,而且在尽可能"站在对方的文化环境中,设身处地地理解对方的思想与行为"的同时,还要无时无刻地处在两种文化的比较中

　　① 　吴泽霖总纂:《人类学词典》,上海辞书出版社 1991 年版,第 240 页。
　　② 　参见陈俊杰:《"关系资源"与农民的非农化:浙东越村的实地研究》,中国社会科学出版社 1998 年版,第 44 页。

去处理理解上的"误区"。因此,客位成员在缓解主客位研究之间的张力时,与主位成员很不相同。主位成员是从认同对方的文化、在相互配合的默契中来体味社区的基本价值观念与规范的,只不过他要借助于自己的学术阅历,努力克服"鱼儿在水中游来游去而不知水的存在"的麻木,以保持这种张力,使它相对平衡。而客位成员则是从把对方的文化作为自己的异己力量开始的,是从两种文化(于我而言,既有城乡两种文化又有南北两种文化)的不断比较中观察、发现、体味和认识社区的基本价值观念与规范的,他要努力克服那种由于不能进入对方的生活而使自己的观察流于皮相,或者由于不熟悉和没有默契而造成的"视而不见"或"视而不懂"或主观盲断,从而使张力不要过于紧张,以保持相对的平衡。

　　我对这个个案村的研究差不多自始至终都处于这个张力的强压之下,对应的策略是逐渐调整和改变的。首先是拉长研究的时限,至少留出一段时间做较为随意的观察,同时在间断收集资料的过程中,补充背景的知识和文献资料,让它们与已观察到的生活事件不断地对话和交流。我在1993年初第二次进入村子时,曾带着第一次走马观花引出的研究假设,有目的地收集资料,结果仍犯了先入为主的错误,在开始近半个月的调查中所获甚微,倒是在无意间收集到的资料和在以后20余天相对自然的观察中,找到了很有价值的调查和分析线索。以后由于其他任务缠身,暂时中断了调查,却给了我时间用以补充知识,有条件远距离地审视这个村子。到1996年初重又进入这个村庄时,已经可以或多或少在相互配合的默契中体会村里的许多事物和村里人的价值观了。其次是在几次试错之后,决定放弃那些对自己所不能直接接触的现象层面的拓展,将研究的主题集中在对客位成员来说有可能掌握的范围内。例如不是对社区变迁做全方位的观察,而是以一个中心事件为横切面,扩展对相关的逻辑事件的追踪;尽量掌握反映变迁的客观指标和数据,并从当事人的观念、态度和动机中去了解这些变化;等等。

第二节　"进入"村庄和社区生活

1992 年第一次进入村庄多少是由官方介绍去的，我们的身份是考察者，村里的接待很正式，按礼仪安排会谈和参观。那一次结识了村书记兼董事长潘强恩和他的助手们。第二次进入则以一面之交的"熟人"身份，经过自己联系，得到村书记首肯后，又由他的朋友同时也是我的同学的当地"挂职干部"送我进村。我的身份有了变化，成为朋友加研究者，因此，打算在村里住一阵子，收集些"眼见为实"的资料，研究一些学术问题的想法，很容易就得到了村书记的支持。村书记对我的接纳不只是对朋友和熟人的回报，一个更重要的原因是，他本人就对理论问题有浓厚的兴趣。他不仅有基层党政领导人和企业家的头衔，也是地方上有名气的"乡土小说家"和"农民理论家"，他根据这个村庄的实践提出的"共有制理论"，当时正在地方和全国理论界产生着"轰动效应"。实际上，我们之所以想到要进入这个村庄，进入后谈论最多的或首先了解到的，也是他的这个"理论"。这以后，"学术朋友"的身份使我与村庄的领导人有了更为深入的接触，而且避免了正式调查者与被调查者之间那层厚重的隔膜。我们的谈话大多数是在非正式的场合进行的，村里人喜欢的早茶、饭局、看戏听唱、朋友聚会、走街串巷，都是随意谈话的极好场合。这些谈话中凡有价值的内容，我都在当晚凭回忆记录下来。当然，话题集中的长谈仍然需要正式安排，一般都有笔录，有时重要的内容和事件，也会征得对方同意后，用录音机录制下来。自那以后，通过书记和他助手的引见，我结识了村里主要的干部和管理者，也结识了小村的村长，还访问了诸多的村民家庭。同时也有机会参加了村组织的一些活动，旁听了领导人的谈话，看到了重大事件的会议记录和村里保存的文件资料，开始逐渐深入接触村庄的政治生活、经济生活和村民的公共生活。

不过，作为陌生人，时常让我觉得难以真正进入这个村庄的社区生活，其中首先的障碍，是与村里人之间在穿着、相貌、语言、心理和身份上的距离,这可以从他们对我探究、猜测、冷眼的目光中,从与我谈话时的尴尬中感觉到。有意思的是,一次偶然的事件,却使我找到了缩短这种距离的一个有效方式。第二次进村不久,村书记和助手邀请我参加一年一度的"春茗会",这是村里一年之中最隆重的公共活动之一,由村组织和村公司联合主办,邀请村里所有有身份的人、外商企业的代表和外聘管理人员参加,目的是答谢各方,增进友情。会上的一项重要活动是"抽奖",每人杯盘下都压有一个抽奖号码,奖项的数额不大,是象征性的,但村人却十分看重,认为谁抽到谁就是"有大运气的人",这是当地的一种新风俗。我一直用心观察着这个群情激动、热闹非常的场面。叫我意想不到的是,在最后一轮抽奖中,我的奖号竟中了一等奖中的一个。当我被全桌人哄闹着推到领奖台上的一瞬,我才感觉到这是一次有意义的"亮相"。我被抽号人称作"北京来的朋友"介绍给全场。自那之后的一段时间里,我不时会遇到已认识的或不认识的村里人与我打招呼,也会不经意地提道:"我见到你中奖,你今年有好运气。"之后,总会随便地谈上几句。没有想到一张奖券竟成了最好的"介绍信",一次特别场合的公开露面,竟让村里人在不经意中用他们乐于接受的方式接纳了我。后来我便将参加村里的公共活动作为调查必备的经历,通过参加婚礼、生日庆典、吃早茶、妇女外出游玩、祭祖、选举等重要活动,不同程度地、多多少少地开始进入了村里不同人的生活圈子。

　　调查中国南部的村庄,我并不具备特殊便利的条件,其中各地方言的差别是进行实地调查碰到的最为头疼的困难之一。不过,在陆续调查的几年时间里,亲眼见到了普通话在这个村庄推广的速度,增加了我调查下去的信心。十余年前,村子里的人们除自己的方言外,一般不会讲,也听不懂普通话。20 世纪 80 年代以后,工业的举办将大量外来人口引进了村庄,村里人也以经理、"老板"的身份在深圳①和广东以外的地区跑生意,

---

　　①　深圳是一个非常典型的移民城市,方言在那里几乎绝迹,普通话的确成了最普通的语言。

普通话成了业缘生活中必备的语言,于是在村里推广的速度越来越快。最早一批进入这个村庄的管理人员是几位到深圳闯天下的安徽姑娘,她们告诉我,1989年刚来时,村子里除去一二个人会说一点普通话外,其他人连听也听不懂,她们需要借助于纸和笔与村里的人交流。半年之后,差不多与她们学会说广东话一样,村里不少人,特别是大大小小的干部,都学会了说"沙井普通话",即带有当地口音和语调的普通话。我自己也体验到了这个速度。1992年初访时,村书记的普通话有时让人费解,1993年我再去时已大有进步,不过那时与小村村长谈话仍需村里的年轻干部当"翻译"。1996年再去时,已可以直接与他们谈话,这时的村里人除去老年人和不工作的妇女外,大多数人都能多少用夹杂普通话的地方语与人交谈(平时他们绝不情愿使用这种语言)。村里新建的幼儿园的门口,贴着的一条标语"进门请说普通话",表达了村里人对推广普通话的决心。据说这不仅是对幼儿的教育,也是对家长的要求。当然,这个生活事件的变化,不仅给予调查者相当的便利,也是社区生活变迁的一个写照。不过说到深处,语言仍是客位调查者难以全部逾越的障碍,因为方言几乎就是社区生活的一个部分,不管调查者如何努力,外地口音本身就是你与村里人之间的隔膜,同时你也无法凭听觉来自由地接触他们细微琐屑的日常生活,体味他们透过言谈嬉笑表露出的微妙深刻的文化韵味和价值观念。不得已,我只好放弃了对因此而阻止我进入的那些生活层面的深入研究。

"居住地点",是现时在发达地区的村庄进行调查时遇到的另外一个难题。在初入村庄时,我曾多次要求能安排我住在村民家里,但几经努力终归失败。村书记告诉我,现在不讲"同吃同住同劳动",因为村民家里吃的住的都比你在村子的宾馆里好,再说现在大家都有工作,白天关门上锁,谁给你做饭吃呢?后来我还了解到,外来人口大量进入村庄带来一些新的社会问题,再加上文化上的差异,村里人一般都不愿意外人住进自己的家里。因此,在我全部的调查过程中,也没有在村民家里住过一天,始终住在村头一家村办的宾馆里。我也因此而放弃了深入研究村民家庭生活、家庭关系和邻里关系方面的问题。不过,住过几日之后,我却也发现宾馆是村民现时生活,特别是公共生活的一个重要场合。广东人有吃早茶的习惯,早茶既是一种食文化,现时也是一种商文化,许多人的业务就是在吃早茶中谈定的。生活水平提高了,村民也都愿意上宾馆聚早茶,据说有一半以上的村民隔三岔五要上那里聚一次。另外村里人的婚礼、生日宴、祭典、村组织的重要宴请等都是在宾馆里操办的。宾馆对面的剧院是村里又一处重要的公共活动场所,村民大会、村剧团演出、外来人的娱乐活动都在那里进行。因此,这种居住方式无意间又让我有机会接触到村里大多数重要的公共活动,这也是促使我将观察的重点放到公共生活领域的一个重要原因。

在整个调查过程中,最不能忽视的是在村里结识的各种新朋友,他们往往是引我进入社区生活、帮我理解各种问题、提供可行办法和有价值建议的最好"向导"。我的朋友中,有做"总裁(村书记兼董事长的最新头衔)助理"的外聘大学生,她经历了这个村庄实行股份合作制、创建集团总公司、尝试自办各类产业、探讨"共有制"理论和实践的重要过程,我在村中的生活和调查事宜都是经过她的手安排的,她所给予的帮助和指点是最为珍贵的。有20世纪70年代在村里"插队落户",后来真的嫁给了村里人的广州知青,我称她作"最后的知青",现在已经做了村里小学的校长;她作为真正的外来人被同化在村庄里,却又保持着"两栖"文化的独特视野,她对村里人和村里事的独到见解对我深有启发。有村里的文书和在村公司工作的本村年轻人,他们土生土长,身上留着家族和乡土的烙印,由于"有文化""头脑新",对"闯外面的世界"、婚姻、前途有他们自己的一套看法,特别是他们中的一些曾被送到北方一所学院"读过大学",做过一阵子离开故乡最远的人,新的阅历使他们对本土的文化有新的认识,与他们交往,不时会感受到新旧文化冲撞的力量。还有长期在村公司工作的外聘管理人员,他们曾经与村庄共同经历过创业和守业的艰辛,也是努力将现代企业管理经验和外来文化带进村庄,实际地参与村庄改造的人。再有曾被村里接纳的第一个"空挂户",也是村里唯一一个当过村干部(妇联主任)的外来人,现在已经当了幼儿园园长,她曾陪我入户访谈,她讲述的特殊经历也使我对村庄文化有了进一步的认识。当然,还有"打工仔"中的佼佼者,因为写"打工文学"在那一带小有名气,现在给村办刊物当编辑,他对"打工仔"的生活有着深刻的体验和与众不同的看法,他曾带我访问他在村中打工的同乡,了解他们的生活方式和想法,以及他们对村里人和事的看法。

第三节 资料

研究这个村庄的资料主要有以下类型和来源。

一、村档案

这个村庄的行政沿革几经变动,历史资料已失散各处,如与同镇的坐岗村曾合为一个生产大队,经济和行政管理的中心主要都在坐岗村。领导人和会计几经更迭,每更换一次,前任时期的有记录的文字资料就"流失"一次。村里近年办起了"文展馆",征集的历史资料中属统计类的只有20世纪70年代初的几本户籍册,由此可以想象寻找历史资料的难度。80年代以来的资料尚有专人保管,包括统计报表、会议记录、文件汇集、规章制度文本等,成为研究这一时期工业化、股份合作制和"共有制"的重要依据之一。

除去这些常规的村庄统计资料和文件外,研究所用的村存档案资料中还包括以下内容:

1. 新增统计资料。包括有:暂住人口登记册,原由村治安队外来人口办登存,现由镇驻村暂住人口办登存;村民房屋出租(出租给外来人经商用或居住用)登记,由村治安队登存;民事调解案登记,由村委会民事调解委员会登存;以及村集团公司的行政人员登记、村民就业要求及安置情况登记、物业情况登记和经济统计资料;等等。

2. 家谱。村里原无完整的家谱和续谱,但修谱和续谱的事近年提得越来越迫切。现已有经陈聚仁先生（现任村办刊物主编）点校、注释和修订的追溯潘氏渊源的《万丰村（万家萠）潘氏源流》；彭全民先生正着手增修的《万丰村潘氏家谱》，已有大纲和部分手稿；福永镇怀德村重修的《潘氏家谱》，该村潘氏与万丰村潘氏为同一祖宗。

3. 村文展馆收集的文字、实物和图片资料。村办文展馆在国内尚属少见①，文展馆虽只初具规模，但所收资料仍为了解和研究村庄提供了有价值的线索。

二、文献

包括三部分：

1. 有关研究主题和研究地点的一般性著作和论文（见参考文献）。

2. 有关调查村的专门文献。20 世纪 90 年代以来，我所研究的万丰村因其"共有制"实践和理论在全国出名，吸引了不少作家和学者前去探究，所出作品已有几十种，主要有文学作品和理论著作两类，它们从不同学科的视角和层面所做的描写和论述，虽然与本书的研究实有差别，但却为我了解村庄所处的时代背景以及宏观理论和"共有制"理论，提供了最好的帮助。

3. 村办刊物《万丰文讯》。这虽是一本内部的综合性刊物，内容多样，尚属初办，但其中有关村庄的大事讯和纪实性的报告文学作品及工作报告，一直为我收集资料提供着重要线索，也成为研究引证的重要依据。

三、访谈和实况记录

这是本书研究所依据的最主要的资料。在村中接受访谈的主要有村干部、村公司部门负责人、厂长、外商、外聘管理人员、村委干部、会计、文书、小村村长、村民、打工者、经商店户、农业专业户等，以后则集中在逻辑事件涉及的人和事，访谈人次百余。访问的机构主要有村委会、村股份总

① 孙小宁：《万丰的文化景观》，《中国文化报》1996 年 3 月 31 日，第 3 版。

公司、村治安队、学校、医院、幼儿园、村市场管理部门以及区、镇驻村的有关机构,如暂住人口办、派出所、农业银行驻村分理处、驻村邮电所等。此外还访问了沙井镇和宝安区政府的有关机构。1996 年追踪调查时,又追访了其中部分人和机构。

访谈一般不采用座谈会方式,而是以一对一聊天的方式进行,大部分有当场记录(一般事后仍需补充和修订),也有相当数量的记录是每晚根据回忆补记的,与村书记的谈话在后期留有录音记录。

另一个重要的记录资料,是对村里重大活动和访问场景的实况记录,包括照片、录音和事后补记的现场印象。我在村里的调查,分别在 1992年、1993 年和 1996 年秋季和春季进行,总计近三个月时间。由于工业化的原因,季节周期已不像农业时代那样重要,但一年之中春季仍是村中重要活动最为集中的时期。我的两次较长时间的访问都集中在 2—4 月,这期间是村里最重大的社交活动(春茗会、团拜会、宴客会)开展的时间,也是婚礼(春节前后)、祭祖(清明)、选举(人民代表)、工厂辞工招工、"打工仔(妹)"离村返村、外商出入、股份分红等较为集中的时间。有关这些重要活动的场景和访问村民家庭的现场记录,都成为我研究这个村庄的珍贵资料。

第三章　调查的村庄

第一节　调查村域的界定

费孝通教授在调查村庄经济时指出,选择调查单位应考虑两个标准:一个是出于实际的考虑,调查单位应该是"调查者必须容易接近被调查者以便能够亲自进行密切的观察"的范围;另一个是出于研究的考虑,调查单位的大小"应能提供人们社会生活的较完整的切片"。

按照社会学家和人类学家的考虑,如若研究的是"人们的生活"和社区的活动,"在这种研究的最初阶段,把一个村子作为单位(研究中心)最为合适"。这是因为"村庄是一个社区,其特征是,农户聚集在一个紧凑的居住区内,与其他相似的单位隔开相当一段距离(在中国有些地区,农户散居,情况并非如此),它是一个由各种形式的社会活动组成的群体,具有其特定的名称,而且是一个为人们所公认的事实上的社会单位"[①]。

我选择村庄作为观察的客体,正是出于这样一些考虑。不过,中国目前的村庄实际上分为两层结构,一层是"事实上的群体",即自然村,另一层是由数个自然村联合而成的负有行政职能的行政村。哪一个才是现时"社会生活的较完整的切片"呢? 这就要看研究的问题是什么了。我所关注的"工业化""非农化",以及"内生结构与外来组织的交融"等涉及农民现实生活的变迁过程,在单一的自然村内已经难以完成了。工业化,特别是大工业进入村庄,使村民的业缘关系、组织活动和公共生活扩大到行

[①]　费孝通:《江村经济》,戴可景译,江苏人民出版社1986年版,第5页。

政村的范围,新的公共服务设施、福利设施和住宅等基础设施,以行政村为单位来规划和建设也更为经济、有效和便利。新的经济组织也往往在行政村基础上组建,才能集中利用土地和劳动力资源,才有条件形成实力强大的"集团公司",对外的信誉和扩张也才更有基础。总之,自然村已经不是我所观察的这类村庄经济生活和社会生活的较为完整的"切片"了。虽然,行政村一般不是一个自然形成的"事实上的群体",但却往往是大工业(非家庭或作坊式的手工业)进村之后形成的更为完整的利益群体和业缘群体。

同时,我所研究的这个行政村不同于一般的行政村,它原本就是一个由单一家族构成的大自然村落,这又使它作为一个"事实上的群体",一个"事实上的社会单位"的性质和功能更加完整。并且,村庄作为外来行政体系的最末一端,与内部家族群体之间交融互助,本身又构成了这个村庄社会生活的另一个重要面相。

这个行政村不同于一般的行政村,还因为它事实上已经发展成为一个"超级村庄",在行政村原来简单的组织框架之内,生长出了结构复杂、不断增生功能的庞大的行政和经济组织。事实上,行政村已经容纳不下它日益扩展的经济活动,它的经济网络的边界早已扩展出去了。可以将它的基本特征归纳为①:(1)已经形成以乡镇企业为主体的非农经济结构,工业产值和非农产值已占村庄全部产值的绝大多数,成为产值过亿乃至十几亿的发达村庄;(2)已经形成稳定的可用于村政和公益事业的"村财"收入,具有初步的"准政府"的村政结构和职能,如经济的、仲裁的、村政的和福利保障的结构和职能;(3)村社区的经济组织开始采用现代集团公司的模式,迅速向村庄以外扩展,经济的触角已经伸向城市和境外,甚至以参股的方式渗透到大中型国营企业;(4)村社区的人口成倍增长,聚集有大量的甚至已超过村民人口数倍乃至十几倍的外来劳动力;

---

① 笔者与陈婴婴已对超级村庄的基本特征做过详述,参见折晓叶:《村庄边界的多元化——经济边界开放与社会边界封闭的冲突与共生》,《中国社会科学》1996年第3期。

(5)社区内部已形成以职业多元化为基本特征的社会分层结构;(6)村政设施和公益事业发展迅速,村民的生活方式和文化价值观念已经发生了变化,新的生活方式和价值观正在形成。在一些地方,这类村庄的发展已有超出乡镇的趋势,正在成为新的经济和社会文化中心,等等。

这个村庄如此地不同以往,我的研究就有可能以村庄为中心,追随事件的发展,进而走出村庄,触及它在村域外的社会经济网络,涉及村庄与外部世界的关系。

村庄与外部世界的关系本该是题中应有之义。因为我们"把村庄作为一个研究单位,这并不是说村庄就是一个自给自足的单位。在中国,地方群体之间的相互依存,是非常密切的,在经济生活中尤为如此"①。更何况眼前的这个村庄与更大范围的外部世界有着更多更直接的交往,甚至可以说,在最近十余年中,这个村庄已经进入了跨地区、跨城乡的国内市场体系,宏观经济的政策思想和资源以及产物已经深入了这个离中心边远的村庄。又由于与香港在经济上有密切的联系,促使它进入了世界贸易的大体系。外贸经济的资金、设备、原料和经营意识也已经涌入了这个沿海的村庄。国内和国际市场给予的机会和经济竞争以及压力,无疑是目前这个村庄变迁的重要因素。

当然,在一个有限的区域内,在一个村庄里所进行的调查,不可能对外来力量本身的分析有什么贡献,调查者也不可能用宏观的眼光来观察和分析这些力量产生的种种影响,例如,由于国际市场供需关系的变化引起了技术改革、设备更新和产品换代,进而引起外来工厂破产,内地工人失业,村民收入减少;或由于国家宏观政策调控引起了银根紧缩,投资减少,进而引起了村庄以大量投资购买的土地和建造的物业的闲置;等等。虽然对这些问题本身的分析不是身处村庄的调查者的任务,但实地调查者却有机会尽可能全面地记录下这些外来力量对村庄生活的实际影响,并且尽可能地在分析这些实际情况时与其他学科的宏观分析进行对话和

---

① 费孝通:《江村经济》,戴可景译,江苏人民出版社1986年版,第6页。

讨论,以使这两种研究相互补充和印证。①

第二节   区域背景和经济地理

我所选择的调查地点叫万丰村,它坐落在广东沿海"沙田平原",位于珠江出海口东北角,广深公路北侧,在广州东南约135千米、深圳西北约55千米的地方,其地理区域属于"现代珠江三角洲"。这个地区是由于江河带来的泥沙在海湾内堆积,逐渐从大海中浮长出的陆地(有些还是靠人工围垦而成的)。这种冲积而成的复合三角洲,地形复杂多样,除广大肥沃的冲积平原外,还有五分之一的面积为丘陵、低山和残丘,在珠江口外还环列着许多大小岛屿……复杂多样的地形和多种的土壤构成,十分有利于经济的多种经营。土壤肥沃、土层深厚的广大冲积平原有利于耕作业的发展;坡度平缓的丘陵、台地和海岛等适宜亚热带水果的种植;散布在平原上的一些山丘,由于地势较高,不易水淹,且地质基础好,是城镇与工业发展的良好用地。②

万丰村就地处这个复合三角洲的冲积平原和丘陵交合的地带。相对于"沿海"而言,它实际上是个"内陆"村庄。那里人口密集,村落散布,大村的人口在1000—2000人不等,小村的人口仅有300—900人不等。每个村子与邻村大约相隔走10—20分钟路的距离。近年各村都引进了工业,扩大了村子的规模,已有6个村子与万丰村几乎连成了一片。在十数到20个村子的中心地带照例设有镇,万丰村所归属的镇叫沙井镇,处在村子以北约8千米的地方。在村子以南10余千米处是邻近的福永镇,在东北不到20千米处是松岗镇,它们都在这个村庄通婚圈的范围内。最近十余年来,这一地区的中小城市、乡镇和村镇发展都很快,城乡之间也已

① 费孝通:《江村经济》,戴可景译,江苏人民出版社1986年版,第6页。

② 参见王光振等主编:《珠江三角洲经济社会文化发展研究》,上海人民出版社1993年版,第2页。

经连成一片。凭借高速公路,从万丰村乘车到宝安区(原县城)仅需 40 余分钟,到深圳市需一个多小时,到广州也只需两个多小时,当日可以往返。

这个地区的传统产业是种植业和渔业。"珠江三角洲地区绝大部分位于北回归线以南,地处南亚热带,濒临南海。其气候特点是高温多雨,光照充足,热量丰富,雨量充沛且水热条件配合良好。三角洲中部年平均气温为 22℃ 左右,最冷月平均气温也在 13℃ 以上。霜日仅二三天,大于 10℃ 的活动积温在 7600℃ 以上。多年平均降水量在 1700 毫米以上。这样丰富的光热、水资源,可充分满足双季水稻、甘蔗和各种亚热带水果的生长需要,蔬菜全年都可以生长。"①这个地带显然对发展农业有良好的条件,几千年来随着"修筑堤围,围垦造田",种植业和渔业得到很大发展。从那里墟镇、圩镇和村落密布和物产丰富的历史中可以看到,农业和农贸曾是这一地带命脉所系的主导产业。万丰村在历史上就是群集在这里向土地讨生活的无数个村庄中的一个。

不过,这一地区的经济发展并未因农业资源的丰富而有所突破,其中原因之一仍是它所处的地理位置。珠江三角洲八门入海,万丰村靠近其中最大的入海口,由此经深圳与香港毗邻,有着独特的地理位置。港澳素来与这一地区有着密切的联系,居民中大部分来自三角洲地区,万丰村就有近 1200 人在香港谋生。这个独特的地理位置曾带来过双重的影响。历史上因这里是"扼外洋要害之冲",清初的"海禁"与"迁界"持续了 20 多年,给沿海居民的生产和生活带来了深重的灾难。"据当时的《新安县志》记载,清初的新安县,经常发生饥荒,饿死居民无数。其中顺治五年(公元 1648 年)发生大饥荒,深圳地区粮食价格飞涨,每一斗(约 5 千克)米卖到白银一两二钱,相当于常年的十多倍。当年,有的乡村,甚至发生人食人的惨痛事件。在这次饥荒中,新安县饿死的居民超过半数,在一些

---

① 参见王光振等主编:《珠江三角洲经济社会文化发展研究》,上海人民出版社 1993 年版,第 15 页。

乡村里,甚至空无一人。"①以后"复界",到乾隆年间人丁、商贸复又发展。不过,"沿海防卫"的政治地理位置一直限制着这一地区的发展。直至改革开放以前,深圳地区仍是"一汪水田,一泓鱼塘,一片荒草",农村经济发展十分缓慢。"在极'左'路线盛行的年代,作为'政治边防'典型的深圳,人民生活十分贫困,村民年均收入仅有 100 元左右。不少人被迫背井离乡,出走香港和海外。"②万丰村里有千余人就是在那个年代"远"走香港的。

这个地区在中国经济上取得开创性的主导地位,是在 20 世纪 70 年代末试办改革开放的经济特区之后,也是得益于它独特的地理位置。经济特区的建立,使这一毗邻香港,又位于太平洋西岸国际海运中间地带的地理资源,转化成了巨大的经济地理优势。作为沿海地区,通过与香港发展贸易,它的重要性与日俱增。最近十余年来,它对中国经济和改革开放一直产生着巨大的影响。

这种影响对地处其境的万丰村更是直接而深远,其中具有转折意义的是门户的开放,把香港等地区和其他国家与成百上千个像万丰村一样的村庄直接联系了起来,契机就是几千家③"三来一补"企业从香港等地直接进入了这些村庄,从而彻底改变了这些村庄的命运。

所谓"三来一补","三来"通常是指来料加工、来件装配、来样(来图)生产,规范全称应是对外加工装配;"一补"是指补偿贸易。这种业务的特点是,对外加工装配的原料和成品两头在外(主要是香港,以后扩大到台湾及欧美等 24 个国家和地区),以便于直接进入国际贸易市场。生产加工基地则设在深圳等沿海开放地区,以便于借助那里良好的人文地理环境,就地利用那里廉价的土地和劳动力资源。这种业务带有某些跨境经济合作的性质,"是由外商提供原料、辅料、零部件、元器件、包装物料,

---

① 深圳市教育局教研室编:《深圳史话》,广东教育出版社 1990 年版,第 8 页。
② 深圳市教育局教研室编:《深圳史话》,广东教育出版社 1990 年版,第 67 页。
③ 据统计,仅宝安区(原县)在近 16 年就办有近 4000 家"三来一补"企业,就业人数达 30 余万人。参见李丁财:《"三来一补"在宝安的实践与探索》,海天出版社 1995 年版,第 6 页。

由我方按外商的要求进行加工或装配,全部成品交还外商销售,我方收取工缴费(加工费)的业务"①。

这种业务大量地办在村庄里,似乎顺应了"内""外"两方在经济发展上的不同需求。20世纪80年代初期,正值香港产业结构转换时期,有一大批劳动密集型产业需要寻找新的生产地,以缓和劳动力价格急剧上涨的矛盾。而像万丰这样的村庄,农业几无积累,也没有多少"社办工业"的基础,却有着为数众多的农业剩余劳力和可用作工业的丘岭荒坡地。于是,这种"三来一补"性质的企业很快就进入了万丰这样的村庄。这种工业与农业之间没有直接联系,不需要考虑原料、销售、设备和技术管理等问题,对于没有办工业基础,刚刚从农田里拔出泥腿的农民来说,是一种最容易接受的工业。后来,虽然在学者和政策决策者中间,曾对引进"三来一补"企业的利弊有过较长时间的争论②,而于农民来说,考虑的则是最实际的利益。不过,从他们后来逐渐把劳动密集型项目转变成劳动与技术密集结合型项目,把收取厂租赚得的钱投向自办产业来看,农民的眼光也在日益变化,他们盯住的绝不只是眼前利益。因为,外来企业已经将村庄的土地变成了水泥地面,将"物产"变成了"物业",而它们自身又受到国际市场和国内政策变化的强烈影响,一旦不复存在,村庄将面临怎样的命运呢?这个问题从今往后将永久地摆在村民面前,成为他们必须认真加以对待的问题。

从目前而言,"三来一补"企业进入村庄,并且在经济上占据了主导的地位,就彻底动摇了村庄的农业基础,也使残存的作坊式手工业破产。对外加工装配业的"国际合作"特点及其最近十余年来的兴盛不衰③,就形成了我们目前所分析的万丰村的经济生活背景。

---

① 李丁财:《"三来一补"在宝安的实践与探索》,海天出版社1995年版,第4—8页。
② 李丁财:《"三来一补"在宝安的实践与探索》,海天出版社1995年版,第4—8页。
③ 李丁财:《"三来一补"在宝安的实践与探索》,海天出版社1995年版,第4—8页。

第三节　村庄的概况

　　现在让我们交代一下村庄本身。先从它如何成村说起。据有考证的说法,万丰成村已有 600 余年的历史,是一个单姓家族的迁居地。"族姓潘,其源于西周姬姓,原籍陕西。因其一支封于河南荥阳潘地,遂改姓为潘姓。潘姓在河南分成若干支系,其中一支分向河北大名,数支分往江苏、江西、福建、广东及全国各地。万丰支系是北宋潘美后人于南宋末随宋帝昺流徙广东,定居于万家萌(现万丰村),绵绵繁衍,以至于今。"①

　　万丰村原名"万家萌村","萌"是方言,意指水泊和草滩,表明村庄那时所处的自然环境。"万家"也是后改的名字,明永乐年间(1403—1424年),五世祖义察潘公(万丰村开基之祖)自福永镇怀德村迁居来时,今万丰一带称"万家萌",又名"邓家萌"。后在万历年间(1573—1620 年),十世祖甲第潘公改邓家萌为"万家萌",意为潘氏后代兴旺发达,越发越多。清康熙元年(1662 年)实行"迁界,万家萌村民被迫背井离乡,外移他处"。康熙八年(1669 年)始复界返乡。② 再后来,在合作化时期,由村长定夺将村名改为"万丰",以表达希望"年年丰收,永世兴旺发达"的心愿。

　　潘姓几乎是村户唯一姓氏,只听说还有一户姓黄,早先是潘氏族内的家佣,后来获准定居在村内。潘姓在村子中心建有祠堂,祠堂匾名"钟山堂",与今福永镇怀德村的潘姓"怀德堂"、东莞清湖村的潘姓为同一支系。潘氏在万丰这一支又分为四个房,繁衍至今,各房代数不等,但均在20—28 传。历史上为防战乱、天灾和人祸,也为节约土地,各房群集一处居住,形成一个大的自然村落。历史上各房之间的界限仍很明确,不但居住相对集中,有"街""道"相隔,而且各房还建有各自的祠堂和活动中心。房不但是家族内的血亲单位,也是经济和社会事务的管理单位。以后几

---

　　① 《万丰文展馆文字说明》,《万丰文讯》1996 年第 21 期。
　　② 参见彭全民:《万丰乡历史沿革表》,1996 年。

经变动,房之间的各种界限逐渐淡化,但历来的行政建置,如 1949 年后的生产队、小村和小村合作社基本上仍以居住相对集中的房为基础。只有第五村情形较为特殊,由各房杂合而成。

万丰村的行政沿革历经变动,明万历年前,曾属东莞县管辖,之后一直属新安县(后名宝安县,现宝安区)管辖。20 世纪 50 年代末所属公社兴修水库时,把万丰村与邻村坐岗村合并为一个生产单位,更名"大队",后复又分为两个大队。① 80 年代中撤销公社,恢复区(镇)、乡建制时,万丰村曾设"乡"建置,1987 年后改设行政村至今②,为沙井镇辖范围内的一个村。

该村土地的总面积为 6.8 平方千米。土地原来可分为两部分——庄稼用地和居住用地,20 世纪 80 年代开始建厂办工业后,耕地逐年减少,原来在村子内外围分布有大大小小许多个鱼塘,后也逐渐填平,用来建住宅。目前,村内大部分的土地已经为水泥地面所覆盖,上面密布有众多的工业和民用"物业",它们形成了村庄新的景观。

村子呈一南北向的狭长带状。住宅区原来只占土地很小一部分,集中在村子东北头,沿两条主要街道分布,旧宅约有 2500 间。后来,这些旧房租给外来打工的人居住,村民的新住宅一部分在旧宅上翻新,大部分则移往内村,不断扩大。后建的厂房用地替代了原来的农业用地,几乎占了村中大部分土地,主要密布在村子的西南部。为便利工业和民用,村里的道路延展很快,主干道已由原来的两条扩建到纵三道、横两道,与通往外界的大公路相互连接。除去一条原来的旧街尚保留原貌外,其他几条都已大大延长和拓宽了。后起的新村基本城市化,道路便利通畅,住宅和厂房(工业区)规划有序,与老村首尾相连,中间隔有新建的一个大公园。老村尚未完全改造,在那里多少还能看到一些村落以往的旧貌和情调。

村里的公共活动场所有好几处,明确地分为民用和商用两类。民用和旧用有一部分是重合的,地点就在老村子中心的潘氏祠堂。祠堂白天

---

① 《万丰文展馆文字说明》,《万丰文讯》1996 年第 21 期。
② 宝安区志编纂委员会编:《宝安区志》,1996 年。

是老人活动的场所,晚上来的村民则老少皆有(妇女很少在祠堂里活动,她们多在家里聚会和祭拜祖宗),主要在那里打牌、看电视和议论村内外的大小事情。每逢祭祀日,特别是境外的潘氏后代回乡祭祖,都要在祠堂内举行重大的活动。这一类的活动解放后已经减少,"文革"中绝迹,20世纪80年代祠堂修复后重又开始。除去全村的大祠堂外,村里还保留着另外两个祠堂,分别属于一村和三村,那里也常是小村的办公地点和村民集体活动的场所。祠堂外有一块空场地,搭有一个土戏台,曾经是全村聚会的地方,以前常放映电影和上演当地流行的戏剧,也召开过社员大会和村民大会,现在已荒废,因为这类活动已移至村东头新建的设备良好的大型影剧院里。80年代村里还自办了粤剧团,剧院便成了他们演出的专门场所。

商用的公共场所主要提供给来村里办厂、搞业务的各类人员,有三家设备和功能齐全的酒店和宾馆,都是村内最高大显眼的建筑,分别建在村子交通最便利的北口和南口,其中一所设在村股份集团总公司大楼上层。村里每年春节前后都有几个大型的"春茗会""团拜会",就在这类场所举行。

村委会设在老村中心区,与村集体办的"发展总公司"合为一处。紧隔壁是小学,占有二层楼的校舍。离学校走五分钟路的地方新建有一所现代化装备的幼儿园,据说其幼教水平在深圳市都属上乘。

村里新的公共机构还有医院,分为门诊部和住院部,门诊部在老村区,住院部设在工业区内。除此而外,村里还有几家外来的机构,如银行、保险公司、信用社、邮电所等。镇里的公安派出所也有一所设在村内,与村办的治安队形成联防区。

商店和市场是村里另一种重要的设施。村内有大小商店400余家,主要沿老街设点,服务的对象主要是来村内打工的外来人。另在村西侧的主干道上也辟有商业街,但因受到当地投资潮落的影响,连同一座新建的商业大厦一起都尚未启用。村中还设有三个农贸市场,一个设在老村区,另外两个设在工业新区,也主要是为村民和外来的打工人员提供服务。

所有这些新的公共机构都设在老村住宅区的外围和新建的工业区内。它们的数量、种类和分布位置充分说明了村庄变革和社区生活的变化过程。

第四节　村庄的人口和职业

在"移入民"(实为流动的暂住或常住人口)日益增加的南部,村庄的人口变成了一个含糊不清的概念。虽然"村里人"和"村外人"之间,以户籍(更准确地说是"村籍")为准,分得清清楚楚,但是"村庄人口"中如果不包括暂住或常住在村里从事经营活动或打工的那部分为数庞大的外来人口,就不能完整地刻画村庄实际的人口特征和社区生活。因此,我们暂且把两部分人都列为村庄的人口,分别加以观察。

先看村里人。户籍人口是"本村人"的基本范围,现有 2035 人,其中女性 1120 人,男性 915 人,性别比为 122.4∶100。劳动年龄人口(18 岁以上,男 60 岁、女 55 岁以下)1043 人,其中男性 419 人,女性 624 人。村里 1968 年以前出生的人中大部分没有受过太多的教育,高中毕业生不足 10 个,文盲有 40 余个;之后出生的人中绝大部分受到过高中教育,从 1992 年开始,村里又出资陆续送 50 余名村民子女到大专学校去培训,已有 32 人毕业返村,村里有了第一代受村人承认的"大学生"。

村里人除去四到五户仍从事养殖业外,绝大部分劳动人口都已从事非农职业。他们的主要职业是公司和企业的管理人员,一小部分人经商、"做生意",或者搞运输业。

除去户籍人口之外,村里人对"本村人"的称谓里还包括千余名 20 世纪 70 年代离村,现在香港的原村民,他们大部分人家小仍留在村里(这也是人口中女性比例较大的原因之一)。除去因为血亲的认同和情感上的牵扯还把他们称作本村人外,实际上他们已与村庄的在册人口在身份上有了本质的区别。作为新的利益共同体,村民们在经济利益关系上和新的社区文化上都已将他们入了另册,他们不再是实际上的本村人。

村民观念中还有一种"本地人"与"外地人"的区别,这与当地人的文化特点有关。首先,本村人大都说一种叫作"沙井语"的当地土话,据说在沙井一带说这种话的约有 50 000 人。这种话介于白话和宝安地方话之间，一位当年嫁给村里人的广州知青告诉我，她刚来时完全听不懂村里人说的话，好在这种话与白话是一个语系，很快也就可以听明白了。村里人首先把说这种土话的人称作"本地人"。其次，本村人历史上的主要通婚圈是在说这种话的人的范围内，他们的生活方式和价值观念最为接近，因而受到最多的认同。后来随着通婚圈逐渐扩大，"本地人"的范围也有所扩大，当然不是与通婚圈完全重合，只是扩大到宝安县（区）内更大的范围。随着最近十余年村里人与外界的往来和关系日益增多，"本地人"的观念已经有所淡化，但在通婚时还是受到村人的重视。如果用所有住在村里的人来界定村庄人口，那么外来人占了这个村庄人口的绝大多数。他们包括住在村里开店做生意的外来商户、村公司和厂商招聘的外来管理人员和在工厂做工的"打工仔（妹）"，人数已有 40 000 余人。他们的共同特点是：第一，没有本村户籍，不享有本村的一切福利待遇；第二，为数相当的人常年在村里工作，但无条件也不准备"移民"该村，随时都准备离去；第三，不说当地话，与非工作圈子里的本村人没有来往，居住的地方与村民相对隔开。因此，他们是村人眼中地地道道的"外来人"。

在上述三类人中，外来商户与村庄的生活最为贴近。他们在村里租房开店，收益颇丰，生活最为稳定，一般都带有家小，有的已在村里住了十几二十年。开店的外来人大多来自潮州，他们的精明能干往往令村里人赞叹。村里人自己也开有店铺，大多是利用自家沿街房屋的优势，为不愿进厂做工或不宜做工的妇女找一个赚"顺手钱"的机会。他们与外来商户之间在生意上多有竞争，但因村里赚钱的机会很多，各赚各的，彼此也相安无事。现在村里的店铺已增加到 400 余间，外来商户增加的数量远比村里人多。①

外来人的职业范围中，有一部分与农业有关，这是在乡村工业化程度高的发达地区普遍出现的新情况。本村专业户请的帮手和承包村中菜地

---

① 参见《万丰村店铺统计表》，1989 年 8 月 16 日。

的,全都是外来人。

外来人中从事管理类工作的也只占很少部分,主要是村办股份总公司聘用的专业技术和行政管理人员,共有 26 人。另有一部分是外商在国内聘用的高级技术人员和管理人员,这部分人数不详。他们从事的职业范围是很固定的,主要是文秘、会计、行政管理、专业技术等。

外来人中绝大部分是来村中工厂做一线操作工人的,大约维持在三四万人。书中将有专门章节讨论他们的问题,这里只将他们大概的职业范围加以交代。他们中只有少数人能在一线工作若干年后提升为生产线"拉长"(厂里最初级的生产管理人员,负责一条生产线的工作监督)和技术工人,其中个别极出色的也有可能再提升到中级管理人员的职位。一位"打工仔"曾非常自豪地给我讲述过村里一位来自四川的"打工妹"如何从一线奋斗到业务主管的故事。绝大多数"打工仔(妹)"只是在厂里做熟练工的工作,他们流动性很强,只有做到技术工人才会较稳定地留在村里。不过,打工人也有进入村庄的另一种渠道,即婚嫁,虽然这个村庄有自己传统的通婚圈,但是娶能干漂亮的"打工妹",近年在年轻男子中很时髦。我在村中已找到 24 个新媳妇出身于"打工妹",她们多在村内的工厂从事过初级管理的工作,因而与本村从事工厂管理的男青年有更多的接触机会。

第五节　村庄的代表性

这个村庄在我所调查的区域具有一定的代表性,有下列特点和值得研究的问题。

一、万丰村是单姓家族群居的村庄

在中国南部,单姓的家族村庄是乡村社会的一个主要构成部分,这与历史上几次重要的中原向南部的政治移民有直接关系。客家人的村子一定是单姓的,他们群居的土楼为世人所瞩目。在深圳一带,客家人多住在地势较高的东部靠山地带,村子较小。而在西部的平原丘陵地带则住着以说粤语为主的居民,一个村子里村民的姓氏也比较单一。由于平原地势平坦,易于大规模的群居,因此单姓村庄的规模都比较大。单姓大村聚居是那里的一大社会特征。以单姓大村为特征的居民大多是宋末从中原迁徙而来的移住民。我所调查的村庄就是以同样方式在那里群居的成百上千个单姓村庄中的一个。

我们目前尚无大范围内单姓村庄的有关资料,也不知道它们在那个区域的全部村庄中所占有的比例,不过万丰村所属的沙井镇的单姓村资料,已经提供了相当清楚的说明。我了解到,沙井镇的居民主要有三大姓氏,陈、曾、潘①,分住在全镇 26 个行政村中的 21 个单姓村庄里(见表3－1)。显然,单姓家族村庄在所调查的区域是具有代表性的。家族特征无疑对这一地区村庄的社会结构有着深远的影响。又由于中国村庄在社会构成上主要分为单姓、主姓和杂姓几种,单姓村庄在南部以外的地区也有程度不等的分布,因而这个村庄的资料又有着比较上的意义和代表性。家族是中国村庄最基本的社会构成之一,在乡土社会性资源匮乏和发展迟缓的状况下,外部的政治、经济和体制上的强制力,并不能使村落家族文化的内在逻辑真正消亡。② 那么,物质生产力的高度增长以及由此带来的其他变革,是否一定会动摇村落家族文化的基础呢? 万丰村是家族形态发育完整,并且经历过数次政治变革,家族的自然结构至今仍与行政和经济组织结合完好的村子之一。因此,可以把它作为中国乡村社会结构变迁过程中有代表性的例子,特别是作为乡村工业化过程中传统社会结构向新的企业制度延伸的例子。在中国目前仍然进行着的乡村工业化过程中,亲缘关系和家族结构有着实际的作用和深远的影响③,但是至今很少有人在全面了解村庄社会组织的同时,对这种作用和影响是怎样发

---

① 沙井镇政府办公室编:《综述》,载《深圳市宝安区沙井镇简志》,1995 年。

② 王沪宁:《当代中国村落家族文化:对中国社会现代化的一项探索》,上海人民出版社1991 年版,第 65 页。

③ 参见郭于华:《农村现代化进程中的传统亲缘关系》,《社会学研究》1994 年第 6 期。

生的、它的范围和限度是什么等问题进行翔实的案例分析和深入的研究。通过万丰村这个案例,我们有可能仔细分析这种社会变迁的过程,从而发现某些有价值的但迄今仍被忽视的问题。

表 3-1 沙井镇村庄的姓氏分布和特征

姓氏	类别	村名	合计(个)
陈	单姓村	后亭、蚝一至蚝四、沙一至沙四、衙边、辛养、大王山、马安山、岗	14
曾	单姓村	东塘、新二、新桥、上星、上寮、黄埔	6
潘	单姓村	万丰	1
江、钟	单姓村	步涌、沙头	2
	杂姓村	共和、民主、和一	3
合计			26

二、万丰村是中国南部对外装配加工业的重要基地之一

以"三来一补"为特点的对外装配加工业是深圳乃至珠江三角洲地区的主导产业之一。1995 年万丰村所在的宝安区"来料加工装配"企业共有 3328 个,占到与外资有关的企业总数的 79.4%,其中绝大部分办在村庄。① 万丰村是最早引进这种业务的村庄之一,目前总资金收入有九成来自这类业务。因此,可以把它作为以引进对外加工装配业推动村庄工业化过程的有代表性的例子。万丰村借助于外来力量实现工业化的不同之处在于:第一,工业和外资是村庄主动"请进"的,最初引进的企业大都是村领导人去香港"动员"来的。这就为我们观察外来力量怎样进入村庄并与村庄内部的经济社会结构相互作用,提供了一个现实的场所。第二,在引进过程中,村庄对产业的技术类型和科技含量的选择越来越主动,企业已由最初的劳动密集型向高新技术产业或劳动与技术密集型结

---

① 引自 1995 年《宝安区乡镇企业统计报表》。

合产业转变,效益好、规模大、技术先进的企业已成为村里企业的主要类型,这种转变对村庄发展有着重要意义。这又使我们有机会进一步观察村庄的内部发展动力与外来力量是否有着同等的重要性。第三,外来企业是村庄的不稳定的外在结构,始终受到国际市场和国内政策的直接影响,在村庄生产数年后仍有撤走的可能。由于当地政策的限制和舆论的贬斥,"三来一补"业务在一段时期出现大幅滑坡,终止和迁走的企业已有相当数量,造成大量的工业厂房闲置,经济效益下降。[①] 在万丰村内,也由于同样的原因,1995 年已开始有企业迁出,村里最早引进的最大一家企业海云电器厂已迁往东莞市的新址,这件事在村中成为人人关注的大事件。在对外来力量进入所产生的影响做过分析之后,再来观察它撤出产生的影响,对于解释村庄变迁的过程也是至关重要的。万丰村正好为我们提供了一个很好的观察现场。

三、万丰村是南部最早实行股份合作制的村庄之一,并且是不同典型中有代表性的一种

股份合作制,是南部农村工业化过程中集体经济组织变革的一种主导方式,在 20 世纪 80 年代初开始逐步推广。起始阶段,股份合作制是村、镇在无例可鉴中自己创造的,当时有"镇有横岗,村有万丰"的说法。横岗镇的股份合作制,始于 1988 年,是将股份制引进集体产权的一种典型,是在已形成相当数量的集体资产的情况下,将集体资产折股到户,作为村民参与分配的依据,试图以这种做法"既达到分的目的,又保全集体财产的完整性"。由此在镇区形成"三级股份经济形式",分别在村民、自然村、行政村和镇集体股份公司间形成股份联带的关系。[②] 这种形式后来在宝安区内由政府推广,被称为"由社区集体经济组织改组设立的股份

---

① 李丁财:《"三来一补"在宝安的实践与探索》,海天出版社 1995 年版,第 27 页。

② 王立诚、查振祥主编:《中国农村股份合作制》,北京农业大学出版社 1992 年版,第 36 页。

合作组织"。万丰村的股份合作制则开始得较早,与上述组织在体制上有所不同。80 年代初,万丰村在考虑实行股份制时,几乎没有集体积累,而是通过集资入股的方式组建新的以村集体为主导的股份合作组织,是利用股份制建立联合产权的一种典型,万丰人称之为"共有制"。① 这种新的产权体制既强调个人资产(以股份为表现形式)的相对独立性和不可侵犯性,又强调集体资产的统一性和不可分割性,并且村民、小村集体和大村集体均以投资入股的方式建立起合作关系,从而将个人与大小集体紧密联系在一起。这种股份制在深圳和整个珠江三角洲地区也有很大影响。万丰村股份合作制的特殊实践,将为研究农村产权制度的变革和村庄社会的再组织提供有价值的分析线索,也将使我们能够从比较的角度来研究股份合作制度更为丰富的内涵。

万丰村社区生活的种种面相,无疑为我们展示出了乡村社会变迁的多种层次。让我们从它最近十余年变迁中发生的最重大事件——工业进村和农民再组织入手,来层层深入地揭示村庄变革和再造的丰富内容。

---

① 潘强恩、鲍光前:《共有制初论》,海天出版社 1994 年版。

第二篇

村庄的再组织

近半个世纪以来，在这个村庄的社区生活中，最让村民难以忘记的，是一次又一次伴随土地制度变革而来的在组织上的分散、集中、再分散和再集中。本篇把观察的焦点拉近到最近十余年，以"工业进村"这个村史上无前例的重要事件作为横切面，分析外来的工业化要素如何与村庄内生的社会结构相互作用，从而促使农民在非农化或曰不单纯"向土地讨生活"的过程中重又组织起来，以集体流动的方式改变了自身的社会地位。

第四章 从分散化到再合作

第一节 "集体制"的形成与解体

像其他中国村庄一样,这个村子的集体制萌芽在 20 世纪 50 年代初中期的合作化运动中,解体于 80 年代初中期的家庭联产承包制度实行之后,自始至终,都与土地制度的变革密切相关。关于这一段历史,我在村内没有找到有关的文字和统计资料,但村书记撰写下的回忆文章,为我们提供了有价值的线索。

由于解放区是由东北、华北向西南推进的,因而中国南部村庄的土地改革运动略晚于前者,从 1950 年开始到 1953 年复查后结束[1],其间很多土改政策都是从东北及华北地区的经验中总结制定的,其中对村庄土地集体制有潜在影响的主要是"土地损补"政策。[2] 按中央《土地改革法》的规定,土改的主要目标是"损有余而补不足"。损补的范围,即土改的最基本单位是乡。据《土地改革法》第三章第十一条规定:"分配土地,以乡或等于乡的行政村为单位,在原耕基础上,按土地数量、质量及其位置远近,用帛补调整方法按人口统一分配之。"所谓"抽补调整",即以全乡的土地除以全乡的农业人口,求出平均每人应分配的土地数,然后与各户原

---

[1] "从 1950 年冬季开始,全国新解放区分三批发动群众改革土地制度。到 1953 年春季为止,除了约有 200 万人口的少数民族聚居的地区以外,土改已全部完成。"参见薄一波:《若干重大决策与事件的回顾》上卷,中共中央党校出版社 1991 年版,第 111 页。

[2] 参见曹锦清等:《当代浙北乡村的社会文化变迁》,上海远东出版社 1995 年版,第 38—39 页。

有的实际使用土地量进行比较,凡超出平均数者抽出,凡不足平均数者补进。这一政策主要是为了消除各自然村因占有土地的平均数量不等而出现的村际在分配土地和其他财产上的不平均。但这里的土改实际上是以行政村为单位来具体操作的。万丰村当时所属的坐葫乡(1950 年属沙井大乡,1951 年改为属坐葫小乡)包括万家葫村(现万丰村)、坐岗村和沙头村三个单姓大自然村(后都设为行政村)。土改时,各村都进驻工作队,并在村里组织起农会,共同主持土改工作[1],"土地实物分配是根据各家的经济情况及成分而定的"[2],分果实与斗本村地主同时进行,损补的标准也是行政村内各家庭财产(主要是土地)的人均值,超过平均值者为"有余",低于平均值者为"不足"。因此,这基本上是以行政村为单位对土地等财产在村人(单姓村实为族人)之间的一次再分配。之所以这样做,"除了操作上较为明确简便的理由外,实在是一种折中妥协的结果。若干邻村组成的行政村在地缘上是个熟人社会,熟人社会内部所没收的余产在熟人社会内部分配,才能为该社会成员所接受"[3]。而对于万丰村这样在当地诸多的单姓村来说,它还有着更深一层的原因:土地的均权没有超出行政村的范围,也就是说是在家族内部进行土地权的再分配。由于村内没有大地主,十余个地主各自拥有的土地不多,加之村土地中一般都有一定数量的祠田——"公田",本来就是用于支持村(族)内公共开支的"公产",对它再一次将产权明确到人头的分配,并不会引起大的社会震荡。土改的这一实际操作过程对村庄土地所有制的影响是十分深远的。以后,村庄虽然经过多次行政沿革上的变动,如与邻近的单姓大村合为一个生产队、成立人民公社等,但均未影响到村庄的土地占有量。

　　引起当地社会震荡的另有起因,主要是在宝安县内发生杀害土改工作组成员 20 余人的政治事件,这是由县内某些地富势力联合逃亡在外的

---

①　潘强恩:《土改,镇反》,《万丰文讯》1995 年第 13 期,第 13 页。

②　潘强恩:《土改,镇反》,《万丰文讯》1995 年第 13 期,第 13 页。

③　潘强恩:《土改,镇反》,《万丰文讯》1995 年第 13 期,第 46 页。

反动分子所为。① 这一事件导致政府加大了土改反霸斗争的力度,对村庄产生了另一种意义深远的影响。在万丰村这样单姓家族的村庄里,土改前基于财产关系的阶层划分不仅与基于血缘关系而成的亲属等级纠缠在一起,并且往往被后者所掩盖。虽然封建土地制在村域内已经延续了几个世纪,在家族内部也造成了实际上的贫富差别,但是,村内同族乡绅治理的制度和祠堂"公田"制度的存在,在某种程度上,也有补助同族贫苦子孙之学费及抚恤本族鳏寡孤独的作用,起着社会救济之职能。② 所以村内阶级的界线并不十分清楚,人们在观念上也并不认同于阶级。因此,在单姓村庄和宗族势力大的主姓村庄,土改的难度都很大。由于土改运动一般都先进行摧毁封建势力和划分阶级成分,后没收和征收地富土地,重新按人口均分,实行耕者有其田,于是,划分阶级成分使村庄中以财产关系为依据的阶级身份表象化,就像贴标签一样,"成分一划,阶级营垒就非常明朗"③,成分一定,也第一次将阶级的等级关系从家族的辈分等级关系中抽取了出来。又由于杀害土改工作组成员事件而大大加强了反霸力度,在政治上支持和保护村内(族内)的贫雇农组织起来斗地主、分田地,并且是以本村、本族为单位而不是借助于他村或不同族的贫雇农来征收和没收地富土地和财产④,从而顺利地完成了土地在村内人之间的平均分配。村书记也为我们留下了这样一段文字:"按照当时的政策,为了使耕者有其田,基本人均有一份土地。地富分子的土地、房产虽然被没收,但仍然按人口分一份给他们做耕地,使他们自食其力。把好的房子分给贫下中农,也安排房子给他们(指地富)的家属住。"⑤从均分地权的意义上来说,土改在消灭了地主阶级和富农阶级的同时,也消灭了中农、贫农、雇农和佃农阶级,但是阶级作为一种政治意识形态,却在土改以后日

①　潘强恩:《土改,镇反》,《万丰文讯》1995 年第 13 期,第 13 页。
②　参见葛承雍等:《金色帝国的耕耘人》,天津人民出版社 1994 年版,第 70 页。
③　潘强恩:《土改,镇反》,《万丰文讯》1995 年第 13 期,第 13 页。
④　曹锦清等:《当代浙北乡村的社会文化变迁》,上海远东出版社 1995 年版,第 39 页。
⑤　潘强恩:《土改,镇反》,《万丰文讯》1995 年第 13 期,第 14 页。

益加强,成为村庄和以后建立的村集体组织内部社会关系的一种重要划分原则。我们之所以提到这一段历史,是因为自此以后以政治意识形态为基础的阶级关系①一直与以血缘关系为基础的家族、以地缘关系为基础的邻里街坊、以业缘关系为基础的生产群体,交织盘缠,共同地、长时间地在村庄的社区生活,以及集体制组织的劳动生活和权利分配中发挥着作用,因此也是我们在分析村庄社会关系,特别是把村庄看作一个共同体时不能忽视的问题。

地权均分或曰彻底分散化后,并不能防止土地在各农户之间的自发转移,也不能保证有田者确有所获。村里出现了这种情况:"……不少农民因失去劳动能力,单家独户,无力耕种,又请不起雇工,所分到的田地不能出租,慢慢地把土地荒芜了,有的甚至私下出卖土地,还有的把分得的荔枝树出卖了……"②在全国其他地区的村庄也出现了类似的情况,一般分析认为,土地在各农户之间的自发转移导致了土地重新集中于少数农户的趋向;土地规模的狭小分散,农作技术的落后,土地投入的不足,也不能使获得土地的贫雇农最终摆脱破产和饥寒的命运;孤立、分散、守旧和落后的小农经济无法为工业的起步提供更多的原始积累。③基于这样的认识,国家决策者最终提出了再次变革土地所有制关系,把土地个体所有制转变为集体所有制。

土地所有权的逐步集中,一般都经历了互助组(1953年)、初级社(1954—1955年)向高级社(1956年)再向人民公社(1958年)的跳跃。村里的互助组是在单家独户无力耕种土地的情况下,由农民自愿组成互相帮工的基础上成立的。"不少家庭,以家族的关系、兄弟姐妹友好关系互助帮工。""万家萌村仅仅一个月,就组织了上百个互助组,土地再没有荒芜了……农民的生产积极性很高。""老人们都说,当时互助组的办法是

---

① 参见宋林飞:《现代社会学》,上海人民出版社1987年版,第378页。
② 潘强恩:《互助组,合作社》,《万丰文讯》1995年第15期,第14页。
③ 曹锦清等:《当代浙北乡村的社会文化变迁》,上海远东出版社1995年版,第47页。

90%以上群众赞成的,10%是由于家里劳动力充裕,便不赞成。对于互助组形式,其耕地所有权及收成仍归各家各户的,大体没有什么损失,大家互相帮助也是好事,尤其对劳动力弱的家庭是一个好办法。就是互助组还没站稳脚跟,传说要入社,大家有点慌了。"①

初级合作社的建立在村里受到两种力量的作用,一是有一定的自愿组织化的基础,二是乡政府的推动(1953 年后农会完成使命,一切领导权基本归乡政府)。村支书记下了当时村里出现的一种新情况:

> 一些强劳力的互助组成员经常帮助一些劳动力弱的互助组,使一些本来体力弱的成员产生了依赖性,也使一些强组的人有很大意见……村里得到的一些农贷,大多数都给了弱组,使强组生产缺乏资金,有些矛盾又出现了,有的人甚至发展到了不思劳动,厚着脸皮让人家来帮,还说:"怕什么,反正政府不会饿死一个人,我们没有饭吃,政府是会帮我们的。"这种思潮使互助组发生分化。帮助人的吃亏,给人帮助的反而得到便宜,甚至还得到了照顾。这样一来,不少互助组重新解体又重新组合。那时候,变成强组与强组组合,弱组的没人要,又出现土地荒芜了,失去劳动力的又要出售已分得的土地,准备改行。有的强组成员,也在私下协商购买土地。在万家萌村近5000亩土地中,也荒芜了好几百亩。有些人的坏习惯也来了,经常流连于赌博,甚至把房子、土地输掉了。那时候,乡政府干预了,召开了群众大会,克服依赖思想,要实行自力更生。工作队又重新做人的思想工作。强组不断联系人,越来越大,也就奠定了初级农业合作社的基础。②

这段翔实的记叙为我们分析了前集体制时期农民在产权自有的情况下进行合作的必要性和已经引发出的问题。互助合作无疑为避免土地再次向少数私人手中集中、提高农耕生产起到了积极作用,互助组自愿组

---

① 潘强恩:《互助组,合作社》,《万丰文讯》1995 年第 15 期,第 15—16 页。
② 潘强恩:《互助组,合作社》,《万丰文讯》1995 年第 15 期,第 15—16 页。

织、能合能分的原则无疑也为合作提供了"安全阀"的经验。① 但是,互助合作中出现的因吃"大锅饭"而"搭便车"②的现象也已明显露头。不过,这些都被"大跃进"的政治狂热忽视了。从新民主主义过渡到社会主义的基本设想之一,是在 10—15 年内,将全国农民组织到农业合作社及集体农场之内,基本实现中国农业集体化,而实际上集体化的速度被一次次地加快了。"那时候形势发展飞快,当时恨不得一天之内转入社会主义。在这沙井地区,有的互助组还没有站稳脚跟,不少干部就提出要转入合作社……有的来不及搞互助组,就入社了,当时形势下,互助组与入社交替着,有的甚至又同时进行。"③万家萌村的第一个农业合作社就是在这种情形下出现的。"村里推动入社以后,互助组自行解散。入社的群众占70%,20%是中农或强劳力互助组,10%是'地富反坏'或家属,阶级的营垒比以前更加明确了。"④村干部对农业集体化的这一步充满希望,也就是在那个时候将万家萌村改名为万丰村,意思是"万丰年年都丰收"。以后由政府统一组织向高级社和人民公社转变,开始是用土地、农具、耕牛、资金或其他生产资料作价入股,试行公私合营的合作社,后来"为了消灭私有,家家户户都把锅头交出来,连一些家具、农具都集体交公;土地归人民公社所有,实行一大二公,没有私有财产。家里不再做饭,男女老少都到公社大食堂免费吃饭。当时提出了'三顿干饭不用忧,一家有事不用愁'。有衣同穿,有屋同住,有福大家享"⑤。后来虽然纠正了集体化过程中的极"左"思潮,不过最终仍然确立了"三级所有,队为基础"的农村土地集体制。

在此,本书并不准备全面评价农村集体制的是非功过,而是通过对这个村庄体制变迁的具体过程的考察,来探讨 20 世纪 80 年代初集体制在

---

① 参见林毅夫:《制度、技术与中国农业发展》,上海三联书店 1992 年版。
② 林毅夫:《制度、技术与中国农业发展》,上海三联书店 1992 年版。
③ 潘强恩:《互助组,合作社》,《万丰文讯》1995 年第 15 期,第 15 页。
④ 潘强恩:《互助组,合作社》,《万丰文讯》1995 年第 15 期,第 16 页。
⑤ 《万丰文展馆说明》,《万丰文讯》1996 年第 21 期,第 7 页。

这个村庄重又解体的原因所在。从这个村子的实际来看,农业时代的集体制确有成效地防止了土地向少数人集中、再次发生贫富分化的问题;也给耕地平整、种子改良、鱼塘修整带来了重要的变化。村民们对此至今仍持肯定的看法。尽管在集体制解体前的 20 余年中,由于大队修建简易公路、村民建房、政府征地,耕地面积有所减少,据统计,土改时 5000 余亩耕地,到 80 年代初承包制时水田和旱地共剩 3800 亩。但土地的精耕细作、平复修整、排灌疏导,以及在公社与大队时期作物产量都达到了最好水平。特别让村里人记住的是"公社集中力量修了石岩水库、七沥水库、罗田水库和求雨坛水库"①,从而彻底解决了农业灌溉问题。没有集体制下组织起来的大规模集体劳动,这些农业方面的成果是难以想象的。

但是,随着那个时代集体化的规模越来越大,问题和弊病也日益严重,村民对集体制的背离也随之愈演愈烈。

土地的集体所有制虽然从根本上避免了土地向少数人手中集中、造成贫富再分化的可能,但也完全否定了农民个人财产所有权存在的合理性。这个村子在 1954 年建立合作社时,"入社章程有规定,土地、农具、物资作价入股,按股分红。但入了社以后,就基本上没有按入股分红的规定来做,改为用记工分、按劳分配来进行"②。农民的个人财产收益实际上从那个时候就开始接近"农村无产者"。与此同时,由于一切财产都归集体的过程"要求过急,速度过快,工作过粗",遗留下一系列问题,其中最根本的就是没有解决好农民与集体财产之间的内在联系,"集体的、公有的财产关系"并没有真正得到村民的认同。"集体经济"因为名不副实的情况太多,无法使农民建立起基本的信任,他们甚至没有把集体财产看作自己也有一份在内的公共财产。最显著的行为表现是:"(1)农民与'集体财产'相结合来从事生产劳动的积极性不高,效率很低,差不多所有的

①　《万丰文展馆说明》,《万丰文讯》1996 年第 21 期,第 8 页。
②　潘强恩、陆文夫编著:《共有制与农村改革》,红旗出版社 1995 年版,序言第 2 页,第 68—69 页。

集体大田都远不如农民那一小块自留地经营得好(产出率只有后者的七分之一至五分之一);(2)农民对公共事务和公共利益的兴趣、关心和责任没有得到持续的培植;(3)一部分农民只要有机会也会同样参与对集体财物的侵占和蚕食。"①农民的这些行为实际上是对集体制的背离和对个人财产所有权的索求,只不过在当时的环境压力下采取了消极的和对立的做法。

　　合作与"统购统销"并进,是集体制最终得以建立和稳固的关键一步,从而也使村集体组织最终成了国家行政和计划的推行单位。"这样,合作化后,国家不再跟农户发生直接的粮食关系。国家在农村统购统销的户头,就由原来的一亿几千万农户简化成了几十万个合作社。"②以后随着公社体制的建立,大队集体进一步承担起了国家与农民关系的中介体,成为国家稳定农业税源、稳定农业人口和管理农村工作的准行政机构,它的主要职能是对政府负责,失去了作为社员利益代表和利益主体的性质和功能。生产大队成为各生产队的联合经济组织后,除去领导兴办农田基本建设和水利建设、举办集体福利事业和领导各项行政工作外,最主要的职能是根据国家对农产品的需要,保证粮食和经济作物生产任务的完成,在全大队范围内保证国家的征购、派购和收购任务。③ 由于"三级所有"的人民公社内部各层财产权利一直十分模糊,"平调"现象不绝,特别是公社建立初期,平调的范围随公社规模的扩大而扩大。这个村子所属的"超美人民公社",曾包括现在的四个镇和一个农场。以后又分开成立小公社,20世纪60年代初独立核算单位由公社—大队二级变为三级,下放到生产小队。这虽然对抑制平调起到一定作用,但最终仍然是"一大二公"的集体制度。村庄的二级集体实际上已成为产权和利益边界都不确定的劳动联合体,它不断充实和完善的不是经济主体的职能,而

　　① 潘强恩、陆文夫编著:《共有制与农村改革》,红旗出版社1995年版,第69页。
　　② 薄一波:《若干重大决策与事件的回顾》上卷,中共中央党校出版社1991年版,第277页。
　　③ 参见中共中央《关于改变农村人民公社基本核算单位问题的指示》。

是管理和控制其成员的行政职能,这也是导致村民最终背弃它的主要原因之一。

土地集体化的另外一个目的,是打算通过集体协作劳动获取比单家独户经营更大的经济效益,从而带领农民走共同富裕的道路。对于工业集体协作的方式是否适用于农业,家庭农业是否优于合作(集体)农业,人们多有争论,这不是本书要讨论的范围。不过在这里要提及的是,集体制组织对农业劳动力的严密控制,实际上将大量剩余劳力固定在村庄,加剧了农业"过密化"的问题。根据村干部的回忆,实行集体制的 20 余年间,生产队的单位产量一直有所提高,但人口也一直在增长,因此人均产量总也提高不了多少,农民生活虽有改善,但也一直处在贫困的境地。根据村里人的回忆,1953—1979 年之间,一般年景中人均年收入 64 元,低于当地人均收入的水平。[1] 最好的年景(1978 年),全村的年收入也只有 60 万元,人均收入最高时(1980 年)也才达到 349 元。而 1968 年遇到一场旱灾,人均年收入只剩下 40 多元。那时,最高工分值十分,仅折算八角钱,最低的只折三角钱。在这种情况下,生产队一方面要保障人人有劳动(工作),另一方面又不能公开允许人员从事非农职业,甚至不让离开村庄,这种控制又因为村庄地处沿海前线而更加严密。这样恶性循环的结果是,村里出现了大量消极怠工和窝工现象。在集体制时代,大队也曾根据社队企业政策,陆续开办过非农产业,如食品加工厂、砖厂、糖厂、小农具加工厂等,也曾违背社队企业的办厂范围偷偷办过中草药加工厂,但这些小厂总共只吸收过不足 20—30 个村民就业,后又陆续停办,到 1981 年只剩下一个小农具加工厂,全部财产是两座旧仓库和几部农机具,作价仅十万元,是集体 20 余年的全部积累数。农业的"过密化"和农民的普遍贫困与集体劳动和集体制之间是否有必然的联系,至今仍是一个需要深入探讨

---

① 据载:"12 年前,深圳农业人均年收入约为 100 元,贫穷导致不少人外逃,据统计,1979 年以前 30 年中'逃港者'达 30 万人之多。"参见深圳市教育局教研室编:《深圳史话》,广东教育出版社 1990 年版,第 69 页。

的理论和实践问题。不过,在这里我们已经看到,用集体制的组织方式将农民固定在农田上,以期实现"共同富裕"的目标,这个初衷在普遍贫困的事实面前基本上落空了。

普遍贫困的状况又在"文革"的阶级斗争方式下进一步被深化,最终导致农民采用极端的形式背弃了集体组织。1978年这个村子与周边许多村子一样,发生了大规模的"逃港"事件①,累计千余人,其中淹死二人②。这种出走虽然是深圳地区的特殊现象,一度被作为政治事件处理,但实际上并无特殊的政治背景,村里大部分出走香港的人在那里当"打工仔",近年才有个别人当上了工头和小老板,他们的出走实为对贫困的抗议,也是对集体制的一种特殊的背离方式。

村民对传统集体制的彻底背弃,确是用体制变革的方式实现的。在这个村子按照改革政策实行家庭联产承包制之前,这种变革的内在冲动和小改小闹就已经存在了,一些小村的村长说,公社时期社员没有干活的积极性,为了完成生产任务,有的时候(比如农忙时)就偷偷违背上级的指示,把土地和产量包给更小的几个作业组,但这也只能解决一时的问题,没有制度化,因而也没有尝到多少好处,但由此促动生产大队推进改革却比其他地方更早更快。

"1979年冬天,万丰大队从传闻中得到安徽凤阳县土地承包的消息,马上行动,在一个月内把近4000亩土地全部承包下去。农民积极性一度提高,在1980—1983年出现了专业户和万元户。"③1983年7月,正式撤销"政社合一",改人民公社为区,大队为乡,1986年又改区乡建制为镇村建制,"集体制"正式结束。我曾问起老村长和村书记,为什么他们会带头放弃集体制,放弃集体制是不是也否定了干部自己。他们的回答是,村集体在20多年的辛苦中没有留下多少集体财产,当干部的本来就没有什

---

① 深圳市教育局教研室编:《深圳史话》,广东教育出版社1990年版,第72页。
② 《万丰文展馆说明》,《万丰文讯》1996年第21期,第8页。
③ 《万丰文展馆说明》,《万丰文讯》1996年第21期,第7页。

么权力,再加上村里人心背离,生产难搞,没人愿意再干下去。在这个村子里,当干部的人说话算不算数,也不是有没有集体制来决定的,村里的干部换过五轮,集体制也没能保住哪个干部不下台,当然,更重要的原因,还是干部们也想找到一个更好的共同致富办法。

在这种情形下,村干部和村民对"一大二公"集体的背离是彻底的。随着土地使用权转归农户,各生产小队20余年积累起的一点"家底"——耕牛、犁耙、仓库、农机具,甚至连猪圈也全部分给了农户。生产队的一所旧仓库曾是集体大家庭的唯一一所房产,在"分家析产"后被村民分割成无数个小空间,以砖头、木板为界,放置杂物。生产大队唯一保留的一个小农具加工厂也因经营不善而转包给了个人。自此,农民对合作化和集体化视为畏途,分散经营一度成为他们寻求自身利益、劳动致富的最佳选择。

第二节　分散后的农民走向哪里

1979年末,这个村庄开始实行家庭联产承包制,在农业生产经营和组织方式上,都彻底实现了分散化。单家独户的生产方式,使村庄农业一度走向繁荣。

由于在此之前的几年里,村里有上千人出走香港,人地矛盾暂时得到缓解,还一度出现过因劳力流失而大量撂荒土地的现象。村里人出走香港给村庄带来了两个决定性的影响,一是相对增加了人均土地量,20世纪80年代初,村实有人口1700人,旱地2000亩,水田1800亩,人均可达2.2亩。实行承包制时,肥瘦田搭配,劳均承包土地因各生产队土地量和人数不等,最少的0.8亩,最多的可达2.6亩。二是重新确定了村民身份,"原籍村民"只以承包制时承包有集体土地为准来加以确定,出走香港的人不再拥有正式村民的身份,以后新进入的人也不会有这个身份(这个身份有着决定性的意义,后文还将涉及)。新的人地比例和人地关系,极大地调动了村民的生产热情,加上地域性市场的发育,使村域内分散化的农户经营出现了一些新的特点。

首先，农户的生产经营直接进入了市场经济。土地承包到户后一个最令人不可思议的效果就是单位产量大幅度增长①，村里人很快解决了温饱问题。万丰村所在的地区本是鱼米之乡，特产丰富，久有"万家莳番茨，岭下芋头，沙井蚝"的说法。口粮基本自给后，农户的生产很快面向市场，专业户的大量出现就是一个标志。实行承包制后的头三年里，万丰村500余个农户中出现了100多个专业户，主要生产在国内外市场上叫好的当地农业特产，如鲜活淡水鱼、生猪、稻米、花生、番茨等，也有的跑运输、搞建筑，"一户一品"成为当时村域内流行的生产模式。

其次，出现了土地转包经营。随着专业户的发展，村里迅速出现了"万元户"。另外，改革开放之后在香港打工的原村民与家乡的往来恢复正常，他们将打工所得的一部分钱寄给家人，以补贴家用和盖新房子。村里约有三分之二的农户，在1989年以前就成为"有钱有粮有新房"的富裕户。藏富于户促成了土地的转包经营。一部分有余钱的农户认为再投资农业不会有太大的收益，开始把目光转向农业以外的产业。另一部分有香港亲属支援的农户，主要是丈夫在外的妇女户，开始还与别人联合耕种，后来便不再做农田。当时，大量内地农民流入深圳地区找工作，一些在特区工厂找不到合适工作的，便到周边的村庄承包农田和鱼塘，专事农业生产。于是，外地人在村子里成了农业承包大户。对于外地人的承包工作，一开始由农户进行，每年按约定收回口粮和上交粮；后来交由小村统一出租，按肥田每亩500—600元，瘦田每亩300—500元收取租金，其中一部分由小村代村民统一交付农业税，多余部分留在小村用作集体积累。1985年后，村子里除几户养殖专业户外，已无人种地。菜地和鱼塘一部分由香港人投资，雇请外地人种养，另一部分则直接由外地人租种。直到1993年我第二次进入村子时，他们仍然承包着鱼塘和菜地，人数在1000人左右，以后随着村内耕地和水面的减少陆续离去，到1996年时已

---

① 1984—1985年的全国粮食及各类作物的总产量都上升到历年的最高水平。

剩不多人了。

最后,出现外向型的合资农业经营。这个村子有相当数量的人在香港务工、经商,虽然都是工薪阶层,并无"侨资"可以投入家乡,但他们人数众多。当村干部在 1979 年去香港,动员在港的万丰人支援家乡建设时,他们联合投资与村里合办了一个鱼塘,生产高档鱼类产品,利润两方分成,产品部分内销,大部分出口。

上述一些市场取向的农业经营方式产生了如下结果:培植了村内的民间财力,农业积累达到一定程度,并且藏富于户;村域内出现了稳定的农业剩余劳动力,他们一方面是被农业专业户和承包大户挤出农业领域的劳力,另一方面又是打算自动脱农而另觅他途的劳力。在这种情形下,村民开始利用各自不同的家庭条件、个人能力财力和社会关系,在农业以外的领域寻找致富的门路。一些人开始外出务工经商,主要在深圳、东莞和广州一带跑运输、做小生意;另一些则在村内从事泥水匠、木工、小商贩等职业。据村干部估计,1982 年前后大约有 30% 的人实际上从事非农业工作。

这个村的村民们在农业经营效益发展很快的时期,却不愿固守农田而去寻求农业以外的利益,实际上有着更为特别的原因。原因之一是比较利益促使村民放弃农业。20 世纪 80 年代初中期,在村民中先富起来的,除一部分是经营好的农业专业户外,另一部分是率先务工经商的农户,还有一部分则是家庭成员在香港工作的农户。这后两种是从事非农产业的直接受益者,都对村民向非农的转移起到示范作用。村里在 1982 年 3 月办起第一家利用港资的小工业企业,招收了 200 余名村民进厂,月收入可达 150—200 元。这对普通种田户有很大的吸引力,因为普通种田户一年的收成,除交公粮外,所剩虽可自给,但赚不下现金收入。这大概是村里人第一次实际地比较工农业的收益。"香港工仔"的示范作用在那一时期也很明显,村里人拿他们做两样比较,一是做"打工仔"比种田强,当时在港打工一天的工资是 70—80 港币,月可赚 2000—3000 港币。二是城市生活比农村好。尽管去香港打工并不是大多数村民的现实选择,但却使村民在思想上做好了随时弃农的准备。专业户在村里一直是相对富裕户,但对村民却失去了示范的作用。我访问过村里现在仅存的一户养鱼大户,他从1981年开始承包村里的鱼塘,有60余亩,并在鱼塘边放鹅养猪,生猪已有300余头。在80年代至90年代初期,年收入"养鱼不下于40 000元,养鹅最少有10 000元,养猪还要多一些,收入远比一般村民高",是村里最早建新房、买面包车的人之一。但是他的子女中,有当司机的,有当工厂主管和"拉长"(生产线工作小组组长)的,却没有一个人愿意接替他的工作,村里人也只是"羡慕他的收入,不羡慕他的工作"。原因是这类工作一来需要经验,二来太辛苦,在非农机会越来越多而土地和水面越来越少的情况下,没有人愿意或者没有更多的机会再去做农业专业户。可见,在村庄工业化之前,专业户的数量就开始迅速减少,相当多的农户在积累了一定资金之后,便放弃农业经营,寻求新的投资经营方向,这一养鱼大户也就成了村里"最后的专业户"。

另一个原因是,地方城市化的进程加快,使村民更实际地考虑向非农产业转移。这个村庄所处的地区在20世纪80年代中后期已纳入县区城市化的总体规划,地方政府开始大规模地征收村里的土地,将一些建设项目和设施设立在那里。另外,国家对这一城市化地带的农村采取不再征粮的政策,也使村民逐渐放弃种田,以钱抵粮,以钱购粮,以农业外的收益来解决口粮和征购粮以及农业税等有关的问题。

再一个原因是,香港经济开始向内地沿海地区大规模地渗透。20世纪80年代初中期,正值香港经济转型期,大量劳动密集型的轻工产业和高科技产业借内地开放之机,向沿海地区大批转移。像万丰村这样地理位置优越的村庄,正是港商选择的最佳地点,这就为村民向非农产业转移提供了千载难逢的机遇。让村里人意想不到的是,这种大工业在切断村民与土地和村庄传统经济结构的内在联系的同时,也使分散化的农户走到了尽头。

第三节　农民再组织的合作取向

20 世纪 80 年代东南沿海开放地区的农民,确已站在工业文明的入口处了。不过外来经济转入的背景,仅只给村庄工业化提供了一个现实的可能性。要不要请工业进村,怎样请工业进村,确实让单家独户分散经营的农户又面临一种艰难的选择。村民们在个人寻求非农化的途径中并非一帆风顺,一路畅通,在已经触摸到的大工业面前,个人和家庭更是明显地感到无能为力。正是这个时候,他们开始感到需要做出别样的选择,于是,村域里逐渐出现了一种要求新的集中和合作的趋势。

这个村庄里最初从农业转移出来的劳动力,都是采用"单干"的方式变换职业。少数头脑精明或有一身技能的能工巧匠,首先开始在村域内外务工经商,主要从事不需要多少投资的服务行业,泥水匠、木工、小贩大致是这些人主要的职业范围。大多数村民由于没有经商传统,也无甚技能,他们转移的目标只能是进城打工。20 世纪 80 年代以前,由于国内城乡二元体制的限制,这种转移成功的目的地主要是香港。农民宁冒风险远走他乡,也不愿困在村里受穷。进入改革开放时期后,特区经济的迅速发展使农民有了更多致富的路子,"香港工仔"的示范作用开始减弱。80年代中后期,经济特区的户口迁移制度、劳动用工制度和粮油供应制度发生了重大变化,农民进城务工经商,在政策上已无多少限制。但是,农民在城市可选择的职业范围仍十分有限,摆摊设点或打零工所获的收益再加上辛苦,并不比从事特产农业更优越,而村民凭借土地被征用可获得的职业类型,如养猪等,也不尽如人意。村里人算过一笔账,进国营养猪场工作的收入低于村内小企业工人的收入,1985 年村企业工人月收入500—600 元,而在国营养猪场工作的月收入仅 300 元,因此,宁愿放弃"农转非"的户口指标。显然,大社会可以提供给农民的非农机会不但是极其有限的,而且收入和声望也是较低的。也可以说,在城乡二元体制下,村民个人寻求职业流动的机会成本很高。在比较机会成本机制的作用下,村民看到有办厂的机会后便逐渐倾向于自己办非农产业,这是经济发达区域农民的明智选择。实际上,在城乡二元分割的经济和社会体制下,举办乡镇企业,已成为农民进入非农产业,因而也是实现其社会流动的主要甚至是唯一的途径。同时,在本土上举办乡镇企业,才有可能使村民放弃个人流动,大规模地、集体地实现流动。

随之,村民也不再坚持个人的独立性,而是重新认同于自己熟悉的合作组织方式。村里人改变职业的流动,其主要动机是寻求更多的经济和社会发展机会,家庭承包制实行后,村民倾向于以个人行动来达到这个目的,因为这样的行动更直接有效,风险和代价更少。只是在个人流动渠道被阻塞的情景下,他们才会转而求助于组织。这是乡镇企业得以举办的社会心理基础。也可以说,村民再组织起来,一开始并不是心理上的自愿选择,而是在个人行动失败或个人行动机会成本较高的情况下不得不采取的办法。不过,村民们转而寻求相互间的合作,也不完全是不得已而为之的。村里人一方面看到个人和家庭甚至联户集团,在欲进村庄的大工业面前既缺乏足够的资金,又没有得力的人才;另一方面也看到村子里还有一笔可称之为"社会性资源"的"本钱",比如家族的亲情关系、内聚的力量、相互扶助的伦理道德等,他们竟不曾利用。这些资源虽然个人无法动员和利用,或者说能力有限,但尚有权威的村组织却可以动员和利用之。村干部的这种意识先于村民,并日渐强烈,他们认为,如果把个人有限的资金、人力本钱和"关系"联合起来,就能够引进外来的工业,村民个人就能够获得一份在外面难以找到的好工作,赚到在外面赚不到的好收入。20 世纪 80 年代初期,村干部们正是基于这种认识,在村子里组织了第一次集资建厂房的行动。投资获利的村民也由此意识到,合作组织的方式,确有可能使全村人在免受与大社会孤立竞争的损害前提下,走上富裕的路。

总之,在万丰这样一个村域里,工业化和集体行动之间发生必然的联系,有多种因素起作用,其中最重要的当然是引进工业的水平和动员资源的力量。20 世纪 80 年代初,香港一大批技术和劳动密集型产业采用"三来一补"形式,成为包括万丰村在内的南部沿海地区村庄加工业的主要类型。这种工业虽与农业之间或者说与村庄传统的经济结构之间并没有直接联系,却不需要考虑原料、销售、管理、技术等问题,这对于没有办工业基础,刚刚从农田里拔出泥腿的农民来说,是一种最容易接受的工业。但这些向内地转移的大工业,却对资金、土地、劳力、设施等资源提出了村民个人难以提供的要求。特别是土地的集中规划和支配、公用事业和设施的建设,只有社区政府和村集体才有权力和能力承担。此外,大工业所需要的资源,在村域内依靠个人和农户也是无法动员的,村域内有资源动员力量的主体也历来是家族和在公社体制下形成的村组织。在这两种主体力量合一的村庄里,村组织掌握有动员资源和使工业安身立命的能力,本钱就是土地所有权、集体积累和家族提供的具有内聚力量的社会性资源。在这种情形下,工业化和集体行动或曰再合作在村域里才有了现实的联系。

第五章　再合作的社区基础

村民在非农化过程中逐渐倾向于合作方式，是因为他们看到大工业所需要的某些"资源"，是个人所不能控制的，它们深藏于村庄社会关系的纽结中，只有以合作的方式，才有可能加以开掘利用，从而变成发家致富的"本钱"即"资本"。下面让我们沿着这条思路，去探究农民再组织的根基究竟是不是深藏于村社会内在结构的稳定性中。

第一节　土地为本

作为一个地域概念的村庄，是以土地为其边界的。而土地不仅是地域边界，也是土地所有权支配下的经济关系的边界。纵观村庄上下几百年的家族史和农业史，都与土地的占有、分配和再分配纠葛在一起，工业进村则要从根本上动"土"，既要彻底改变土地的形态用途，也要改变家庭联产承包制后的土地关系。因而，工业化引起的再合作也脱不开土地这个根本。

一、土地所有权的"双重形态"

与大多数村庄一样，这个村子的土地在 1954 年统购统销后的合作化运动中，逐渐地实现了集体化。1962 年以后开始实行"三级所有，队为基础"的土地所有权制度。到人民公社解体之前，这个村有 20 个生产队，分别是全村土地的法定所有者。这种土地所有权具有农民集体所有和国家所有的"双重形态"。土地的双重所有权界限，是通过土地的用途来划分，即土地的农用所有权归农民集体，非农所有权归国家。公社时期，村里人对土地的非农所有权的认知,仅限于知道国家有权向村子征地和有义务将无地的农民转为非农户。但是,土地有三级所有者,这一点是很明确的,因为在相当一段时期中,公社可以用一级所有者和一级政权组织的名义,无偿调拨生产大队和生产队的资金和劳力,大队也可以用一级所有者和上级行政组织的名义,无偿调拨生产队的资金和劳力,于是公社和大队实际上也都有了无偿征用生产队土地、山林和水面等的权力。到了实行家庭联产承包制后,公社解体,大队已不再是经济实体,并由于土地的发包和承包权都在生产队一级,因而土地的农用所有权较之以往就更确实地归为生产队所有。这个村子在 80 年代初成立农村经济合作社时,将20 个生产队合并为五个小村合作社,再次确定了小村的土地边界和农用所有权,使其成为基层合作组织建立的基础。小村土地所有权的再次确定,表明土地不能再以行政的方式被调用或无偿转让了。

在非农用土地所有权的层面上,国家政策规定,所有者不得将土地自由挪用于住宅建设和其他非农产业,要接受国家的严格管理和控制,国家建设需要时即可征用,等等。以后随着乡村工业化的进展,基层乡镇和村庄对土地非农使用的需求增大,为了从宏观上控制土地的使用,又规定了土地非农使用的初级审批权由行政村掌握,即说小村(原生产队)没有改变土地使用权的任何权力,必须首先通过行政村的审核批准,并逐级上报国家土地管理部门,获得了有法律效力的批准件后才能转为非农用(当然这并不能免除实际中存在的擅自改变土地用途的做法[①])。"初级审批权"的存在,实际上表明国家控制权的下移,特别是在村庄非农化速度加快,而国家土地管理机构还不健全的初期,行政村实际上对土地的非农使用拥有了事实上的控制权和决定权。如这个村庄所在的镇,1989 年前尚未建立国土管理所,区里只有 3 亩非农土地审批权限,如用 30 亩土地则要分十次审批,而那一时期正是工业进村最为活跃的时期,因而许多村庄实际上未经正式批准就将农用地转为非农用地了,现在只好作为历史遗

---

① 　何道峰:《乡村变革:当代中国农村政策问题探析》,人民出版社 1995 年版,第 8 页。

留问题来处理。①

　　行政村拥有非农土地的初审权和事实上的控制权,在村庄工业化的进程中,具有特殊的作用,因为它促使土地所有权发生了实质性的变化。其中之一是,当村庄引进大工业需要大量集中土地时,行政村有权向小村征收土地,即利用非农使用初审权,合法地实现土地向行政村的集中。但是,这种集中是有偿使用,行政村必须支付使用的"地租"。在这个村庄,实际上是以设立"土地股"的方式来实现有偿转让的。而小村需要土地建厂房时,则要向行政村提出申请,其获准建房的土地不一定是小村原来的土地,而是按村庄的统一规划来拨付使用,这样就进一步模糊了小村对土地的所有权。其中之二是,土地的非农使用具有不可逆转性,也就是说,土地一经转化为"物业",就不再可能回转为农田,这也就排除了小村集体对土地的原始所有权。其中之三是,当村庄的大部分土地已经转为非农用地后,实际上也排除了国家再次征用的可能性,国家的所有权就具有了弹性,只能根据具体情况来处理地方城市化规划与村庄非农化之间的矛盾。例如,当地政府几经努力,只能用"处理土地历史遗留问题"的办法,对村庄已成非农用的土地征补"有偿使用费"②,而难以对此重加规划和利用,因而,村庄事实上的非农用地权,已经转化为单一的行政村所有权了。

　　土地所有权的上述双重形态,也深刻地影响到农民再合作的方式和范围。村民采取合作行动的目的之一,是要集中土地和将土地转化为非农用地,以便引进大工业。这种转化大致经历了两个过程:首先,土地的农用所有权保障了土地向小村的集中。村民将土地交还小村,作为个人参与合作的本钱之一,而小村配给以"土地股",作为村民日后参加集体分配的依据。其次,土地的非农用所有权又保障了土地向行政村的集中。

---

　　①　一般土地审批权限的规定是,耕地二亩以下审批权在县,五亩以下在地区,十亩以下在省。

　　②　参见深圳市宝安区处理历史用地遗留问题办公室编:《深圳市宝安区处理历史用地遗留问题文件汇编》,1995 年。

同样,小村也以拥有"土地股"的形式,来确定各自作为合作者应从行政村总收益中获利的份额。我们在后文还将进一步讨论这个"村集体合作体系",这里要首先指出的是,在村域里谁掌握有非农土地的控制权,谁就有可能成为动用社区资源、组织合作的主体,而村民个人和小集体,唯有与之合作,才能最终实现向非农的转化。

二、土地权与合作群体的边界

这个村子农民的再合作,虽然最终是以资金股份合作的方式完成的,但在确定最基本的合作群体即两级村集体合作边界时,土地权仍起着决定性的作用(当然,不是唯一的作用)。我们可以发现这样的情形:

1. 土地权大于资金权。这个村庄在 1985 年成立以股份合作制为合作形式的经济联合社,下分五个小村合作社。合作社的社员资格规定为:以承包土地补偿费以及其他生产资料折价入股的本小村村民,或以资金入股的外小村村民或外地人。[1] 但是,实际上由于涉及投资利益和以土地股权为依据的合作社人平分配,那种以单纯资金入股加入合作社的办法基本上落空。各合作社严格按照联产承包制时是不是"分田人头"来规定投资入股的资格,并在合作社组织的投资项目上,以"分田人头"来平均投资的数额,待有收益后,仍按"分田人头"来进行人平分配。这种按土地权决定的入股分红权甚至可以保持到不再拥有村籍之后。村民曾讲述过这样一个例子:一位本村的教师在承包制实行前转为非农户口,按政策她的三个孩子中只能有一个随转为非农户口,小村成立合作社时,另两个因未转而承包有土地的孩子就有权投资入股并参加小村合作社的人平分配,后来虽也随母亲转为了非农户口,小村合作社只是不再允许他们追加投入,而原来的入股仍旧保留,并与其他村民的原始股一样增值和参加分红。但是,在分田到户时已经转为非农户口的或者没有承包土地的原村民,如承包制前已去香港的村民和随父母转为非农的孩子等,是无权

---

[1] 参见《万丰村经济联社章程》,1985 年。

参加这类投资和分配的,即使他们有大数额的资金企望投入,一般也只能投到大村股份总公司,而不能投入小村合作社和大村联社,不能参加其中的以土地股为基础的人均分配。

2. 土地权大于亲族权。作为一个单姓家族的村落,这个村子的家族自然结构与行政组织结构在相当程度上是重合的,比如,小村的行政边界虽几经变动,但仍与家族的房结构基本重合。因此,对于小村形成过程中家族结构的影响应当充分重视,我们将在后面给予专门讨论,这里只从两级村集体作为土地产权的单位,来看土地权与家族权之间的关系。村虽然建立在家族结构的基础上,但家族并不是一个明确的经济合作集团。小村的经济合作是以土地股为基础的,"分田人头"就是对家族权的一个否定,因为在合作中,它排斥不是"分田人头"的家族成员,即有家族关系的原村民和新村民。同时,"分田人头"所获得的合作权利——天赋股权,也是不可以由家庭继承的。合作的回报在大小村都以"人平分配"的方式来实现,因此,两级村集体都对参加人平分配的对象,即基本合作群体的边界有明确的规定。一开始,规定没有土地权的人没有分享合作群体收益的权利。后来,随着亲族范围变化,如新嫁入者及其新出生的子女、"男到女家"的女婿、嫁出者及其子女等的变化,村规民约中对参与分配的权利不断做调整修改,如规定新嫁入者及其新生子女若干年后才可参加人平分配,嫁出者则可保持分配权若干年,尔后自动取消等等,以便既保护当年"分田人头"的基本权利,又不断调解亲族关系中的新问题。

3. 土地权大于户籍权。在村里的两级合作社中,如果不是"分田人头"的新村民,尽管有户籍在村,但在一定时期内仍然不能与前者享有同样的合作权利和分配权利。这部分人主要是新嫁入的媳妇及其子女和"男到女家"的新女婿。与此相对应的是,村里一些出嫁女或丈夫在香港等外地工作的妇孺,不愿意离开村庄,她们仍将户籍留在村里,作为"空挂户"(详情见后文),以便在一定时期内保持她们曾作为当年的"分田人头"所能享有的那部分权利。以土地权即"分田人头"作为村社区合作集体最基本的确定标准,说明农民的再合作具有十分强烈的土地产权意识,他们在交出土地以作为非农之用时,首先结成土地产权共同体,以维护自己在失去土地保障之后所获取的工业利益不受他人侵占。工业化之后,虽然这个村子的"土地本位"已经转化成"天赋股权本位",但土地产权仍然是新的合作体制和产权制度的基础。以"分田人头"来确定合作集团的产权主体边界,实际上是在静态的时点上明确合作的利益和产权的所有者是"社区全体成员"。但从长期来看,"社区全体成员"是一个动态的边界,包括那些尚未出生和娶人的人员,他们迟早必定要加入社区合作的范围,因而也必定对那个静态的合作制度提出现实的挑战,其实质不再是新增社区人口对"平均地权"的要求,而是对土地权收益分配权的要求,也即对加入合作集团权力的要求。这正是近年来村庄的人口迁移政策、妇女儿童保护政策和分配政策不断调整的深层原因。

4. "亲-地"双缘关系。由于土地权的强化,突出了村民之间的地缘关系。强调是否"分田人头",使单纯拥有亲缘关系,已不足以进入合作圈子,村民还重视在亲缘关系之外,是不是还生活在祖居地上,还有没有土地权并以此投入合作。对"亲-地"双缘关系,即亲缘关系之上再加上以土地权为核心的地缘关系的突出和确认,说明合作中"利"的重要性。合作并不是家族集团自然即有的社会属性,即便在家族村,合作群体的原则,也首先是以土地产权为核心的利益原则,即使村里的股份总公司的产权主体已由单一扩展到多元主体,村庄最核心的合作集团仍是以"分田人头"为其边界。

尽管土地权在农民的再合作中具有重要的作用,但不是唯一的决定的因素,因为我们难以用它来解释合作中出现的许多其他重要问题,显然,除了利益的驱动和制约外,其他社会性的因素,诸如村集体特权和权力、家族提供的社会关系资源,也同样具有深远的影响。

第二节　"集体"运作

非农用地所有权向行政村的集中,再一次将大村集体在工业化中的地位突出了起来。这似乎还不能解释村民们为什么一定要采用合作的集体行动,特别是与村集体合作的行动,来实现工业化这个问题。因为在南部中国的其他地区,我们仍可发现有工业化的其他组织方式,比如晋江地区的小工厂大都以联户企业或私营企业的方式分散在许多个村庄和小镇上,并没有采取完全的集体行动,特别是没有采取以村办企业为组织方式和核心的集体行动。那么,在我们所研究的这个村子里,村民为什么一定要采取与村集体密切合作,并以此为组织核心的集体行动呢?这,还得从集体行动的组织者说起。

村民的再合作行动萌芽于办工业的企望中,第一次的合作行动是集资建厂房。村干部讲述过当时震动全村的一幕①:

> 1984 年,老村长去香港谈妥一个外来加工项目,盖厂房、搞基础设施和宿舍,共需 700 万元资金。村里几个干部全部出动,把自己和村里人所有能用上的"关系"都用上了,几经周折,才从银行贷来 100 万元。万般无奈之下,党支部召开支委会,做出一个决定:向村里人借钱。

> 村长把全村人召集在一起,书记讲话:"我们万丰抓回一个大项目,但是没有钱。这几年搞活经济,大家手里都有一点积蓄,我看不如把死钱变成活钱,用它来发展村里的经济,党支部已经决定,采取入股的办法,发行股票,集资办厂,工厂赚了钱,大家一起按股分红。"

> 群众议论:

> "这钱丢进池塘里还有响声,给了公司连这点响声都没有呢!"

> "就是送给要饭的,也不给你们。"

> "你们五年后会还吗?"

> "你们真的能分红?"

---

① 根据 1993 年 3 月 15 日访谈记录并参阅资料整理。参见程贤章等:《深圳有个万丰村》,上海文艺出版社 1991 年版,第 31 页;李延国等:《万丰模式》,《人民日报》1993 年 4 月 20 日。

……………

会后无一人投资入股。

支部动员村里 32 名党员："不许偷,不许抢,不许贪,每个党员必须设法带头集资 5000 元!"党员带头后,又有 59 户村民跟着投入了"私房钱",共集资 25 万元,加上银行贷款和陆续借贷的其他资金,厂房建起,项目顺利引进,头一年股东们便获得了 25%—70% 的红利。从这以后,出现了全村人普遍投资,村集体为无钱投资户"贷款投资"的现象。

这段故事告诉我们这样一些基本事实:

村民再组织起来,一开始并不是心理上的自愿选择,也不是一个纯粹自发的组织过程,公社体制的遗产——村政组织和村集体经过市场化改造后,仍然是新的合作行动的组织者。不过,"村集体"在再合作时,已失去动员社区资金资源的能力,必须采用新的合作体制即股份合作制,才能动员村内的资金资源。这里,我们先就村组织作为组织者的特定问题展开讨论。可以看到,组织者的地位建立在两个基础之上:一个是对集体组织"权力"遗产的继承,另一个是对集体组织资源的重新开发和利用。

先看内部环境。

非农土地初审权乃至所有权向行政村集中,在政策上支持了大村集体主办工业。一旦村集体的这一主体意识逐渐强烈,并且具备了办工业的原始积累和条件,掌握了办工业的线索和关系,村域里便不可能再出现私营性质的工业。原因之一,就是村组织有权不给集体以外的个体审批办工业的非农用地。这种情形,不仅发生在我们所研究的这个村子里,在其他地区乡村工业化的初期,也几乎成为一个带有规律性的现象,比如在许多村庄中都存在着"所有制一边倒"的情况,要么以集体经济为主导,要么以私营或联户或个体经济为主导,很少发现两种体制能够在一个村庄中平分秋色。尽管我们所观察的这个村子目前的产权结构已具有多元化的倾向,股份合作体系的产权主体既包括村集体的或联户集团的产权,又包括个人产权,但是村集体始终处于合作的主导地位。

这种主导的地位还受到两种合理性的支持,一种是经济合理性,另一种是社会合理性。

村域里办大工业所需要的公共设施和服务设施,涉及土地资金和人力的集中,以及全村的整体规划和诸多农户间的、农户与集体间的、小集体与大集体间的利益问题,需要一个类似于国家机器的村政府,来充当组织者和公平的"调节器"。在村子里,任何个人或小集体都不能承担,唯有代表全村人利益的大集体,才能担当此任。此外,大型的公共设施如文化、娱乐、福利和服务设施等,也只有在行政村这个层次上举办,才经济、实用和便当,这也是大村集体得以运作的基础之一。

村庄的再合作,也是重新开发和利用村里传统组织资源的结果。对于村庄来说,真正具有影响力的组织历来有二:一是公社体制下形成、现今仍然发挥作用的基层政权组织;二是历经变革而又顽强作用的以家族为其基础的强群体力量。在万丰村这样单姓家族的村庄中,这两种力量往往是巧妙结合、合二为一的。对于没有现代组织经营能力和经验的农民来说,这两种力量都是现成的、运作有效的、可以给予信任的、拈来可用的组织资源,不需要付出新的代价、冒新的风险,也不需要重新花费财力和时间。在重整集体经济时,干部和村民的第一参照体就是公社模式下的大队集体经济,虽然后来的新集体体制与原来的集体体制在内容上有了质的区别,但组织的外部形式是从原有集体形式中脱胎出来的。村庄利用的人力资源也是原有的"老基层"村干部或新干部,他们大多是村里的能人,仍然在村里大小事务的决策中起着重要作用。后来,当村内的股份合作公司建立时,村组织的结构也就顺理成章地被引进到新的公司体制内,就有了现在的"党支部书记-董事长""村长-总经理"这样新的社会分类角色和管理体制。此外,在万丰村这样存在家族或地域群体的村社区中,个人原来就很好地整合于家族群体之中,在家族群体的意识中,出走往往被看成是不安全的,与他人合作远不如与群体合作。这种传统的意识,在农民个人流动受阻的情况下,不但没有淡化,反而被加强了。村庄最初的合作关系都是以亲朋和近族为基础的,以后的小村合作社也是以自然村(家族内部的"房")为基础而组建的。村域内的集体行动并不损害家族和家庭利益,一旦村民经过比较,明白集体行动的机会成本比个人行动更低时,自然就会接受这种行动。

再看外部环境。

公社时期,生产大队是国家计划的推行单位。它的外部环境是行政性的,与此相关联的经济职能主要是保证国家的征购、派购和收购任务。这个村子在那一时期的外部行政和经济环境简单到只面对所属公社。实行家庭联产承包制后,这种行政性的外部环境不复存在,生产经营分散化的农户开始直接面对村域外的市场环境,但是一般也不超出地方农产品市场。村民们对外部世界知之甚少,大多数人,包括村干部在内,在工业进村之前,尚未走出过所属沙井镇,而去过宝安县的更屈指可数。

20 世纪 80 年代初中期,开始引进工业后,外部世界猛然之间对这个小小的村子全方位地开放了。打算办工业的农民一下子要独立地面对两大复杂的外部环境,一是地方各级政府的大多数机构,二是地方乃至全国的甚至国际的市场,与外部环境打交道的主角,仍然是村集体组织。

关于村庄与地方政府机构的往来与关系,我们可用"工业用地的审批"过程为例加以说明。

下面是这个村庄审批一块工业用地的过程:

1. 村"两委会"研究后做出规划,提出工业用地初审报告;

2. 上报沙井镇国土管理所审批(是否符合手续和规定);

3. 报镇环保站审查是否符合环保要求;

4. 报镇城建办注册上交城镇建设管理费;

5. 报区(原县)计划委员会(凡超过五层的大型建筑须报计委)审批;

6. 审批开始后需陆续请镇区质量检查和安全部门的人员不断检查和验收(由包工头送样检查或现场检查);

7. 以上各手续完成后,才由区国土局办给"房屋所有权证"。

村庄为了让土地审批过程尽快地完满画上句号,便要与各级各部门发展特殊的良好的"人际关系"。办成一个工业项目,还要涉及资金、建筑材料、海关业务、水电、道路等领域的问题,因此,村庄的外部行政环境早已突破镇、区或业务主管部门,而广及本市、本省和外市、外省的有关机构。每年的春节宴客会主要是款待这些"关系户",1996 年宴客会的邀请名单就已请到镇、区、市的 4 大类 53 个有关部门和机构,其中各级行政部门 40 余个。

外部行政环境的扩展,涉及两个组织问题:一是谁能与之打交道;二是由谁去打交道或者说以怎样的方式打交道最合算。

村庄与外部行政机构发展有如此多的关系,并不是村集体一厢情愿即可形成,这也是地方行政政策和组织体制的特点所促成的。这个村子所属的沙井镇内对外加工业务有 95% 是由各村集体承办的,个体承办的情形极少,而在宝安区,这个比例也达到 92%。镇上主管工业的干部认为,出现这种情况并不奇特。一般人以为广东开放最早,可能私人经济发展最快,其实并非如此。我们的地方政策是大力发展以股份合作制为主导的集体经济,所接手的对外加工业务 95% 以上是直接介绍给村集体去办,经济上的优惠政策如减免税政策等,也主要是给集体的,于是,政府的各个机构就主要是与各村集体组织打交道。在这里,我们并不排除由于政策偏向,个体和私营经济"挂靠"在集体名下的情形,但在这个地区,村集体一般都采用股份合作制的方式,将个体联合在自己周围,并未见到人们一般所说的实为私营经济的"假集体"。另外,村民个人涉及政策的事务也多由村组织出面去办理,比如房宅基地上出了问题,也会拉上村干部去乡镇上"讲情"。村民之所以愿意与村组织和集体合作,由他们出面与外部行政机构打交道,则是因为村干部历来代表村庄与"上级"联系,掌握着与外部世界特别是官方的各种关系网,他们"人头熟,关系深,会办事"。就村民而言,与"上级"打交道,也即"对外的谈判",当然可以利用个人的关系,但在地方力主发展集体经济的政策下,就不如将熟人关系也"合作"起来,由村组织统一调用,特别是利用他们早在公社时期就已形成的盘根错节的行政关系网络,再加上村民的私人关系,办起事来就更方便。事实上,村里在批地、购置建材、向银行贷款等问题上,确都由村组织出面,利用了干部和村民掌握的所有"能用得上"的关系,形成一种既利用正式的行政关系,又利用非正式的私人关系的合力效果,因此,对外谈判成功的可能性就更大。

除去外部行政环境之外,村庄办工业遇到的另一大外部环境是对外加工业务市场,这是一个国外和境外私人资本和经营进入沿海地区而形成的特殊市场。有意思的是,这个市场的主体竟然一方是私人资本企业,另一方是村集体企业,也就是说,村民合作结成的村集体打入了这个市场,这个市场也选择了它。万丰村实用电器厂的港方行政部主任柯先生讲述了这层合作原因:

> 我们到了地方都跟当地政府和村里的组织联系,不会去找私人老板。为什么? 因为我们到这边来办厂,需要有担保,一个村子的领导人说了话就要算数,他不行了还有整个村子在嘛。我们出了麻烦也要有人出面去和政府商量,私人怎么行? 我们在这里要与当地政府、商检部门和海关打交道,还要和村里交涉问题,都需要村里的组织和他们的公司来帮我们解决。我们几年来相互关照,经常走动,厂子办得很好。

村集体在合作中的这种地位,表明合作中"权"的重要性。合作并不是社区成员之间平等互动的结果,合作的权力原则产生于社会结构和传统集体制度的文化脉络里,"村集体"作为村庄的一种社会性资源,无论对内对外都很重要。对它的使用,是村民在办工业过程中进行合作所必要的一个理性策略。之所以说它是一个理性的策略,是因为它立足于中国基层社会关系结构的基础之上,村民无法绕开它,因而有效地利用它,使其成为对有明确"利益"目的的合作行动的支撑体。这样的情境在"请"工业进村的过程中看得更为清楚,我们将在后面的有关章节中详细加以说明。

第三节　家族联带

前已说及,家族并不是一个明确的经济合作集团,这种合作集团随着经济利益的分化,聚散离合,本身已构成了村庄丰富而复杂的变迁史。在工业化过程中,这个村子里的家族关系再一次为初级的合作群体——联户集资,提供了亲缘关系的基础,但是,一旦合作集资群体的生存有保障之后,亲族之间的保护关系就会减弱,亲族的联盟往往又会分裂或以别的方式生存。因此,把家族看作一个自然的经济共同体,显然是不符合事实的。但是,我们也要看到,家族作为一个社会单位,却是一种潜藏着深厚的生存共性和文化共性的集团,特别是在村庄与家族合一的单姓社区里,村庄被同族的家庭渗透,这种共性一经激活,就变成了整体行动的精神力量和社会支撑。

关于家族的生存共性,我们可以从设在村头的福镇围说起。福镇围,是这个村子的潘氏家族为防御外敌入侵、外族械斗以及其他天灾人祸而设的村防。村里没有人能说得清它建造在什么年代,现在只剩下断壁残垣,但老年人一般都还记得它完好时的范围和形状。它在外形上和内部结构上,都比不上客家人聚居的"土楼"。不过,它设在村子的入口处,建有围门、箭楼和四环的房屋,其防范作用是与土楼相仿的。历史上凡遇有天灾人祸,各房都要派相当数量的人驻守在里面,以保卫家族的安全生存,情况严峻时,全族人集中于里,备战备荒,誓死相守。解放后情况发生变化,福镇围逐渐失去作用,"围"垣已破,与老村子连成了一片。不过,它所象征的"村卫"的共同信念和行动,却一直影响延续至今。可以发现,这种生存共性虽然产生在特定的社会经济条件下,但却形成了家族村落强烈的生存伦理观念,即同族人之间有义务相互帮助以维持生存。而生存的概念则不断扩展,从生命的保护、种族的延续,发展到维持最低生活水平、安定生活、保障就业,以至寻求新的发展等等。

这种生存共性的伦理观念潜移默化在族人的意识中,是任何人为的组织设计都难以消除的。20世纪60年代末70年代初,所属公社曾将这个村子与邻近的另一个单姓大村合并为一个生产大队,既为适应组织大规模生产的需要,也为避免单姓家族集体意识过于增强,结果却激化了这两个单姓家族为保卫各自族或队利益而存有的矛盾和争斗。以后迫不得已,复又分为两个生产大队,这样反倒解除了矛盾,两村"互敬以礼",还出现了以前没有过的联姻关系和经济合作关系。这种生存共性的伦理观念即使在村庄实行了股份合作制,特别是将合作扩展到村域之外以后,仍在起着作用,以至于形成了我们在后文将要涉及的排他性很强的合作体系。

这种生存共性是一种潜在的社会性资源,是单个的族人所不能控制的,遇有个人利益受到侵害时,并不能随意地利用它,除非将它转化成为与家族有关的事件。而当家族的整体利益面临侵害时,这种资源便在族人的合作行动中被加以利用,并且成为维护整体利益的强有力的武器。20世纪80年代初期,这个村子由于大量引进了工业项目,经济收益增长很快,村民手里有了大量积蓄,家家户户都盖新房、置家私,成了当地有名的富村。这引起一些不法分子的注意,经常结伙入村侵扰村民家庭,偷窃滋事,破坏生产。村民便纷纷起来要求组织自卫。村组织出面组织起武装自卫队,派年轻人去另一个同宗族的村庄习武练兵。全村人一呼百应,团结至诚,保卫村庄、工厂和家人,使不法分子连遭打击,再也不敢入村入户,这在当地传为佳话。这种以合作行动对家族的生存共性加以开发和利用的方式,在以后的股份合作运动中表现得更为充分。

这种生存共性的原则是总体生存而不是个体生存,特别是在大社会的环境不利于村民亦是族人个体的发展,不能为他们提供更多的机会时,更是如此。我们在讨论这个村子非农化的过程中已经指出,当村民遇到大社会的排斥、非农化的个体成本太高时,便会转而求助于集体的合作与保障,而集体就会利用生存共性的原则,以作为聚合村民亦即族人的黏合剂,激发他们的总体生存意识和发展意识,并让全村人都看到,让单家独户找门路发财致富,对于村子的整体发展未必是最好的选择,不依赖集体,不靠社区经济的保护,个人也未必能够发财致富。

至于这个单姓村庄的文化共性,则有着更为丰富的内涵,它们构成亲族网络内人际关系的文化结构,也就是说,村里的亲族网络是一种受到感情、信任、承诺和其他文化价值观和道德标准约束的人际关系。除此而外,这个村子还有一套约束家族人际关系的文化价值观和道德标准,村里人将它们概括为"礼让谦贤"(源于潘氏家族的族训"礼让传家"),写进村规民约,张贴在村头,刻印在公园华门上。这一套受文化共性支配的人际关系也构成家族村落特有的一种社会性资源,比如村庄里缺少办工业的资本,村民个人无力获得外来大工业的信息和办厂的能力,但是利用了这种资源,就有可能形成"集资"的合力,利用全村人的外部"关系",来引进工业项目,集体地转向非农产业。

我们仍以第一次集资办厂为例。村民在"集资"这个经济行为中当然是重利的,在一时尚看不清合作的前景和办厂的收益时,他们就要考虑"钱丢进去有没有响声"。但是,在受感情、信任和承诺支配,受"礼让谦贤"价值观约束的亲族关系网络中,村民们又不仅仅只计算"投钱"的最大利润和成本,还要考虑人情、面子、贡献、相互间的比照,以及对大家的信任、对别人的承诺等等。曾受我访问的一位小村村长,就是那次带头投资的 32 名党员中的一个,他谈道:

> 那一次投资的时候,我们大家都不懂得什么是股份制,靠大家投资办工厂行不行。我心里想,这个钱怕是白投进去了。但是不这样做不好嘛。书记和村长都带头了,我们大家不齐心合力地试一试,今后还是没有钱可赚。再有,大家都这样做了,我不带头,今后谁还理我?这个时候就不能计算那么清楚了。不过,那一回我们办成了厂,大家都得到了很大的好处,没有两年把投资的本钱都赚回来了。

后来证明,村里那些有钱而坚持不投资的人,不但没有得到合作带来的高额收益,还受到村人在道义上的谴责。

社会性资源的这种作用在小范围的联户集资和小村合作社集资中,

都表现得十分明显。一位联户集资的"带头人"（在村里多称"经理"或"董事长"）谈道：与他联合集资的六个核心人物都是近亲和在村里要好的朋友，大家商定好了一起投资，谁也不能保证今后一定会赚钱，但是大家关系好，相互信任，有了好处大家都有一份，出了问题都要承担风险。他特别提到，这种关系在开始合作集资时很重要。

但是，无论是生存共性还是文化共性，这些社会性资源在社区的大范围内运用时，个人和小群体就难以控制它，而具有动员力量的唯有家族和村集体。在我们观察的这个村庄中，这两种力量是合一的，不仅是因为家族与村庄在成员边界上重合，而且家族组织残存的一些基本职能，已逐渐由村集体组织承担了。大村集体组织替代家族承担着村内兴办教育和公益事业的职能，还替代家族承担组织祭祖活动、修整祖坟、修订族谱和村志、对外联络宗亲、开展联谊活动和经济合作的职能，小村合作社也同样替代着房族祠堂的某些功能，因此，村集体组织合理合法地成为村里有能力动员家族的社会性资源的力量。在这种情形下，村干部对全村亦即全族人有着道义上的责任和承诺，村里、族里人也对他们有着托付家族命运的信任。村书记的体验是：

> 在这个村里当干部是非常难的。如果把事情办坏了，是要被全村全族的人责骂的，不但要骂你，连你的后代也不好过。特别是碰到村里人的利益与政府的做法有矛盾的事情，你既要帮助政府做好工作，又要让族里人能接受，只好想各种办法来说服村里人。比如政府征地，村里人有意见，不过，我看到那次征地对我们村今后的发展有好处，就对干部和村民下保证，说我们不会吃亏，聪明的办法是赶快做好准备工作，机会来了就可以赚大钱，不至于对祖宗、后代交代不过去。这个工作做了好几年，现在情况看清楚了，那次征地为镇里开发区的金融中心向我们这边转移提供了条件，我们可以优先向开发区投资，赚钱的机会就更多了。你说服干部和群众认清了利害关系，你得到的信任票就更多了。

总之,在村庄的再合作中,社区的内聚力和团结精神,以及亲族间以人情、信任和承诺,以"礼让谦贤"的价值观维系的社会网络,确实帮助村集体组织调动起所需要的集体力量,实现了联合投资、创办工业的愿望。并且,村民也通过这些社会性资源的运用,闯过了个人所不能创办工业和实现非农化的障碍,不仅获得了充分的就业机会,而且提高了社会地位,实现了"发家致富"的愿望。

上述由家族共性产生的联带作用,说明家族村落文化中的"情"或"义",在再合作中的重要性。合作虽有经济利益的考虑,但在家族村落中还有感情和道义的基础。如果不把人情和道义看作与经济行为相悖或消极的东西,而把它们当作一种可以促进合作和增进长期经济利益的社会性资源而加以利用,也许更有助于增进村社会的发展。我们笔下的这个村庄,正是很好地运用了这笔资本而获得成功的例子。

第四节　"利""权""情"秩序与合作关系

从上述几个方面的描述中,我们可以看到,在这个村子特定的社会基础之上,形成了"利益""权力"和"情义"三种关系原则,正是它们具体地规定着村庄内部的合作秩序。

利益秩序,是合作者出于获利目的而结成的合作格局,它以合作时支付的"本钱",如土地和资金为依据,具有强烈的排他性,不允许合作利益圈子之外的任何人分沾。这种合作秩序是最基本的,既是组织合作也是日后维持合作的基本因素之一。村庄正是在这种合作秩序中结成了村户、联户、小村集体和大村集体之间在土地产权和资金(股份)产权上既相互独立又联合使用的合作体系。

权力秩序,是合作中最终以谁为行动主导和中心,也即社区资源流向哪里或由谁控制的问题。就经济活动而言,权力的最终来源在于利益基础之上,也可以将二者看作合一的东西。但村社区的合作并不是一个纯粹的经济活动,特别是村集体组织作为合作组织权的执掌者,不仅有为自身赚取利益的权力,还有作为社区公平"调节器"的权力。因此,这里的权力不同于利益。由于现有体制下权力资源的分配倾向于村集体组织,村组织又具有作为合作主体的主动行为,因而,在村庄中自然形成了以村集体为合作轴心的合作体系。

情义秩序,是说合作行动不仅是出于单纯获利的目的,而且也出于人情的关照、亲族的情感和道义的责任。村庄在这种秩序中形成了相互扶助、扶贫济困、共同富裕的合作取向。

这三种秩序并不是独立存在的,而是在相互作用中形成动态的合作秩序。它们之间的关系是彼此交缠,或者相互可以调整的。从这个村庄形成的合作关系中可以看到,利益的秩序虽是最基本的,但在基本利益得到保障后,人情的秩序对之就有调节的作用,比如出嫁女和随夫去港的妻子及其子女,按规定本应迁离村庄,但出于对同族人情的照顾,仍允许她们以"空挂户"的身份分享村中的某些福利待遇。权力的秩序则使二级村集体组织都有权在利益分配之前,首先"提留"一定比例的利润用作积累,剩余部分才在各利益主体之间进行分配。而当村集体的地位稳固、实力强大后,利益的秩序又可以让村集体放开一部分发展机会给个人和联户群体,让村中有能力的人也有自我发展和创利获益的机会,等等。因此,我们在村社区的合作中,可以看到以上三种秩序相互作用和结合时,产生的是一种胜于三者独立存在的合力的甚至是"加权"的效果[1],就类似化学的质变与发酵反应,三者结合与否有着质的不同,结合的法则和效果不是"1 + 1 + 1 = 3",而是"1 + 1 + 1 > 3"。这也许正是家族村落合作体系的生命力之所在。

由"利""权""情"维系的合作圈子,建立在家族村落深厚的社会基础之上,它所利用的社会性资源具有强烈的排他性,因而合作范围是相对封闭的。只有凡是为"利""权""情"三种关系同时交织住的,才发生合作的

---

① 陈介玄:《协力网络与生活结构:台湾中小企业的社会经济分析》,联经出版事业公司1994年版,第189—247页。

关系,才为合作体系所接纳,我们可称之为"内合作体系",它只覆盖有"家族加村籍"身份的人。这似乎是传统乡土社会中特有的合作模式。那么,我们所观察的这个村子已经进入了工业化时期,伴随着工业项目进村,村庄的经济活动日益扩展,村公司的管理职能和范围也日益增大,这个封闭的合作体系又如何生存和运作呢?我们在发现这个矛盾的同时,也发现了村庄对应的策略,即发展出"拟家族"的联带关系和网络,以扩大"外合作体系"。所谓"拟家族"的联带关系和网络①,是指从自然的家族联带过渡到人为的家族联带,也就是说将家族联带的关系模式移植到新扩展出的非家族的合作体系中去,在其中起联带作用的仍是"利""权""情"的原则和秩序。这个拟制出的合作体系,不仅涉及外部的行政体系和外商,也涉及进入村公司的外聘人员群体,甚至涉及从家族母体中分离出去的非村民成员和"空挂户",等等。我将在后面的有关章节中对这一现象进行专题讨论,这里只想强调说明一点的是,村庄的合作体系在伴随经济生活的扩展而不断扩大时,运用的仍然是既已形成的社会关系模式,只不过将它加以变形和改造,以便使之直接延伸到非传统的关系领域和新的公司体制之中。

使我还感兴趣的是,这个村子在"利""权""情"关系模式上发展出的"拟家族"关系,似乎并不只存在于"外合作体系"中。由于"利"和"权"都是超家族关系存在的,所以从家族"内合作体系"中发展出的,并不只是原始的或单纯的家族联带关系。家族村庄内部在新的合作体制内延伸的,也还有不断再造出的"拟家族"的关系。

---

① 陈介玄:《协力网络与生活结构:台湾中小企业的社会经济分析》,联经出版事业公司1994年版,第239页。

第六章　工业进村

在靠近香港的沿海地区,一般来说,没有发展工业的历史。"政治边防"的特定地位,断绝了国家工业资源向那里流动的可能,而且远离大城市,工业的自然辐射对它也鞭长莫及。没有乡村工业史,是这一地区不同于长江三角洲地区的显著特点。当然,这并不是说乡村也没有"非农产业",我们所研究的这个村庄在 20 世纪 60 年代开始陆续办起过几爿小的加工厂,有碾米坊、小农具加工厂和糖厂(以公社时期的大食堂做厂房),还在村卫生所办过一个简易的中草药加工点,但先后在 70 年代末关闭或为私人的加工代销点替代。它们的共同特点是与农产品(村子盛产稻米和甘蔗)的深加工有关,除去糖厂的产品曾被收购过外,其他产品基本上是为本村服务的,进厂工作过的村民仅二三十人,因此,村里人从不将这些厂子称作"企业"。这几爿小厂随着农业的萎缩,在 80 年代初期陆续停办,在村庄"分家析产"时,仅剩几间旧仓库和农机具可以计入"公共财"。因为它们日后作价十万余元,充作村集体办工业的第一笔启动资金,所以我们将它们看作村庄工业化的前积累时期的非农要素,但不作为工业史的一部分。

这个村庄的工业史,起始于 20 世纪 80 年代初香港加工业向内地转移的时期。至今,香港等地区的加工厂主要落户在深圳等地区的村庄里,在万丰所属宝安区,已办有 3884 家,从业人员达 47.7 万人。[1] 有研究价值的是,我们所观察的这个村子,是这成百上千个村庄中最早引进香港的对外加工业务的,并且是由村子的领导人亲赴香港,对港商进行游说后,

---

① 根据宝安区政府乡镇企业局编:《宝安区 1995 年乡镇企业统计年报》。

"请"进村庄的。这种方式曾对当地乡村工业化起过示范的作用。这就为我们考察外来的大工业如何进村、村庄工业化的内部推动力何在，以及内在结构又如何适应外来工业等，提供了一个典型的例子。为了对村庄工业化的过程和外来工业的实质有一个清楚的了解，也为了分析上的方便，这里先将引进工业的股份合作制从中分离开来，留待下一篇去讨论，本章先就工业化本身的问题进行描述和分析。

第一节 "请"工业进村

20 世纪 70 年代末期，国家开放深圳地区，建立经济特区的政策开始明朗化。大批香港工商界人士捷足先登，进入内地沿海地区谋求新的发展机会，他们盯住的目标是交通便利的地点和廉价的劳动力，以便在那里设立产品加工基地。由于土地（建厂房的地基）和劳力都大量地潜藏在村庄，村庄似乎成为引进这类加工业务的天然良地。但是，工业进村毕竟不是一个简单的"物业"移位，也不是境外的工商业精英可以直接倡导和推动的变革。事实上，80 年代初期，大工业进入村庄的实际过程是从村庄内部的变革开始的。

那么，宏观的经济背景是怎样折射到这个在当地又属于"内地"的小村子呢？前已说及，万丰村有千余名在香港工作的"港民"，大约是在 20 世纪 70 年代末期，将村里谋求发展的村干部吸引到了香港，从此开始了这个小村庄与香港社会的直接交往。村里的老干部讲述过这样一段经历：

> 1978 年中国搞改革开放，我是大队长、支部副书记。看到别的村子在想方设法搞勤劳致富，我心里痒痒的，也想让村里走上一条致富之路。后来党支部研究决定，派我和另外一个同志去香港，动员在香港的万丰人支援家乡，捐款买化肥，捐汽车。那时可热闹了。每天都有许多万丰人来到我们住处，找我们了解家乡情况。我们在三个

月里凑了 80 000 港币。那些人跑过去后,从来没有回过乡,问我们能否回家乡看看。我们说可以回去,现在党的政策允许了。于是,我们回来时,带回了 30 多人。他们看到家乡确实在变化,确实需要他们出力,就齐心投资,搞了个鱼塘。①

这是村子有史以来引进的第一笔"外资",投放在农业上。更重要的是,与香港亲情间的往来,更带回许多新的信息:香港老板打算在内地投资办厂,条件是运输方便、有标准厂房和年壮的有点文化的工人。

早就先村民一步考虑集体致富的村干部们,在这一时期开始意识到:村集体掌管的大片荒坡林地推平后盖上厂房,就可以成为外商寻找的"工业基地",村里到处找活做的村民组织起来,就是做工的好劳力。当时已当上村干部的现任书记对我做过这样一个解释:"我们是农民干部,对改革的政策不是从公文和条款上认识的,是从'自己身边的经济形势'上理解的,来料加工最适合在村子里办,要用足党的改革开放政策抓住机会牢牢不放,这就是我们打算办厂的最实际的想法。"村里的几个主要干部曾约定:利用各种关系,想方设法抓到办厂的信息和项目;把"三来一补"加工业引进村里。他们对引进工业的渴求和实际运作,表明村干部是这个村子实现产业变革的直接倡导者和组织者。如果没有这种来自村庄内部的主观能动性,信息就会一传而过,项目也不会顺关系而进入,甚至会来而复失。

不过,最初的工业项目,并不是毫无外贸经验和能力的村干部可以"抓"到手的。那些最早进入深圳地区的港资项目,主要还是通过政府外经部门的"搭桥引线",原因不外乎两个方面:一方面由于国家和地方的外经政策受权于政府部门承担审批、引进和指导的任务;另一方面港商在进入内地初期需要政府作为中介机构,以取得政策支持和可靠的合作对象。以后,才逐渐有不少项目是先由村庄与外商自由谈判,然后由外经部

_____

①　老村主任也曾给笔者讲述过这段经历;亦参见伊斌:《乡村里的都市》,载程贤章等:《深圳有个万丰村》,上海文艺出版社 1991 年版,第 26 页。

门批准立案的,因此,政府部门的推动,也是这一地区外向型企业进入村庄的一个不可忽视的因素。至于对外加工的业务为什么大部分进入了村庄,而在乡镇一级却只占很小的比例①,也就是说,"乡镇企业"中为什么村办的比例大大超过乡办的,特别是到乡镇的项目为什么又大量流入了村庄,则是一个值得研究的问题。从万丰村所在镇的情况看,1995年镇办工业企业仅25家,就业人数7025人,而村办企业达695家,就业人数16万人。其中有几个因素起着重要作用,一是国家原来实行"五级政权,四级财政"的体制,1985年乡镇才作为一级独立的财政单位,在这之前,乡镇基本上没有聚财的能力。公社体制解体之前就没有多少积累的当地乡镇,在80年代初工业化的启动时期,与行政村几乎站在同一个发展水平线上。二是在面临同等发展机会时,村庄的经济体制比乡镇有着更大的灵活性,并且占有土地和劳力的优势,在初期国土管理机构尚未健全之时,村庄土地非农化的速度很快。三是即便乡镇筹有资金,但从向村庄征地到建厂房宿舍,成本太高,更无力建成较高质量的公共设施与厂房配套;而村庄则可利用现成的土地和村民住房,只需投资公用设施便可解决问题。四是村庄作为经济主体的意识越来越强烈,已与乡镇形成竞争趋势,并且还占有地利和人和的优势,在工业化初期有多种办法可以降低建设和人力投入的成本。因此,在这一地区可以看到村庄经济和村政设施以及居民生活水平都有明显高于乡镇的趋势。

面对同样的工业化机遇,当地村庄之间在引进工业项目上,却存在很大差异,以至于它们在日后的经济发展水平上也形成了巨大的落差。造成差别的原因就在于内部有没有变革的动力和运作的能力,因为政府机构面对诸多的村庄,在将引进的项目介绍给谁时,谁做好了接纳工业进村的准备,谁具有人际关系方面的运作和活动能力,谁就有可能争得项目。下面是村里人叙述的办厂经历:

---

① 宝安区1995年共办"三来一补"企业4194家,其中镇办593家,村办3884家。宝安区政府乡镇企业局编:《宝安区1995年乡镇企业统计年报》。

1982 年 3 月村里引进了第一家"三来一补"企业,叫"顺利塑胶花丝厂",就办在原来大队部的大仓库里,这个仓库在公社时期也做过大食堂。这家工厂是由一个姓王的朋友介绍给潘书记的。王是镇外经委的干部,当时深圳市的工艺品进出口公司将这个项目介绍到镇里,王接手后找到潘,说这个项目可以试一试。正好潘也正在动脑子想找一个工业项目,于是一谈便成,就在村里办起了第一家外来企业。当时,周围的村庄还没有办企业的。厂商是以港商的名义投资,原料和设备都由香港引进,村里出厂房和工人,收取厂租和工缴费(亦称加工费),产品全部经香港出口国外,当时的年销售额已达 200 万元之多。厂房是集体财产,第一年集体收益就达到 40 000 元,村干部兴奋不已,尝到了办工业的甜头。当时还解决了村里 200 人的就业问题,村里照顾了大多数有劳力又愿意从事工业的家庭人员的工作问题。照此法办了五年后,厂商要移民他国,村里便以 25 万元将设备买下,后承包给村民办,又办了五年。之后因效益平平而停办,设备也卖给了他人。

虽然这家企业没有为万丰村的发展在经济收益上做出大的贡献,但却使村里人第一次尝到了办"三来一补"企业的甜头,增强了干部和村民办厂的信心,看到了村庄在没有工业人才、缺乏技术、设备和资金的条件下办工业的前景。同时,也使村干部认识到,发展与政府部门之间的非正式行政关系的重要性。这个村子在此后十余年的时间里,一直加强和扩展着它与地方各级政府之间的这种联系,依靠它获得信息、资源和行政支持。

工业进村,不完全是政府和村里人行为的结果,还涉及进村的厂方和商家,他们对于进入哪个区域、城镇还是村庄有完全自主的选择,而这种选择依据的正是他们对内地投资的具体环境的入微体察。我们可以从引进的第二家企业——实用五金金属及电子厂的进村过程中了解到这种取向。实用厂行政部现任港方主任柯先生回忆了当时的情形:

　　我们香港实用电器金属制品有限公司是最早进入广东办厂的公司之一。1979年一进来,先在广州市白云路一带开办第一家加工厂,生产轻便吹风机的内部机件。干了一年,运输条件很差,运一次货到香港往往需要两天时间。用船运,金属会生锈,用车运,时间长,路不好走,产品还容易搞坏掉。后来搬迁到东莞的一个村里,厂房和工人的问题都好办,但是道路这样的设施又很差,用我们的话讲,就是工业的基础水平落后。另外那里的乡书记守旧,不懂办工业,农忙的时候一定让村里派到厂里的厂长也带着人去搞收割,对厂里生产有影响。那时候也想过进特区里去办厂,离香港更近,但是人工费用太高。1981年我们来到这一带,看到条件好一些,比如交通比较便利。当地人,有乡里的干部,也有已经认识的熟人,都说万丰村的条件不错,你们可以去试一试。经人介绍,我们与村书记见面,一谈,两方都很高兴。他看中了我们公司大,有实力,我们看中他头脑灵活,会办事情,说话算数,对办工业有认识。当然也看到村里已经有办工业的条件,比如有好的道路和水电系统,村里人也很配合。1981年我们与万丰村签约开厂,1982年5月正式生产。

　　我们一开始也担心搞不好会像在东莞一样,那时候在这一带先后搞了四个工区,分别设在坐岗村,新桥村、向南村和万丰村。心里想着万一哪个地方不能发展了,就撤走。现在当然不是这样想了,四个工区办得都很好。我们慢慢就让每个工区不但生产不同的产品,还互相配套,发挥各自的长处。现在已经形成一个完整的加工基地,员工一直保持在一万余人。我们不会轻易撤离这些地方了。①

　这个工厂进村的经历表明,工业进村是村庄内外两种力量相互作用的结果。促使村庄工业变革的力量和承受变革的力量,虽然都来自村庄内部,但是外来力量对村庄条件和组织力量的选择,也是对内地现有体制

---

① 根据1996年3月29日谈话整理。

和社会关系结构准确体察的结果,同样也影响到村庄将以怎样的方式迎接工业进村。在现有体制下,外来的私人资本大工业,也没有给个体和私人以发展的机会,这也是珠江三角洲的大部分村庄集体经济彻底解体数年之后,在工业化过程中又加以再组织的原因之一。所幸的是,万丰人从实用厂进村的实践中,认识到村组织的重要性、合作与集体行动的有效性以及村庄物力(基础设施)和人力配合工业发展的重要意义。此后,他们在 1982—1984 年间先后贷款 200 多万元,引进三家"三来一补"企业,吸收 1000 多村民和外来人进厂工作,完成了村庄工业化的初级阶段,特别是积累了引进外商企业的经验,奠定了村集体经济工业积累的基础——资金和基础设施。1984 年初,距离第一次去香港请本村的"港民"捐助农业生产五年之后,这个村子主动出击香港工商业界,开始了他们大规模请工业进村的历史。村干部经过多方了解,选择了颇有知名度的香港彩星集团作为第一家谈判公司,这家公司拥有六亿资产,生产在国际市场销路好的玩具。村公司提供的资料中记录下了这次谈判的主要内容:

　　港问:"你们万丰集团有多少资产?"

　　村答:"一亿。"(注:当时实有固定资产 400 万元。)

　　港问:"你们以往与港人合作过吗?"

　　村答:"合作过两次,都很成功。"

　　港问:"我们需要 20 000m² 的标准厂房,六个月内建成。届时我将派人去验收,可以吗?"

　　村答:"贵方的一切要求,我们全部能办到,请放心。"

这个简短的谈判包含了外商与内地村庄合作办厂的最基本的经济信息:外商需要村庄给予一定的财产抵押,尽管他们知道村庄尚无雄厚的经济实力;需要村庄提供最基本的物业——标准厂房和与之配套的基础设施,并给予承诺和保证。村干部算了一笔账,兑现这些承诺,起码需要 700 万元资金,再加上水电、通信和香港技术人员的宿舍,总投资大约需要 1000 万元。这对于初办工业的村庄来说无疑是一个天文数字。这几个数字后来促使这个村子在社会经济制度和体制上实现了一场深刻的变革，他们用股份合作制的办法在村民中集资 25 万余元，作为启动资金建起了第一栋大型标准厂房，并通过银行贷款和其他集资方式陆续完成了必要的基础设施建设，六个月后如期交付验收，就这样从香港首次请进了大型工业项目。

这个举动对香港工商界产生了影响，与有知名度的彩星集团合作，使万丰村公司在香港有了名气。村公司及时在香港设立办事处，扩大招商引资，将有意合作者带回村子，参观已办起的厂子和各种基本设施。自此，进入了工业进村最繁荣的时期，1984—1993 年共引进"三来一补"企业近 70 家。

上述三个企业在村庄工业史上有着决定性的影响，它们大体代表了工业进村的几个不同阶段和基本方式。从分析的角度看，也涉及了请工业进村这个变革过程最本质的内容：第一，工业进村是外部力量推动与村庄内部力量呼应的结果。仅有 20 世纪 80 年代初期香港工业向内地转移的大背景，而没有村庄寻求发展的内在冲动，工业就难以大量地进入这个地区的村庄。第二，"请"工业进村，实则是村庄在没有外援的自我发展中，强烈地意识到自己的主体地位，一方面积极地开发本地的物质、人力和社会性资源，另一方面有效地阻止它们外流，将其截留在村庄，以资自身发展的主动选择。第三，工业进村不仅仅是产业改造，以及把土地变成物业、把农民变成工人的问题，也不仅仅是村庄传统经济变革的问题，而是整个村社会的重组问题。从下一节开始，我们将逐步解析这个复杂的过程。

第二节　"三来一补"加工业

我们在开篇第三章中，已对"三来一补"加工业的定义做过介绍。这里要详加解析的，是这种来料加工、来件装配、来样（来图）生产的对外加工装配和补偿贸易，将构成怎样的经济环境，对村庄传统经济结构将产生怎样的影响,村庄在引进它们之后,又以怎样的策略和方式加以调适等问题。

"三来一补"加工业最基本的经济特征之一,是市场在外,即原料市场和销售市场均在境外的国际经济贸易圈内,供和销全部经由香港来去,因而称作"两头在外",而设在内地村庄的加工厂只不过是它宏大的"中间"生产基地。万丰实用厂(本部为香港实用电器有限公司)和王氏厂(本部为香港王氏电子有限公司)的产供销环节和流程,大致可以代表这类加工业的市场和生产特点。

实用公司 1979 年开始进入内地设立生产加工点,1988 年后生产基地集中在沙井镇四个村,占地面积 150 万平方尺。到 1992 年香港本部已无生产车间,只留写字楼、运输部和货仓,占地 18 万平方尺,在沙井地区的占地面积则扩展成 200 万平方尺。原料由香港总部从其他国家和地区购买后直接进入内地生产基地,生产工厂负责生产装配及零件制造,行政管理和技术管理则由香港总部负责。成品生产出后,运往香港货仓,由香港总部销往美国、加拿大和日本等地市场。1992 年销售额达 1.15 亿美元,员工总数 10 000 余人。①

王氏厂从 1995 年底开始在香港本部撤销生产车间,只留有写字楼、供销部门和研究中心,主要生产基地设在内地(另有一部分在马来西亚)。生产和供销流程是:原材料(国外市场)—香港(仅停留一天,原来需七天)—内地生产加工点(万丰村等地,生产周期七天)—香港机场—国外市场(美国和欧洲)—部分产品再回销香港市场。②

上述产供销的基本流程表明,"三来一补"加工业不会产生或者说不需要地方原材料和产品市场,这就是我们在万丰村所在的区域乃至深圳地区都难以找到原料和产品市场的原因所在。这与同在中国南部的福建

---

① 1 平方尺 =0.11 平方米,文中数据直接引自《香港实用电器有限公司简介》(商用宣传资料),为保持数据原貌,本书一般不予换算,仅在脚注中予以说明,下同。

② 根据 1996 年 4 月 3 日与万丰王氏厂财务总监周先生的谈话记录。

晋江等地区相比有着鲜明的差别,那里的工业必须依靠当地市场来调节,于是形成了以镇为市场中心、以周边村庄为生产基地的格局。

没有地方市场,对村庄有着特殊的意义。其一是,村庄"办"企业时不必考虑原料和产品市场问题。这对于一无充裕资金,二无设备技术,三无办厂经验的农民来说,在工业化初期是最易接受的一种工业模式。村里倡导工业化的人对此有独到的认识,村书记兼董事长这样说:

> 办工厂一要厂房,二要设备,三要原料。厂房,我们可以建,可是进设备就难了,设备落后,产品(就)没有竞争力,设备先进,你手里又没有资金,没有外汇。原料也一样,特别是先进(的)电子元件,我们还靠进口。搞来料加工,这些问题都不用自己解决,我们得一份工缴费,得一份厂房租金,其中一部分改善员工生活,大部分依然投进扩大再生产。我们万丰就是这样富起来的。香港 20 世纪 70 年代中期,也是靠来料加工促使经济腾飞和繁荣的。①

这正是万丰村抓住机遇,大量引进"三来一补"企业的原因所在。

其二是村庄不直接承担市场风险。村庄在这类加工业中,按照合同定好厂租和工缴费收入,与外商实际销售额的增减不发生任何关系,它既不能根据最终收益而受惠,也不会随市场波动而受损,市场风险是由外商直接承担的。村里人在考虑利弊时,也把这看作办这类厂子的好处之一,他们只需要选择那些有经济实力、开发有高新技术产品、在国际市场上有竞争能力的公司作为合作对象,就可以保持收益的稳定性。这个村子十余年来一直是宝安区内通过引进"三来一补"企业受益最大的单位之一,就是因为它比较早地认识到这一点,从一开始就与效益好的大公司发展关系,以后又着重引进高新科技产品企业,不断增加它们在全部企业中的比重。

由于"三来一补"加工业本身具有依附外来资本经济的性质,对引进

---

① 程贤章等:《深圳有个万丰村》,上海文艺出版社 1991 年版,第 8—9 页。

这类企业的利弊问题,曾在宝安地区引起过较大的争论,有关报告中记录了这个情形:"……一度在政策和舆论导向上不支持它的发展,主张将'三来一补'企业转为'三资'企业。1994—1995年出现萎缩和滑坡现象,企业纷纷迁往周边地区,造成大量厂房闲置,经济效益大幅度下降。一些企业也出现了'假转型',效益普遍不佳。以后调整恢复,不再采取限制的政策,而着力于提高其效益和档次。"①由此看来,不从当时当地的实际出发,过早地停止和转型"三来一补"企业,于地方的发展并无好处。我们所研究的这个村子,在这一时期却是大力引进"高档次"的加工业务,并改进基础设施质量,提高合作能力和服务水平,除去个别企业迁出、停办外,反而新进入了为数相当的企业,因而未受到大的影响。

第三节　建厂和招工

"三来一补"企业的原料和产品市场在境外,资金(基础设施建设资金)和劳动力市场却是在地方。村庄对外合作的基本投资环境是提供标准厂房和基础设施,如何筹集资金建设厂房,便成为启动工业的基本问题。20世纪80年代初期,银根尚松,村子里一方面利用大仓库和小糖厂的厂房改造成为车间,另一方面从银行贷款修建厂房。1984年后,银根紧缩,村办经济发展公司的实力尚不足以形成可靠的抵押,从银行已很难贷出资金。这时候,村庄内部的资金市场开始发育。村干部与香港彩星集团公司谈妥合开加工厂时,连建一栋厂房的启动资金也没有,从银行也未贷出多少钱,但却意外地发现村里人在银行的储蓄额已达百万元之多,于是萌动了开发内部资金市场的念头。后来,利用股份制的办法,首次集资即达25万元,建起了村里第一栋新厂房。从这之后的十余年里,内部集资入股一直是这个村庄建设资金的主要来源之一。在1984—1991年融资最为活跃的七年间,万丰大村及其所属的五个小村共从村民手中筹

---

① 李丁财:《"三来一补"在宝安的实践与探索》,海天出版社1995年版,第26—30页。

集资金 3400 万元,人均 1.88 万元①,在银行之外开辟了一条灵活、迅速、有效的金融渠道。除去这一稳定的资金来源,扩大建设规模的主要资金当然仍来自银行贷款,现在这个村子凭借自己的经济实力和信誉,已同多个银行发展借贷业务。在 1995 年金融收缩的情况下,村内的支柱公司万丰发展公司的总投资额仍有 6000 万元之多,建成厂房十多万平方米。

　　土地变成物业(厂房和基础设施),是这个村庄,也是南部许多乡村变迁最大、最明显、最直接的景观。这个村子最初的厂房建在推平了的荒坡山地上,以后逐渐将耕地变成"非农用地",随着这一地区规划为城市化地带,国家取消征购粮任务,大约在 20 世纪 90 年代以后,农用土地日益减少,现在基本上已无农地景观了。下面一组数字相互对应,反映了村庄从农业基础向工业基础转变的情况。1980 年家庭联产承包制之前,村内共有旱地和水田 3800 亩,1985 年国家一次性征地 1100 亩,年末实有耕地面积(水田和旱地)1758 亩,1990 年尚有 1164 亩,到 1995 年仅剩 400 余亩。与此同时,物业面积不断扩大,根据村公司物业部统计,1995 年末,村集体各类房产面积已超过 125 万 m^2,其中工业厂房、宿舍 110 万 m^2,其他各类房屋、商场、公共建筑达 15 万 m^2,共 500 多幢。②

　　由土地变成的物业,是两级村集体最基本的固定资产。不过,它并不作为"投入"与外商合资办厂,而是出租给外商使用,其产权归集体所有,收取固定的厂租。相应地,失去土地而拥有物业的村民,在分享厂租收益的同时,也直接进入了村内形成的劳动力市场。

　　村民进入劳动力市场,与"三来一补"企业的招工原则和方式有直接关联。"三来一补"企业的生产、经营和管理权为外商所有,虽然由于村庄向企业提供物业、人力和行政方面的支持,双方之间有一定合作关系,但却是有限的。就招工而言,村集体虽然竭力维持其"保护村民就业权

　　① 参见鲍光前等:《共有制经济试验报告》,载韩松等主编:《邓小平理论指导下的万丰模式》,海天出版社 1993 年版,第 69 页。
　　② 参见历年万丰村《农村经济统计报表》《万丰村 1995 年工作总结》,《万丰文讯》1996 年第 24 期。

利,优先安排就业"的政策(我们在后面的有关章节将详加讨论),但在与外商协商时,仅只有建议和推荐权,招工的具体方案和决定权都在外商一方。村公司的业务人员介绍这一情况时说:

> 从1989年前后开始,村民要求工作时就要到总公司来登记,现在登记很正规,建立了"人事登记簿",内容包括姓名、年龄、学历、身份证号码、电话、要求到什么厂、做什么工作、以前做过什么等等。大多数人都要求做厂长、会计、报关员、仓管员或其他"文员"工作,我们就看哪些工厂需要人,再看他们的条件是不是符合厂方的要求,如果合适,就与双方商量,厂商还要面试,试用三个月,然后正式委派。条件不合格的,我们当然不能派,也无法派。在这里找不到工作的村民,有的也就再到劳动部门和深圳的人才交流中心或者在报纸上看看有没有合适的工作。据说有一些外出做小买卖的。1989年以前没有这样正规,以前村民中很多人也在工厂里做工人,许多村民有小生意做,也有的还在种田。办工厂时,也有的人直接找到厂家,厂商也同意工作,有的由公司安排。在我们这里登记的99%是村民,外来人也有。我们以安排村民就业为主,但也不能保证安排,包不了,因为还有厂商的要求在起作用。

从中可以看到,村庄在农业时期形成的"自然就业",即劳动人口到达就业年龄后,自然成为家庭和集体劳动者的方式,以及在集体制时代形成的对村民就业权利进行保护的方式,已经受到了冲击。比如,一般来说,村里引进一个工厂,村集体就有权推荐一个村民在其中任行政管理厂长,一个任会计,另一个任报关员或仓管员,但是具体人选必须经过厂方考核和试用后才能最后确定,实际上也就是需要经过劳动力市场的选择,其中会计还必须持有会计证书或高中毕业文凭,因此在这一职位上,村庄能够派出的人员中只有一半是本村的村民。据村股份总公司外经部提供的数字,截止到1996年初,外经部共派出厂长110人,本村人占95%;会计85人,本村人占53%;报关员140人,本村人占100%;总共占全村劳动力总数的 27.7%。村民中其他打算到工厂工作的人,必须首先进入劳动力市场,经过厂商的选择后才能进厂工作。当然,村民实际进入的劳动力市场与绝大多数外来人是不同的,比如,村民要求就业可先在村办公司的外经部登记,由外经部根据厂方需要进行推荐,进厂和谋求好职业的机会远比外来人多。村民要求就业的职业取向绝大多数是厂长、会计、报关员、仓管员和其他文员,而外来人绝大多数找到的是"打工",即做一线操作工人的机会。但是,这种"村民优先"的权利已经是有限的,需要经过村内外的劳动力市场选择后才能实现。我们在苏南村办企业中看到的村民并不真正进入劳动力市场,而由村集体直接安排进厂工作的情形,在这类引进了"三来一补"企业的村庄里,已再难以见到了。

以公开方式进行的"招工",主要是为外来打工者提供就业机会,由厂商直接进行,村庄并不参与。工作的种类单一,大多是流水线上的操作工。招工一般采用两种方式,一种是在厂门口贴出告示,应招者经过挑选后,直接与厂方签订劳动合同。这种招工一般是小数量的,少则几个,多则十几二十个。另一种是在打工者内部进行的,厂方大多数时候,会将招工的消息告诉在厂里工作的"打工仔",让他们介绍可靠的同乡进厂工作,"打工仔"也有义务在厂里打听招工消息,以便将新来的或失业的亲友和同乡介绍进厂。遇到工厂扩大规模,厂商还会委托可靠的"打工仔"利用春节回家的机会,带一批同乡人来进厂工作。现在随着村庄内聚集的"打工仔"日益增多,村内的劳动力市场初步形成,这种方式已不多采用。

从招工的原则和方式中,已经可以看到,村子里存在着两种不同的劳动力市场,它们面对是不同的就业人口,一类是村民,另一类是外来人。采取不同的就业方式,一种是半自由市场型的,另一种是自由市场型的。提供不同的就业机会,一种是收入较高、劳动条件较好、职位优越的,另一种是收入较低、劳动强度较大、地位较低的。

第四节 工缴费和厂租

办在村庄里的外来加工业企业,不同于一般意义上的"村办企业",它本身反映的是委托加工(外商)与被委托加工(村集体)之间的关系。外商在村办企业不占股份,承担接受加工装配成品和支付工缴费(加工费)的责任。村办企业对所进的原材料、辅料则只有使用权,没有所有权。① 机器设备的产权比较复杂。1987年以前,这个村子的大部分企业采取把来料加工装配和补偿贸易结合起来的做法,即外商在不作价提供原辅材料、零部件的同时,作价提供有关的机械设备,这些机械设备的价款,从收取的工缴费中分次扣除,在价款还毕之后,这些机器设备归村庄所有(这也正是村庄精心选择加工业务和外商实力的原因之一)。这种方式很适合当时宏观经济紧缩条件下资金短缺的形势。之后逐渐不再采取这种补偿贸易的办法,即外商不作价提供加工、生产所需的设备,产权仍归其所有,村办企业只向外商收取工缴费。协议期限结束,外商如不继续加工,全部机械设备便退回香港或其他地区。②

这类企业除去部分固定资产(厂房)外,其他产权和生产经营权在一定年限中并不属于村庄,但由于村庄投入了地皮、厂房和公共基础设施以及劳动力,并参与企业的部分管理工作,因而从企业的经营中受益,形成了自己独立的经济利益。

工缴费是收益的最基本部分。工缴费是对加工活动亦即劳动力使用权的报酬,以工人人数为计算的基数。在加工生产合同书中有明文协定,由港商以港币支付,并随物价指数上升作相应调整。村办公司的业务部门对如何收取工缴费(加工费)做了如下介绍:

加工费是我们从"三来一补"企业中收取的一笔费用,用来支付

① 李丁财:《"三来一补"在宝安的实践与探索》,海天出版社1995年版,第9—12页。
② 参见深圳市外经委制:《引进项目批准通知书》。

给工厂工人的工资。加工费是由银行从港商支付的港币中结汇后给我们的。总额是按每个工人 650 元人民币计算,目前我公司在册工人 13 400 余,以此为结算依据。银行按规定从中扣除各种费后,余下的才是工人工资,大约每 100 元可余 79 元。以某月为例,银行结汇单项目如下:

> 结汇总金额:＊＊＊＊＊＊.＊＊(HKD)
>
> 银行手续费:＊＊.＊＊(HKD)
>
> 外贸公司手续费:＊＊.＊＊(HKD)
>
> (按外汇年价 112.33 计)
>
> 小结余:＊＊＊＊＊＊.＊＊(元)
>
> 区镇收入:＊＊＊＊.＊＊(元)
>
> 托收费:＊＊＊.＊＊(元)
>
> 结余:＊＊＊＊＊＊.＊＊(元)

厂租是村庄收益中的另一主要部分。厂租是厂房和基础设施租用权的报酬,租金在外商租用生产时商定。据掌握情况的业务人员说:

> 厂租是我们办"三来一补"企业的主要收入。厂房是由我们提供的,按建筑面积的大小计算,平均 10 元/m² 左右。如果一栋三层的厂房,一般是 4000m²,厂租就是 40 000 元。目前,我公司共出租厂房 70 余万平方米,宿舍 20 余万平米(厂房的租金 10 元/m² 以上,宿舍 10 元/m² 以下,平均 10 元/m²),一年收一个亿(元)。总公司允许个人、小村或大村都可以投资建厂房,将投资折合成股份,收取厂租后,按规定(各村执行的程度不一样,有的留下的比例小一些)从中扣除 30% 作为村财,交给村财政所,其余的 70% 按股分红。

这种"厂租经济"与房地产业不同,它不出卖厂房产权,而是通过租赁获取持续不断的收益。村里人对"厂房"的看法与土地有关联,认为它们与土地一样是"本",不能轻易转让给他人。虽然土地变成的物业,一旦弃用也难以再复原为土地,但村民仍把它们看成与土地一样的保障。

即使厂房建好后暂时租不出去，或者有的厂商撤离后留下空置的厂房，村民也认为迟早会租借出去的。实际上当时由于"三来一补"企业尚处于发展的鼎盛时期，厂房很少空置。村里除去一幢商用楼和一些零星铺面，因为近几年国家宏观经济调控，房地产业普遍不景气，暂且闲置外，厂房的租用周转率仍然很高。另外我们在村子的周边地区已经见到一些外商直接"租地建厂房和宿舍"的情形，但这多发生在地方政府开辟的工业区内，由村庄直接出租土地的情形依然很少见到。虽然"租地建房"反映了外商在投资"三来一补"企业上有了长期化的趋势，但是，村民们更愿意守住"根本"，安全可靠地获取持续不断的收益。

由于外商求用的是"标准厂房"，村民集资办企业，一般"先建厂，后招商"，村里人称之为"筑巢引凤"，由此也形成了村民对"产业"的观念、集资建房的各类集体，都能如数家珍般地告诉你，村里哪幢哪间厂房是他们的，先后做过什么用途，每一处的收益又是如何，等等。就这一点来说，村民对产业的看法仍与农业时代相仿，只不过把对土地的依恋和看法，移情到土地上"长"出的物业而已。这也在一定程度上决定着村民对待出租还是出卖土地或是物业的态度和行为。

对于外商来说，厂租和工缴费计入其生产成本，压得越低越经济，因为他们是以国际市场的价格水平来计算，迁入内地生产，无论在地皮、厂租或劳动力价格上都是相对最便宜的，因此能获取最大的经济效益，这是外商的积极性所在。对于村庄和打工者来说，厂租和工缴费则是他们的最终收益即"纯利润"，他们以投入和收益之比来衡量效益，因为是以内地市场的价格水平为参照系，现有的租金收入和工资收入经过权衡，也被认为是最现实也最有效益的收益。因此，对外加工业才得以在20世纪八九十年代成为南部沿海开放地区的一种主导经济。

由于村庄的收益是以投入的单位量计算的，即在投资环境容许的范围和条件下，建的厂房越多，出租的比例越高，收益就越大，进而带动的劳动力投入也会越多，受益者亦会增加。但是这个村庄在"投入—产出"的实际运作上，遵循的却是比这个正向的简单逻辑关系更为复杂的逻辑。

如前所述,虽然村庄的厂租和工缴费收益,与所引进的外商加工业务在国际市场上的收益并无直接关系,但后者却是村庄收益的稳定系数,也是影响村庄投资环境和生活环境的重要因素。比如,村庄越是引进那些在国际市场上有竞争力的项目,或是与有实力对产品和设备进行改造和更新换代的外商合作,企业就越有前途,厂租和工缴费收益就越稳定。村书记以董事长的身份谈到公司引进项目时表现出比"致富"欲望更为长远的谋略:

> 如果机器设备最终归村里所有,就要特别注意设备是不是先进,经济上是不是合理,我们不能不结合公司的长远规划来综合考虑问题。特别是在银根紧缩,没有多少资金进行设备更新改造、技术升级和优化产业结构的情况下,这种选择就显得更为切实有效。如果想长远利用加工基地的优势,让财源不断、稳稳当当地流进村民的口袋里,就要动脑子引进那些有效益、上档次的又能利用许多劳动力生产的项目。这样,大家才饭吃得安心,财发得稳当。如果不是把村子只当成一个加工基地,而是家族的子子孙孙繁衍生息的地方,那么就要把有污染的项目挡住,挤出去,而且还要把这块地方建得可以用"美好"两个字来形容。

这个村庄在十余年中身体力行,在把村庄变成加工基地、赚取厂租和工缴费的同时,也建成了以高科技(如电子产品等)产业为主导的工业区,建成以农民别墅、公园、商业网络、高档宾馆、娱乐设施为中心的生活区,在推进工业化的同时,自然城镇化的速度正在或已经超过了周边的乡镇。

第七章　非农经济聚集区

外来的大工业进入之后,这个村庄无论是在外观还是本质上,都发生了深刻的变化。它不再是一群向土地讨生活的农民相守的地方,也不再仅仅是一个家族聚居的村落。它变成了一种新的非农社会经济结构和力量,成了一个非农经济聚集区。

第一节　传统经济结构的终结

在前一章中,我们曾列举出一组数字,反映最近十余年来村里土地减少和厂房面积增加的情况,以对应地说明农业依赖的土地已经为工业依赖的物业所取代。这里再列举出另一组数据,以说明这个村子农业衰落和工业兴盛的状况。

这个村子1982—1984年三年中共引进"三来一补"企业5家,1985—1987年三年的引进数增加到17家,1988—1990年三年中又引进14家,而到1991—1993年三年的引进数则增加到30家,1994—1996年初近三年中又增加35家。在13年时间里共引进企业110余家。而农业自1985年后,只由仅存的几个专业户、外资农业户或外来承包户生产,专业户的减少和衰落在那时已成为不可避免的现实。1980—1983年村里出现过百余个专业户,到1985年时仅剩不足十户,主要从事渔业、蔬菜、花生、果林等经济作物和稻米生产。另有外资农业一户,经营蔬菜地337亩,渔业三户,经营鱼塘375亩。不过,那时从事农业的劳动力人数尚有293人,占总劳力的30%。到了1990年,农业专业户仅余五户,主要从事渔业、养猪和种菜,另有外资种菜和渔业各一户,农业劳动力亦相应减少。1993年笔者调查时,村里能形成规模的农业专业户只有二三户,两户养鱼,另一户以养猪为主,外资蔬菜户尚余一户,农业劳力已减少到 78 人。到 1996年初,全村仅剩下一个养鱼专业户了。全村农业产值仅 443 万元,只占总产值的 2%。显然,农业在这个村里已经不再是经济支柱,甚至连补充村民收入和家庭生活的作用也失去了。

农业在这个尚称得上鱼米之乡的村子里逐渐势衰力微,表明村庄的传统经济结构在外来经济特别是对外加工装配业的影响下,并没有持续生存的余地,而当这种具有国际合作特点的大工业在村庄经济中占据了统治地位后,这个传统经济结构的基础就彻底地被动摇了。

实际上,"三来一补"大工业一进入村庄,就断绝了传统经济结构中"农工相辅"的"兼业"经济存在的可能性。这种工业的特点是劳动力密集在专业化生产线上,大量被吸收进工厂工作的村民,不再可能"工忙务工,农忙务农",也不可能在田间地头和车间之间有弹性地转换工作。那种以户为单位进行兼业劳动,虽然仍有存在的可能,但又受到其他一些社会经济因素的制约而难以发展。

"三来一补"加工业的标准厂房对土地的需求量非常大,厂租收益作为回报,比土地的农业单位产量收入高出无数倍。村里人曾在 1982 年办第一家"三来一补"企业时算过一笔账:这片厂头一年的纯利润即达 60 万元之多,而以往全村 4000 余亩土地每年所创造的总产值也才 50 多万元。[1] 因此,村里人更倾向于把土地变成物业,从中索取更高的经济收益。大量土地变成物业后,不再可能回转为土地,这就使村民的生计失去了与土地的联系,他们世世代代相依为命的土地保障,已彻底转变成了工用物业的保障和以人平分配表现的货币保障,由此,传统经济结构彻底失去了物质基础。

"厂租经济"的高收益也使大部分家庭不再需要以农业收获保障生计,也不再需要以农业收益补贴家用。1993 年,村庄的人均收入已接近

---

① 李延国等:《万丰模式》,《人民日报(海外版)》1993 年 6 月 22 日。

10 000 元,1995 年高达 19 000 元。[1]

对于收益低微的传统农业来说,它的萎缩与否,在很大程度上还取决于地方宏观社会经济结构的变化。20 世纪 70 年代末期,这个村子所在的地区就已经成为中国改革开放的特区,大量"三来一补"企业已构成地方产业的主体结构,也成为地区经济收益的主要来源,农业在这一地区走向衰落势所必然。进入 90 年代后,这个村庄已进入当地发展速度很快的城市化规划地带,国家和地方大量征用村庄的土地,农业在总体上已经解体,这也促使村民尽早"弃农"而转入非农职业。

不过,村里人的农业情结并未彻底了断,虽然工业的高收益和地方经济结构的变动,使他们在工业化的头十年里放弃了农业,但当工业的积累达到一定数量,村庄的经济实力达到一定水平,而村域内已无进一步发展的空间之后,他们开始考虑向域外的农业进行投资,经营高科技的现代化农业,仍是他们看好的经济发展前景之一。当然,这将不再是村民作为"农民"的个人欲望和行为,而是村庄作为大企业和大公司的目标和行为了。

第二节　外向型、依附性经济与自营经济

伴随传统经济结构解体,非农产业成为村里的主导产业,其内部又明显地存在着外向依附性经济和自营经济,这是一个既反映国际经济的特点,又按自己的规律运行的双重结构。其中自营经济又由村营和私营两部分构成,它们共同存在于同一个村社区内,使这个村子变成了一个非农经济聚集区,在结构上不同于其他一些以村营经济为主的发达村庄。

一、单向偏重的外向型经济

在村庄的非农经济结构中,以"三来一补"企业为代表的外向型经济占有主导的地位。村庄经济收益的 90% 以上来自这类经济,村民在其中

---

[1]　参见《万丰村 1995 年工作总结》,《万丰文讯》1996 年第 31 期。

就业的人数也占全村劳力总数的三分之一。此外,这类经济还在村域内为近三万个外来劳动力提供了就业机会。根据1996年初的统计,村域内的"三来一补"企业的数量及其行业分布和劳动力结构如表7-1所示。

表7-1　村内"三来一补"企业的行业分布和劳动力构成

行业	个数(%)	工人数(%)
五金、金属制品	24(22.4)	9007(28.1)
电子、电器	22(20.5)	9839(30.7)
塑胶制品	14(13.6)	2835(8.9)
玩具	10(9.3)	5168(16.1)
印刷	4(3.6)	570(1.8)
制衣	4(3.6)	676(2.2)
工艺	3(2.8)	470(1.5)
电讯	1(0.9)	717(2.2)
其他	25(23.3)	2737(8.5)
合计	107(100)	32 019(100)

资料来源:根据驻村劳动站1995年末统计资料整理。

表7-1反映了村内"三来一补"企业的结构性特征:(1)"高科技—劳动密集"(简称"高科—劳密")型企业逐步取代"普通轻工—劳动密集"型企业,在企业总数中,"高科—劳密"型企业已占到20.5%。这个比例既反映了地方引进政策的倾向和村庄的引进意识,也反映出国际经济体系的分工格局,高科技的设计和改进仍由经济和科技强国控制(如日本),而生产则分散到劳动力价格便宜的地区(如中国香港等地)。村里有代表性的电子产品企业王氏厂,就是日本某电视机的零辅件及整件生产装配厂之一。(2)行业虽然较为集中在电子和玩具等轻工业,但是由于各厂家都直接面对各自不同的国际市场,直接受其供需关系和技术结构变化的左右,因此,村域内无法在同类行业内部形成企业间的分工协作和配套生产。(3)村里"三来一补"企业的兴盛衰落,几乎直接反映出国际

市场的盛衰,并且紧紧依附于这个市场。这些外来的企业,不仅将国际经济的新意识带进了这个村庄,也使村庄的命运直接牵系于国际市场,失去了以往封闭性经济的相对独立性。

"三来一补"企业给村庄带来高额收益、提供大量就业机会的同时,还将村庄变成了一个受外部大市场影响的小市场,其中直接受到国际市场制约的,是劳动力市场和物业租赁市场。

"接单生产",使村域内形成了庞大的不受保护的自由劳动力市场。受国际大市场左右的"三来一补"企业是依据市场的产品订单来组织生产的,企业除常年保留管理人员和技术工人外,一般是订单多时就多招工人,订单少或接不到订单时,就将工人遣散在厂外,待再接单后复又招入厂内。这样,就在村域内形成了一个庞大的潜在劳动力市场。从统计数据上看,进入村内企业工作的"打工仔"在 30 000 人左右,但是实际居住和滞留在村里的却有近 40 000 外来人。那些暂时失去工作的人,并不离开村子去寻找更不稳定的工作,而是依靠"打工仔"内部的互助,渡过失业期间的种种难关,以待到工厂再度招工。他们中大多数都有多次进厂和出厂的经历,虽然出入并不固定在一个厂里,但村内百余个行业较为集中的工厂,不断为他们提供再进厂工作的机会。他们的工作并不受保障,完全取决于工厂接到接不到订单,厂家与他们之间也是相互选择、自由取舍的。这样的劳动力市场虽然固着在村子里,却是直接受到国际贸易市场的控制和操作。

厂商出入自由,则使村域内形成了不确定性的物业租赁市场。作为生产加工基地的村庄,从"三来一补"企业获得的主要收益是厂租,这种收益在租赁签约中事先确定,并不受国际市场上产品价格波动的直接影响,但却受厂房租赁程度的影响。如果厂房出租具有稳定性,收益就有保障,反之则会处于不确定的状况。厂商租用或退回厂房,要受到两种因素的影响和制约。一种来自国际市场中供求关系的变化,当一种产品由于国际市场产品结构和技术结构的变化被淘汰,而厂商又不可能通过改造技术和设备及时更新产品时,就会面临倒闭的危险。在这种情况下,厂商只得终止合同,撤离村庄。村里的印刷业、眼镜制造业等,都曾遇到过这种情况。另一种影响则来自地方政策的变化,当地方不再为"三来一补"企业提供更优惠的具有吸引力的政策,或者舆论上不利于它的发展时,厂商也会在合同期满后转向他地。[①] 有一家生产电器产品的企业海云厂,曾是村里较早引进的一家规模最大的企业,与村庄有十余年的合作史,20 世纪 90 年代中期后,就因为当地引进"三来一补"企业的优惠政策有所变化,而相邻的东莞市却为之提供了更好的投资优惠条件,加之香港本部的综合加工基地又设在那里,于是这家厂 1996 年初便迁离这个村,搬往新的加工基地。

诸如此类的迁厂弃房,使村民对"物业"的看法有了经营化的色彩,"厂房出租了才能生财",反映出村民对产业资源和资本投入之间的关系有了朴素的认识。不过,这个村子所在的地区最近十余年来一直都处于租用者市场的状态中,村庄除去提供良好的投资环境、吸引和稳住企业外,并无力左右这个市场。"厂租经济"具有强烈的依附性,撤离权在商家,如果国际市场或国内政策有所变动,商家一旦撤离,留给村庄的就将是一片空寂的厂房。因此,怎样既抓住外来资本进入所提供的发展机遇,又适时开辟村庄独立自主的经济体系,一直是村组织和村民们关心和着力解决的大问题。

二、相对独立的村营经济

"三来一补"企业与村庄经济之间,存在着一方租赁一方积累的互益关系。村里引进这些企业的最初目的是增加收入,由于不直接参与经营,不承担市场风险,厂租收益于村庄而言是丰厚而实惠的。村集体有法定权利提留收益中的 30% 归入村财。一开始,村财积累中的大部分都投入厂房建造,不断引进"三来一补"企业,后来随着引进达到饱和状况,也随着引进企业中出现种种不稳定的因素,这个村子开始考虑将积累投向自营企业和产业。

表 7 - 2 列出的是各类村有企业或产业发展的情况。从中可以看出,村有经济的一个特点是企业或产业有向域外扩展的趋势,大部分都分布

---

① 参见李丁财:《"三来一补"在宝安的实践与探索》,海天出版社 1995 年版,第 26—27 页。

在外区、外市和外省,具有跨区域、跨城乡的特点,特别是有跨越行政镇、区而向国内大市场扩展的趋势。这些扩展出去的产业大多集中在房地产、微电机、电脑、通信、电器等行业,另外,"还考虑中国人口多,粮食供应及原材料工业需求量大的前景,试探进行农业投资"①。投资的方向是外省的产粮产棉区。

表 7－2　村办企事业单位一览表

名称	地点	性质	名称	地点	性质
万丰股份总公司	本村		万丰水电处	本村	
万丰发展公司	本村		万丰环卫站	本村	
万丰商厦公司	本村		万丰治安队	本村	
宏丰工贸公司	本村		万丰外来办	本村	
海南宝丰房地产公司	海南		万丰公园	本村	
惠州房地产公司	惠州		万丰影剧院	本村	
中山科技工贸公司	中山		万丰医院	本村	
万顺通讯工业公司	本区		万丰门诊部	本村	
进发微电机厂	本村	全资企业	万丰公司招待所	本村	事业单位
万捷通讯工程公司	深圳		万丰民事仲裁处	本村	
万丰电器厂	本村		驻深圳办事处	深圳	
万丰印刷厂	本村		驻太平办事处	本区	
万丰酒店	本村		驻东莞办事处	东莞	
公明万丰工业区	本区		深圳黎明电子实业公司	深圳	
清湖万丰工业区	东莞		深圳通讯实业股份公司	深圳	
大朗山工业区	本区		深圳发发实业股份公司	深圳	
海南神州股份公司	海南	合作参股企业	甘肃铜城商厦股份公司	甘肃	
丽晶酒店	本村				

资料来源:《万丰村 1994 年度工作总结》,《万丰文讯》1995 年第 13 期。

---

①　《万丰村 1995 年工作总结》,《万丰文讯》1996 年第 31 期。

　　村庄的自有经济为什么大部分办在村外呢？

　　从这个村子的情形看，只有五个自营的生产性企业办在村子里，这些企业规模小，生产还不稳定，都没有占用大型标准厂房。村里的土地和厂房首先租给了"经营风险不大，有固定收入，在市场上不花功夫"①的"三来一补"企业，村里靠收取租金，最大限度地赚取"积累性资金"，所得效益远远超过自营企业。这样，自营经济逐渐形成向域外发展的基本格局。这与其他地区的乡镇企业以自营经济为主导，以本村域为发展的基本空间的格局，有着较大的不同。

　　自营经济走出村域，并不只是内外经济在收益上的"比较利益机制"在起作用。村庄经济突破地域限制向域外发展，也是宏观经济环境发生有利于村庄经济进入市场，村庄经济亦有实力有能力以公司组织的方式不断向外扩张的结果。村里的域外经济是在20世纪90年代以后逐渐发展起来的，也就是在村公司的资产达到数亿元，年收入（纯利润）过千万元②以后开始发展的。这种情形，我们在其他地区的"超级村庄"中也有所发现，虽然各自的发展方式和程度有所不同，但向外扩展的趋势是相同的。同其他有实力的村庄一样，这个村子在90年代向外扩展时，一开始就盯住了城市经济或主流经济所控制的领域，向那些高投入高收益的产业投资，力图在地方市场、全国市场乃至国际市场上占有一定的份额。这与十余年前初办企业时的情形大不一样了，那时，村庄不能不提供资源，接受城市工业的淘汰产业和设备，而现在，村庄变成了有实力与国营企业竞争的经济实体，扩张也是村庄主动地向宏观的主流经济领域进取，从而促使宏观经济环境发生有利于村庄经济发展的变化的结果。我们可以从村庄域外经济的几条主脉络上，按摸到这种变化。

　　珠江三角洲地区的股份制是从农村发端的，万丰村就是其中实行股份合作制的村庄之一。这种试验的成功也加快了深圳地方国营企业股份

---

①　《万丰村1995年工作总结》，《万丰文讯》1996年第31期。
②　《万丰村1995年工作总结》，《万丰文讯》1996年第31期。

制改造的进程。当地方国营企业尝试股份制改造时,万丰村便将扩张的触角伸进了这些企业,20 世纪 90 年代初期,这个村子先后在深圳市的三家国营中型企业参股,并且成为各家的控股公司。这三家参股企业,一直是万丰村域外经济的主要组成部分。

进入 20 世纪 90 年代后,一些新兴产业如房地产业,一开始就以市场经济的方式运作,这无疑给村庄经济渗入城市或其他省份提供了机会。按照有关规定,村庄并不能在城市购置地产和房产,但是房地产一旦进入市场,村庄就能够想方设法地搞到批文,购置到房地产权。万丰村就曾在广东省东莞市、惠州市、中山市和海南省购置过房地产业。目前,保留在东莞市和海南省的房地产业,仍是其域外经济发展的主要基础。

土地租赁和村庄兼并一类的经济活动,也是在超级大村参与中实现的,这些活动无疑促进了土地流转制度的形成,因而也就为万丰这一类村庄提供了在域外投资农业、发展高科技农业园区、经营农业产品的可能性。

当然,目前村庄域外经济尚处于开拓和探索的阶段,已经扩展出去的尚不稳定,能不能够以及用什么方式才能在域外生存,仍然是这个村庄面临的新问题。比如它在域外的房地产业的兴衰,就为我们研究这个问题提供了一个很好的例证。

万丰村在 20 世纪 90 年代初期开始向外扩展时,曾经在海南省海口市,广东省惠州市、东莞市、中山市等地置办有房地产业或工业科技园区。经过几年的经营,目前大部分已经收缩或转产,只留下设在云南省、海南省海口市的房地产业,尚在等待那些地区有可能再度复苏的房地产热。村域外房地产业的收缩,与近年来地方房地产业的普遍不景气不无关联,但我们也看到,办在域外的产业,一方面失去了村庄在地方经营多年的关系网络,遇到问题难以处理;另一方面失去了本土社区内的产业调节和互补政策的支持,因而难以为继,这也是其中重要的原因。而办在村域内的商业房地产业,虽然同样受到了冲击,但是村公司及时调整了内部产业政策和投资分红比例,以其他产业的收益对经营商业房地产的公司给予适量补贴,因而得以暂渡难关,总公司还为它确定了"暂不盈利,保本经营"的策略,使它不至于倒闭。

村有经济的另一特点,是与村内的外向型经济在产业、产品、市场和经营等诸多方面有异质性,是一种有自己独立的资金筹集和投入、劳力组织和国内销售市场的相对独立的经济。在这里"相对独立"是指它的资金积累仍部分依靠"三来一补"企业,办在村域内的小企业仍与外商有一定关联。从前述"三来一补"企业的各种特点中可以看到,外来加工业务仅将村庄作为全部经济活动中的一个"暂停站",虽然它的存在促进了村庄基础设施和其他服务业的发展,但是并不能产生经济辐射作用。因此,不但村庄后发展起来的自有经济不可能接受其影响,与之互补配套,就是外来加工企业之间也难以或说没有必要形成配套协作的关系。目前只看到外资公司内部在各加工点之间形成配套协作,尚未见到公司之间有这种关系。村庄自办的企业,在产品类别上,如吹风筒、电子遥控器、过滤水器等,在投资意识、产品信息等方面的确受到外来经济的影响,甚至有的企业的设备、模具、产品开发也是通过外商"老板"的帮助而获得,但与村内的"三来一补"企业之间并无协作或互惠的关系。没有这种直接或间接合作的基础,村有经济便不可能进入国际市场,而必然走上以国内市场为目标的独立经济的道路。看来,村有经济与外来经济之间存在这样一种关系:"三来一补"加工业大量进入村庄,使村庄在一无资金、二无技术和办工业经验的情形下,从中直接获取固定的相对高额的纯利润,在较短时间内完成其工业积累,进而向自有经济迈出步伐;"三来一补"加工业仅以村庄作为加工基地,尚未与村庄发展其他经济联合关系,村有经济虽然难以接受到它的经济辐射作用,但也因此而摆脱了因依附于它仅仅成为配套产业的约束,有可能彻底走上独立自主的经济发展道路。

村有经济还表现出生产性企业弱小的一面,尽管村公司曾采取保护性政策,着力于发展这类企业,因为在房地产业普遍衰落的情形下,生产性企业仍是村有经济长远发展的基本选择,但它的发展仍受到一些特定条件的限制。其中最根本的是生产性经营人才的短缺,而其他条件,例如宏观经济环境、资金、市场等,是所有企业都共同面临的问题。生产性经营人才短缺,并不是说这个村庄缺乏"经济人才",相反它是个人才荟萃的地方。最近十余年的工业化历程,为这个村庄培养出一批有经济头脑、敢于创新、运作有方、经营有法的企业家。他们曾经在全国农村第一个实行股份制,1995 年被评为国家质检 AAA(三 A)企业,被人民银行地方机构评估为"原资产 5.5 亿元,资产净值 4.18 亿元,拥有大量固定资产,并喻为资产状况优秀、发展潜质强、实力雄厚、管理规范,财务账目清楚的内部股份公司"[1]。但是,生产性经营人才短缺,却是包括这个村庄在内的,在最近十余年着力发展"三来一补"企业的村庄所普遍存在的问题,其原因是与"三来一补"企业的生产经营和管理方式有关。"三来一补"企业的生产、财务、质量、技术、设备等方面的管理工作,是由提供资金、设备和加工业务的外商直接负责的,一般的高级管理人员在办厂初始大多由香港等地的总部直接委派,后由外商直接从国内招聘。村庄委派的厂长在大多数企业里只负责与中方工人有关的人事管理工作,参与与中方有关部门如海关交涉等方面的外经事务,并不参与生产经营方面的管理业务。因此,"三来一补"企业举办十余年,村民中有百余人具有当"厂长"的经历,但却没有为村庄培养出精于生产经营方面的管理人才。加之举办"三来一补"企业不必"在市场上花功夫",也失却了在市场上获取丰富经验和营造供销网络的机会。因此,当具备财力自办企业时,这两方面的欠缺就成为突出的问题。

此外,宏观经济格局和市场条件的变化,也使 20 世纪 90 年代以后单个生产性企业再进入或办在村庄,特别是办在已形成外向型经济优势的村庄的可能性大为减少,因为如果不能与村内其他企业形成规模经营和配套生产的优势,在设备和技术相对落后的条件下,生产出的单一产品在市场上就难以具备竞争力。这也是村里几个自办的小企业举步维艰的原因所在。

---

① 《万丰村 1995 年工作总结》,《万丰文讯》1996 年第 31 期。

不过,村公司对自办企业始终采取保护性政策,力图让它们生存下来。这个村子在 20 世纪 90 年代先后自办过五个生产性企业,除印刷厂因亏损已停办,其他四个已采用承包制的办法承包给本村村民。让我们以电子厂和净水器厂为例,看看这些企业面临着怎样的境况,村公司又采取着怎样的保护性政策维系它们的生存。电子厂的现任厂长对他所承包的企业做了如下描述:

> 这个厂子 1992 年 4 月注册,生产电吹风。起因是,董事长在外面遇到一家"三来一补"企业给内地卖一个吹风筒样板,这种产品小巧好看,销往国外市场。公司看到它的市场那么好,就想国内也需要,市场也应该好。于是,起念办这家厂。我们参照"三来一补"厂的办法,从内地请来工程师,又请本村的"三来一补"厂给加工模具。这种产品不难做,关键是模具。但是模具从做到试用,修修改改,花了两年多时间才开始生产。这中间的投资全部是由总公司投入,资金到位共 200 余万元。试制阶段的亏损全部由公司承担了。可惜的是,这期间对市场没有很好掌握,只想先做出来,再想法销售。1992年时,国内还很少见到这种产品,到了 1994 年,市场几乎饱和,光是顺德就有很多私人厂上马,厂家把价格压低,生产的是质量档次都低的产品。而我们的设备是请"三来一补"厂代购的,在同类厂中是先进的,技术是自己开发的,产品质量和档次都不错,但价格高,一上市就打不过那些价格低、外形也不错,又看不出内在质量的产品。现在市场情况更复杂,以前深圳地区只有两三家国内厂子生产吹风筒,现在有十多家,而且一些合资企业也有了内销权。我们的产品属于中档的,在内地还有较好的销路。但在内地开发市场,商业上推行代销制,销后结账,资金回收太慢,而且厂商之间难以取得信任,也没有完善的法律保障。我们目前自销,争取收回现款,在上海专派一个厂长开发市场。我们也有一点国外市场,主要是与深圳市中电投资股份公司和其他外贸公司合作,我们把产品送去,经他们介绍给外商,外

商看中后,再与我们联系生产,成交货价。现在我们最难的问题就是销路,改进产品还缺乏资金和技术。现在实行承包,我是本村人,是主要承包人,另请两个外地人当副厂长。公司很照顾我们,旧账不计,每年按合同上交公司承包费,再有盈余后与公司三七分成,我们得大头。

从中可知,村公司对自办企业的保护性政策主要是承担创业初期的风险,扶助企业走上生产正轨,保障它维持生产;公司直接经营有困难时,将企业承包给本村人(村内其他产业如酒店、影院等,也都承包给本村人),不允许落入他人之手。这些保护性政策,从生产经营的角度看,未必有利于企业发展,但从村庄作为一个经济利益的共同体来看,它却反映着村庄运作的内在规律和合理性。

另一家企业净水器厂也是这种政策下的产物,不过由于供销上的艰难,它更多地采用了利用外商提供便利的策略。主办这家企业的经理介绍说:

这家厂是村里的二级公司下属的自办企业,1994年创办。我最初的目的就是想通过自办企业培养人才,没有办企业的人才,就没有长久之计。我把这几年经营公司的心得都写成了讲稿,有机会就给企业的干部上课。这个企业的技术是一家台湾老板私人引进的,让他占有20%的技术股份,本公司投入100万元(注册)资金,其中贷款占多数,是靠总公司的资产作为抵押的。目前我们还只是一个装配型的企业,配件和零辅件是由设在邻村的一家香港来的工厂加工,开模和组装由我们自己搞。这个净水器的产品还处在试产试销阶段,市场主要在广东范围内,以后生产好了,也可能通过台湾老板推销到境外,但这还只是一个设想。我们目前还要靠外商老板帮点忙,待将来有生产经营经验了,实力雄厚了,还是要独立自主地办厂,办一个大厂好厂。"四小龙"不都是这样发展起来的吗?

村有经济中还有一部分是商业性和文化娱乐性的服务业企业,如酒店、影剧院等,均由村公司投资建设,现在以承包制的办法转由村民或现为"港民"的原村民承包经营。

三、无"根"的私人经济

与一般工业化的规律一样,随着一座座工厂在村域内拔地而起,人口也迅速向村庄聚居。1993 年初,这个村子本村人口 1800 余人,而外来人口已达三万余人,包括已在工厂工作的二万余人和滞留在村内等待招工机会的人;到 1996 年初本村人口增长到 2023 人,外来人口则增长到近四万人,其中绝大部分已在工厂工作。人口的迅速聚集,在村内形成一个巨大的消费市场。小商业网点便在村子里猛然发展起来,1989 年 8 月统计有 147 间小商店,其中发廊 23 间,日杂商店 80 间,饮食店 10 间,照相馆 8间,修理店 7 间,成衣店 4 间,药材店 1 间,木加工店 3 间,收购点 2 间,建材店 1 间。① 1993 年初店铺总数增加到 485 间,种类中增加了书店,1996年初总数又增加到 500 余间,另外还办有两个农贸和小商品市场,现已密布在村中主要的三条主干道上和工人住宿区内外。

这些小商业全部由私人经营,有村民也有外来的小商户,1989 年这两类人各占的比例为村民 21%,外来户 79%,近年村民开店的人数略有增加,但仍以外来商户为主。小商业是在 20 世纪 70 年代末由外来商户带头办起的。最早进入村子的是有经商传统的潮州小商户,开始为村民提供日常生活用品和服务,以后主要的对象是外来打工者。本村人历来无经商的传统,除去一两户曾经开过小店外,按照传统村落"本村人不在本村开店"的传统②,素来无人有念在村里开店。他们是在外来商户的示范下,并且随着村子里出现大量外来人口,不再是一个纯粹的熟人社会之后,才逐渐开店经商,面对外来人口做生意的。

---

① 根据《万丰村店铺统计表》,1989 年 8 月 16 日。
② 参见费孝通:《江村经济》,戴可景译,江苏人民出版社 1986 年版;曹锦清等:《当代浙北乡村的社会文化变迁》,上海远东出版社 1995 年版,第 73 页。

　　小商业由私人经营,除去政策支持外,还与村内消费市场以外来打工者为主体的性质有关系。随着外来工进入,产生了与村民需求不同的消费市场,小商业提供的廉价多样的商品,很合他们的胃口和消费水平。而这种商业适合私人经营,它规模小,反应快,可以随着外来人口的增减变动随长随消。同时,这种商业的进货渠道就在附近的城镇,比较便利,村民和外来商户都不必花费太大投资和人力,就可以办成。还由于外来人口的消费市场巨大,同类同水平的小商业可以重复设立,虽有竞争,但需求量大,易于生存,这些都助长了私人小商业在村内的发展。一位来自潮州的店主这样说:

> 　　过去我们在潮州做生意,开小店。潮州人会做买卖,从来就是这样子的。但是近些年在潮州做不到买卖了,没有那么多人买东西。五年前来到这里,一看生意真好做,就租用了一家在临街上的楼房,底层开店二层住人。店里什么都卖,品种上百种,从针线到高级化妆品、小食品,样样都有。在这条街上像我这样的店有20多个,生意都很好。人多嘛,谁不每天用这用那的。"打工仔"再节省,生活还是要过的。所以我们这样的杂货生意比成衣店好做。我丈夫就在沙井镇上进货,隔几日就去一趟。我坐店。孩子在村里小学上学,如果"打工仔们"不走,我就在这里做下去了。

　　店主的打算中也包括了对"打工仔"消费市场稳定与否的估计,这说明私人经营的小商业与"打工仔"消费市场命运相系,而这个市场又与"三来一补"的外向型企业是否在村里扎根有密切关联。也就是说,"三来一补"企业的生存情形决定着"打工仔"消费市场的稳定性,企业在,消费市场也在;反之,消费市场亦会随"打工仔"的离开而在一夜之间消失。因此,这种以小商业形式大量存在的私人经济带有对"打工仔"消费市场,进而对"三来一补"企业强烈的依附性。从这个意义上说,它是"无根"的。它的"无根"性与"打工仔"乃至"三来一补"企业的"无根"性脉络相通,一荣俱荣,一损俱损。

第三节　保护性的经济及内部劳动力市场

受保护的产业、行业和职业,是在作为非农经济和社会聚集区的村庄内部产生的,它们代表一些特定的市场,面对的是那些村组织有可能开发的能够长久稳定获利的产业和行业,以及在聚集区以外不容易找到的职业或职位,目的是减少外来人在这些领域与村民进行竞争的程度,使村民将产业投资和职业选择与村社区联系起来,在自己祖居地上获得充分的发展机会。

一、受保护的产业和行业

受到非农经济聚集区保护的,主要是可以长期获益的"厂租经济"。这种依靠一次性投资建好的厂房,是投资者与村集体共有的固定资产,可以从不断出租中长期获益,而且收益还不会直接受到国际市场价格波动的影响。所得收益对村民来说,是高额而有保障的。村组织将这类经济的开发权主要交给拥有土地所有权的大小村集体以及村民集资团体,村外人无权经营。

与此相对应的是,村公司内还存在受保护的股份。村股份公司所组织的投资活动,是按照项目分别进行的,比如为建厂房、酒店、商业街、商业大厦等分别进行投资。一般来说,非村民股东的投资主要集中在商业设施项目上,而厂房及酒店等一些效益稳定的项目,则主要是提供给集体股东和村民股东的。股份的分红率依据所投项目的收益而定,公司内部并未统一分红比率。这样,村民股东手中的股份主要集中在"厂房股"上,最近十余年中,这种股份的分红率一直居于高位。"商业股"由于受到当地房地产业衰退的影响,收益欠佳,有的项目甚至从未有过收益。股份公司在面对股份风险时,亦不能通过统一内部分红率来拉平股份收益,直接损伤到村民股东的利益,只能从公司总收益中拨出资金,为"商业股"的持有者维持一个低水平的分红率。

　　这种保护性经济,显然不是出于单纯的经济目的,形成社区保护的社会屏障,也是这种经济的重要目标。村民不断将资金投放在这个非农经济聚集区里,也不单只出于经济获利的考虑。村里的股份收益虽然分红率高,但与同期深圳股市出现的暴利相比较,仍然是低微的。村民们没有将资金投入股市,其中一个重要的原因,就是因为他们看到在大市场中,不仅在就业和经济收入上会遇到不平等的待遇,即使在股权平等的股市上,也可能只有个别人有获利的机会。他们更情愿依靠祖居社区提供的社会保护,自己组织起一个资金市场,使不居优势的个体村民股东也可以使自己的资金在这个市场上受到保护,长期地获得好收益。他们还期望自己的资金股汇集成一个强有力的大股集体地上市,由集体大股东代表他们去参与竞争。

　　从长期获益角度看,保护性的经济并没有使聚集区的经济受损。最近十余年来,村集体和村民被保护性的经济所吸引,不断地将股份收益再次投向“厂租经济”,村内的资金和劳力都被有效地留在了村庄,支持非农经济聚集区的经济建设和社区发展。

　　聚集区内受保护的行业,主要由村民承包的电器、印刷和服务业等小企业组成,创办和经营的目的,是让村民获得生产经营方面的经验,开辟自己独立于依附性“厂租经济”之外的发展途径,同时也为村民提供新的就业和就职机会。这些小企业最初都由村集体创办,以后逐个承包给村民。发包时,村公司为其清产核资,并承担所有债务,条件是承包人必须是本村村民。

　　与此相仿的是,村里还有一些便当的生财之道,也由村组织加以控制,目的是保证将这个行当提供给村民经营。最典型的是村中工厂的废品收购业务,以前这项业务按规定商家不能自行处理,而是由镇政府的主管机构承办,后来村组织经过多方商议,将其中大部分业务收归村里,承包给有经营能力的村民。承包者与村委会签订有合同,收益中的一部分归入村财。这项业务村外人不能涉足,有违者,将不得再入村就业。

二、保护性的劳动力市场

我们依据工资和劳动力配置的不同决定因素,将劳动力市场分为内部和外部双重市场。外部劳动力市场是依据经济上的供需关系来决定工资和劳力配置的,内部市场则通过组织管理制度来决定企业内或职业群体内的工资和劳力配置。[①] 在村社区里,公司内部的组织管理制度,虽然形式上取制于现代企业和公司制度,但实际上依据的仍然是村社会的社会关系,也就是说,村组织依据村庄既定的社会分层结构、村民身份和各种"缘"关系,来决定企业内或职业群体内的工资和劳力配置,其目的是为村民提供非农就业机会和保障性的好职业,帮助他们得到在社区以外不容易找到的管理类的和技术性的职业,集体地流动到相对较高的职位上,获得比较优厚的待遇和较高的职业声望。

村内的职业,就是按照这种原则来安排的。虽然"三来一补"企业进入村庄后,村民在企业内就业以及职业的安排,最终的取舍权在商家,似乎已经失去了集体给予的保障,但实际上有几类职业和职位,却是专门提供给村民的。前已述及,村民中在村办公司从事管理职业,在企业中当厂长、会计、文员、报关员和仓管员的,几乎占到村民劳力总数的三分之一。这个高比例就是村组织为保障村民能够从事负有一定责任、声望较高、收入颇丰的职业,与商家协议的结果:每个引进的企业必须安排一个村民担任厂长,一个担任报关员或仓管员,一个担任会计。外商企业可以根据岗位的要求和村民个人的实际条件来决定取舍,但取舍的范围不能超出村民。这几类职业中,除去会计一职在实际选择中受到"必备会计证书"的限制,许多村民不能胜任,不得不聘用一部分外来人以外,其他几类职业一直是专向村民提供的受到保护的职业,外来人几乎没有可能进入。值得一提的是,这些职业或职务有不少是与宏观经济体系中相应位置的性质相同的,因而受保护的劳动力市场为村民提供了较独立的就业机会,它

---

① 参见许嘉猷:《社会阶层与社会流动》,三民书局 1986 年版,第 240—241 页。

不直接受宏观经济结构变化的影响。

基线与浮动双重工资,也表现出村庄劳动力市场的双重特征。由于外部劳动力市场的存在,村内形成了以岗位为本位的基线工资。基线工资依岗位而定,确定工资多少的标准一般都参照文凭、职务(称)、职业类型以及同类劳动力的一般市场价格。我们看到,万丰村企业的经济效益在当地一直较高,但是工资却一直保持在一定水平上,正是因为工资的上限还受到劳动力市场的影响。村庄所在区域的外部劳动力市场,使万丰村企业的工资水平与其他村庄基本保持一致,无论是村民的任用、科技人员的招聘,还是外来工的招收,都受到同一个市场原则的支配,也就是说,无论外来工还是本村村民,在基线工资待遇上必须遵守同一个市场原则,工资因岗位而不因人而异。所不同的是,村里人作为劳动力市场中的一个特殊群体,有可能跨越这种外部市场,寻求到更多的升迁或增加工资的机会。这样,他们不同于村外人,而是有机会进入浮动工资这一内部劳动力市场。

浮动工资是基线工资以上不确定的一个部分,并非制度化的,在内部也是一个"黑箱",即不公开的工资制度。这种制度的存在与村营公司的特性有关联。

在我们所观察的这个村庄中,村营公司不同于一般的企业结构,它经营的主导企业是由外商直接经营和管理的"三来一补"加工企业,自身并不拥有结构复杂的生产组织。公司的最高领导只要搭成一个可以为村民所接受而又得心应手的班子,由他们各司其职并且直接向公司总裁(董事长)负责任,公司便可运作自如。这个班子既包括村公司亦即村组织的"领导班子",也包括各主要部门和在外机构的负责人。从班子的配置中可以发现两个基本的原则:其一,领导班子是村集体组织也即村庄既定权力结构的翻版,最典型的是公司总裁(董事长)必定以村党支部书记为人选,总经理则以村长为人选;其二是班子中的其他人选完全由总裁定夺,依靠他个人的权威、对人才的偏好和人情关系来维系。公司内部包括进入班子的成员的浮动工资,都由公司总裁不公开地确定。这种确定方式表面上不公开,但公司内也人人"心中有数",因为工资中的这个"黑箱"实际上起着监督和激励的作用。一方面是对用人是否公正的检验,另一方面也是对工作者的成就"不言而喻"的鼓励,和对其失职的不伤情面的惩处。

存在内部劳动力市场的还有厂长职业群体。厂长的人选和工资由村总公司与外商企业协商而定,决策权在商方。但商方在聘用厂长时,考虑到企业之间对人才的竞争、企业对村庄的依赖,也不会仅仅依据经济上的供需关系,同样也要采用以"利""权""情"维系的关系模式。反映在工资上,形成厂长工资的双重性,月基线工资在村中企业里大约都维持在1000—1200元左右,而浮动工资则是一个"黑箱",由商方与厂长个人协议,相当多的月可达到4000—5000元,有的更高。

在以上两大职业群体中形成的内部劳动力市场的特点,一是可以进入的人以本村村民为主,他们在就业资源的分配上享有比外村人更多的种种保障,比如职业比较稳定,工资收入较高,任职有优先权等等;二是有晋升职务的可能和向上流动的途径,大多数村内劳动人口的职业生涯中都有从农民到文员,从普通工人、一般文员到厂长、公司管理人员的经历。而处于外部劳动力市场的另外两大职业群体——文员和工人("打工仔""打工妹"),则没有上述特权和机会。文员中绝大多数仍由村内人承担,这部分人相对于工人和外村人来说,有可能进入内部劳动力市场,而且只有进入内部劳动力市场,才有可能获得这些特权和机会,而外村人特别是"打工仔(妹)"们是难以从外部市场进入内部市场的。可以直接观察到的,一是内部劳动力市场中很少有"打工仔",二是在不同劳动力市场中就业的工资存在明显的差别。显然,两类劳动力市场间的流动受到种种限制,其中最难以逾越的是村籍身份的限制,对此,我将在后面章节中展开讨论。这里先要指出的是,在高级管理人员和技术人员群体中,这种限制并不是绝对的或者说是有弹性的。如前所述,村营公司依靠总裁聘任的班子运作,其中总裁个人的权威、对人才的偏好和人情关系起着积极的作用。具有专业管理和技术水平的外来人才,在公司聘用期间,一旦表现出出色的工作能力和业绩,与总裁之间建立起相互信任的良好人际关系,就有可能进入公司的班子,委以重要的职位和责任,获取较高的工资收入。不过,他们在内部劳动力市场中的地位仍与本村人有明显的差别,仍然不可能晋升到关键职位上,例如财务部经理、主办会计、物业部经理等,在这里,村籍身份仍然是最终的制约因素。这个问题已超出了劳动力市场的范围,将留待后文讨论。

从以上分析中可以看到,在这个非农经济聚集区的经济中,厂房、资金和劳动力市场实际上是按照一种不同于新古典经济学家假设的逻辑运行的。只有外来工市场和小商品市场最接近于自由竞争市场,而村民工市场、厂租市场甚至村内的股份资金市场都受到各种社会与文化因素的制约,更多地依赖村社区传统的社会关系,以互惠、感情和身份为基础,而不受成本、收益、边际效益等经济核算的控制。① 也可以说,与这个开放地区国际市场和地方市场相伴随的,还有一种保护性的村社区非农经济的逻辑和规则。

---

① 参见黄宗智:《长江三角洲小农家庭与乡村发展》,中华书局1992年版,第309页。

第三篇

共有体制

在讨论工业进村现象时,我们发现,工业进村不仅仅是产业改造,即把土地变成"物业"、农民变成工人,而且是整个村社会的重组问题。在讨论农民再合作的社区基础时,我们还指出,村庄的工业化建立在农民再合作的社会基础之上。那么,村庄以怎样的合作体制才能容纳大工业的结构,解决工业进村引发的种种制度性问题呢?在以下篇章中,我们将进一步讨论村庄接纳工业的新体制,涉及权利的重组和制度安排规则的变化,以及这些变化所揭示的产权变革的社会过程。

第八章 "村集体"与股份合作制

在中国南部的农村,股份合作制度大约产生在 20 世纪 80 年代初中期,万丰村是其中最早实行这一制度的村庄之一。[①] 考察这一制度在村里实施的过程,可以发现,它实际上是村集体参与其中的一项"产权设计"。

前已说及,村民在办工业的过程中,看到单门独户的组织方式不能满足先进大工业的需求,逐渐地倾向于联合,但又不愿再接受昔日那种"一大二公"的组织形式。实行家庭联产承包制以后,为数众多的农户,经过农业经营和家庭成员务工、经商,已经有了相当数量的积累,农民对家庭和个人财产的观念从来没有像现在这样强烈。新的联合,不可能再次将农民的个人财产"归大堆",更不可能建立在否定个人财产的基础之上,新的联合只能建立在以农户为投资主体,并且明确各自在联合后形成的新合作组织中占有的份额的基础之上。万丰村的当家人精明于此,早在 20 世纪 80 年代初期引进工业时就已开始摸索一种对村民"联产联利联心"的新合作体制。

村干部对新体制的构想受到两种经验的启发,一种是他们亲身经历过的互助合作运动,另一种是他们有机会较早去香港对资本股份制进行观察。在村里倡导和推动股份合作制的村书记回顾道:

> 1954 年统购统销运动后,掀起了合作化的高潮,我父母在工作

---

① 严若等:《股份制户户致富,共有制人人当家》,《经济日报》1993 年 1 月 1 日;曾越等:《全国股份制第一村——万丰村,现代万丰人,个个当股东》,《南方日报(农村版)》1993 年 2 月 22 日。

队的引导下,很积极地将所分的土地加入合作社。……当时入社章程有规定,土地、农具、物资作价入股,按股分红。但入了社以后,就基本上没有按入股分红的规定来做,改为用记工分、按劳分配来进行。当时也不知道为什么,反正土地是从地主手中分来的,我父母并没有多大计较,只是很多中农户反对得很激烈。我家里是贫农户,当然站出来,与他们斗争,并批评他们有富农思想。合作社持续时间不长,到1958年中秋节,我们把沙井、松岗、公明、福永四个墟联合起来,成立了超美人民公社,合作社就这样结束了。后来我看到一部浩然先生写的大部头长篇小说——《艳阳天》,我反复看了六遍。支部书记萧长春与村长马之悦的两条路线斗争非常激烈。村长马之悦主张按土地入股分红,支部书记主张按劳分配。对此我反复做了研究,进行了对比。我想:当时如果把土地按股分红与按劳分配有机结合起来就好了。①

村书记在进一步的分析中说:

20世纪50年代的合作制度,最大的问题是没有真正实行按股分红,不仅是土地入股没有分红,后来供销合作社农民也有资金入股,也没有分红,农民至今还有意见。可是股份制到底是什么样子呢?谁也没见过。这要庆幸我们离香港近,改革开放后有机会对香港进行观察和研究。我多次去过香港,看到绝大部分工厂、商店、银行都是实行股份制,集社会资金为己所用,参加投资的人也很关心本企业的利益。我们想办工业,既缺土地又缺资金,能不能也用股份制的办法集中土地和资金呢?当时我们周围没有一个乡、一个村搞股份制,翻遍了报纸也没找到一篇报道说有任何一个乡村在办股份制。可是其他行业可以搞的,农业为什么不可以,城市可以搞的,农村为什么不可以试一试,资本主义搞成功的,社会主义为什么不能也试一试?

---

① 潘强恩、陆文强编著:《共有制与农村改革》,红旗出版社1995年版,序言第2页。

我们打算在村里做一个尝试。不过,像我们这样的村庄,搞股份制要考虑一个问题,就是让村民人人都成为股东,让股份制成为达到共同富裕的一种手段,这是我们作为村干部的责任,也是我们搞股份制与香港人最不同的地方。

上述的思想历程,深刻地影响到村庄股份合作制的设计和具体运作过程。这个村庄的股份合作制,在制度和政策上都规定,合作者必须有实际的土地和资金两种投入,才能参加股份分红和集体分配。这样,就排除了传统集体制通行的人人都是"自然成员"的身份,这就使合作在制度上更接近于股份制。但是,合作发生在同一个村子里,集体的和家族的意识都不容许漏掉任何一个成员。于是,村政策推动村民人人入股,并且帮助没有资金的村民从集体积累中"贷款入股",从而实现了村民人人都是股东、在初期人人又都是工作者的股份合作制度。新的合作制度显然既不同于典型的股份制,又不同于以往的合作制,它之所以能够如此运作,一个基本的原因就是,它的组织载体是由村组织的领导人掌握和操作的村集体组织。

第一节 融资中村集体的特殊作用

村民联合的动力,源于工业资金的筹集。进入20世纪80年代的农村,农民的资金来源只有两个,一是向银行贷款,二是靠自己集资。80年代中期,正值国家经济调整,银根紧缩,农民个人贷款的可能性很小。已成空壳的集体经济,既无财产可以作为抵押,又无信誉可言,向银行贷款的余地也很小。不过,村民个人的银行存款在这一时期已达百万元之多,村穷但农户不穷,村内的民间财力已成规模。为什么不向村民直接借款呢?万丰村的领导人算了一笔账,建一个厂房的启动资金,本村人就能解决。但是,在村组织出面向村民借钱时却遭到激烈反对,从中可知,向村民借钱有三个问题需要解决。

第一个问题是用什么方法才能把村民的钱借出来。香港股份公司的融资办法给他们一个启发，以股份投资的办法集资，承认村民投入资金的个人所有权，不平调，不充公，联合使用，自己管理，自己工作，就有可能为村民所接受。

第二个问题是由谁来直接集资。家庭联产承包制实行后，"村集体"在经济上已成空壳，在行政上仍沿用公社体制下的管理办法，这两种体制身份使它在当时都不可能成为直接的集资者。必须创造一种新的组织形式来承担直接集资的功能，村域内的股份合作组织正是这种需求下的产物。股份合作组织是村民唯一可以接受的新合作组织形式，由它直接向村民集资，才能把村民的私有资金明确在各户名下，并交由合作组织联合使用。

第三个问题是由谁作为初期集资风险的承担者。股份投资是一种风险投资，村民在投资初期难以承担投资风险。为减少农民初期投资的后顾之忧，愿意出资合作，只有村集体用公共积累资金作为抵押来承担初期的风险。这样做使村集体承担着极大的压力，因为与银行贷款相比，它要支付股息和红利的双重代价，并且由集体独立地承担风险。

显然，在村庄中引入股份制并不是一个简单的集资分红问题，它将集体经济的重整和传统集体制的改造都提上了议事日程。那么，在村域里有没有其他的组织和力量能够替代村集体的这种作用呢？村书记认为这是一个很复杂的问题：

> 从现在的情况看，个人和集资大户是有条件有能力号召集资的，他们都有实力，也有经验和一些与外商的关系。但是放开让个人去搞"三来一补"企业，走私的问题就很难控制。我们现在是有权力和政策控制私人的发展，要保证由集体来控制股份公司。不过，在开始集资搞股份制的时候，村子里没有谁还能比党支部更有号召力，至少我们能号召30多个党员带头投资，集体资产作价还能拍卖十万元，谁有这个力量？村民不相信村组织，是因为以前搞集体经济把他们

搞穷了,搞怕了。但是,他们也绝不相信把钱投给哪个私人能让他们发财致富。承包制以后集体解体了,但是村民有大事情还要看干部,党支部和村干部在村里说话还是最顶用的。另外,我们村干部决不会眼看着让集体垮掉,依靠它来搞股份制,才能把全村人都带动起来。

由此看来,重整集体经济、改造传统集体制不仅是股份体制本身提出的要求,也是村组织在面对工业化和新的合作机遇时的主动选择和能动行为。而村集体组织付出上述风险代价的真正目的,正是鼓励全体村民投资,并且确保村集体在新的合作体制中占有主导地位。

第二节 合作中集体经济的重整

村集体在股份合作经济中既扮演着组织者、推动者和初期投资风险承担者的角色,又扮演着入股者的角色。因此集体经济能否重建或恢复,成为社区股份合作组织发展中的重要问题。20世纪80年代初,万丰村在集资的过程中开始重建集体经济,对原来的20个生产队进行整编,重新组建成五个相对集中的小村合作社,利用股份制完成了集体经济的原始积累。

首先,集中土地,作价入股。随着乡村工业的举办,村民大多转向工商业,要求将土地以有偿的方式归还给村集体。在这种条件下,自然村和行政村分两级集中土地。自然村建立了股份合作社,以土地补偿费作价,以土地入股的办法将原来分散在村民手中的土地集中到自然村股份合作社。凡有土地股的村民,日后享有村集体分配。行政村则成立经济发展总公司,向自然村再次征地,自然村以土地作价入股,在行政村一级经济中占有股份,参与分配。土地经过两级集中,最后以有偿形式归还集体,集中在行政村。

其次,收回部分集体财产,作价拍卖。村集体在集资过程中,将原来承包给个人的小企业收回,作价十余万元拍卖。出资者获得股东身份,参与分红,集体则收回资金,作为原始积累资金,以资金股名义投入,用以扩大再生产。

最后,利用资金使用权产生集体积累。在发展村社区股份合作经济中,两级集体经济和所有制体系逐步完善,但是大工业的引进,使行政村经济的优势更为明显:一方面,行政村集中非农土地使用权,使村政建设规划得以实施;另一方面,村域内的基础设施和公共及福利事业,在行政村层次上举办更为经济而有效率,同时,工业化也使村民的职业活动和社会活动不再局限于小村,也要求在行政村范围内共同使用资源和设施。于是,行政村负责起村政方面的建设,包括修建道路、水电、通信、生活、卫生、娱乐等设施,并且以此作为投入,参与村域内所有股份企业的分配。由于集体积累的份额、速度和再投入的能力高于个人,集体股始终是占绝对优势的大股东。村民的资金一旦入股,其使用权也转交给了股份公司董事会,又由于村集体是大股东,实际上资金的使用权是由村集体掌握着,使用的主导方向也是为大股东服务的。万丰人称这一过程为"借个人的钱生集体的财"。

"借个人的钱生集体的财",描述的实际上正是新体制下集体产权(股权)的形成过程。村集体产权包括两个部分:一部分是实际投入的股金,比如合作初期投入的十万元集体积累(资产拍卖金)资金,经营中陆续通过银行贷款而新投入的资金等;另一部分则是法定占有的"虚"股金,它有两个依据,一个是实物依据,例如村集体投入的土地和公共设施,一个是政策依据,即村集体有权从集体收益中预先提留积累。据此,大村集体可以在各级各类股份合作团体收益中合法占有30%,由此形成实际上的集体产权。而这一部分产权,正是借助于对入股者的资金使用权而产生的。由于小村集体并不拥有公共设施和非农用地所有权,因此不占有这部分产权。不过,小村集体仍享有"集体提留"的政策,一般在大村按股分红后,再从中预先提取一部分作为积累,从而形成小村的集体产权。村民是两级集体产权的拥有者,但无权分割它们,只以人平分配和福利保障的形式享有集体产权的部分收益。

由此看来，"借个人的钱生集体的财"，已经涉及经济学关注的共有产权下的"外部不经济"问题，即说一个共有权利的所有者在最大化地追求个人价值时，既不能避免他所产生的成本有部分让共同体内的其他成员来承担，同时也无法排斥其他人来分享他努力的果实，因此有可能影响到个人参与合作的积极性。① 但是，在通过股份合作形成的共有产权下，村民和合作组织计算得失并不是以"最大化的个人或小集团价值"为主要依据的。村民在投资时，对收益的期望不是参照在总收益中所占份额，而是按照分红率来计算。在分红率较高、股金成本较快收回的情况下，村民并不计算他们所投入的资金产生的其他收益。对集体预先提留又转为集体产权的那个部分，虽然认为"多了一点"，但是，一方面集体已将其中一部分以"人均分配"的方式返还给了他们，他们多将这部分分配看作"额外收入"；另一方面，以集体的名义和方式占有的这部分收益，在村里受到政策和合作意识的支持，村民并不要求索取这部分同样是依靠他们股金多创的收益，只是要求合作组织保障有较高的分红率和稳定的收益。由此可见，在村庄的合作体制中，个人投资产生的"外部不经济"，恰恰是集体产权形成的必要条件，而在村民个人无力主办工业，需采取集体行动时，它也完全有可能刺激个人参与合作的积极性。

"借个人的钱"生成的集体产权，具有相当的模糊性，归全体村民所有，并不计较谁投钱多少。这种产权之所以能够在村子里存在，并且受到村人的认可，有两个重要的原因：一个是经济利益的，因为在集体产权形成时，承认个人投资的私有产权，使个人因投资不同而获取到不同的收益；另一个是社会利益的，因为在熟人社会的信任结构基础上形成的"公"意识，使村民在实现了对"私"利的索求之后，并不反对出让个人的一部分利益给集体或他人，而会以此作为与他人合作的一种"承诺"，而这种承诺正是为家族村种种受感情、信任、责任以及其他文化价值观和道

---

① 参见 R. 科斯等：《财产权利与制度变迁》，刘守英等译，上海三联书店1994年版。

德标准约束的人际关系所支持和倡扬的。

第三节　法人资产的集体含义

如果我们用集体股占有总股份的比重,来表示股份合作经济条件下村社区的集体化水平,万丰村就是一个集体化水平较高的社区。村营经济发展公司的股份在村股份总公司的总股份中占 35%,下属五个经济合作社占 10%,其他法人企业占 5%,个人(主要是村民)共占 50%。虽然上述比例决定了村集体在股份合作组织中的地位,但是股份合作经济中资产的集体特性,却是由资产的法人化决定的。

首先,法人资产是经营权的产物。万丰村股份公司的资产,是在以集体股为主导的基础上,把私人股转化为共同占有股而形成的。这种资产所有权虽然归投资者所有,但其使用权或经营权已经归股份公司管理者所有,投资者虽然是共同所有者,但不再直接干涉公司资产的经营,在这种情况下,私人所有原始资产已经转化为公司的法人资产。由于村集体是股份公司的大股东,自然成为法人资产代表。法人资产一旦形成,原始持有者的资产经营和管理权立即转移给公司董事会,在董事会决策下经营。因此法人资产不再是所有权的产物,而成为经营权的产物。在这里,经营权具有十分重要的意义。这种情形与家庭联产承包制不同,后者是一种控制权的分散,即它实现的是土地所有权(归集体)和控制权(归农户)的产权分离,而村社区的股份公司实现的则是控制权的集中,即它资产的所有权分散在村民个人手中,但控制权却再次集中到集体手中。持股者虽然有权自由转让股权,但不能退股,因而其控制权不再可能从集体手中转出。对使用权或经营权的控制,使村集体成为股份公司法人资产的主要创造者,因而法人资产的利益也主要归村集体所有。村集体作为法人和大股东,不仅对公司 40% 的财产拥有所有权,而且对公司利润的 30% 拥有预先提留的权力。公司利润的分配则是由村集体预先提留之后,其余 70% 按股分配,村集体作为股份的主要持有者,从中参加红利分配。红利是其所有权的报酬,也是村财的主要部分。但预先提留部分,则是完全在所有权之外,通过对公司和村政的管理和经营而进行的分配。这种使用权的分配凌驾于所有权之上,具有双重的含义:第一,在村社区中村集体经济实体与村行政组织完全合一,村集体提供给企业并借以提留的道路、水电、卫生、文化娱乐设施的支出,实际上是村政建设的支出,依此进行的提留类似于政府税收的权利;第二,村营公司领导人的职务,往往是村干部职务的延伸,党支部书记担任董事长,村长担任总经理,他们直接参与公司经营,从而可以将使用权收益预先提交村里。这种由使用权创造的法人资产实在就是经营权的产物。

其次,法人产权是股份产权的转型。万丰村的股份合作制度,在产权结构上破除了单一产权,不但在村域内形成了两大产权主体——村集体和村民个人,而且随着股份合作向村域外的扩展,产权主体趋于多元化,出现了国营股、集体股、法人企业股和个人股。这些不同性质的股份,一经联合后,股份产权和法人产权就发生了分离,产生了双层产权制度。双层产权制度是在两个转化的基础上产生的。第一个转化,发生在入股联合过程中。不同产权主体联合时,它们的股份产权具有原始产权的意义,是股东入股前的个人财产,一般以占有货币、实物为内容。当股东将财产入股后,原始产权就改变为股份产权,货币和实物为股权证书或股票所替代。股份产权在形式上承认入股者对入股财产的所有权,但是这种所有权此时已经转化为参加企业管理和分红的权利,实际上股东对入股的财产不再有支配、占有、使用和处置权。虽然股东持有的股份在一定时期内可以"转让、赠予、继承和抵押,但不得退股",因而这些财产也就不可能逆转复归为原始产权。这个转化无疑是变革性的。第二个转化,发生在入股者通过联合形成企业的法人资产以后。法人资产一旦形成,股份产权就交由法人管理,成为参股者联合所有。在村集体执掌董事会的情况下,法人产权实际上归村集体掌管。

最后,法人资产的集体性质,还由于入股者资产的终极所有权归村集体而被进一步强化了。万丰村的股份合作制度对产权做了如下限制:股份公司和"三来一补"企业的现有资产 40 年后一律归村集体所有;个人股份产权 20 世纪 50 年代后一律归村集体所有,其后股东自动解除股权。产权年限的限定有两个意义:其一是限制个人资本的权利,其二是强调集体的终极权利。对个人资本的限制,由于 50 年是一个较长的经营和受益周期,在此期间投资者的利益已经充分收回,保护了投资一方的权益,因而对外商、村内外企业和村民都比较有吸引力。终极权利归村集体,是村集体对社区资源和资产权的收回,是对社区利益的一种保护。这种限制实际上将社区集体与股份公司在利益上区分开来,终极利益保留在社区,由社区成员包括村民股东享有,而与非社区股东无关。

显然,村庄新的合作体制改造、重建和包容了原有的集体经济,并且以此为内核,建立起新的法人成员集体所有的新体制。

第四节　不完全股份制和部分劳动合作制

这种发生在村域内的股份合作,首先是资金的联合,即企业资金按股形成,企业利润(在这里主要是厂租收益)按股分红,体现了股份制的一般特征。但它又不是完全的股份制,由村集体做大股东,显然使股份制度在安排上的某些规则发生了变化:其一是资产在联合所有时已预先确定了村集体对联合资产拥有 30% 的主控权,股份公司的资产在归参股者联合所有时,其他联合者则处于从属的地位。其二是在资产的所有权与经营权分离时,村集体掌握了经营权,由此产生的法人产权当然归村集体所有。这样使村民在既作为自己资产(股金)的所有者又作为集体资产的所有者而让出经营权时,具有了双重身份。其三是按股分红不仅包括按资分配,还包括按土地权或"村籍"身份的"股份"分配。其四是在管理权限上不仅以股定权,实行"一股一票"制,而且以社区身份定权,实行"一人一票"制。

除去以上变化外,村里的股份合作制度,在股份联合的基础上还实行劳动联合。在一般的股份制度下,入股者不一定是劳动者和经营管理者,可以仅仅依据股份获取红利。但是在村庄的股份体制下,投资的主体是村民,他们创办股份企业的动机之一是开辟新的非农就业门路,因此在创业初期,劳动年龄的入股者与就业者和管理者的身份是高度合一的。村合作组织有义务为入股者解决就业问题。在村里办第一家"三来一补"企业时,解决了200余名村民的就业问题,当时进厂与否,是村委会根据村民要求和农户家庭的实际困难进行安排的。

在20世纪80年代中后期村里建立合作经济联社时,也曾将解决就业问题作为优惠条件列入:"加入合作社的社员其股金超过50 000元者,可优先解决就业,其就业选择(注:即安排什么工作)由委员会决定。"①这种就业优先权,既体现出股份制的特征,如以资金入股为先决条件,又可以看作原集体制组织功能的一种延续。在传统集体制下,村集体组织既是集体产权组织,又是劳动集体组织,拥有产权和参加劳动,是集体成员资格必备的两个方面。这既是制度要求,也是集体组织对成员就业权利的保障。在村庄的股份合作制度初创时,由于村集体仍是合作体制的主导力量,这一特性被自然延伸到新的体制内。但是,自引进了"三来一补"企业后,企业的招工权在厂方即外商手中,村集体不再拥有就业安排的特权,因此,入股入社与就业便逐渐不统一了。此外,新的股份合作制度实际上已经将村民原有的土地保障和就业保障转型为"人平分配"的资金保障,这也进一步促使了入股与就业两相分离。也就是说,以股份合作制度建构的新集体组织,已经发生了产权集体与劳动集体的相对分离,集体更多地是一个产权集体,它只部分地体现劳动集体的作用。而当90年代村庄的股份制组织逐步发展成为"股份有限公司"时,无论从公司的制度规则(章程)中,还是从公司和村政组织的实际做法中,我们都难以再找到有关保障村民普遍就业的政策了。与此同时,伴随着村民收入构成的变化,工资收入占有的份额逐步降低,村民所主要关心的不再是劳动的报酬,而是资本的报酬和由土地保障转化成的"人平分配"和福利的保

---

① 《万丰村经济联社章程》,1985年。

障了。

从以上的描述和分析中可以看出,以村集体为主体的股份合作制度,作为一项村庄的产权设计,既包含着正式的也包含着非正式的制度安排。它形成过程中的主要规则,比如,不同产权主体如大村集体、小村集体、集资团体和个人等的股权和获益的比例如何确定、怎样变动和修改等,都是由合作中的主导权威村集体做出的,并且需要得到接受这个产权制度约束的全体村民的赞同。这个过程至少受到以下两种非经济因素的影响:一是合作行动的倡导者和组织者——村干部对所有制的偏好和构想;二是他们对自己能动性的认识和把握,以及他们对村庄的集体组织资源有效利用的能力。这些非经济因素的影响,恰是通过非正式的制度安排,如承诺的、信用的、关系网络的和意识形态的等来实现的。让我们逐步展开对这些层面问题的分析。

第九章　"缘"关系与股份合作体系

传统村庄的"缘"关系，一般体现为亲（血）缘和地缘关系，在单姓家族村庄中，二者往往是合一的。随着土地权作用的加强和大量外来人口长期居住在村庄，地缘关系发生了分化，因而也与亲缘关系分裂，具有越来越独立的意义。此外，随着工业进村和村庄经济关系向域外的大量拓展，村庄的业缘关系被大量地创造出来，同时还在这些基础上发展出各种拟"缘"关系。那么，这些传统的或新创的以及拟制的"缘"关系，与村庄的股份合作体系之间有着怎样的联系呢？这是本章关注的问题。

第一节　集资团体

村子里最基础的合作是农户之间在资金上的联合，可称之为集资团体。这种团体在村庄开始引进工业时并不存在，那一时期的集资活动是由村集体组织的。但在 20 世纪 80 年代中后期大量"三来一补"企业涌入时，村里的股份联社无力全部承揽，因而允许村民自愿组织起来集资建厂房，从此集资团体纷纷出现。由于集资直接用于建造厂房，投资者以此获取厂租收益，因此，集资团体也拥有对厂房一类固定资产的财产权利。集资团体也采用股金入股、按股分红的办法，类似资金股份公司，不承担生产组织活动，成员之间也没有劳动合作的关系，只是村中最基层的股份合作组织。

这种合作多发生在亲朋之间。直系的亲缘关系和近亲缘的关系，开始都是这种合作关系的联系纽带，以后随着集资范围的扩大，突破了亲朋关系，但集团的核心仍是由亲朋组成，合作中鲜明地体现着"利"和"情"

交互作用的原则。不过合作的"牵头人"却往往不是家庭或家族关系中的权威人物，而是家族中那些有经营眼光、有一定行政经验的人物，而那些只有钱财的人并不具有号召力。因此，集资大户的牵头人往往是原来的小村干部、会计或那些见多识广的能人，比如运输专业户、做生意成功的人等等。此外，村民选择集资牵头人还考虑对他的信任程度，在风险投资的情况下，村民对风险的承受往往需要亲朋在精神上的相互支持和关照，这也促使他们向有亲缘关系的牵头人靠拢。牵头人往往先在几个亲朋之间协商，找到最基本的支持者和合作者后，才出来挑头。村里颇有影响力的一位牵头人，对他的集资集团的形成过程做了如下描述：

> 1990 年以前，我主要在村里（注：小村合作社）发动大家投资建厂房，也搞过个人联合投资，不过那时人少，十几户合伙，集够了建一幢厂房的钱就建一幢。1990 年我看到村里有一块地可以建厂房，就找几个亲戚和朋友商量，搞一个投资开发公司。这几个人中有两家是亲戚，其他都是朋友，因为是同一个小村的，也都有远亲关系。我没有找外村的人，因为我是小村村长，这个开发公司做厂房生意不会亏本的，亏本的现在不敢做，有了利还要考虑让本村人多得一些。我们六个人发起，都做了大股东，我是牵头人也叫董事长。大股东里有本村的会计，就让他兼任公司的会计，再从大股东里选出一个出纳，负责分红工作。我们搞好了董事会，就向村总公司申请土地建厂房。这之前就已经说得差不多了，村里看到我们有实力，建厂房的条件好，就批地给我们，由他们负责办理审批手续。我们先联合本小村的村民投资，数量不限制，有的户投了一万元，也有投五到六万的。后来投资最多的户不是本村的，有投几十万上百万的。我老婆姓陈，家在沙井，我们打招呼给他们，事先说好亏了本不要找我们，他们考虑好了也来投资。不过，搞大了也就不愿意再找两方面的亲戚了，因为他们不像我们几个大股东，说好了风险共担，有利同享。他们不同，万一亏了本，与亲戚反倒说不清，不如找像兄弟一样好的朋友，大家

有信任,亏了本也没有闲话好说。

我这个投资公司先后有 500 余户投资,本小村有 100 多户,是最多的,外小村也有,沙井镇、宝安区和深圳市也有来投资的。他们大部分是亲戚朋友介绍来的,也有的是朋友的朋友介绍来的。我们建了五六幢厂房,有四家厂商租用。收取厂租金后,村里的总公司扣去30% 作提留,剩下的给我们分红。我们只为维修厂房留下一点钱,每年大约十万元,其他全分红了,我们这样的集资公司一般都不再搞积累,有一个新项目搞一次集资,集资数额够了就封口,不能再让新的投资人加进来。股本增殖后只能在原来投资的人中不断翻本,别人不能占便宜。

村子里像这样规模的集资团体还有三四家,投资人数一般在三四百人,当然投资的范围也已突破亲缘和地缘关系的界限,按照"亲缘核心→朋友圈子→地缘和行政关系→人情圈子"的差序格局向外扩展。中等规模的一般十几户人联合,多在同一小村的亲属之间,小的也有三到五人联合的,多在亲朋之间。集资团体一般没有地缘关系的限制,随着规模扩大自然地突破地缘关系。由于分配仅限于分红,并不涉及村庄其他利益的侵占,因而也是村中对投资者的社区身份限制最少的合作团体。不过,由于对亲缘关系的重视,这种集资团体规模越小,亲缘的封闭性就越明显,因而合作的边界与亲缘关系有相当程度的重合性。

第二节 小村合作社

这个村子在公社时期,生产队几分几合,最后形成 20 个生产队,相对打破了原来的房族结构。20 世纪 80 年代初中期,为了重新组建股份合作社,将生产队改编合并为五个小村。五个小村的户数很不平均,合并时显然考虑到了原来土地划分的状况和房族聚居的自然结构。五个小村中有四个与原来家族的"房"有重合,其中的第三村由八个生产队合并而成,户数多出其他小村数倍,村里人却认为这很自然,因为"过去大家就住在一片,土地在合作化时期就划定了"。而那时依据聚居状况而划分的土地范围,正好以家族的第四房为基础。合并后的小村,显然是一个相对完整的地缘和亲缘高度重合的社会单位。这种重合,在单姓村子里原本是十分自然的事情,但80年代组建股份合作社时,由于土地权的重要性再次突出起来,从而强化了小村作为地缘社区的特征,也使村里传统的"缘"关系发生了分化。首先是地缘关系自身的分化。一方面出现了以土地权为核心的超稳定的地缘关系,这种关系以小村为基础和界限,但可扩展至行政大村的范围。另一方面出现了由于业缘关系的拓展而形成的新的地缘关系,例如,村公司向村域外发展,建立了跨城乡、跨省、跨市的子公司,使地缘联系超越了村界的限制;再如大量外来人口进村就业,长期居住在村里,与村里人结成了新的地缘关系。不过,这一类的地缘关系只具有短时间的相对稳定性,仅只是由于居住地理空间位置接近而建立的关系,与乡村地缘关系的核心内容——土地之间没有任何的联系,因而不能作为村内合作的基础。其次是发生了地缘关系与亲缘关系的分离,在合作中,唯有那些具有土地权的亲缘关系,才是合作的对象,于是,出现了前已述及的土地权大于亲族权、户籍权和资金权的现象。总之,土地权在小村的合作中,具有象征性的意义,"分田人头"不仅代表着土地权,而且代表着小村内亲缘、地缘和行政关系的重合和交织。被这几重关系同时交织住的"分田人头",就成为小村内合作的基本力量。

合作社章程明确规定,小村合作社的社员资格以土地和资金双项入股为条件:

> 凡承包本村土地并以土地和其他生产资料作价入股的自然村村民,凡入股资金达500元以上并具有万丰村籍者,都可以具有社员资格。允许有万丰村籍的村民自由向一个或多个合作社投资入社,但其社员资格仍以承包土地时的所在地为准,只参与该社的人均分配,但入股者无论有无社员资格,凡股金超过五万元者,可由村委会优先

解决就业问题。①

在上述政策设计中，小村可在行政村域内打破地缘和行政的界线，相对自由地吸收资金入股的村民，并且不限制投资的数额，但社员资格须以"承包土地时的所在地（即本小村）为准"。由于土地权是社员资格最基本的条件，并且以此作为小村集体收益分配的依据，这又增强了小村作为房族村落原来即有的内聚力和排他性。虽然社员资格有上述种种明文的规定，但是在村域内几乎找不到一例跨小村投资的农户。

这是因为，实际中小村的投资和分配活动，都是依据地权均等的原则进行的。小村合作社在承接新的投资项目后，一般都将建厂房所需的集资数额平均分配给各户，让全社成员都有均等的入股机会。较富裕的农户不可多投，较贫困的农户可以借钱投入，即使无钱投入，将入股权实际上转让给其他亲友，社员一般也能容忍，因为股权平等源自地权均等，是小村的基本原则和价值观念。这显然与村里集资团体的策略和原则大不相同。我们还看到，村民拥有的股份中，有相当数量是小村合作社通过人均入股加以保证的，收入中也有一部分是小村从集体收益中实行人均分配的。从上述意义上说，建立在地缘和亲缘关系之上的小村合作社，在经营和分配上，还具有另外两重组织身份，一重是股份组织的，表现在股本经营和按股分红上，另一重是传统集体组织的，表现在人均集资和人均分配上。

小村合作社与集资团体的不同之处还在于，它不只是一个社区性的集资团体，而且是新的集体经济实体。前面曾说过，大工业进入村庄，使行政村集体更具有搞规划办工业的优势，那么，小村集体经济又为什么能得以恢复，它具有怎样特殊的作用呢？

小村集体经济的恢复，首先得益于土地非农化的收益。小村是土地农用所有权的拥有者，地方政府和行政村在征用土地转作非农之用时，必

---

① 《万丰村股份联社章程》，1985 年。

须以有偿征用的方式,给小村以一定的征用费或者折合为股份,这便成为小村的集体积累和从事集体经营活动的本钱。其次是得益于大村集体的合作。合作是双边的因而也是互利的,不仅小村要借助于大村提供的公用设施和服务,以便将修建好的厂房出租使用,而且大村也借助于小村和其他集资团体来"生财"。此外,将集资建房一类的具体经营活动放在小村完成,可以减轻大村的负担,以便集中于村政和基础设施的建设。因此,大村支持小村重建集体经济,在争取银行贷款、资产抵押等活动中,都出面为小村做担保。

三村是村里不太富裕的小村,它的小村集体经济的重建过程颇有代表性,村长介绍说:

> 我们村集体建厂房比别的村晚,1988 年开始建了第一幢厂房。那时候集体的钱主要是征地费。国家征地时,征走村里 130 亩耕地,每亩 1000 元。大队(行政村)留下 60% 搞水管道,40% 给我们,就用这个钱建了第一幢厂房,租给一家制衣厂和另一家塑胶五金厂用。赚回的钱没有全分给村民,每人只分了 100 元钱,其他又投资建了一幢厂房。1989 年村里的总公司借给我们 30 万元,帮助我们又盖一幢厂房。这之后我们就靠自己找钱。村里把一些零散的土地和小鱼塘填平,重新开发,按 100m^2(每块)分成 30 余块,用投标的方法卖给社员盖新楼房,共收回 160 多万元,还给总公司 30 万元,另用 50 万元修建了新队部,就是合作社办公楼。剩下的钱我们做本钱,与社员一起集资,就是说我们集体投入一部分,社员个人集资投一部分,再去建厂房。除了这个办法,还用土地向村总公司入股。1993 年总公司征用我们 50 亩地,每亩 2500 元,没有付现金给我们,我们就作为股份投进村里的实用电器厂搞扩建工程,每年我们从收益中按股分红。1992 年以来,小村的集体年收入都在 350 万元左右,村里提留 30% 搞再投资,一部分给社员人平分配,还有一部分还债,现在集体收入多了,一部分人主张再建厂房,一部分人不让盖,说都分了吧。我不

赞成,这是没有眼光,集体这部分不能分掉。

小村作为亲缘关系和地缘关系重合的社区,在集资活动中还具有特殊的作用。与大村相比,它的凝聚力更为直接,村民更易于动员,合作更为直接。与集资团体相比,它又更注重公平的原则,因而对于小村的全体村民特别是投资能力差的村民,更具有团聚力。

三村村长在1992年上任之后,组织过一次较大规模的社员集资活动,他介绍说:

> 1993年的时候,我们小村看准一块地,我找村里在总公司工作的一个干部打听情况,了解到那块地可以审批建厂房,就决定向总公司提出申请。建房的钱村里可以出一部分,还不够,就决定让社员集资一部分。我们先放一点风给社员,大家你传我家,我传他家,都想投一点。虽然那个时候向社员集资建厂房已经没有什么风险了,不像开始那样难,大家都知道建厂房能赚钱,但是集体搞集资还是要想想怎样搞才好。我们决定分配集资数量,人均5000元。开会一宣布,(空挂户除外)村里有两户没有那么多钱投资的来找我,我说村里借钱给你们投。还有一些钱多的想多投,我说那不行,这是集体搞的,大家要公平。再说本村的人一家比一家,没钱投资的,这次村上不帮他,他又落在别人后面。我讲村里人要帮村里人,让大家都有投资都有分红。我们村里也有二三个人或十几人或20—50人集资建厂房的,他们比村里搞得早,都是亲戚朋友一起搞的,但是村里集体搞的就要照顾到每一个社员。我们队(村)搞集资也没有要外队的人来投,因为建一幢厂房楼要的钱有数,而且外商有人要租,眼看到要赚钱,还是让本村人先赚到才好。我们在那一年里共建了五幢厂房,都是集体和社员一起集资搞起来的。一年下来赚到了250万元钱,分一部分给社员,一部分还债,还有一部分作为集体的资金,又投资去建新厂房。

小村合作社经过上述运作,重建了集体经济,不过这时的"集体"已转型为一个地地道道的财产或产权集体。小村集体的全部经济活动是围绕集资投资和建房展开的,而建房以及厂房租用后的生产活动均与本村村民没有直接的联系,小村村民的就业和职业活动已扩展到行政村的范围。小村在非农化的过程中已与传统农业时代的两大生产力要素——土地和村民劳动彻底脱离了联系。小村合作集体作为资金产权主体,却构成了整个村庄共有产权体制中最重要的部分。与此相对应,小村作为村庄社会关系结构的重要组成部分——亲缘和地缘重合的房族社区,不仅强有力地配合了小村产权主体的形成,而且也由于新的产权集体的构建,使小村社区更具有社会经济的内聚力。这是我们在其他工业化地区,如苏南村庄中所不多见到的。

第三节　大村合作联社

从村子的自然结构来说,族是房亲的扩展,而大村亦是小村结构的延伸,也是一个亲缘和地缘高度重合的社区,只不过在这个层次上,族与村完全合一了。在小村合作中起作用的亲地缘原则,在大村的"内合作体系"中同样起作用。大村联社的社员资格,以小村为准,凡具有小村合作社社员资格的人,自然成为大村联社社员。大村在分配上,同样以社员资格为据,实行人均分配和福利保障。

所不同的是,大村联社作为一个独立的利益主体,发展有多重的合作关系,对象包括村民、集资团体、小村合作社以及非村民的家族成员和社会股民,范围已超出了亲地缘的边界,合作的原则也不再局限于土地权和亲族权。村民在单独与大村联社合作时,可以资金直接入股,与社会股民享有同样的股权和利益。其他团体与大村联社的合作,也以各自作为独立的产权主体为前提。但是,由于合作中首先重建了大村集体经济,大村集体组织的机构直接延伸到股份合作组织,成为合作的组织者和策划者,并且主张以大村集体产业为主体股本的基础上向小村和其他团体及村民集资,因此,无论集资多少,大村集体股始终是大股东,而其他股东不可能具有合伙人身份,只具有向大村集体入股者的身份。如此构建的股份合作组织,实际上是以大村集体经济为主体的联合股份制。其中,大村集体的主体地位和责、权、利十分明确,联社章程(1991年)规定:"股份经济合作社的盈利,70%用于社员分红,30%上交联社,联社用这些资金加上联社自有资金,进行扩大再生产,建设全村的公共福利设施。"①以后,在联社基础上组建村"股份有限公司"和"集团公司"时,又进一步明确:"年终分红,三七分成,即七成按股分红,三成上交集体,由公司移交村委会,作为企业使用集体土地的补偿和支付水电、道路建设的经费以及洽谈引进项目的经费等。"②这个以大村集体为主导的股份合作组织,对外以"万丰村发展总公司"(法人公司)称谓,后来组建"股份有限总公司"时,它与之相对分离,将社会股民的投资交由总公司负责,它专理村里各层级产权主体之间的合作关系。

大村合作联社与集资团体之间的关系比较简单,大村联社视之为一个产权主体,承认它既有的合作原则和范围(已超越村界)。集资团体集资建房后以厂房(按平方米计)入股联社,厂租收益中由大村集体提留30%,其余分红,不留积累,不发展其他经济活动。大村日后的集体分配,也与集资团体无关。

联社与小村合作社的关系则较为复杂,涉及两级集体之间的关系。小村合作社多以土地、厂房和资金向大村联社(或发展公司)入股,入股时股权明确,其他的经济活动,如与外商谈判、出租厂房等,均由大村联社的法人公司完成,小村只须预付出30%的厂租收益,作为大村的集体提留和对大村提供服务的报偿。小村的土地以折股的方式投入大村联社,大村每年则按股权大小折算红利,这类红利多半直接转为"配股",计入小村账上,并不转出经营过程。其目的之一是借助小村集体的支持发展大

---

① 《万丰村股份联社章程》,1985年。

② 万丰村党支部、村委会:《来自万丰村的报告》,载韩松等主编:《邓小平理论指导下的万丰模式》,海天出版社1993年版,第43页。

村经济,目的之二是保证小村集体的股本持续增长,使各村的投资差距不至于拉得太大。从这里可以看到,土地股的投入和合作,仍然反映出两级村集体之间的传统关系,带有某些行政的和平权的色彩。小村的资金入股比较灵活,有两种方式,一种以新的投资项目为契机,由大村牵头,只吸收各小村投入的资金,由两级集体联合建厂招商。在项目预计收益丰厚的情况下,由大村决定各小村的投资数额,一般也以平均分配数额的办法进行,实行按股分红。另一种是在股份总公司组织集资时,小村作为与集资团体和村民个人一样的投资主体,向大村投资,联合建厂招商。投入的数额不限,实行按股分红。

大村联社和小村合作社在行政上是上下级关系,合作社社长、会计、保管由社员大会选举产生,联社社长等领导人由合作社代表大会选举产生。[1] 财务上仍然参照生产队体制,实行二级财政,小村合作社在财政上接受大村联社的监督。联社负责包括本身在内的各村合作社的供销业务、资金统筹和财务统计、审计等。不过,联社和合作社产权独立,是各自独立的经济实体和核算单位,相互之间不能无偿占有,不能平调,"各小村的集体固定财产永远属于该小村所有,大村不得占有其股权"[2]。大村的集体财产也具有不可分割性,小村和个人无权侵犯。在共同投资的企业中两者都是独立的法人股东,享有平等的股份权利。

除去与集资团体和小村合作社的股份合作关系外,大村集体还发展着与村民个人之间在资金上的合作关系。这种合作发生在具体项目的联合投资上。当一个新项目需要集资时,大村在全村范围号召小村集体和村民个人投资入股,以股份合作的形式创办新的企业。

在以上几种合作方式中,大村集体、小村集体、集资团体和村民个人作为法人股东,相互间的关系是十分明确的经济合作关系。由于大村以基础设施作为资产入股,因此村域内各种股份合作实体都与大村集体发

---

[1] 《万丰村股份联社章程》,1985 年。
[2] 《万丰村股份联社章程》,1985 年。

生着联系,合作的最高层次是大村集体,而每一主体都与大村集体享有平等的资产权利。

经过这样的合作之后,"集体"的含义发生了变化。"集体"包括两重含义:一重是传统的属于全体村民所有的集体经济实体,另一重是以传统集体为内核的、由投资而又具有村民身份的法人成员所有的新集体或合作经济实体。而当这种集体或合作实体以现代"公司"经济的模式(珠江三角洲的超级村庄冠以"股份总公司"的名称,在长江三角洲则称为"集团总公司")运作时,新"集体制"或"合作制"便无论在形式上还是内容上,都转型为与市场经济配合的市场主体了。

第四节 "村集体"合作体系

上述情况说明,在这个村子里,以大村集体为主导结成了股份合作的内部体系。这个体系不仅仅是一个经济利益关系的结构,也是一个亲缘和地缘关系的结构。在这个基础上再向外扩展,便结成这个体系的外部合作关系,主要由社会股民构成。由于这个村子的股票并未上市,外来的投资者大多是与村子有"关系"的人,包括村公司的外聘人员、没有村民身份的家族成员和姻亲以及亲戚的亲戚,还有村公司的各种"关系户",以及由各种关系介绍来的亲朋好友。这个群体与村集体之间的合作关系,完全不同于村子内部的合作关系。在经济利益上,他们是纯粹的股民,只有按股分红的权利,不能分沾村集体"剩余产权"的分配和村庄的其他利益。他们与村庄没有地缘关系,特别是没有以土地为核心的地缘关系,大部分人与村庄家族之间也没有亲缘的关系,但却关系紧密,许多人与村里人以"朋友"相称,实际上与村里人有着"拟亲缘"的友情关系,而且他们也是通过这种关系才来村庄投资的。因此,这个"外合作体系"也不仅仅只是一个经济利益关系的结构,也是一个"拟亲缘"关系的结构。

我们可以图9-1来简略地表示这个合作体系间的关系。

这个合作体系的利益关系是以股份制构架的,各合作主体拥有边界

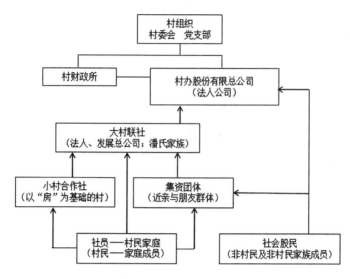

注:图中箭头方向表示入股关系及方向。

图9-1 合作体系关系简图

清晰的产权和独立利益。合作体系的内部产权分为四个层级,即家庭或户的、集资团体的、小村集体的和大村集体的,虽然复杂却也基本清楚。村民和各种层次的股份合作实体,都是以各自投入股份的方向和份额,来确定自己的财产权利。每一户村民都可以清楚地说明自己在村内哪家工厂或酒店有多少投资,合作者是亲朋还是小村合作社或大村合作联社;在小村合作社有多少股份,小村合作社又投入大村联社多少股份等等,都是一清二楚。由于每一层级的产权都是以股份形式确定并且依此进行红利分配的,各层级产权的排他性已经具有了法律上的意义。

这个合作体系的外部产权关系是村民股东与非村民股东之间的,以及全体股东与非股东之间的。村民是以自己所拥有的村民身份来认识这个关系的。由于拥有村民身份,他们可以直接或间接地从村股份合作企业增加的利润中获益,在村民看来村股份合作企业的财产是全体村民"共有"的;而外村人则是受聘的、来打工的或者只是个投资者,除去工资或红利外,对村民的共同财产权利不能存有任何非分之念。从制度上来说,村集体经济具有社区公有的性质。村集体经济所有权不同于股份公司,它不是以村民,当然更不是以股东的原始资产所有权为依据,而是以土地拥有权和社区身份为依据的,即归属于全体村民共同所有。这种共有的性质体现在村民权利上是"一人一票",体现在分配上是"一人一份"。但是这种公有性又不同于公社时期的"一大二公",由于新的集体财产是在股份合作基础上,依靠对集体资产和个人资产的使用权产生利润积累而成的,因而也是法人成员的集体财产。它具有如下两个特点:特点之一是具有不可分割性。村集体财产是村民谋取共同利益的物质基础,具有不可侵犯性,不允许通过任何形式分割给个人。个人与集体之间,由于股份联合,个人不能不关切集体的发展,集体是大股东,大股东的利益一旦受损,村民小股东的利益也必然受损。特点之二是具有排他性。村集体经济由于采用股份合作的形式,因而真正成为法人成员集体所共有,非法人成员,包括集体以外的任何一级政府或单位或个人,都无权分沾或平调它的利益。由于万丰村所有村民的名下都有股份投入,法人成员已经扩展到全体村民,因而这种排他性又是以村社区为边界的。

这个合作体系充分地体现着村集体特别是大村集体的特权,形成以大村集体为轴心和主导,以小村集体和集资团体为基本构架的合作层级。每一初级的如社员个人的,初级联合体的如集资团体的,乃至局部合作的如小村合作社,最终都必须与大村集体建立直接或间接的合作关系,它们的局部利益,最终都要以大村集体的进而也是村庄整体的利益为重。这种利益格局,较之以往更突出了集体的主体地位,相对于村民个人和小团体来说,集体也是一个有自己独立利益的主体,任何个人或小团体并不能任意损害和分割集体利益。而集体作为公共产权的拥有者,也必须承认和维护村民及集资团体的产权利益不能被任意平调或侵占,同时也要不断将集体收益中的一部分返还给村民和小团体,这样他们才有积极性长久地服从于集体的整体利益,集体也才能得以维持它的主导地位。

当然,村子里这种个人与团体或集体、局部与整体之间的关系,并不只简单地表现为经济利益的关系。"缘"关系参与其中,也在某种程度上调整和改变着这些经济利益的关系。例如,亲缘和地缘上的远近,决定着个人与哪个小村合作社发生经济上的联系；亲戚朋友的关系，也影响着个人对集资团体的选择；而对合作对象有个人偏好，可以自由选择，进退自由，也在一定程度上缓和着个人与团体或集体之间惯有的"张力"。再如，村里人之间出于亲情、面子、友情等的考虑，也往往会在经济利益上做出一些让步。村里人一般都能容忍集体以平均股权的办法帮助没有能力投资的人、以贷款的办法帮助不富裕户投资等等。

第十章　共同所有权

在村庄中仔细聆听,村民话语中对"投资""股份""分红"一类词的使用频率十分高,普通话化的程度也较其他用语更高。这不仅是因为新体制在村庄的出现增加了新的词汇,而且表明村民对资产所有权有了新的体验和重视。前已说明,村民对股份合作制度的认可,建立在对个人资产所有权承认和明确的基础之上。对于入股者来说,经营权交给大股东,特别是交给村集体,是无可非议的。而大村集体将剩余资产按人平均到户,实行"人平分配"的方式,也是他们所熟悉而易于接受的。除此之外,他们最关心的是自己实际投入的资金的资产所有权在入股之后如何体现。这种个人与集体的新的资产关系,构成了村社区内共同所有权的基本框架。如果我们进一步观察和分析,就会发现,这种村社区基础上的股份合作制和共有产权,与单个企业内的股份制和产权十分不同,它不仅仅是一个经济构造,即权利的所有者对他所拥有的权利有排他的使用权、收入的独享权和自由的转让权的构造,也是一个社会构造,即依据村庄社会的文化和合作原则,对权利排他的范围、收益独享的程度以及转让的规则进行修正的构造。

第一节　所有权的确认和归属

资产所有权的概念,在这类实行股份合作制的村庄里,被转化成了"股份"和"股权"。村民和各产权主体都依此清楚地划定自己在各合作范围内所应有的权利,乃至权利量化的数额。无疑,以村集体为核心的股份合作制度,在所有权的确认和归属上产生了变革的意义。

先说股份。股份的意义在于对资产所有权定性,即作为所有权归属的依据。在股份合作组织中,入股者个体的所有权体现在"股份"这个神秘的东西上。万丰村民的股份主要由土地股、集体股和资金股三大部分构成。

土地股是村社区股份合作中的特殊"股份",在规范化的股份制企业中是见不到的。万丰村组织的经济联社,是一种代表大村和小村二级集体经济与个体股份经济的联合体。其社员资格之一是以承包土地入股,其股份额,除去以土地补偿费含糊表示外,并没有具体数额。由于土地是人均分配的,因而土地股也是人均一股,实际上是一种象征性的名义"股份"。拥有土地股的曾是在本村参加土地承包,以土地承包补偿费入股,户口又未迁出本村的农民。拥有土地股并按要求投入一定数量的资金股的村民是合作社的当然成员,依此参加合作社的人均分配。

集体股是在土地股基础上的扩展股份,其性质与土地股相当,亦是成员人均拥有,不过是将集体资产"以人口平均名义到户……每年按人平分配"①。集体股拥有者的身份,随着"劳动集体"功能的减弱而有所变化。开始,拥有土地并参加工作者是村集体的成员,以后不再以"参加劳动"为条件,而以是否拥有村籍(即以土地权和户籍为依据的社区身份)作为条件和资格了。这个双重的依据,仍然强调以土地权为核心的地缘关系的重要性,以便保护原始集体资产(土地)拥有者的权利;但同时又加入户籍身份作为依据,是因为在产权归属上如果只强调资产的经济属性,就无法解决社区内出现的日益突出的社会问题,比如由于婚迁而引起的新成员进入、老成员迁出所面临的新的利益问题和社会公平问题。我们在村域里发现有两类人是集体股的"有条件"拥有者。一类是新嫁入的媳妇或"男到女家"的女婿及其子女(即无土地股但有户籍者),须在三年后方可实际拥有集体股并参加集体分配;另一类是嫁出村的女儿及其子女(即有土地股但已失去或将失去户籍者),在三年内仍可拥有集体股,有

---

① 《万丰联队股份制章程》,1991 年。

权参加分配,逾期则自动失效。① 这种集体产权的归属方式,是在传统集体制下所不曾见到的,因为传统集体制并不具有十分清晰的产权边界。上述集体产权制度规则的变化至少说明了两个问题:其一,新的集体公有产权的拥有者有法人资格,新加入者必须经过正式的认定和接纳渠道,以往那种"集体自然成员"的传统确认规则已失去作用;其二,产权制度规则的变化和新的制度安排受到经济原则和社会原则的双重作用,即是说特定社区群体对新的制度安排的接受程度,其文化和社会心理传统都深刻影响着产权形成的经济过程。如果说对集体产权做出新的安排时,原有产权结构下的受益者和受损者所做出的反应仍是一个利益比较的经济问题,那么,"三年"作为接受的年限,却是一个典型的社会问题指标,它的有无或长短实际地反映了社区群体的社会心态和承受能力。有关这个问题,在村庄曾引起过激烈的争论,为数相当的村民出于经济利益而不肯接受新婚入者和应迁出者,但又出于家族亲情不能不接受新婚入者,也不能断然赶走应迁出的女儿家,因此,以村规民约的形式或"土政策"将新的规则记录在案,这才有了"三年"期的缓冲政策和"空挂户"(包括那部分应迁而未迁的出嫁女和应入而未实际获准的"男到女家"者)政策。在我离开这个村庄前,有关这个问题的争论仍在继续。当问及村民时,一些人在回答中仍将不同意接纳上述人员的理由与单姓家族历来难以接受"男到女家"的外姓人,以及家产和技能只传媳妇不传女儿的说法联系起来,由此不难看出,社区文化和传统对产权制度安排所产生的重要影响。

土地股和集体股尽管都有"天赋股权"的性质,以人均来确定其归属,但是所有权只是形式上的,都不能转让和继承,而使用权或曰经营权自产生就归属于大村集体所有,因此这两种产权于村民个人而言都是不完整的,只具有社区整体性。不过,它们的收入享用权则是全社区均等的,由村民个人享有,任何人都无多占或享用他人收入的权利。

资金股则不同于上述两种股份。资金股是入股者实际投入的有价股

---

① 《万丰村村规民约》,1987 年。

份,真正是投入者入股财产的体现,其股份以实际投入多少明确表示,因人而异。资金股的拥有者可以是村民,也可以是外村人,他们依据各自投入多少参加股份分红。资金股份与上述两种股份最大的不同,是资金股份"可以转让、赠予、继承和抵押"①,在终极所有权实现之前,其所有权在形式和内容上都归持有者所有。无疑,资金股是股份的典型形态,是入股者资产所有权的体现。

不过,在这个村里,资金股一开始并不是典型的股份形态,它的转化也经历了一个对产权安排接受与否的较长期的社会心理历程。这种社会过程大约经历了三个阶段:

(1) 1984 年初开始实行股份合作制时,村民对投资是否能够持久地作为私有产权、集体办工业能否盈利、股金是否可以赚回本钱等等持怀疑态度。为了吸引持怀疑心态的村民有兴趣投资,资金股份实行"对村民购股保本保息,定期五年。每股 100 元,股息每年 6 厘,五年内不能退股,股份企业纯利按三七分成,村集体提留三成,七成按份分红;五年后留退自由,退股的还本,留股者继续享受股份分红,但停发股息"②。这样,投资者与集体只共沾利益,不共担风险,红利与股息的双重风险均由村集体独立地承担。由于这种做法充分考虑到了村民投资者的社会心理承受能力,因而成功地吸引了民间散资,也使首批村民成为了资金股份的持有者和体验者。

(2) 1985 年首批投资者从资金股份中受益,分红率在 25% 以上,再加上股息,有的在当年就收回本钱。这个示范的作用,对于股份制度安排规则的改变具有重要意义。因为村民对资金股份的认识不是从股份制章程和条例中获得,而是以现实利益的权衡为依据。这时,村民入股已不需要动员,而是主动找上门来。村干部描述说:那一段时间,村委办公楼前,天天有群众围着,要求入股。这时,村股份合作组织决定进一步向股份制

---

① 《宝安万丰村股份有限公司章程》,1991 年。
② 鲍光前等:《公有制经济试验报告》,《改革导报》1992 年第 2 期。

改进,对资金股份"做了较大改变,规定:不保本不保息,按股分红;定期
50年。每股一元,不付股息,50年内股份企业经营所得纯利按三七分成,
集体仍提留三成,七成按股分红;50年后不退股金,股份企业一切财产归
集体所有,股东自动脱离股权"①。这种做法,虽然取消了股息但保证有
高分红率,虽然不保本但投资的受益期长,因此,很受群众欢迎。"这种股
份制形式,比第一种形式前进了一步,但仍未摆脱用行政手段来管理经济
的老框框。"②除此之外,这一时期对资金入股后能否中途抽股退股也未
做出明确规定,问其原因,有经验的村干部回答说,那时候还想对退股的
人留个小"后门",实际上已没有人打算或者想到要退股。

(3) 1986年,经历了两年对资金股份权益体验的村民,对资金股份已
有了较为稳定的认识。同时,由于投资用于建造收益快、租用势头好的厂
房,村集体和村民并未真正受到"风险"的威胁(实际上最近十余年中,这
种投资风险也未降临过这个村庄)。村民投资的欲望有增无减,手中可用
于投资的积累也因分红收益增多而成倍数地增长。于是,村股份组织再
次对资金股份实行改造,"村集体把部分现有村办企业折股联营,发动群
众认购入股。他们将原村办(注:实际是以集体为大股东的企业)的实用
电器厂和普丽玩具厂划出来成立股份企业,把两个厂的固定资产原值300
万元升值作价为600万元,每股一元,共600万股,其中集体留300万股,
其余发动村内外群众认购,一下子就回笼了300万元的资金。公司规定:
股份不保本息,按股分红50年;入股自愿,股份可以转让,但不得中途退
股"③,分配办法仍按原规定三七分成。

上述过程虽然显示了资金股份走向合理化的不同历程,但无论哪种
资金股份形式,在确定归属和所有权上,都具有明确的含义。村民在投资
入股、合作办企业初期,投资是以明确股份多少、拿到证书,并且可以抽股

①　鲍光前等:《公有制经济试验报告》,《改革导报》1992年第2期。
②　鲍光前等:《公有制经济试验报告》,《改革导报》1992年第2期。
③　鲍光前等:《公有制经济试验报告》,《改革导报》1992年第2期。

作为条件的。以后虽然经过从债券到股票的过渡,终极所有权不再归个体所有,但是股份的象征意义并没有改变。股份,实际上成为联合中实现所有权的一种方式,是对入股者所有权的定性,是所有权归属的依据。股份明确的权利,具有不可侵犯性,并且还是持股者其他权利得以实现的基础。村民在参与上实现"以股定权",在分配上实现"以股定利",就是其所有权的实现形式。

再说股权。股权的意义在于对资产所有权定量。所有权归村民所有这样的"定性",并不是股份制下才特有的现象。"一大二公"集体的性质也是集体成员所有,但却无量的规定,也没有明确的集体之下的个人所有权,因而也就不能依此而进行分配。在股份合作组织中,村民的资金入股之后,其所有权的大小是由以股票为记录形式的股权来表示的。当村民入股后,原始产权就变成了股份产权(即股权),对于入股人来说,它的内容就是占有股权证或股票。股权证是公司证明股东在公司中拥有权益的凭证,股票的面值明确,代表股东占有量的多少,每股都代表股东对企业拥有一个基本单位的所有权,并具有法律意义。在公司章程中对企业和股东所占有的财产份额、分配比例、清算办法都有明确规定,以使股权接受法的保护。不过,股权的权利特征是社会财产,不能再逆转复归为原始的私人产权。因此,股权实际上只是参与企业管理和分红的凭证。"一股一票""按股分红"都是量化的典型含义。除去资金股权外,万丰村的其他两种股权即土地股权和集体股权,虽然只是名义上量化到人,但也是参与管理和分配的凭证,"一人一票""人均分配"也都具有定量的意义。

股权,作为所有权的量化形式,表明总股份分散化的程度。由于总股份是以村集体为主体,因此个人股权实际上是有限制的。万丰村的股份合作制度对股权有条件地加以限制,一方面明确资金股权可以继承和转让,但不能平调或充公,表明社会财产在产权上是分割的;另一方面,规定土地股权和集体股权不具有继承性,表明社区共同财产的不可分割性。这样,无论村民怎样流动,人员怎样更替,也只能转让属于其所有的股权,并不影响集体或公司的存在,社区的共同财产也不会流动和分割。又如,规定了个人拥有股权的最高限额,"任何自然人股东所持有的股份,不能超过公司总股本的5%"①,限制了私人所有权的高度膨胀;同时也规定了入股资金的最低限度,即农户入股资金达到人平500元以上者才有股份合作社社员资格②。再如,股份合作社在筹集资金时,往往按人平均分配股份,以使社员入股获利的机会不致悬殊太大。最后,规定终极所有权归村集体所有,无论企业还是个人,无论村民还是非村民,一律一视同仁。显然,对股权在量上的限制,是以保证村社区的集体所有权为目的的。

无疑,所有权的定性和定量是共同占有即"共有"的前提。"共有"是对传统公有制的改造,二者最大的不同,在于共有权体制在保证村集体公有经济占主导地位的条件下,承认个人所有权,允许集体经济与其他多种经济成分共存,对生产资料共同占有。并且,"共有权"不仅是体现各个产权主体利益的经济设计,也是体现村社区社会意愿、价值和社会心理基础的社会设计。

第二节　共同所有权结构

万丰村的"共有权"是一个以村集体所有权为核心的多元复合的产权结构,主要建立在五种所有权基础之上。

1. 个人财产所有权。采用资金股权的形式,其特性是,权利可以转让、继承、赠予和抵押,但不能清退,其终极权利归村集体所有。因此,这种个人所有权不同于私有制基础上的个人所有权,它是通过村政调整让村民人人都成为资金股权的掌握者,在生产资料共同占有基础上重新建立的个人所有权,即共有之下的个人所有。

2. 团体财产所有权。由于村内的集资团体不仅集资而且承担建造和维修厂房等具体任务,因此,它虽不能像两级集体那样预留积累,但建

---

① 《宝安万丰村股份有限公司章程》,1991年。
② 《万丰村经济联社章程》,1985年。

造好的厂房在终极所有权归集体之前,仍然明确为集资团体的财产,其成员可以长期地从中受益,一旦厂房不被租用,原投资的成员也要共同承担风险(目前个别集资团体已遭遇到外商迁出、厂房空置的风险)。因此,这部分资产也类似个人资产,是共有之下的团体所有。

3. 集体财产所有权。万丰村在重建集体经济时,形式上仍然保持公社体制下的二级集体所有权,所不同的是,小村集体已经被改造成为股份合作社,大村集体则被改造成为股份经济联社,二者之间,在行政关系上仍然保持上下级关系,在经济关系上,则已成为相互独立的经济实体。"各小村的集体固定资产永远属于该小村所有,大村不得占有其股权。"①大村集体的财产也有其独立的利益,虽然属全体村民所有,但小村集体和个人均不能分割它。与集资团体不同的是,二级集体经过改造后,虽然其成员资格不再具有"自然成员"的性质,但都通过一定的运作,力求让村民人人都成为其成员,其所有权仍然覆盖到全体村民。就此而言,集体财产权的意识仍与传统集体制是一脉相承的。村集体财产的所有权由各级集体组织掌握,其所有权只在名义上平均到成员,实际上是集体不可分割的整体财产。集体财产所有权还体现在,通过签订长达40—50年的契约来实现自己的终极所有权。这种终极所有权,实际上是个人财产与集体财产以股份形式结合而成的一种新型的集体所有权。

4. 社区财产所有权。随着集体经济的发展,村社区形成了自己的"村财",这部分财产是二级集体经营所得利润中预留的部分,属于全体村民所有。村财原由村委会掌管,后来成立了专门的理财机构村财务所,便交由财务所管理,主要用于集体扩大再生产和建设村内的基础设施、文教卫生事业和福利事业。这部分财产的所有权虽与大村集体所有权基本一致,但其财产利益的享有者已经由社员或集体成员扩展到非集体成员,即那些长期在村中生活的"空挂户",如他们的子女可以部分享有入学减免费制度,可在一定年限内保留参加集体分配和享用村社区福利的权

---

① 《万丰联队股份制章程》,1991年。

利等。

5. 社会财产所有权。股份制的采用,使产权具有了明晰化的现实可能性,从而使村庄经济进一步走向了市场。村庄的股份有限公司也成为有条件吸收社会股份和在村域外参股的主体。村股份公司吸收的社会股份有两种,一种是法人企业投入的股份,另一种是社会股民投入的股份。这两部分都是资金股份,同样接受村集体"三七分成"的条件,他们与村民股份所不同的是不能再参与集体提留部分的返还或分配,但其资金产权具有明确的排他性使用权、收入独享权和自由转让权。除此而外,这个村庄的股份总公司还在当地三家全民所有制企业中参股,成为控股公司,占有部分社会财产的所有权,形成了复杂的新的社会财产占有关系。

在上述所有权基础上建立起来的共有权体制,显然是"法人成员共有",其共有性体现在多元产权主体共同占有生产资料,即集体所有、法人企业所有和个人所有权在产权上,互不侵犯又共生共荣;在经营管理上,"共有共营";在权责利上,"共享共担"。由于村股份合作组织的产权结构是多元化的,因而共有的关系也发生在几个不同的层次上,其中村民共有和股东共有是最基本的两个层次。村民共有的基础是村民人人成为股东。村民人人成为股东之后,村社区资源和财产的所有制结构向多元化方向发展,形成了以村集体所有为主结构的大小村集体所有、股份公司成员所有和个人所有混合交融的共有制结构。财产的占有方式也发生了根本性的变化。村民不再自然地占有社区资源和财产,占有者必须以股东的身份参与其中,必须有资金的投入和劳动的投入,才能完整地、充分地享有村社区的所有利益。村民共有,一方面体现村民对社区资源、集体财产和股份联合公司财产所有权的共同占有,另一方面体现村民对社区利益的共同占有。从本质上说,村民共有是在新的联合基础上再形成的全体村民所有制。股东共有,是在村民共有基础上的一种扩大了的共有关系,其范围包括社区内外所有入股的人员和企业,他们共同占有的只是股份公司的资金股权,参与分配的只是各自投入资金的红利。由于村社区股份合作经济发展的最大利益,始终落在村民身上,村民实际享有的所有权和利益,远远大于只具有股东身份的人。股东共同占有的只是公司产权中属于自己的那部分,这种产权已经严格地与村集体或村社区拥有的法人资产区别开来了,二者所重合的利益,只对具有村民身份的人有意义。

这个村庄的共有权结构,提供了一个可以包容私有产权和小团体以及小集体产权在内的共有产权的实例。在村庄内部,村民作为产权主体同时具有两种身份,一种是个人私有资金产权拥有者的身份,另一种是集体公有产权拥有者的身份。因此,经济学的产权理论所讨论的"外部性"问题,在这个村庄就有了两种"内在化"的途径。途径之一是,村民在重新获得共有产权拥有者的资格时,个人首先要投入股金,以建立私有资金产权。他在做出投资决策、追求其价值时,就会考虑将来的收益与投入相比,是不是有最大的效益,一旦效益降低,出现了股份风险,他个人的有限责任有多大,等等。这样,一般共有产权下都会产生的"外部性",有一部分就通过私有资金产权被"内在化"了,即个人投资的收益和风险,都由自己承担了,因此,他们有不断投资的积极性。途径之二是,村民将自己的私有产权交由集体运作,变成共有之下的私有产权,于是,投资产生的另一部分"外部性",就由集体将之"内在化"了,例如,集体有权从总收益中预先提留30%,用作公共设施建设和公共福利事业,同时也有义务在合作的初期承担所有投资风险,不但承担股息和分红的双重代价,并且以集体资产作为风险抵押,等等。

显然,在这个多元化的共有产权下,"外部性"的存在,对"有效利用资源"并不一定是一种消极的力量。因为,村庄的共有产权是社区性的,"外部性"的存在,对个人来说可能是一种损失,同时也可能是收益。村公司将一部分收益或损益转化为公共性的,一方面可以增强集体的实力,使个人有限的资金产权形成合力的作用,为相对弱小的私有产权提供保护,使它们有机会获取(相对而言)最好的收益;另一方面,村庄可以此为物质基础,贷款给那些没有钱投资的村民,让他们也有机会通过投资而加入共有产权体系。因此,"外部性"的存在实际上激励了全村人投资的积极性。当然，"外部性"的合理限度，即个人让利和受损的程度多大才能形成激励力量，是这个共有产权面临的关键问题。从产权收益的构成来看，村公司个人股的总量占总股本的50%，个人从私有产权中得到的收益也远远大于从公有产权中得到的收益，这对于私有产权者来说，他依靠共有体制运作产生的"外部性"，大部分被"内在化"了，而其他成员"搭便车"的机会也就相对减少了。

可见，多元共有产权制度的产生和运作，并不是一个纯粹的经济过程，在村社会的特定环境里，它也是一个社会过程。相对于经济过程"不经济"的因素，对于特定社会关系下的合作过程来说，则可能是合理的和经济的，并且还是一种"有效激励"的因素。这说明，在一个社会关系结构保持有相当稳定性的村社会里，经济结构的形式受到社会关系结构的深刻影响和制约。这个村庄形成的共有之下的个人私有、"大公"之下的"小公"所有的双重产权制度，实际上正是村社会特定的双重组织方式和双重社会结构方式的翻版。从这个角度看，这个村子的"宗族—家庭""大族小家"的家族组织的双层结构，以及"集体—个人"的传统"集体制"的双层组织结构，无疑都对它的多元共有产权产生着深远的影响。

在我们考察这个单姓家族村庄的产权构造时，不能不对它的传统家族结构的影响给予特别的关注。如前所说，这个村子的多元共有产权，虽然是对传统集体所有制的改造的创新，它所体现的亲缘关系也不是对原始家族关系的简单重复，但我们从中仍然可以见到传统的"宗族—家庭"双层结构的潜在影响。

在这个家族村子里，传统的"宗族—家庭"双层结构，表现在土地所有制形态上，存在着两种不同的土地形态，一是宗族公有土地，二是家庭私有土地，前者是宗族组织得以存在并实施其各种职能的经济基础，后者是家庭得以实行其生产、消费、抚养、赡养职能的经济前提[①]；表现在社会

[①]　参见曹锦清等:《当代浙北乡村的社会文化变迁》，上海远东出版社1995年版，第496—500页。

管理和控制上、家庭在房田产的处置等问题上,并没有"全权",要受到宗族组织制度(族规)的制约,如各家的房产、田产不准卖给外姓,而且当卖主在需要或有能力时即可向同族买主赎回等等,由此而形成了家族村子的双层管理,下层是各家长率领自己的家族成员进行独立的生产经营活动,抚养自己的孩子,赡养自己的老人;在上层,族长按照族规和习惯行使各种权力。虽然这种双层结构支撑下的"族权",现今已不复存在,但这种"公"与"私"、"上层"与"下层"的构造方式,却与村庄现今的多元产权结构之间,有着极其相似之处。

除去社会结构特征的影响外,家族村庄的文化、价值观念和社会意志等社会性因素,也深刻影响到多元共有产权的建构,比较典型地反映在股权比重的形成和股份平权的过程中。

先看股权比重。在村庄的共有权结构中,集体股权、集团股权和个人股权的相对比重,从总量上看是既定的,是由股份公司章程决定的,但在不同时期,大小集体、集团和个人投资的数量和资产份额却是变动的,可以看到这样一条轨迹:在外来加工业务稀缺、工业进村的初期(1982—1984年),投资的主体主要是大村集体与村民个人的联合体,原因如前所述,一方面是大村集体在办大工业过程中具有各种优势,同时股份风险的初期承担者也非大村集体莫属;另一方面是村组织的能动意识和作用,将大村集体推到了再次主导村庄经济的地位,而且不断加以巩固和提高,从而形成了这一时期特定的共有权结构。当外来加工业务大量涌入村庄时(1985—1994年),村组织开始调整投资的组织策略,帮助小村重建集体经济,使它也成为投资主体,同时允许集资团体大量投资,形成这一时期大小村集体、集资团体和个人共同作为投资主体的共有权结构。当集资团体和小村集体已有相当实力,而村庄的工业用地又稀缺,同质工业进村的循环已近饱和时(1995—1996年),村组织及时调整策略,只将新的投资建房机会留给大村集体和各小村的联合投资团体,不再发展集资团体,个人投资也相应减少,于是形成这一时期特定的共有权结构。这种比重和结构的调整,显然受到村组织对所有权偏好及其社会意志的深刻影响,从这个意义上说,产权体系的结构亦是社区主导的社会意志的产物。

再看股份平权。我们已经提到小村集体在组织社员投资时,往往将建造厂房预计的投资数额平均到人,以一人一份的平均方式组织投资,以实现"平权"的集体意志。除去这种方式之外,在这个村子的共有产权形成过程中,村组织把"让村民人人都成股东"作为一项形成共有产权的基本策略,曾从"村财"中拨出资金对没有能力投资的村民实行"贷款"投资,最终以"平权"的方式,让村民人人都进入了共有产权体系。因此,这个村庄的村民私有产权中,有相当部分或基础部分是依靠"平权"的社会方式完成的,并且共同所有权体系的基础结构,也是依靠"平权"或"共同富裕"的社会意志和理想来建构的。

第十一章　分配、差别和"共同富裕"

共同所有权,作为一个分析性的概念,归纳的是村庄中多元产权体系的归属关系。但村民的认识逻辑并不依据概念来推演,而是通过多元的收益分配、所得上的差别和具体的村政策来直接体验的。这种体验是生动的,它反映在许多新鲜事物上,比如村民家庭自实行"股权证"以来,记收入账的明显增多了,农户在村中有明确的收入参照体,对大家共享的收益权利和福利有具体的评价监督,等等。因而,我们也就有理由将他们具体体验的诸方面,作为共有产权体制的另一个表现层面来观察。

第一节　三种分配形式

村内股份合作经济的分配,是以共同占有生产资料为主要依据,股权和劳动投入是分配的凭证。万丰村的股权形式有三种,其中就分配而言,土地股与集体股的性质是相同的。此外,有劳动能力的村民大都参加工作,因而村民普遍地享有三种分配。这三种分配形式实现了劳(动)与资(金)的分离、资与(村)籍的分离。

一、按劳分配

万丰村股份合作公司的全体职工(包括非村民工作者),都可根据各自付出的劳动参与分配。职业、岗位和职务,作为量化劳动的标准,是确定分配的主要依据。村组织鼓励和提倡有劳动能力者人人参加工作和经营,并且在文明公约中加以明文规定,村民中那些符合劳动年龄而不工作的人占少数,因此工资和经营收入是万丰村民收入的一个重要组成部分。

在这两种收入中,工资是大多数村民的劳动收入形式,反映着按劳分配的机制在村庄新体制下的诸种变化和特点。"月工资制"的引进,就是村中具有变革意义的事件。传统集体制下农业村庄的收入分配在形式上虽以"月工分,年结算"的方式进行,但实际的收益分配是与农作物生产和收获周期相适应的,多以不定期的实物分配和年底集中结算的方式进行。工业企业制度引进村庄后,尽管生产方式、周期和核算都与农业大相径庭,但也并不一定促成"月工资制"的实行。我们在东部长江三角洲的许多乡镇企业特别是村办企业中,仍可见到工资制度以月为单位计算和记录,但实际的分配是按月发给一定数量的基本生活费,年终才最终结算并一次付清全部工资和奖金。这种运作方式的经济效益是明显的,因为职工工资中的绝大部分并未流出生产经营过程,或一直投入再生产的过程。这种方式是以职工习惯由农业时代沿袭下来的分配办法为基础的,同时,这类村庄中绝大多数人的家庭仍兼营农业,工业分配的这种方式恰好与农业收益的周期相配合,更适于家庭安排各种计划。但是在珠江三角洲引进"三来一补"企业的村庄中,却很少见到这种情形,大多村庄与万丰村一样,实行彻底的月工资制度。

月工资制的推行,与"三来一补"企业的正资制度和"月结汇"以及"工缴费"的结算制度有直接关系。"三来一补"企业由外商直接经营和管理,实行标准工厂制中的月工资制度,村民在接受工业企业制度、完全放弃农业的同时,自然地接受了这种分配方式。并且,村中相当数量的村民具有在这类企业工作的经历,也促使村营公司和企业全面实行月工资制度。此外,国家和地方政府对"三来一补"企业实行"月结汇"及工缴费月结算的制度也有利于村庄推行月工资制度,按月结算有利于公司和企业管理,也便于与外部体制接轨。当然,村营公司推行月工资制还有其更深层的原因。其一,经过股份制经营意识熏陶的村民,个人劳动权收益观念受到资产所有权收益观念的直接影响。如果让工资收入直接用于再生产而无利息收入,村民是难以接受的。而支付利息的办法,操作复杂,在已实行股份制的村庄,远不如股金投入更便于操作和管理。其二,村民收益的主要部分实际上又以股金的方式不断投入了公司的再生产环节。以股份制的方式吸收分散在村民手中的闲资,不仅对村民具有吸引力,也使资金很快又投入生产环节,克服了企业缺乏流动资金的困难,并且更有利于处理集体与个人之间的收益分配关系。

二、按"籍"分配

在村子里,籍是分配的重要依据。按籍分配,是村民拥有的"天赋股权"在分配上的一种实现形式。如前所说,"天赋股权"包含着两个层次的权利,一是因拥有本村户籍而天然拥有的参与集体分配的权利,二是因拥有土地承包权而法定拥有参与集体分配的权利。说到底,"天赋股权"本位是土地权本位的转型,因此在其控制下的分配带有强烈的排他性,表现在两个层面上,一是在分配上排斥一切不拥有村籍的人,二是在一定时间差内排斥没有土地权的新村民,或让失去村籍的原村民放弃土地权,从而也彻底放弃参与集体分配的权利。

这种排他性合理存在的另一个缘由,是因为按籍分配实际上是集体所有权收益的再分配。分配的是集体股份分红的部分,也是村民的劳动成果之一,因而可以说是按劳分配的一种补充形式。但是这种分配又不同于按劳分配,因为只有拥有万丰村籍的人才有资格参加分配,并且在这一层次上的分配不再是以劳定利,而是以人定利,平均分配。因此它又是村社区在按劳分配之后所进行的一种调整收入水平的措施,是对按劳分配中因农户劳动人口不均而引起的不平等分配的一种调整,同时又是村集体利益的一种共享方式。因此,按籍分配随村籍身份的变动而发生变化,其分配权不能转让、继承和赠送。按籍分配还对原籍村民与外来村民在分配权利上有差别地对待,并且以有无分配权作为惩罚违反国家政策或村规民约中重要条例的手段。由此可见,按籍分配的部分是村集体所有权的收益,不是股东或村民个人所有权的收益,只是社区身份在社区利益共享上的一种体现。由于村民一旦脱离村籍就必须放弃这部分权利,而新加入者则会分享其中一部分权利,所以我们在村里看到,出嫁女不愿离开村庄,村民亦拒绝当初因"跳农门"离开村庄,而今又想转为农业户口从而再获村籍的人,也不接受婚姻以外力图加入村籍的人。

按籍分配一般是半年进行一次,分大小村二级分配,采用人均分配的方式。分配的数额是根据村营公司或村集体收益的好坏而定,不同年份之间和不同小村之间存在差别,大村分配一般按全村人口平均分配,呈现逐年上升的趋势。村财政所的负责人介绍说:

> 我们分大小村两级人平分配,各年都根据情况而定,总的说每年都有所增加。大村和小村的人平分配,大约都是从1992年才开始的,以前的集体收益都用于积累,都再投资了,没有分配到村民。大村的人平分配1992年500元,1993年1000元,1994年2000元,1995年达到3000元,1996年可达6000元。

> 小村的分配,各村之间差别很大。以1995年的情况来看,四村和五村的情况最好,可达到人平7000元,一村和二村可达到3000元,三村最少,只有500元。原因嘛,一是因为人多,三村是最大的自然村,另外也因为经营不太好。以前,在刚办工厂时,各村比较平均。大村调控多一点,比如,建厂房时,批准每个村都建一栋,让各村都有机会发展。后来,在1984年以后,发展的速度很快,各村都可以自己找发展机会,这就与村的领导有没有经营头脑、敢不敢冒风险、有没有投资的意识有关系了,你看不准,人家看准了,一投就赚钱了,你就不行了,失去机会了。

按籍分配对于村民来说不仅意味着增加收入,共享集体财产所有权,而且是对村民已经失去的土地保障和就业保障的一种补偿或替代方式。这种情形在东部长江三角洲的一些工业发达的村庄中并不多见,那里的农户一般都保留有承包的土地和口粮田,从土地上仍可获得基本的生活保障,在村办企业不景气或转产停业期间,他们仍可回家从事农业,因而土地仍然具有天然保障的作用。而在南部像万丰村这类已经以工业为主导产业、农用土地所剩无几的村庄,村民已经不拥有任何在土地上谋生的可能和保障,同时,村集体亦不能保障村民人人都能获得就业机会。因此,集体实行的人均分配实际上具有保障的意义,只要是集体成员,就可永久性地享有这种保障。不过,从"最终保障"的意义上说,工业收益仍不稳定,风险大于土地的农业收益,在村庄的工业化和城镇化过程尚未完成,并且不能纳入国家或地方的城镇化体系时,这种保障的可靠性仍存有疑义。

三、按资分配

按资分配,是以资金股权为依据的部分税(费)后利润的分配。按资分配的本质不是劳动权利而是"资本"权利。虽然村民原始资金的性质是劳动积累,是将原来的消费资金转为生产资金,但是以股金形式投入后,所得利润就不再是劳动报酬,而是资本权利了。

资本权利体现在分配上有两个特点,一是以资定利,分配时有两种形式,一种是股息,另一种是红利。在村营公司中,股息只在早期集资时支付过,以后取消,仅以红利为分配形式。这部分分配,在小村和各种集资团体中,是依据厂租收入的多少来确定的承担风险的分配,在大村还依据自营企业和公司的经营状况,亦是一种承担风险的分配。由于村庄的主营企业是"三来一补"性质的,最近十余年中一直保持着较为稳定的发展势头,并且厂租收入与企业的市场风险没有直接关联,因此对村民来说这种风险相对较小。虽然村民依此获取的收入时有高低,却一直是相对稳定的,成为村户总收入的主要部分。

资本权利的另一个特点,是承认个人资本所有权收益及其差别。在村里,个人资本所有权收益的合法性和稳定性,是在实行股份制后真正确立的。"以钱生钱,发财致富",是受村里人赞赏的堂堂正正的生财之道。能够依靠投资获取巨额利润的户,受到羡慕和尊重;守着死钱不会发财的人,常在背后落下"那怪谁呢?"的数落。村民对由此而产生差别的接受能力也强于其他。在个案户调查中可以看到,村户在农业积累时就已经存在的收入差距,在投资入股后变成了股份差距。股份差距一方面使村民由于享受的资本收益不同,相应地扩大了收入上的差距,另一方面这种差距又随着公司经济在高速度发展时期创利丰厚而成倍地拉大了。

第二节　收入差别

在以上三种分配中,按劳分配因职业而异,工资的多少大致由村内的劳动力市场确定,基本上不以是否拥有村籍来确定,当然,村内人和外村人的工资实际上是有差别的,但是这种差别在就业时就已经确定了。由于村内人在选择职业上有优先权,所处的职业地位一般都比村外人好,因此从总体上来说工资也比村外人高。由于工资水平的最高量和最低量之间的差别不超过三倍,因此,工资差别只是收入差别中的一个微弱部分。按籍分配因身份而定,平均到人,因此只是构成村内人和外村人收入差别的基础,对村内人来说,每户虽然因人数的不同人平收入也有所不同,但是这个收入是平等的。村内人的收入中,股份收入是最主要也是最大头的收入,收入差别也主要来自按股分红,由于收入特别是股份收入是村内人忌讳的话题,因此我们没有准确的数字说明因股份收入而产生的差别,但是根据一些村户的个案资料,仍可做一些粗略的分析。

一、收入构成及差别

村民的家庭收入主要由股份分红、工资、集体分配、房租和其他经营收入五个部分构成。根据我在1993年初的个案调查,21个个案户中,按收入可分为上中下三种类型,其中2户无工作人口即无工资收入,3户无房租收入。

表 11−1　家庭年收入构成与差别明细表（1992 年末）

序号	总人口	工作人口	工资（%）	房租（%）	分红（%）	集体分配（%）	其他（%）	总计	家庭人均
					收入项目（万元）				
上等收入户									
1	4	1	2.4 (21.1)	4.8 (21.1)	15 (68.8)	0.6 (2.6)	—	22.8	5.7
2	4	4	11.5 (33.6)	0.4 (1.2)	11.25 (33.0)	1.4 (4.1)	9.6 (28.1)	34.2	8.5
3	5	1	1.2 (32.4)	0.2 (5.4)	1.4 (37.8)	0.8 (21.6)	0.1 (2.7)	3.7	0.8
4	6	2	2.8 (18.1)	0.2 (1.3)	11.6 (74.8)	0.9 (5.8)	—	15.5	2.6
5	5	3	3.9 (9.9)	0.3 (0.8)	12.5 (31.8)	0.8 (2.0)	21.8 (55.5)	39.3	7.9
6	11	4	14.1 (52.2)	0.5 (1.9)	3.9 (14.4)	1.5 (5.6)	7 (25.9)	27	2.5
7	6	4	38.4 (80.2)	2.4 (5.0)	5.7 (11.9)	1.4 (2.9)	—	47.9	8.0
中等收入户									
8	5	1	2.2 (27.0)	1.0 (13.5)	3.1 (41.9)	1.3 (17.6)	—	7.4	1.5
9	4	1	1.2 (27.0)	1.0 (17.2)	3.0 (51.7)	0.6 (10.3)	—	5.8	1.5
10	4	0	—	0.1 (7.7)	0.8 (61.5)	0.3 (23.1)	0.1 (7.1)	1.3	0.3
11	3	1	0.3 (8.8)	0.4 (11.8)	2.4 (70.6)	0.3 (8.8)	—	3.4	1.1

序号	总人口	工作人口	收入项目(万元)						
			工资(％)	房租(％)	分红(％)	集体分配(％)	其他(％)	总计	家庭人均
12	4	1	7.2 (64.3)	1.6 (14.3)	1.8 (16.1)	0.6 (5.4)	—	11.2	2.8
13	3	0	—	0. (1.3)	1.1 (68.8)	0.3 (18.8)	—	1.6	0.5
14	6	4	1.8 (36.7)	—	1.9 (38.8)	0.8 (16.3)	0.4 (8.2)	4.9	0.8
15	4	1	1.1 (27.5)	0.6 (15.0)	1.5 (37.5)	0.8 (20.0)	—	4.0	1.0
16	4	3	1.2 (7.0)	1.5 (8.8)	4.5 (26.3)	0.9 (5.3)	9.0 (52.6)	17.1	4.3
17	5	2	1.6 (23.5)	1.0 (14.7)	3.4 (50.0)	0.8 (11.8)	—	6.8	1.4
18	2	1	0.4 (20.0)	—	1.3 (65.0)	0.3 (15.0)	—	2.0	1.0
下等收入户									
19	1	0	—	—	0.1 (33.3)	0.2 (66.7)	—	0.3	0.3
20	4	1	0.4 (11.4)	0.7 (20.0)	1.4 (40.0)	1.0 (28.6)	—	3.5	0.9
21	5	2	1.1 (25.0)	0.1 (2.3)	1.9 (43.2)	1.0 (22.7)	0.3 (6.8)	4.4	0.9

注:1. 上、中、下的分类是由村干部评估而定,其中有些人所报收入额与实际并不相符,因而与评估情况有出入,但分类仍依据评估。

2. 股份分红情况,在1993年调查时,一些1990年后投入的股份尚未分红,但之前的股份大部分已增值,多于所投的原始股数额,另外早期投资的分红率很高,由于这两方面的增减又难以实际计算,因此我使用近年来的一般分红率25％笼统而粗略地计算分红额,此数只是匡算数,低于实际数,并且大部分又以配股或再投入的方式转为新的股份。

　　表 11-1 列出的是三类户的收入构成和差别。股份分红即按资分配,是家庭收入最主要的部分,无论在上、中、下哪类户中都是如此。收入差别在相当程度上也是由此而形成的,上等收入户的该项年收入在 4 万—15 万元之间,中等户在 1 万—4.5 万元之间,而下等户则只在 0.1 万—2 万元之间。工资收入即按劳分配仍然是万丰村民最重要的收入部分,被调查者除去一户因丈夫在香港工作,妻子不工作,另一户家中无劳力以外,其他 19 户均有工作收入,工资显然也是形成收入差别的主要原因之一。上等收入户的工资收入明显地高于其他户,其中工资收入最低三户的年劳均收入达 1.6 万元,中等户中工资收入最低三户的劳均收入达 0.6 万元,而下等户三户的劳均收入仅有 0.5 万元。缺少劳力、无劳动收入仍然是富裕起来后的村民收入差别的重要原因。房租收入也在村民家庭收入中占有一定比例,并且86%的村民家庭都有这类收入,有的已经占到总收入的 20% 以上。虽然这也是造成户际收入差别的原因之一,但是在上、中、下三类户中的差别并没有表现出明显的规律性。集体收入亦是家庭收入中不可忽视的部分,特别是对于中等户和下等户来说,它所占有的比例相对较高,大约占到总收入的 22.7%—66.7%,对于上等户来说,占有的比例则相对较小,在 2%—21% 之间。有其他经营收入的只占三分之一,主要是上等户和中等户中做生意的户和专业户,他们依靠运输、特种养殖、小店经营等获取的经营收入,在家庭收入中都占有较高的比例,这也是形成收入差别的重要原因之一。三类收入户的差别明显地反映在人均收入上,上等户的年人均收入在 0.8 万—8.5 万元之间,中等收入户在 0.3 万—4.3 万元之间,下等户在 0.3 万—0.9 万元之间。这虽然与家庭人口的多少有关联,但主要是由于绝对收入不同而引起的,例如,上等户中的一个六口之家,年绝对收入高达 48 万元,人均可达 8 万元之多,而中等户中的一个六口之家,年绝对收入 4.4 万元,人均仅有 0.8 万元,下等户中的一个五口之家,年收入 4.4 万元,人均收入也只能达到 0.9 万元。

二、股本增值和收益级差

那么,按股分红怎样拉大并加剧了收入上的差距呢?

首先,因投入的股金数额不等,产生了同期投资在收益上的差距。例如,上等户中投资最少的三户的平均投资收入在 3.7 万元左右,而下等收入户的则只在 1.1 万元左右,收入差距在三倍以上。

进而,因投资先后不同和原始股本增值,产生了收入上的巨大级差,村公司的管理人员算了这样一笔账:村里首批投资即党员带头投入的第一笔股金 5000 元,在一年后以 70% 以上的分红率分配,即可获纯收入 3500元以上。如果继续投入(村民一般不取出红利,愿意继续投入),第二年即可收回本金,股本可增至 1 万余元,净收益至少已达 5000 余元。这个差距是首期未投入者望尘莫及的。在这之后的五年里,如果继续将红利投入,仍以平均30% 以上的分红率参与分配(后来分红率逐渐稳定到 20%—25%),股本可增至 2 万元以上。仅此一笔股份的净收益至少比未投入者多达 1.5 万元以上。而实际上因为最近十余年中村公司的经营状况一直比较稳定,原始股本一直在自动增值,首批投入的股本至少增值十倍,已达 5 万元以上。而股本增值的原则是保护初期投入者的利益,只在初期投入群体内部不断增值,以后的投资者不可分沾。于是,因投资先后不同而产生的收入差别就这样明显地拉大了。村民对这个差别的认识是清楚的,在村里当干部的一位年轻村民这样评价道:

> 各户的投股数不同,分的当然就不同。这种分配是很公平的,虽然有的人有上百万的收入,有的人只有二到三万,那是因为你当初投进去的与别人不一样,也就没有什么好说的。村民虽然对这个差别有说法,但是,一般人是能接受这个的。

在对个案户的访问中,也可以了解到,村民虽然也有因比较而产生的失落感,但是因为村内投资的机会均等,村集体又为不富裕的农户"贷款"投资,一般来说村民是接受这个差别的。不过,这个差别实际上已经将村民这个形式上的利益共同体从内部划分开来,不仅在收入上形成上、中、下三个等级,而且也成为村庄社会分层的基础之一。

第三节 差别的平衡与"共同富裕"

在村子里,动员和组织农民再合作的力量,是党的基层支部和基层政权组织。"共同富裕"始终是组织者的社会理想和社会目标。但是在新的共有体制下,村民接受这种理想和目标的前提条件是承认个人资产的权利,而承认个人所有权也就意味着允许差别的存在。因而,农民再组织起来的动机中既排斥平均主义的贫穷,又不包容平均主义的富裕。怎样才能将差别与共同富裕有机地结合,确是村组织和村民关注的大问题,也是新体制安身立命的基础。那么,在这个村庄里,促使两相结合的基础和机制是什么呢?

实际上既承认差别又推行共同富裕的政策,往往是以牺牲部分高收入者的利益和公司的经济利益为代价的,并且还要将雄厚的财力转为公共积累,才有可能做到。显然这不是村户个体的目标和行为。虽然在村庄内部,村里的各种组织是"多种牌子,一套人马",集体经济组织与党政组织高度合一,村办企业的目标也是多元化的,对社区发展有着不可推卸的责任,但是调节贫富差别,毕竟不是股份合作企业的目标。这个目标只有发挥村庄的"村政"功能,借助于"村财"的实力才能达到。在万丰村我们已经可以看到村办企业与村政组织相对分离的趋势,其中最明显的特征是"村财"的形成和独立化。

村财的独立规划和使用,使村政的重点放在了村内的社会发展和福利事业上。社会事业和福利主要是公益性质的,并不能自然消除或缩小因股份经济而产生的巨大收入差别。调节贫富差别,仍要启动村政的"平衡器"作用。

在村庄的"共同富裕"目标中,让村民"人人都致富"是一个基本目的,提高低收入家庭的绝对收入和生活水平,让他们不断跨越村内的相对贫困线,是村政平衡政策的基本原则。同时,由于承认差别,政策的重点不会放在缩小相对差别和抑制富裕程度上,而是一方面鼓励“先发、多发和都发”,另一方面依靠调节政策帮助那些确实无力发展的困难户摆脱困境。在这个村子里,由于村财的支持,我们可以看到村政平衡和调节的职能被大大强化了,村庄的组织者不一定具有现代政策职能的观念,但确有以村政政策调节贫富差别的办法,调节的机制除去人平分配外,还有“贷股”、福利和共享消费。

一、“贷股”:对平调的限制和实行补偿性公平的基础

万丰村在实行股份合作制初期,有两部分村民没有投资。一部分是对股份合作制持有怀疑态度、害怕个人资产被“充公”和“平调”的村民;另一部分是并不富裕、拿不出多少钱投资的村民,大约占45%。股份合作分红的第一年,村民的收入因有无红利而出现了很大的差别。这时,如果采用抑制股本的权利来避免收入差别,就意味着扩大企业的劳动成本,缩小其利润部分,以减少红利。这是既不符合企业经营目标,也损害投资者利益的。在村域内,村政的调节功能只能以不损害对高投资者的鼓励和对无投资者的保护为原则。村组织决定从“村财”中“拿出”一部分,以人均5000元对无投资者实行“贷款入股”,以有偿借贷的方式,实行投资机会的公平。借贷者起初每年的红利都用于还贷,大约五年后可以还清。还清后,“贷股”转为自有股份,获取红利分配。

“贷股”,体现了社区的合作精神和新合作体制既承认差别又共享社区收益的原则,至少产生了如下三个后果:一是在限制平调、建立合理的公平机制的基础上,让村民有条件在同一个投资基准上起步,拥有平等投资的可能和机会。同时,也体现出对那些依靠自己劳动收入,有能力投资的村民的公平。在万丰村,共享社区资源的收益,必须以付出资金和劳动为条件。这种做法能够为村民普遍所接受,因为一方面相对缩小了村民之间的收入差别,另一方面又消除了有能力投资者和无能力投资者两大群体之间可能产生的冲突。二是在村庄“贷股”的意义已经超出了分配

公平问题,让村民人人具有股东身份,为村社区的股份合作资产的村民共有奠定了基础。村庄全体村民的命运就是在彻底抑制"一平二调"、人人投资入股的基础上,与村集体经济为主导的股份合作企业紧密联系在一起的。三是"贷股"并没有对集体经济的收益带来任何损害。所动用的村财直接用于向村股份公司投资,资金虽然由集体名下转给私人,但实际上并没有转出经营,转让的只是分红的权利,而在分配的前几年中,红利又作为还贷归还公司,再次进入经营。只有在还清借贷后,这部分资产的所有权才真正成为个人所有。

二、福利:扶助、奖励和提高的补充性再分配

在万丰村这一类的发达村庄,最常听到的一句话是"城里人有的我们都有",个中最明确的意思是指福利和村政设施的发展。在村社区的经济高速度发展、社区结构膨胀和完善的条件下,福利往往是村政功能的重要目标。村庄的福利也往往直接参照城市单位的做法,名目和形式基本分不出差别。但是,城市单位福利那种"包"的内容,在万丰村这样实行新的合作体制的村庄里,却难以看到了。村庄福利的特征是"补"而不是"包"。在村庄里,福利虽然是社区收益的再分配形式,但是村庄分配的主导形式是依据个人资产的所有权而进行的股份分配。新的合作体制鼓励村民依靠投资获取高收入,主张村户按照各自不同的能力发家致富,一般的村户对集体的人均分配和社区福利的依赖性很小,社区的福利在分配中只占很少的部分,并且是以扶助老弱病残、奖励上进和提高村民的整体生活水平为目的的。万丰村的福利制度包括扶助性的医疗津贴、老人生活补贴、敬老院制度、人均人寿保险等。这些大都不是人均配给,而是因需要而用的保障福利,包括奖励性的小学免费制度、考入大学奖励制度等;还包括为提高社区的整体生活水平免费供给的特殊消费品,如保险柜、程控电话等。以"补"为内容的福利,显然也是实现有差别的"共同富裕"的一种积极的村政政策。

三、消费性村财:共享消费和提高绝对生活水平的基础

除去分配和福利之外,万丰村民的共同富裕还依靠共享性消费的支持。这部分消费"品"主要是高质量的村政设施,它平等地提供给全体村民,以提高社区内的绝对生活水平为目标。在万丰村和许多发达村庄,村政设施和社区建设的发展,几乎都是村庄集体经济和合作经济发展的直接结果,也是村政功能最重要的目标。在万丰村域内已经矗立的酒店、宾馆、影院、购物中心、职工生活区、公园、道路、水塔,投资巨大,质量上乘,完全达到城市良好基础设施的水平。作为消费性的村财,已经成为提高村民整体生活水平、消除城乡差别不可或缺的物质基础。

第十二章　责任、参与和传播

在本篇以上各章中,我们透过制度的层面,观察和分析了村庄新体制形成的社会过程。在本篇的这一章里,讨论将围绕着共有权运用的机制——参与,来进一步揭示这一社会过程内含的文化价值取向和共同意识,以及它们共同体现的村庄社会结构的基本特点。

第一节　有限责任和参与

前已述及,村民握有的股权虽然记录下了他对原始产权的权利,但它已不可再逆转复归为原始的私人产权,不过,相应地他因此而"交换"到了参与分红和企业管理的权利。这种参与权是与股份公司的"有限责任"相关联的,"一股一票"就是这种有限责任在参与管理上的体现。

"一股一票"是投资者作为股东的参与权。个体股作为整体,已占总股份的50%,但是在村子里,却几乎见不到个体股东为公司事务"举拳头",这是因为村集体做了大股东,集体大股东的那一票是决定性的,个体股东的参与热情和机会也就有限,参与就显得无足轻重。但是,村民股东却决然不同。他们具有两重身份,一重是个人股权的持有者,另一重则是集体或团体股权的分享者。村民股东对公司管理的参与,不是直接而是通过小村集体、集资团体乃至大村集体股东来实现的。他们参与的基本模式可以图 12 - 1 示之:

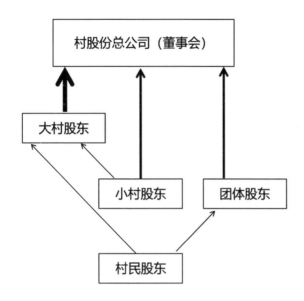

注:图中箭头表示参与的方向和层次,线条的粗细表示参与的强弱。

图 12 - 1　股份公司的有限责任简图

这种参与模式是依据所持股份的多少,亦即有限责任的大小和范围而形成的,即是一种分层参与模式。每一层级的参与程度、责任大小都是有限且明确的,权力依股权大小而定。由于股权相对集中在大村集体、小村集体和集资团体,因而他们的参与是强有力的,公司的重大决策都要经由他们同意才可立案执行。村里 1992 年关于股票上市问题的决策过程为这一模式提供了很好的例证。90 年代初中期,村办公司争取股票上市,在深圳地区成为最重大的事件之一。实力较强的村庄,人人都关注、议论和考虑这个问题。在村议成熟的情况下,万丰村股份总公司召开决策会议,参加会议的有公司董事会成员,有集体大股东代表、小村股东和集资大团体股东代表,还有村党支部成员和村委会财务负责人等,共 20人,另请有市财政部门和体制改革机构负责人列席。在大股东表示赞成股票上市并做出承诺之后,会议正式决议委托有关银行聘请会计事务所对村公司股份进行审计,并成立审计小组督办。决策做出后,参加会议的

20 名代表分别在决议上签字并按上手印。后因种种原因,村公司的股票未能上市,但这一事件从准备到结束持续了一年之久,集中反映出村办公司决策过程的特点。

在村庄重大事件的决策上,包括股票上市这样的重大经济决策,公司董事会并不能单独行事,村党支部和村委会在决策中具有重要的作用。虽然在村庄的体制中党支部书记兼任董事长,村长兼任总经理,但支部与村委委员均以正式的名义参与决策,即使没有董事身份,他们也有表决权,亦是公司重大决策的直接参与者。

普通的村民股东对公司决策和管理的直接参与是极其有限的,但是,在村里却可以强烈地感受到,村民对村庄和公司的事务不仅有着强烈的参与意识,而且有具体的参与行动,这从村里经济信息传递的速度加快,村公司在重要决策前后都必须通过各种途径广泛听取村民意见,甚至某些动议因为在"村议"过程中遭到反对,而不得不暂时搁置或取消等现象中,都可以体察到。那么,村民在股权有限的情形下是怎样参与新体制的管理呢?

既然集体大股东的一票是决定性的,村民对村庄重大事务的参与,自然就转向对集体决策的影响上。在大小村合作组织中,集体共有权体现在分配上是"一人一份",体现在村民(社员)的参与权上则是"一人一票"。实际上"一股一票"在这里转换成了"一人一票",村里人称之为"举手权",表现在道义和义务上,它还含有"人人有责"的意义。因此,"一票权"实际上是村民对村务所拥有的"责权利"的集中体现,尽管它也是一种"有限责权利",却不同于"一股一票"权,它是以人定权,是人人平等的在表决中等价的权利。村子里凡具有村民身份者,即有"一票权",当然,实际上有参与能力者,是达到成人年龄并具有公民身份的村民。

"一票权"在村子里,是一项极其正式的参与权利,只有在涉及村内大事的决策和管理,对村干部工作进行监督评议,反映村民重要意见时,才能运用。而且,在这个拥有 500 余户、2000 余村民的大自然村落中,也很难以人口聚会的方式,让村民直接行使"一人一票"权,因此,只有在人民代表选举和决定村庄命运的重大事件中,比如决定"分田到户"、实行股份合作制等事件中才运用这个方式。在日常村务的决策和管理中,"一票权"往往转变成了"代表权"。在这个村子里,主要能见到以下三种代表权。

一、户代表权

小村(或合作社)村务决策中常常使用这种权利,由每户户主或指派一个代表来替全家行使"一票权"。小村合作社的集体股权乃至个人向合作社的投资数额,一般都是按人均分配的,因此,小村经济事务决策中"一股一票"即等于"一人一票"权。小村的重大村务主要有:确定集体经济发展计划,如集资建厂房项目的选定、投资数额的分配、集体收益分配的方案等;通过村政建设计划方案,如宅基地调整、新建房基地投标认购和发放、合作社办公楼修建等;安排年度计划生育指标;其他涉及村民利益的重大事情,如整修房祠、调解内部矛盾等等。小村在决策这些重要村务时,一般都要听取户的意见,关系重大的问题要召开户代表会议,正式表明态度,虽然"一票权"在多数情况下并不采取投票的方式,但户发表的态度是有效的,多数村民不同意办的事,小村干部并不能执意办理。目前,这个村庄里的小村仍然是股份经济实体和房族社会实体的结合物,小村的村务与村民更为贴近,村民以户为单位发表意见的机会更多,积极性更高,参与的程度也更深。各小村都有正式的议事场所,如一、三村利用原有的房祠堂,没有房祠堂的二、四、五村则有新建的合作社会议室。

二、村民代表权

20 世纪 80 年代以后,村庄普遍实行村民自治,代表大会制度在各地逐渐盛行起来,一项权威性的研究报告指出:"由于村委会要向村民会议负责并报告全年工作,就使得村民会议成了村中的最高权力组织,而由于涉及全体村民利益的问题必须提交村民会议通过,村民会议实际上拥有着决定村务的基本权力。"①许多省市在贯彻《村民委员会组织法》实施办法中都对村民会议及代表会议制度做了具体规定。广东省是为数不多的几个在1994年前尚未通过实施办法的省之一②,在我1993年初进入这个村子时,村里也还没有建立正式的村民代表会议制度。但是,这个单姓家族村庄,历来就有"长老议事"的传统,人民公社时期又逐步完善了村民代表议事制度,这些在村庄重要事务决策中仍发挥着举足轻重的作用。村民代表的产生,在《村民委员会组织法》颁布之前,并没有一定之规,一般以生产队或小村或合作社为单位,按户数多少(选举正规化后一般以10—15户选一名,代表20—60个村民行使"一票权")推举出一定比例的代表,村里人也将这些代表称作"联户代表"。推举出的代表一般都是日常村议活动中的核心人物,他们是村里的各种能人,有的是老村干部,有"参政议政"经验,有的是家族的长辈,受人尊重,说话算数,近几年还有相当一部分人是经营管理人才,有示范作用,具有号召力,他们代表了村社区的公正、权威、舆论甚至道德象征。村组织有时也会将一些非正式群体的"头面人物"和那些爱提意见的人视作代表,给他们提供发表意见的场合和机会,这些人有特殊的活动能量,也有一定的群众基础,代表着一部分人的利益。根据村干部们的观察,村民代表的人选,无论是干部推荐、长辈推举还是村民选举,都不会有很大出入,说明在村民中确有一批具有号召力的权威人物,由这些人组成的议事会,很类似于以往的"长老会",村民正是通过这些人物表达和反映民意、参与村务决策的。村民代表的正式权力通过村民代表大会行使,一般每年召开一到二次,村民小组会议每年召开五到六次,"涉及全体村民利益的事,必须由村民代表大会大多数代表决议方能通过"③。针对村民反映较大的问题,村里还成立了

---

①　中国基层政权建设研究会:《中国农村村民代表会议制度》,中国社会出版社1995年版,第2、24页。

②　中国基层政权建设研究会:《中国农村村民代表会议制度》,中国社会出版社1995年版,第2、24页。

③　《万丰村委会村民自治民主议事制度》,1991年。

"参政议政小组"和"财务监督小组"①,遇有村中发生重大事件,如干部换届、创办新的公司和产业、重要的投资等,也会召集代表们商议。

村民代表可参与的重要村务决策包括:

(1)经济改革计划,如兴办股份公司,引进外来企业,确定集体集资的投资指标,股份分红比率,租赁土地,兴建和改造水库,等等。

(2)村政建设规划,如房宅基地调整和发放,老街老宅改造,拓宽道路,兴建公园、医院、幼儿园、图书馆、文展馆,等等。

(3)较大的村外投资和建设项目,如房地产投资、办事机构设置、边远地区的农业开发和投资等。

(4)年度"村办大事"的报告。

(5)年度计划生育指标的安排。

(6)公共事务和公益事业的兴办,如修族谱、重修祠堂、福利政策、新入村民和迁出村民政策、人才培训计划等。

(7)村规民约的制定和修改。

(8)其他涉及村民利益的重大事情。

在上述重大村务决策中,村民代表的"一票权"以及代表会议的决定,无疑成了村中的最高权力,因为村民代表否决的事情,在村里就不能办理。但是,这种权力运用的机会毕竟是有限的,日常村务及重大村务的提议、处理和决策,主要还是由干部进行的。

三、干部代表权

村干部,是村里身份和地位最为特殊的一类人。从权力格局的角度看去,他们处在国家和村民之间,一方面担负着一定的行政职责,协助地方和国家机构与村民打交道,负责督办各类行政事务,落实和贯彻政府法令;另一方面又不同于"吃官饭"的地方编制干部,政府不支付他们薪水,工资或补贴都由村财负担,因而是"吃民饭"、主要向村民负责任的干部。

---

① 《万丰村1996年工作总结报告》,《万丰文讯》1997年第34期。

即使在公社时期,村干部也执行着诸多的政府行政指令,但作为一村之长,他们为官之道的基本方式,即是想方设法将官民利益调和统一起来,尽力办成那些双方都能接受的事情。村庄实行村民自治后,干部由村民直接选举产生,村民投之一票的基本意愿,就是希望他办事公道,代表民意。而地方政府也有权干预村干部的任选,其基本导向是将责任委托给那些有可能与政府达成一致,懂法执法,能够带领村民发展经济,走共同富裕之道的农村能人。特别是在我们所考察的这个村议传统悠久、参与意识强烈并时时付诸行动的村子里,作为书记、村长的价值取向并非是单纯行政的,作为董事长、总经理的价值取向也难以是单纯经济的,有益宗族并获得族人和社区的良好评价,乃是他们的终极价值。在工业化过程中,他们考虑"给后代留下一份共享的财富","不能让家族败落在自己手中",何尝不是体现了对宗族和社区的责任? 在这种根深蒂固的传统意识下,村干部们首先追求的不是进入村外的行政升官系列,追求的也不是利润的最大化,而是宗族和社区的利益与个人声望的最大化,也就不足为怪了。

村干部在村内的代表权问题,也是研究村庄参与结构不可忽视的内容。村干部的任选,一直被作为观察村庄内部权力结构变化的窗口,正是因为他们各自都有群众基础,可以作为村内不同群体的代表人物。在这个单姓家族村落中,村干部的任选与家族结构之间的关系更是值得重视。我们看到有两种不同的力量在其中起作用。一种是家族村庄中抑制房族利益独立化的力量,在单姓村中,村民要求入选的不同房族的干部办事公正,不能只代表自己的房族来处理村务。另一种是房族客观存在,入选干部又不能抗拒维护房族利益的力量。在这两种力量的消长中,干部结构与家族结构之间始终保持着一种内在的联系,在干部任选中,可以明显地看到家族内部权力关系平衡的痕迹。这个村子自有新政权组织以来,党支部书记已换过五任,不像许多村子里可以找到几乎一任终身的"老支书""老村长"。支书的任免虽然在不同历史阶段有不同的政治决定因素,但从其来源上可以看到,五任中有四任来自村中最大的房村即现在的第三村,多少反映出房族力量在其中的作用。另外,不管每任支书和其他主要干部如生产大队长或村长如何更替,每一届干部班子中,都搭配有各房村的人选,其中的道理不言自明。总之,村干部的安排表现出家族村庄内部权力结构的特点,使村干部实际地成为不同群体的代表,因而他们的代表权是举足轻重的,权力的"含金量"是充足的。

村干部代表权,以往主要通过党支部、村委会"两会"议事来行使,股份公司成立后,"两会"的主要干部兼任公司董事会和经理制中的主要职务,党、政、企三权合一,因此,"两会"议事自然地变成了"三会"议事。"三会"议事时,小村村长大多也是集体大股东的代表,因此也进入议事圈内。从村文献展馆收集的资料来看,"三会"议事是制度化的,凡村中大事均由干部会议反复讨论,各类干部往往代表自己主职的部门和所涉及的那一方面的村民利益参与议事,议事的内容亦会经由干部传到村民内议论,再将意见收集起来,反复多次,最后才有决议,并正式记录在案,必要时还按有表示赞同的手印。由此可见,村干部的参与是全面而深入的,村中大事经由他们上下沟通,协商讨论,最终的决议便具有了权威性。

第二节　村议传统和草根民主

"村里的事,躲不过人眼。"百姓议事,在村庄有着久远的传统,特别是在这个单姓家族的村子里,家事、族事、村事盘根错节,触一发十,人人都不能避开,人人也就有了一种参与其中的欲望和行为。这种欲望行为不像"一人一票"的权力,它负有一种无形的责任,是自发的、随意的参与。就像演戏一样,村人的参与活动也有台前台后之分,"一人一票"是台前参与,村议则是台后参与。台后的参与是大量的普遍的活动,台前的参与只不过是将台后参与的结果公开地加以表现。由于村民的"一票权"运用的机会是有限而特定的,更多地具有象征的意义,而"村议"则是村民参与行为的常态,发生在日常生活中,特别是在动用"一票权"裁决的前前后后,因而对实际的裁决过程有着深远的影响。在这个意义上,我们说它是草根民主的基础。

村中事务,无论巨细,都要拿来议论,实在不是城里人所能理解的。即使是城中的大杂院,没有了隐私权,一举一动均在众人观察和议论中,也不过是闲言碎语,说过即逝,并没有也不可能成为巨大的约束力量。因为院落街坊都不是人们生活的基本单位,无法将人们生活的一切方面都包括其中,人们解决问题可以通过不同的单位和渠道,人们生活的各个方面也都有制度化的参与途径,院落和街坊生活只不过是人们地缘关系的一个内容,不参与乃至漠视它,都不会影响到他们生活的主要方面。村庄于村民则不同,它包括村民生活的一切方面,因而村民对村庄事务的参与几乎是全方位的,而村议正是这种参与中最方便通行的办法。

村中事务,一旦进入村议过程,就面临巨大的约束力量,如果在村议中通不过,就会直接影响到各种决策的过程。村组织并不能绕开村议形成的舆论,自行其是。即使是村组织提出的正式动议在村议中通不过,也须变换方式,修改方案,或暂缓延办,直到取得村内舆论的支持才能推行。这是我们在其他一些内部结构松散的村庄中所不多见的。访谈中记下的几个事件很具有代表性。

20世纪90年代初,村组织打算改造村中的老街,在街面上拆房建楼。消息传出,村民议论颇多,因为拆房涉及部分村民的利益,老街上大动土木又涉及旧村的改造,牵涉到村中最难办理的房宅基地问题。由于村议中反对的意见占上风,一时又难说服,因而那项动议始终未能正式提出。与此事相关联的还有旧村的改造问题,至今尚未正式列入议事日程。

村中涉及集体经济发展的重要决策,一般也都不同程度地首先进入村议,例如引进"三来一补"企业,实行股份制改造,股票上市,在外地购置房产,办农场,等等。20世纪90年代中期,村子里已经没有土地可以用来兴建企业,如何将经济发展的重点逐步扩展到村域外,特别是在域外发展农业,一直是村庄领导人试图探索的新路子。当一项拟在边疆地区购地办农场的动议进入村议后,在村中掀起不小的波动,反对和支持的辩论在不同层次上展开,近半年时间的村议过程,几乎将全村人都卷入其中。

虽然村议并不是正式议事,也没有表决权,但确实影响到村务的决策,在我离开村庄时,这项议论和争执仍在继续中。村领导若想让村民接受那些"说起来有道理",但实施中尚需冒风险的动议,往往要经过较长时间的说服过程。当然,这并不表明村中事务都由村议牵住鼻子,这个村子有不少创新的做法,并不是在村议赞同后才做的,但在实施的全过程中却必须给村议留有余地,村庄的领导人采取"一方面让事实逐步教育群众,另一方面要不断地让正确的舆论占上风"的策略,直到大部分村民最终接受了,这件事才能圆满地画上句号。

进入村议的还有各种社会事务,例如举办某项公益事业、修家谱、出资培养专业人员等。村议不仅发生在事业举办之初,也发生在动议实施的全过程中,并且还会反复进入议论。村组织有时必须采用变通的办法处理和解决村议中提出的各种问题,村办粤剧团的经费问题就是其中一例。吟唱粤剧是村里人的主要娱乐活动之一,一开始,喜好者自成群体,业余弹唱,后来由集体出资成立了专业剧团。剧团的经费开支较大,一部分由团内收益补贴,大部分要由村公司支持。于是,此事成为村议的热点,一部分村民股东认为用股份公司赚的钱资助剧团是不合理的,直到村组织另谋出路,找到新的生财之道,以经营工厂废品收购赚得的钱资助剧团,村民才停止了对这件事的议论。

可见,村民对村庄事务的参与是通过村议来实现的,即便对股份公司事务的参与,也是通过村议影响集体大股东,使公司重大经济事务的决策处于村议监督之下,使之在相当程度上代表着村民股东的意愿。

村议在这个村子里为什么具有如此重要的约束力呢? 我们用"草根民主"来刻画它的作用和力量,只解释了问题的一半。草根民主作为制度化的民主形式,实际上是村社会结构的一种表现方式,它们二者互为因果,草根民主既反映出村庄社会关系方面的重要特征,又使社会关系结构的变动有一定之规。

在村子里,走家串户,闲话聊天,谈天说地,是村议的一种普遍形式,而且多在妇女中进行,母系联姻集团在这个过程中起着传播网络的作用。

但村中大事主要不是依靠这种形式传播和议论的,议事的中心是村内祠堂,参加议论的中心人物是村里的各种能人、家族的长辈、非正式群体的头面人物,还有一些爱提意见、爱"艸事"的村民。祠堂被村里人戏称为那些参加村议的中心人物们"办公的地方"。村书记谈到修复祠堂工作时提道:"老人们是我的智囊团,我们修复了一个潘氏祠堂,也等于给了他们一个办公的地方。他们在那里议来议去,对事情有了看法,消息就会传到我这里,我就会考虑他们的意见。"

女人一般不进祠堂,在祠堂参与议论的是父系维系的潘氏家族成员,以中老年人为多。当然,现在祠堂并没有正式的议事制度,家族长辈们集中在祠堂议事,一来因为祠堂是老人们娱乐社交活动的主要场所,他们不欣赏新建的娱乐场所,喜欢在祠堂里聚会、打牌、下象棋、看电视,还要聚在一起"谈谈村里的事情"。二来老人们作为家族尚有影响的人物,历来有议事的传统,而祠堂自古以来就是村里的信息中心,在那里消息多,传播快,可以形成舆论,以至于左右村内的事务。

傍晚是祠堂里最热闹的时候,人们各有专门的爱好,聚在一起聊天的人群,也各有比较固定的对象。大村干部一般是局外人,干部身份使他们不便参与祠堂里的活动,而村议的场合,一般也将他们排除在外。但是,他们十分关注祠堂里的议事活动,也有各自特定的"传话"途径。小村村长则与之不同,他们往往是祠堂活动的重要人物,也是信息上下传递的媒体。一位几次与我在祠堂碰面的村长说,他每晚都要到祠堂来,"玩一玩,说一说,就什么事情都知道了"。他也负有向大村干部反映群众意见的义务和责任。

能够拿到祠堂里说一说的,主要是村中的热点问题,比如投资方向、股份分红、股票行情、发财之道、干部选举、修家谱等,还有一些族内、房内和家庭的重要事情。实际上,祠堂议事,是村中没有正式进入权力结构的家族力量或"在野力量"对正式的权力组织的一种监督和约束。

在村里,村民议事与行政和公司决策之间,一直保持着一种相互沟通、相互制约的关系,尽管自发进行的村议活动有时会干扰乃至消极地影响到村庄的社会生活,但是村组织一直对它的存在采取宽容乃至积极利用的态度。对这其中的道理,村干部和村民心中都有数。村干部说"常议减怨恨",他们把村议看作安装了一个"安全阀",积怨多了需要一个出气孔,常常排解,就不至于出大故障。村民则认为干部要给大家留有说话的余地、发表意见的场合和机会。村议的方式的确为村中各种势力和力量都提供了非正式交流的机会,使他们相互之间得以交流、妥协和融汇,由此化解矛盾,促进团结,协调关系。因此,无论村议与村政决策之间有多大的分歧,最终都能达成相互妥协的意见。

由于家族村落的村民往往将村事亦看作族事和家事,有强烈的参与意识,而土生土长的村干部在心理上也不能无视村内亦即族内人的意见而妄自行事,他们最为普遍的心理是"在村里办不好事,要遭到族人的责骂,连祖宗三代都要受牵连,后人们都无法安宁"。因此,他们不仅宽容村民议事中产生的意见,而且往往采取主动积极的态度,借助村内特有的传播渠道,让自己的想法事先进入村议过程,在求得村民认同的情形下办事。干部利用村议的形式传播自己的意志,既可不与反对的意见直接交锋,不伤彼此间的情面,又可以背对背地交流看法,相互达成一致的意见。

从上述角度来看,自发的村议活动实在就是"村民代表会议制"的议事基础。村民代表往往就是村议中的中心人物,由他们提议的问题也往往是村议中的热点问题,村民代表会议只不过为他们提供了一个集中地发表意见、正式地行使"一票权"的场合。

除此而外,村议作为一种传播手段,本身就是家族村庄文化的组成部分。它已渗入村庄社会的每一个角落和每一项活动,成为聚合村社会的一种无形力量,对家族村庄中信息的共享、共同意识的建立、社区价值观的传递和社区文化的形成与改变等,都具有重要的作用。从这个意义上说,村庄公共活动的实质,就是人们在一定的社会关系格局中,相互产生、发送、接受信息和对各种信息做出反应的活动,而村议就成为村里人参与这种活动的主要形式。

第三节　传递网络与社会结构

观察村议的过程,可以发现村民参与其中是由传递的网络带动的。在这个逐渐工业化和行政管理水平颇高的村庄,传播不仅是传统的"传言",而且有正式的行政渠道。村中大事,首先进入村议,然后决策,是这个村庄运作的基本方式,因而村庄领导人往往主动参与其中,成为消息的传播源和村议的推动者。村庄每当面临新的决策,或某一个新的动议萌发,大都有一个让干部透"风"和收"风",然后决策的过程。

1996 年初春,正值村公司面临产业结构调整,而村域内已无可利用的土地,发展受到村域狭小的限制,村庄领导人谋略在村域外寻求新的发展机会。借助于国家农业部推动的"乡镇企业西进计划",村公司开始在西部土地充裕、尚待开发的地区开展调查和试探,准备在那里建立新的农业基地。此事关系重大,在村干部中已出现两种不同意见,有赞成也有反对的。按常规这必定在村里引起大的争论,村议也将在此计划的形成和推行中发挥特殊的作用。在酝酿中,村领导人已逐渐将"风"放出,村中初有议论后,又在祠堂门上贴出如下新春对联:"东扶西助爱乡梓,南求北取为将来",以表示"南求北取"、西进创业的意图,说明在境外发展的深远意义。对联贴出后,引来众多村民观看和议论,从而将讨论公开化。这个话题自初春开始,几乎成为聚众谈话的主要话题,直到三、四月我入村调查时尚未结束。这些议论形成的舆论压力,是村庄领导人必须直面和重视的,在干部和村民尚存大量疑义的情形下,西进考察和决策一直没有定夺。虽然,村领导人的决策不完全受村内舆论的左右,但求取村人舆论上的支持,至少让村民充分参与后再做抉择,是必须做到并且确有后效的。同时,借祠堂对联言志,也使祠堂门槛具有了"新闻发布"的作用,有助于引导村议。

除去借助传统的传播媒体外,村组织作为重大事件的信息源,还借助于行政的渠道推动和引导村议活动。在村里有两个传播媒体,一个是村里的邮件递送网,另一个是村办刊物《万丰文讯》。村委会为每户订有三种报纸,有专人分送到户,村组织的重要信讯也随之不定期地送入各户,包括投资信息、新增规定和村里政策文件、村规民约等等。《万丰文讯》则是村公司主办的一个综合性内部刊物,一月一期,分送到户,也邮递给与村庄有各种联系的村外人物和机构。内容涉及党政、经济、企管、文化、艺术、科教卫生等诸多领域,开设有十余个栏目。其中"万丰要闻"是一个重要的栏目,村中大事新闻、村组织的新举动尽刊其上。《万丰文讯》开办后,深受村民的喜爱,它不仅以村民喜闻乐见的形式进行大众传播,让户户了解天下大事,也是村组织和村民个人发表言论的一块阵地,村民喜欢看那些描写"身边事"的文章。村民通过刊物了解村事,也将其内容作为议论的话题。小村的村长们虽为公费承担刊物颇感压力,但也承认自有了这个刊物,村人茶余饭后,聚会聊天中多了"有水平的话头",对传言中的失真有了裁决的依据。

家族村落作为一个亲缘结成的"熟人社会",毕竟有着自己千百年沿袭的传播方式,村议的实际过程在这个社会中说到底是离不开人际传播方式的,它有着不同于行政的(组织的)和大众传播的规律,是按照社会结构的脉络进行的,更多地体现和利用着村庄既有的社会结构。

村干部家属和母系联姻集团就是村里的信息源和传播网。在这个经济上集体化程度高、行政组织集权、社区合作紧密的家族村庄中,重大的村事多由村组织发起、引导、决策和推动,因此村议中的重要信息多来自村组织。信息公开之前的非正式传递,往往是村议中最关注和最有价值的,一旦公开,村议的影响就已近尾声。因此,干部家属自然成为重要的信息源和传递者,她(他)们往往最早知道尚未公开的信息,其可靠程度也相对较高。同时,她(他)们也是村中舆论反馈到村干部的最为有效的中介,这是阻不住也止不了的。干部家属在传播中的重要地位,使她(他)们往往成为某些村民意见的代表人物,并不一定与干部们在意见上保持一致,有时还会成为意见对立的两派,因而村民们也往往利用她(他)们对干部施加影响。这个传播的网络是十分便捷而有效的,在传播中形成的舆论和评价，也很快影响到村人的看法和行动。我们以一则"进修"消息的传递为例。在村公司工作的一位青年"大学进修生"这样描述道：

> 1992 年村里准备出钱送一批青年去北方上大学。某某的老婆也是我的表姨问到我，村里打算派两三个人去大学学习，你是不是愿意去。我很想去，表姨的儿子也想去。我也将这个消息告诉了另一家亲戚。后来这个消息很快传开了，就有一些年轻人开始动心想去。当时村里有 50 多个高中毕业生，并不是人人都想去，我们从没离开过家乡，北方好像很远，也很害怕去那里。不过消息传来传去，村里就有十几个报名的了，最后达到 30 多个人。村里原来并没有打算也没有想到会有那么多人要去学习。但报名了那么多人，不让去会有意见，最后就增加了人数，一次送了 32 人，分 4 个专业去上学。

可见，特殊的传递渠道不仅传播了重要信息，也带动了村民参与村事，在相互作用中，更促使新的价值观普及并形成整体行动。

不过，村民对信息的享有并不是平等的，传播中存在着从信息特权者到一般村民的差序格局。

传统村落中的社会生活相对简单，范围狭小，信息流少，几乎没有秘密可以保守，或者只在部分人中传播。进入工业化而扩大了地缘和业缘关系的村庄，虽然信息的传递仍保留着传统的方式，但信息流却大大地增加了，因此，信息的流动在不同群体之间产生了沟壑，它会"扩大一个社会群体与另一个社会群体之间在某一特定问题上的知识距离"[1]。

在村庄信息传递的过程中可以发现，村民进入传播过程亦即参与的程度，不仅与他个人的特性，例如他在传播方面的能力、知识和态度有关外，更重要的是与他所掌握和可利用的社会性资源有关，而他利用社会性资源的可能性则取决于他的社会地位特性，诸如职位、年龄、性别、特权

---

[1]　丹尼斯·麦奎尔、斯文·温德尔：《大众传播模式论》，祝建华、武伟译，上海译文出版社 1987 年版，第 95 页。

等,以及他所处社会关系的特性,诸如他在亲属结构中的位置,他所拥有的亲朋好友群体在村庄社会结构中的位置等。据此,我们可以将传播亦即参与者分为特权群体和普通村民群体。特权群体由村干部及其家属、家族中的老人和祠堂社交活动的中心人物组成。他们每个人都是信息传播和引导参与的中心人物,以他们为核心,按照各自的社会关系,如亲子的、母系联姻的、街坊的、亲朋的差序,形成传播的网络,离中心越近的掌握的信息越早越多越准确,参与的程度也越高,反之则越低。

第四篇

村庄内生结构的变迁

当我们将村里人的经济生活和组织体制分析清楚之后，就很难再说这个村子仍然是一个小农社会了。作为一个非农经济聚集区，它的乡土社会的经济基础已经彻底动摇了。但是，我们又看到，从乡土社会内生长出来的非农社区，并不同于那些由于国家工业布局而造就的工业社区，它不是在全新的基础上创立的一种新型组织结构，村庄内生的传统结构仍然延展于其中。如果我们将村庄新生的社会组织与其原有的社会结构加以比较和区别，就可以发现，内生结构的变迁与社会组织的创新，不完全是一回事，内生结构不大受到组织变迁的影响，它有自己特定的变迁方式和轨迹：一方面村社会结构在变动的方向上，相当程度地延续着过去的趋势，其稳态要素不断地向新组织延伸；另一方面它又被不断地"重建"和创新，生长出种种适应工业化需要的新功能来。

第十三章　亲缘集团

亲缘关系并不是乡土社会所独有的,它普遍存在于社会关系之中。问题仅在于,这些亲缘关系在多大程度上与社会关系体系分离开来,或者在多大程度上结合在一起,并且起着主导作用。在一个正在工业化的家族村庄里,当二者分离的程度不高时,人们无论在做什么,都要比城里人更多出一层家族关系(无论这种关系是真实的还是拟制的),并且把它作为一种重要的社会性资源,在新兴的社会经济活动中加以开发和利用时,那么,亲缘关系对于理解这个村庄的经济和社会制度的实质部分,就是必不可少的了。

亲缘,在普遍使用时包含了血亲和姻亲两重关系。不过,在一个单姓的家族村落中,原则上以父系血缘的单向亲缘关系为核心。以父亲血缘关系为主线条,以家庭为本位,由家及族的单系差序格局①,构成这个社会的主要社会关系构架。在村里人看来,这个关系是至关重要的上溯千百年也要追寻和传承的。

单系传承推动了外婚制的盛行,"母系"是嫁入村的,来自几个固定的异姓家族村,通过姐带妹、婆带媳的"对村亲",在村子里结成一个庞大的母系联姻集团。这种姻亲关系,使父系差序格局中的纵向关系之间,有了横向的血缘联系,因而也成为这个村子社会关系中不可忽视的重要组成部分。尽管村里人对母系亲属关系的态度是"一代亲,二代表,三代四代认不上",但由此结成的网络关系,正是村庄亲属关系的基础。

---

① 参见费孝通:《乡土中国》,生活·读书·新知三联书店 1985 年版,第 21—28 页。

第一节 "家本位"与单系差序格局

从父系血缘出发,最基本的单位是家庭。家,即扩大了的家庭。在单姓家族村人的意识中,家是可以推展也可以缩小的,小到家庭,大到家族。从家庭外推三代,构成近亲范围的"本家"(俗称"门");从"本家"再外推五至六代是认得上的亲房(亦称"小房");从亲房再外推数代又是"要理要睬"的房族(亦称"大房");从房族再外推,就构成人们意识中尚存但实际生活中则可以不问不顾的家族。这种范围越推大,其关系则相应地由亲而疏,越推越薄。正如费孝通先生所说,这是一个由己及人,以私为中心的社会关系差序格局。在单系家族关系的推及过程中,这个私"己"的单位是家庭,是以家为本位的差序格局。①

"家本位"也可称作"家庭本位关系"。由于家庭是家族成员的第一血缘关系,亲子的伦理和行动规则决定了村里人与家族社会的关系格局,影响到人们的整体社会价值观和认亲认族的基本标准和线索。在这个全村姓潘、属同一家族的村子里,并不只存在笼统的家族观念,村里的每个人都以本家庭为核心,沿着亲子的血缘和伦理关系来确认亲缘亲疏的网络。

一、家庭:大族小家的核心

人类学和社会学意义上的家庭,一般是指一个包括父母及未成年子女的生育单位。但就中国乡村的家庭结构而言,家庭包括的子女有时是成年或已婚的子女,或者还有父亲的亲属,因而有所谓核心家庭、主干家庭以及扩大式主干家庭或联合家庭等基本类型。尽管大部分对中国传统家庭特别是家族的研究,都指出大家庭制度的重要性,但是在这个单姓家族村里,大家庭却很少。据村里人描述,家族史上久有儿子结婚以后即分

---

① 费孝通:《乡土中国》,生活·读书·新知三联书店1985年版,第26页。

居,另住一处房子、另起炉灶的传统。从村里旧宅的布局中也可以看到,以老宅为中心向四外扩建住房,形成本家聚集而居的格局。近年家庭在经济上富裕后,每户都为儿子起楼,一待成家就分给一幢楼或一层楼。女儿在分家时,一般没有分房的权利,但近年也有为女儿分一层楼的做法。既然分家析产有了更充裕的物质基础,家庭的规模显然更稳定地趋向于小了。这种家庭裂变的方式也是家族裂变的写照,只不过后者比前者多出一个历史时段,繁衍几十代不衰,终成大姓而已。

关于村里人家庭的规模和类型,可以参照第五村的情况来进行分析。第五村现有 75 户人家,共 253 人。从结构上看有三种类型,由一对夫妇和未婚子女组成实际上也生活在一起的核心家庭有 35 户,占全村家庭总数的 46.7%。实际上的核心家庭,还应包括那些户籍册上只填了单亲而事实上完整的家庭。他们由两种人构成,一种是丈夫在香港工作,在村里只留下“妻子和子女”的两地而居的家庭;另一种是已出嫁到外村外地而户籍和人口都留在村里的“母亲加子女”的家庭,这类家庭中的丈夫也往往来到村里工作,他们在户籍上被称为“空挂户”,而实际上的“家”可能安在村里,也可能安在别处。如果将这两种家庭也计算在内,这个村的核心家庭可达到 61 户,占全村家庭总数的 81.3%。核心家庭平均每户三人。由两代一对已婚子女组成的主干家庭有 12 户,占总户数的 16%,由两代以上两对已婚子女组成的联合家庭二户,占总户数 2.7%。这两类家庭平均人口为六人。村子里极少有单身家庭,一辈子没结过婚的现在只有五人,其中三个是住在村里“善缘庵”的尼姑,都是外姓人,可算作一个“集体户”;另有二个男性老人,孤身生活。村里无亲人照料的孤寡老人只有一户,由村委会出资请人照料。

如果将村里人的家庭与家族联系在一起观察,可以概括为“大族小家”的结构,也许这正是单姓家族村落的一个特点。在同一族姓中,不存在异姓竞争和分割,但却面临着家族内部的诸种矛盾,家庭规模趋向于小而分散,则可以避免大家族中因劳逸不均和利益不均造成的内讧,也利于小农式的经营。一当需要在政治上联合或经济上合作时,家族结构即可提供便利,以往互助合作时期和实行家庭联产承包制时,这个村里就一直有"亲帮亲"的合作组织形式。当然,大族小家的结构,是我们为便于对"族"和"家"划分边界而做的一种定性的描述和划分,实际生活中,无论从亲缘关系还是出于事业上的考虑,村里人的亲缘确认,都要从家庭向外推展出去。

二、本家:近亲圈子的范围

村里人对亲属的认同绝不局限于家庭这个小的群体。从这个小的群体沿父系的血缘关系向外推三代,是他们的近亲圈子——本家。村里人虽说都姓潘,是同家族的血脉关系,但说亲戚,一般只说到本家,而本家以外的关系只说"大家都姓潘,是同一个祖先",并不再认真地确认谁是再远一点的亲属。特别是中年以下的人,很少能够数出四五代以上的家族的脉络。对于辈分也只确认一个有限的范围,并不那么十分讲究。这从家族内部并不那么认真排定辈字也可说明一二。在一般的大家族内部,辈分关系是通过辈字作为符号来确定的。传统上,家族成员名字中的第二字大多是用来作为辈分象征的,确定之后,同族内的人便可以方便地辨认对方属于哪一辈,然后确定自己应该采取什么样的态度。① 可是,在这个村的潘姓家族中,却没有延排辈字的传统,村民姓名中的第二字并无规律可循,只有个别字如淦、本、水等出现的频率较高,但已失去了辈字的意义。

实际中的家庭生活也极少与本家以外的人发生联系,即使在与亲属有关的重大活动中,如祭祖、办红白喜事等,也是这样。每年的清明和重阳,是祭祖最重要的日子。按村里人的习惯,清明节上午是家庭祭祖的时间,下午才安排全族祭祖的活动。家庭祭祖时气氛浓烈,仪式也最讲究。从被祭者的子辈算起,儿子及孙辈们都要聚在一起,由一家挑头,一般是

---

① 王沪宁:《当代中国村落家族文化:对中国社会现代化的一项探索》,上海人民出版社1991年版,第83页。

长房,相约各家在同一时点上坟祭供聚餐。祭拜的祖先包括父系四代,即上溯至曾祖父,是外推三代的本家,再外推的祖先则不在家庭祭拜之列。祭拜后,要分食祭供的食品,据说可以分沾福气,这是祭祖中的最后一项活动,要在坟山上完成。在这一个上午,村里祭祖的坟山上香火缭绕,人头攒动。因为父系的亲子关系在代上有交叉,所以几乎所有的坟头上都有人祭拜。

下午祭拜宗族的活动,情形与之大不相同,大部分家庭并不参加,也不必派出代表,由村组织和村公司的全体领导人和各类干部以及有威望的老人代为办理,人数不多,但很正式,也很隆重。除去传统的清坟、祭拜活动外,近年还增加了由修谱人向大家报告修谱情况、介绍潘氏源流及重要发现等内容。对于祖先的历史和氏族的传承,一般村民并不十分清楚,许多知识多是从外请来的修谱人那里"听说"的。祭宗族,是十分庄严的,但对于一般家庭来说,也只具有象征性的意义,情感也因历史久远,以及门、房、族的层层隔膜而显得淡薄了。

同族集团中以本家、房、族逐渐推展的亲属关系,形成了万丰村民的基本社会活动圈,不仅在祭祖活动中,就是在其他活动中也都照例行事。家庭的红白喜事,如结婚、生儿子一年后的"开灯"礼,以及办丧事等,一般是由本家人操持办理,但参加者的范围往往比祭祖还要大。范围的大小,不仅取决于处于中心地位的当事人家庭势力的强弱,也取决于其经济财力的大小。扩大的范围主要沿差序的格局,从本家一直扩展到房乃至族。

基于历史的自然传统,本家一般都集中在同一个小村里,原来居住很集中,现在则随着新的住宅从旧宅向外延伸或搬迁,逐渐分散,不过,经济活动和行政关系使他们仍同属于一个小村。

在乡村中,家族不仅仅是一个亲缘群体,还是一个"事业社群","家的大小是依着事业的大小而决定。如果事业小,夫妇两人的合作已够应付,这个家也可以小得等于家庭;如果事业大,超过了夫妇两人所能担负时,兄弟伯叔全可以集合在一个大家里"①。这种特性不仅在传统的乡土社会中十分明显,而且,在大工业进村后的种种新的经济和社会活动中,仍然延续并且有效作用着。我们在村中见到的集资团体,其核心或原初的骨干,就是本家,是以本家为轴心不断向外扩展的家族式的事业社群。不过,事业上的社群虽然仍在亲族圈子内,但已不像家庭日常生活那样严格按照差序格局行事,集资团体的经营原则中已经渗入了经济秩序,"家本位"已逐渐让位于"资本位"了。

三、房族:亲子关系的边缘和事业基本单位

本家是"数得清"的亲属圈,超过数代后就只能含含糊糊地称之为房族了。从家族分化的角度看,房族存在的条件仍是祖先要有几个儿子,一般在四代外就分出房。在这个单姓大族村里,房作为一个没有发育完整,其实是没有与家族分离并迁徙到其他地域的房族,仍是以建祠立号为其象征的。村里的潘姓有四个房族,分别称为长房钟冈房、二房业园房、三房泉石房和四房君植房。除去大祠堂外,另有一个房祠和一个具有房祠功能的家塾,分别属于长房和三房,后来以此为基础重建的一村和三村合作社的牌子就挂在房祠门框上。房祠的正式建立,反映出大家族分化的程度,先建祠堂的房族,一般来说也是家族中较为强盛的房系。之后再无房祠建立,说明潘氏家族的祠堂祭祀体系在房祠残缺的情形下已经完成。

沿房族而下的分化世代沿袭。据讲述家谱根系的老人回忆说,各房之下"传""代"数不等,多的可达二十八九传之多,少的也有十九传了,年轻人大多也从长辈那里数得出自己是某房的多少传。实事上,在家族村落中,人我亲疏相别有序的亲子差序格局,是"房"意识的衍生②,房往往是其关系网络的边缘。

亲子关系推到房族的边缘已近淡漠,如果房族杂居,这种关系就显得

①　费孝通:《乡土中国》,生活·读书·新知三联书店1985年版,第40页。
②　参见陈俊杰:《农村企业的家族化现象剖析》,《东方》1995年第3期。

不那么重要,新的地缘关系和行政关系,在房族杂居小村中就几乎取代了房族的关系。五村是一个典型的例子。五村由于历史的原因由四个房族的人杂居而成,这个非房族的地缘群体后来也是行政群体,更多地认同于地缘和行政的关系,村民的日常生活和重大活动都很少回到原来的房族中去。一个例子是聚居在这里的村民很少再进原来所属的房祠,另一个例子是办红白喜事时不再照顾房族的亲戚关系,如五村一位来自长房的家庭娶儿媳妇时宴客名单中除去必请的本家和姻亲外,五村各家都列有一个被邀请的名单,这些人中大多与自家并不是一个房族,但却不再邀请本家之外的房族远亲。新婚的年轻夫妇甚至将本小村以外的同房族的数得上辈分的年轻人,称作"朋友"。"朋友",是他们有意避开家族关系的称谓,主要是同族间业缘和情缘关系扩展的结果,大多是因为"一起做买卖""一起上班""一起玩"而结成的密切关系。在这个单姓家族村里结成的朋友关系,也是重要的社会性资源。一个人朋友多,村里人就对他的人缘评价高,而"缘分多",一般来说,得到的社会支助也就多。村里人在做生意、介绍工作、集资和其他社会活动中,都依仗这种关系。

虽然日常生活中人们从家庭向房族推展的关系越推越薄,但房族作为事业单位的基础,在村庄组织特别是在新的股份合作组织中的作用却十分重要。当村里将 20 个生产队组建成五个股份合作社时,就充分利用了房族的基础。利用房族作为股份合作社,有两个重要的原因:一是房族间的经济利益关系早已划分清楚,比如土改时土地的划分即是以房族范围为基础的,在以此为基础组建的合作社之间,没有土地等纠纷,减少了原来一个村分为 20 个生产队时所引起的队与队之间在利益分割上的矛盾。另一个原因在于,家族作为一个事业单位的终极价值,在于这个事业单位可以利用家族村落中最为丰富的社会性资源,以保护同族同房人的资金投入到最有效益的项目上去,能够获得自己满意的好工作,等等。虽然这个村子旧宗族所有的支房体系已不完整,既不能在宗族活动中起主导作用,也不是事业单位唯一的边界,但是,由房族关系而形成的基本信任结构,却在村民的再合作中起着重要的作用,加之土地等利益分割最初也是以房族聚居为基础,这种作用就显得更为稳定了。前面已说到的三村,就是以房族和土改时土地划分范围为基础而成为村内最大的股份合作社的例子,我们从中可以看出,房村同构或房社同构,是这个村组织结构最基本的特点,也是其股份合作组织建立的基本社会基础。

四、家族:亲子关系的终极边界和族村共同体

村里人认定的父系亲缘关系,到了族村也就到了终极边界,村外的潘姓已经"认不着"了。族,虽是按人我亲疏关系推展的边界,但从家族生存和分化的角度看,族则为首,是一个"族—房—户"的分化繁衍过程,一个不断分支的树根形的亲子网络。

据目前可以追寻到的谱牒,万丰村潘氏家族是南宋末由河南流徙广东定居于此的。与聚居在今宝安区怀德村和东莞市清湖村的潘姓,同属一世祖潘仲鑑的子孙后代。万丰村潘姓开基于明永乐年间(1403—1424年),由五世祖潘义察自福永怀德乡迁居至此。村中祖坟山上筑有八世祖松巢的坟墓,那是村里人祭祀万丰潘姓最古老的祖先,对一世祖(亦称福永祖)的祭祀往往由村组织派代表前往,一般村民并不参加。现今村里的四个房族,就是八世祖松巢之后的各房支系。历史上松巢之后的长房出过两个名人,一个是明代嘉靖年间深圳历史上著名的理学乡贤潘楫(号钟冈),曾组织乡人修祖谱,集资建祠堂,以光宗耀祖,鼓励后代。另一个是其长子潘甲第(号肖冈),曾中举人,升任过湖广衡州来县知县和广西寻州府贵县知县,从政至 79 岁方才谢政归田,优游乡里。[①] 潘氏家族的兴旺,与历史上这些中科举的乡绅建族有重要关系。

同族聚居,自成群落,并不一定就成宗族组织,只有经过建族,拥有共同祠堂、族田、墓地,并具有完备的组织机构和组织制度后,才称得上宗族组织。万丰潘氏家族显然都具备了这些条件,曾经是显赫一时的宗族集团组织。村里人描述的旧族规严密而残酷:"可以判人死刑,可以关押犯

---

① 参见彭全民:《理学乡贤潘楫》《寿贤潘甲第》,《万丰文讯》1996 年第 23 期。

罪之人,对红杏出墙的女人,有权处以浸猪笼,活活地在水中淹死。村中曾对一些村民憎恶的不法之徒,进行过秘密决议,进行过处决。"①

潘氏宗族组织以后逐渐走向式微,并不是从受到新政权的冲击才开始的。至少有两个迹象说明宗族的组织在 20 世纪中期前已经开始衰落。一是族中没有修成的族谱,近年村组织请人修谱,几乎找不到可直接依据的资料,村里只有一两位老人尚可将谱系大致叙述下来。二是宗族的公有土地(族田或公田)一直存在"化公为私"的严重倾向,到解放初期,公田已所剩无几,但却分化出十余个集中有土地的中小地主和大量无地的贫雇农。②

宗族组织正式解体是在 1949 年之后。家族象征的祠堂改为村小学,后又作供销社用,家塾、房祠变作卫生站,家族的祭祀活动到了"文化大革命"时期已终止,以致许多村里人不再进祠堂,久而久之成为习惯,后来在祠堂重建后也就不再进去了。家族组织的社会控制作用乃至社会公益活动,也都由新的社会组织取而代之。对于破族规,村里人深受震动、记忆犹新的有两件事,一件是土改时推翻乡绅的权威,斗族内原地主,另一件是族人的越轨行为不再由家族出面,而是由新政权组织以全新方式处理。最惊人的是妇女会一成立,首先就破家族的陈规旧矩,妇女的问题由妇女会处理,不再受缚于家法家规。

上述的一些具体变化,是与村庄所处的宏观历史背景的变革一起发生的,以后又经过多次的政治和文化变革,不断打击和摧毁村落家族组织及其文化,参加其中的不仅有外部行政力量,也有家族村落内部力主变革的力量。

在历史运动总趋势的推动下,这个村子的家族组织逐渐走向消解。不过,作为一个单姓家族村落,家族意识和利益的存在,并未受到过真正的挑战。改革开放一开始,村庄自治制度实行后,这个村子就开始了家族

①　参见潘强恩:《土改,镇反》,《万丰文讯》1995 年第 13 期。
②　《万丰文展馆文字说明》,《万丰文讯》1996 年第 21 期。

重建的活动。当然,家族在这一时期的重建并不是旧版翻新,一方面,家族组织是一种复杂的社会关系,它的弹性很强,会随着环境条件的变化而被利用和改选,而村组织,亦即同族人的组织,虽然其性质和功能不再以家族原则为依据,但却极易包容家族组织的适应性的功能。在这个村子里,家族的重建,在一定程度上即是村组织承担家族组织功能的过程,只不过经村组织承接后的家族功能,具有了两方面的适应力,一是能够较容易地取得外来行政力量的认可,二是易在家族各房族内树立公共权威的形象,易于控制和协调。另一方面,家族无论何时,都是家族村落成员的一种不可或缺的生活方式,内在的血缘关系和秩序并不可能消解。而且,家族作为一种重要的社会性资源,在村民再组织和合作体制的重建中具有积极的作用,对它加以开发和利用,比消极地压抑更有利于村庄的发展。

从这个村子建立股份合作制的过程中可以清楚地看到,家族组织在感召内聚力、建立基本的信任结构以及实行社区保护等方面,都发挥着积极作用。家族的房、本家结构跟随不同层次的同族人的参与,也延伸进了股份组织结构中,并且在扩大了的合作关系中,还发展出了"拟家族"的联带关系,以稳定家族与非家族成员间的合作。

家族与村行政组织和经济组织之间的这种高度整合关系,使这个单姓村在族、村两个层面上的共同体特征都得到充分发育。尽管亲子关系推到族这一层,已经淡到可以"不理不睬"的程度,但是作为一个事业共同体,它的作用却历来强于房,更胜于本家,因为家族内部的集体行动,有许多都要扩展至全族才行之有效。特别是在保护家族生存、防御外敌等重要事件上,房的利益均要以族为重,必要时,甚至需要牺牲房族的利益。现今杂房聚居的第五村,即是当年为抗外敌和天灾人祸,以族为政治共同体运作的历史见证。族的这种共同体作用,后来虽然在形式上转移给了村行政组织,但真正维系村民,使之形成一致行动的仍是族关系和族意识,因为村组织在公社时期从未获得过真正的自治权。村组织独立化的共同体特征,是在改革开放之后,村庄获得基层政权的自治权,特别是经过工业化的过程,才有了充分发育的。在大工业的冲击下,房村(小村)结构在村庄经济中的地位较之以往生产队时期有所下降,而族村(大村行政村)社区作为工业经济共同体的地位明显上升,作为族村,大村更有一重家族共同体传统的支撑,因而也使它作为社区保障共同体的社会特征更为明显。

第二节　母系联姻集团

从实用的角度看,村内房族之间的关系似乎已经淡到可以不顾不问的程度,但是同族村人站在维护社会秩序的立场上,对父系血缘关系采取千百年的同根族再远也理得清的态度,尽量加以强化。反映在婚姻上,奉行"同姓不婚,乱伦禁忌"的原则。虽然房族之间的亲属关系早已出了"五服",但"内婚"一直是人们努力避免的事情,从近亲一直避到房族乃至家族。沿着母系的关系看去,村里的媳妇几乎都是外姓外村人,只在几个年龄段上出现过潘姓的媳妇,推算起来,时间在20世纪60年代末至70年代之间。当问及原因时,村里人解释说,那几年管得松,村内出现过同姓结婚,虽然是在房族的远亲之间开亲,亲属关系早已出了"五服",但村里人在舆论上还是不支持的。舆论禁止不住还与那一时期婚姻的供求关系发生变化有关,"文革"后期这个村子的赤贫使得外村女孩子不肯嫁入,这也促成了本村同姓婚的出现。80年代后,新上任的村书记在推行他的新体制和新风尚时,再次号召村里人不要同姓结婚,以优生优育保证潘氏家族的兴旺发达。村里虽然并没有发生过族亲婚姻在生育上的恶果,但实行独生子女政策后,人们有想要一个聪明孩子的心理,加之村庄富裕后,又有外村女孩子争相嫁入的变化,这些都再抑制了同姓婚的蔓延。近年来,村里优厚的收入和福利,使本村女孩子不肯嫁到别处去,也没有引起同姓婚的增加。从这个角度看,"空挂户"的功能亦在于既在一定时期内保护嫁出女的实际利益,又在一定程度上不给同姓婚以合理存在的机会。

当然,避免"内婚"不只出于生物学上的考虑,也是出于家族村庄在社会组建、文化传承和社会秩序维护方面的考虑。因为在千百年家族繁衍兴盛的历史中,如果没有对近亲性关系的禁忌,不排除同姓同族性行为的干扰,就不可能建立和维护以父系血缘关系为主体的社会体系,也就没有稳定的社会秩序。因此,也可以说万丰村人"同姓不婚"的价值观和对同姓婚姻关系的抑制行为,正是父系血缘关系在这个村庄社会结构中占据主导地位、构成主要社会秩序的客观反映。

"同姓不婚"促使这个村子实行了彻底的"外婚制"。既然父系血缘关系已被排除在婚姻和性关系之外,那么家族自身的世代更替和繁衍的任务,就自然而然地由母系血缘关系来承担了。所不同的是,在单姓村庄坚持所谓"外婚",从家族的角度说就是异姓婚,从村庄的角度说则是村际婚,那么,媳妇们便是地地道道的外来人,并且大致来自几个姓,集中在几个村子里。长期的联姻,使几个大姓的母系形成了联姻集团,也使父系各家庭之间形成错综复杂的"亲上亲"关系。因此母系联姻集团,构成这个村子社会关系的另一个重要方面。

母系联姻集团,是母系血缘关系结成的亲戚之间不断联姻的结果。从这个单姓村现行的亲属和亲戚关系上看,村里人虽然对父系亲属之间结亲严加防范,但不排斥母系亲属之间联姻,甚至鼓励"亲上加亲"。因为婚姻关系而进入的媳妇,自动成为配偶所属家族的成员,因此,村里人并不排斥作为媳妇的外来人。但从认亲的秩序上,村里人则对因母系结成的亲戚关系采取冷淡和疏远的态度。由此看来,母系联姻集团的形成,实则是为了父系血缘的世代传承。从这层关系上说,母系联姻集团结成的亲戚关系从属于父系亲属关系。

一、"对村亲"

这个村子地处平原和半丘陵地带的交界处,周围村社和集镇密布,与外界的联系极为方便广泛,但在婚姻选择的范围上却是狭窄的。通婚的圈子大约在方圆5—8千米的地域内,而说"沙井语"的范围,则是这个圈子的内核,集中在五六个村子的三个大姓上。有两个小村的统计资料,可以帮助我们具体讨论这个问题。一村是村里的单房族村,五村则是杂房村,但这两个村在通婚圈上却有着高度一致性。

表 13-1 一村和五村媳妇姓氏和娘家地点统计表　　人数:个

姓氏	地点	本行政村	本镇		外镇		本省外县	合计
			同姓村1	同姓村2	同镇同村	不同村镇		
陈	一村		23	17			1	41
	五村		19	7				26
曾	一村		18	4	1			23
	五村		7	3	2			12
文	一村				13	3		16
	五村				3	3		6
杂	一村				17	3		20
	五村			5		16	5	26
潘	一村	29						29
	五村	15						15
合计		44	67	31	24	39	9	214

陈、曾、文三大姓是村里媳妇的主要姓氏,并且主要集中在本镇 4 个村庄和另一个邻近的镇村里。据县志载,陈、曾、文也是分布在该地区的三大宗族的姓氏。陈姓媳妇主要来自本镇的蚝业大村(现分为 4 个小村)和坐岗村(曾与万丰村合并成一个生产大队过)。这两个村的陈姓为同一宗祖的两个不同房族。媳妇来自蚝业陈村,在这个村的婚娶中有久远的传统,两个小村就有 42 个媳妇来自那里,占总数的 20%。与坐岗村陈姓联姻的历史较短,是近十余年才有的现象。以前因族间的矛盾和隔阂,两村紧邻,却很少通婚。历史上万丰村媳妇主要来自蚝业陈村,并且形成了"对村亲",即潘姓的女儿也多嫁到那里。对村亲不断地扩大和加深母系血缘亲戚间联姻,除去已提到的父系社会秩序维持的需要外,也与婚姻

的供求关系有关。由于两个对亲的村子都坚持"同姓不婚"的原则,就必须为娶妻和嫁女找到适宜的出路,对村亲不仅有着人际交往上的便利和信任,也可以避免因贫寒而娶不上媳或嫁不出女的困境,对村亲正是婚姻保障的一种手段。除此而外,对村亲还有着另外一重社会意义,媳妇全部来自外姓外村,使人们在村中只能见到母系的女性成员,而见不到其他乡土社会中存在至深和权威极大的"舅舅"。在这里,"舅权"是象征性的,不是赋予个人,而是赋予集团即"娘家人"——在村中的母系血缘关系的亲戚。

在父亲血缘关系为主体的这个村子里,因婚姻关系,妻子一旦嫁入便自动成为丈夫所属家族的成员,她们彻底离开了自己社会关系所在的村庄,自然希望有机会介绍同姓同村的亲戚、朋友一同来到新的村子,一旦遇到委屈和难题,也好有个求得支持和调节的去处。于是,婆婆自娘家介绍女亲进村做儿媳,姐姐介绍妹妹做妯娌,表亲、朋友相互介绍进村与潘姓结亲,成为母系联姻的主要方式和途径。在历史上,母系联姻集团几乎控制着村里的婚姻介绍,蚝业村陈姓就是这样成了村里最大的母系联姻集团。

曾姓和文姓媳妇也相对集中在同姓的村庄,与万丰村虽没有明显的对亲关系,但母系联姻的趋势与陈姓是相同的,亦是村里次之的联姻集团,她们也各自形成自己的亲戚圈子,都有姐妹、姨侄、表亲和其他远亲,或者已认不着亲但有同宗同村的关系在村子里。如文姓 22 个媳妇分布在两个镇的三个村中,虽无亲戚称谓,但提起来都可归至"文天祥一宗族的后人"[1],大多也是相互介绍进村的。

另外值得一提的是村里的杂姓媳妇。杂姓媳妇多来自广东本省外县,老年人为数不多,大多是 20 世纪五六十年代后出生的人。例如一村的 20 个杂姓媳妇中只有三位老人,其余都是在 80 年代后成婚的。并且,其中有一定比例的媳妇是近十余年在村里企业的"打工妹"。这两个村

---

[1] 据新编县志记载,福永镇凤凰村为文天祥祖居地,周边地区的文姓亦归为同一宗祖。

的 41 位杂姓媳妇中已有 8 人是落户的"打工妹"。而且,这个趋势近年仍有增加的迹象。这个变化,一方面反映出村庄工业化后,业缘关系的扩展终将导致婚姻圈扩大,而这样扩大并不会对父系血缘关系的维护产生任何影响,因而不会受到排斥;另一方面反映出母系联姻集团地位的动摇,嫁入村的外来妹大多文化程度较高,人品出众,受到村里年轻男子的青睐,她们人数的增加,意味着传统联姻关系开始走向解体。

二、"亲上亲"

村里人在婚姻关系上,十分小心地避开父系血缘之间结亲,但鼓励在母系血缘亲戚间联姻,而且越亲越好,于是形成了亲上加亲的复杂关系。村里人认亲,主要依据父系亲属的差序格局,对母系方面形成的"亲上亲"关系并不那么认真对待。比如,有一对陈姓两姐妹先后嫁给潘氏同一房族的两男子,由此两男子除去父系原定的辈分关系之外,又结成连襟关系。按父系的关系理,一家的孩子应称另一家的男子为"叔爷",而按母系的关系理,则应称为"姨夫"。这种"亲上亲"的关系,一般都淡化母系方面的辈分,母系在与父系结成姻亲关系时,顶多也只注意三代内的辈分,超出三代,辈分也就变成含含糊糊的东西了。

这种称谓上的矛盾和尴尬,村里人并不认真计较。首先,这种交错的关系不会对以父系单姓为主的基本社会关系真正产生威胁和混乱;其次,村里人从父系的立场出发,本来就对母系亲缘关系采取尽量淡化和疏离的态度,并不按照母系的血缘关系理出辈分和关系的线索。对待母系联姻关系,一方面在认同上加以淡化,另一方面在实际运作上又加以鼓励和支持。对此,我们未尝不可以说,村里人在社会关系上对母系血缘关系的冷淡和疏离,正是为了婚姻关系上达成的方便。[1]

然而,母系联姻集团的存在,实际上已经在某种程度上改变和调整了父系血缘关系的体系格局。只确认父系血缘关系的社会,是一个典型的

---

[1] 徐平:《羌村社会》,中国社会科学出版社 1993 年版,第 100 页。

纵向结构的社会体系。母系联姻集团的存在,虽然没有也不可能动摇或
改变这个纵向垂直的结构,但却使由"族—房—户"形成的一个个纵向链
条之间发生了广泛的横向间的联系。

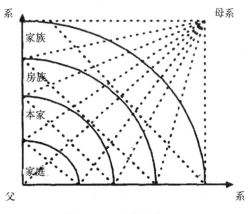

图 13-1　家族网关系图

如图 13-1 所示,这种母系联姻集团之间结成的横向联系,不仅在一
定程度上打破了父系辈分间森严的等级关系,而且对这个等级森严、结构
严密、关系复杂而多有摩擦的体系,起着"润滑剂"的作用。母系在这结
构中的穿插,实际上对以父系为基本骨架的社会结构具有监控、缓冲、调
节和平衡的意义,它存在的价值就不仅只是达成婚姻上的方便,也在于使
以父系为主的社会结构协调地运转。

从母系承担的责任中可以看到,她们除去养育子女、服侍老人、操持
家务外,还承担着丈夫家族的其他一些责任。比如,村里"族有祠堂,家有
神龛",男女在崇拜祖先时有明确的分工。进祠堂,祀祖宗(坟)是男人即
父系的责任,妇女一般不进祠堂,但负有在家每日敬神祭祖的责任,而男
人一般不参加这些日常的活动。村里的家系、房系之间的矛盾往往与妇
女有关,解开矛盾也就往往需要母系成员出面,去做通融、说合、劝解的工
作。村里的妇联主任和调解委员会主任,在解决村民中的一些棘手问题
时,也会找到母系中的关键人物去当说客。

在实际生活中,母系集团并不随父系那样冷淡她们相互间的关系。

母系集团结成的横向关系网络,对于母系成员来说是极其重要的社会性资源和社会支持系统。在村里,年龄差不多的由同村嫁来的同姓姑娘,即使认不上亲戚,也互称"姐妹",每逢办理红白喜事,都有互送"糖水汤"的习惯。她们相互之间有情感支持安慰的需要,每遇有不愉快的事,或家里出现了矛盾,受了气,"姐妹"常常是投诉、劝解、寻得支持的对象。

对于村里的社会生活来说,靠这种亲密关系维持的姻亲群体,同样具有重要的作用。作用之一是形成经济上的互助和联合。在农业合作化时期和后来家庭联产承包制时期,农户之间多有经济上的互助合作,合作的对象主要是近邻和姻亲。① 在工业化过程中,开始实行股份合作制时,村民中的集资团体十分活跃,而集资团体在组建和扩大中,母系联姻的关系和亲戚都是最重要的合作对象。集资团体的核心往往由亲属和亲戚之间结成,扩大时,往往邀请姻亲参加,或者姻亲也会带些人找上门来。虽然在发生经济纠纷和承担风险时,亲戚是最难处理的关系,但在需要经济支持和合作时,他们也是最可靠、可信任的社会关系。

作用之二是形成集体行动的联盟。村里的重大集体行动,往往与母系联姻集团的串联和支持分不开。比如,20世纪70年代这一地区的农民中发生了大规模离乡入港事件,这个村连续出走800余人,比邻近一些村庄出走的人数都多。其中一个原因,就是母系联姻集团之一陈姓集团,娘家在沙井镇靠海的村子,以围海养蚝为业。那里常有渔民出海作业,历来与港澳渔民和渔船交换物品、做生意,熟悉水路,了解情况,因而借姻亲村的便利,这个村子集体出走的人数比周边其他村子都要多。在办工业初期,集资额的激增,也与姻亲村的解囊相助有关。

作用之三是前已提及的形成信息传递网络。母系联姻结成的关系网络是一个十分便捷的传播网,村中的许多信息都是借助于这个网络而传播的。事无巨细,只要进入这个网络,几乎就村人皆知,人人参与其中了。村里人虽然有"女人不管外边事"的说法,但又不能不承认,在她们中传

---

① 潘强恩:《互助,合作》,《万丰文讯》1995年第15期。

播的消息不能不听。由于母系联姻集团的存在,她们之间结成的特殊社会关系,使这个村子的妇女对村里事的参与,比我们所见到的其他与之不同的村庄更深入,议事论事起来,比街头巷尾"妇道人家的闲言碎语"更有"水平"。因此,母系联姻集团结成的传播网,为村民有效地参与村中事务起着推波助澜的作用。

第三节　亲缘关系在事业上的扩展

亲缘的关系,沿父系的坐标,从家庭推展开始,再到房和族结束,在单姓家族村庄里,村即是它的边界;沿母系的坐标,虽有村际间的交叉,但由于村里人对姻亲关系持冷淡的态度,村际间又有地理上的和交往上的隔膜,一般说娘家人也极少参与村民日常生活。不过,我们在村子里却可以发现亲缘关系向村域外扩展的事实。

亲缘关系向村域外的扩展遵循的不是"家"作为血缘群体的原则,而是作为"事业单位"的原则,大致沿着两条线索进行。一种是出于发展事业的需要,借助宗族的亲缘联系,进行地域上的扩展,结成家族的地方群体联盟。另一种亦是出于发展事业的需要,拟制出类似亲缘的关系,在利益加感情的双重关系下,结成家族与非家族成员间的合作联盟。我们将这后一种线索放到下一章中去展开,这里先说亲缘关系在地域上的扩展。

这个村子的潘氏家族,在亲缘认同上是不出村的,虽然潘氏家族的关系再往外推,还有同宗的另一世系,聚居在福永镇的怀德村,但早已是村人眼里认不着亲的宗亲了,两村间交往也很少。设在那里的祠堂供奉的是两宗共同的祖先一世祖,每逢祭祖时节,村里人也会惦记到那里,有时派村组织的代表前往祭祀,但不是每年必去的。20 世纪 80 年代初中期,这两个村子率先引进"三来一补"企业,先后成了远近闻名的富村。村子富了,农户手中有钱了,引起一些不法分子的注意,村庄时常受到他们的侵扰。当地政府机构当时尚无力量为一个村庄提供保护,出于治安自卫的需要,这两个同宗祖的村子自己结成了治安联防。俗有"万丰潘姓善文,怀德潘姓习武"的传统,于是怀德村成了两村治保习武的基地,万丰村每日派村里的年轻人到那里去习练武术和兵器。不管哪个村遇到坏人侵扰,两村的联防都会同时出动加以平息。这个联防存在了若干年,后来随着地方治安状况的好转,也随着村内治安组织的壮大和完备而逐渐结束。可见,宗族,特别是没有聚居的宗族,作为事业单位,是可以随着事业的具体内容和完成的周期而聚而散的。可见,家族事业单位的意义,仅在于可以将亲缘推至的关系在事业成败中进行利用,借助于互惠互利和感情上的支持,使事业在特定的关系氛围中更好地运作。没有事业上的关联,家族亲缘的关系仅是潜在的。同理,万丰村与福永村在经济模式上同构,发展水平差异不大,并无经济上联合的必要,因此,这两个同宗村庄始终未结成经济上的联盟。

经济上的扩展和联盟,遵循的并不是家族关系的差序格局,而是以事业互补为条件,但是在条件相当时,选择谁,或者与谁合作,乃至好处让谁得着,却可以是利益加感情的双向选择,依亲缘推至的关系在这里就可以发挥作用,大有可为。万丰村与清湖村的经济合作,乃是潘氏亲缘关系向村域外推展的结果。清湖村地处东莞市,全村姓潘,据说从宗族渊源上,与万丰潘氏在宝安县的肇基之祖可归为同宗。虽然明晰的谱系关系究竟如何,至今尚在考证中,但这已不重要,本来按父系血缘关系外推,关系就越推越薄,到了清湖潘姓,究竟亲近到什么程度,已经可以不再计较,但是在事业外推的坐标中,有没有这重宗族关系,仍是两村联合时慎重考虑的一个重要因素。

进入20世纪90年代后,万丰村的经济已经到了在域外寻找出路的阶段,虽然已经在深圳市的三家国营企业参股,在惠州、中山、海南等省市开办了房地产业,但是,域外的产业始终遇到重重困难,一方面宏观经济体系或主流经济并没有给村办企业多少域外发展的余地,可开拓的主要是房地产业。这一类远离村庄的产业,往往难以控制和运作,一遇风险,首先受到冲击。另一方面,村庄的产业很难融入域外的社会,它们在当地经营多年的"社会关系"网络,离开了本土和村庄也就失去了社区的保护,在异地难以生存,遇到经济纠纷和其他与地方打交道的问题,往往难以胜诉。向域外发展已成为这个村子的一个"两难选择"的问题。与清湖村的合作,就发生在这种背景下,家族联盟,成为对经济扩展和合作的一种社会性补充。两个村庄都力图寻求在家族合作基础上实现长期而稳定的经济合作关系。虽然两村当时都有其他可合作的对象,但最终还是选择了家族合作。

清湖村虽然地处引资条件优越的东莞市,但发展工业的历史不长,与万丰村在经济实力上有相当大的落差。村里尚有可用作工业开发的土地,却没有办工业的门路和经验。在与万丰村取得联系以前,村里尚未引入域外的资金和项目,也从未将土地租借给他人。经常往来于两村之间的清湖村书记,谈起合作的过程时说,他与这里的潘书记一拍即合,两人都有"发达事业,兴旺家族"的志向,既然一穷一富,一个有土地另一个有资金,还有同一祖宗可以连一连,为什么不走到一起呢?两村经过协商,许可万丰村斥资 5000 万元租用清湖村的 500 亩土地,在那里建一个工业小区,同时帮助清湖村利用所获租金另建一个工业小区,资金不足部分,由万丰村设法解决,工业项目将利用万丰村已建立的外商合作关系引进。在这个合作中,虽然互利互惠是一个基本的前提和条件,但是家族关系在经济互利原则起作用的同时,亦起到了内聚和协调的作用。对于清湖村来说,万丰村就不单单是一个土地租赁者,它还尽有帮助同族村发展工业的责任和义务,所以接受它无偿提供的资助和咨询以及其他帮助;而对于万丰村来说,帮助清湖村建立起工业区,显然就不只是出于经济竞争的考虑,如果那样,就不会着力在自己的工业小区周围另立一个竞争对手,显然更多地是出于社会支助的考虑。目前,这两个村的工业小区已相继投入使用,进一步的合作项目还在继续酝酿。

第十四章 "拟亲缘"联带团体

在开篇说明再合作的社区基础时,曾从家族联带和"利""权""情"的关系秩序中,引申出了"拟家族"或"拟亲缘"的概念,用来表明在家族村落中取得唯一生活经验和习惯的人们,在组建家族以外的团体或组织活动时,自然而然地将家族中的结构形态、亲缘关系模式和处事方式推广、概化、带入那些非家族性的团体或组织的现象。[①] 在这里,我们将进一步深入其里地看一看,在工业化将新的公司组织体制、新的合作伙伴和人际关系带入村庄后,传统的亲缘结构及其关系模式将是循着怎样的途径和方式不断地拟制和扩展的。

第一节 空挂户

"空挂户",是近几年来在当地流行的一种身份称谓,多指那些户籍虽入村册,但不享有与村民同等经济社会待遇和权利的住户。他们多是因为婚姻关系应该迁出而未迁出,或应迁入而未能迁入的人及其子女,原因是这种移入或迁出会影响到他们是否能够直接享有村集体的经济收益或福利,因而村庄允许他们保留有"空挂"的身份,可以部分享有村庄的某些福利和待遇,如子女入学免费或少收费,可继续在村办企业中工作等,但在户籍村民取得合作股股权时,空挂户除外[②],村集体分配时,空挂

---

① 杨国枢将这种现象称为"泛家族主义"或"泛家族取向",参见杨国枢:《中国人的社会取向:社会互动的观点》,载杨国枢、余安邦主编:《中国人的心理与行为:观念及方法篇》,桂冠图书公司1993年版,第95页。

② 参见《深圳市宝安区农村股份合作制暂行办法》,1995年。

户亦无权参加。在应迁入而未能迁入的空挂户中有一类情况颇为特殊，这就是嫁到村里来的"城市女"。按当地规定，城市化地带的村庄不能"走后退的路"去接纳"非农转农"的户口，于是这些城市女（已有五六户）及其子女便不能落户口在村里，因而成为空挂户。在我们所研究的这个村庄里，上述类型的空挂户已有 21 户。在这个村子里，还存在着另一类"空挂户"，他们与村庄并无婚姻关系，但却与村庄有着特殊的"情谊"关系，是为村庄的发展做出特殊贡献的人，实际上已多年在村内机构担任高级管理类的职务，村庄以"空挂户"这种"拟家族"化的方式接纳了他们。村子里最早一户空挂户就是这类人士，她的经历颇能反映这种方式产生的过程。

Y 女士 1987 年来到万丰村工作，那时正值村庄大规模引进工业的时期，村里刚盖起在当地独一无二的一家酒楼，为外商和内宾的业务往来提供方便。Y 女士在这之前曾在深圳一家酒店当主任，她考入后从服务员干起，一直提升到主管主任，在每个部门都干过，有丰富的酒店管理经验。后来还曾被沙井镇宾馆请去培训服务员，在当地小有名气。故此，万丰村书记兼董事长请她到万丰新盖的酒店当业务副经理，主管酒店业务。1987—1992 年的五年中，她与村派的其他三位本村人经理一起"拍档"，将酒店办得十分出色，成为村里人信任和佩服的"女经理"。这一段经历不仅使她与村庄的发展结下不解之缘，也与村里人结下了深厚的友情。她曾感慨道："我不想离开万丰，不少政府部门和机关都请过我，但在这里有感情了，万丰人不会忘记我，每年旅游都让我去，1989 年就去了泰国，也是在那一年初我和孩子就转为万丰户口了。"

村庄对她最大的回报就是允许户口入村，虽然那时候农村户口的进入尚无严格限制（1990 年底以后当地已严格限制外地户口进入），但她仍是多年以来非婚姻户口迁入的少数几例之一。但是，这类迁入户的户籍却与村民户籍有所不同，为区别起见，于是产生了"空挂户"这个概念和身份。这种区别的原因有二，一是前已说及的土地权的作用，即没有土地权的人，不能与原籍村民享有同等的集体股份权利，在身份上应有区别。

二是单姓村庄接纳外姓人的传统规则起作用,家族村庄从不接纳非婚嫁的女子入村,即使对"男到女家"的女婿,因为一般不必改为潘姓,村里人也严加控制。这条规则几乎是刚性的,因此,我们在村庄以往的历史中尚未发现一例非婚姻关系迁入的例子。这种家族对外姓人的排斥力量是根深蒂固的,其根源仍出于建立和维护以父系血缘关系为主体的社会体系的需要,因此"男到女家"的异姓女婿不易被接纳。这种父系主体伦理演变为家族意识后,就连非婚姻关系而想进入的女子一样加以排斥。所以Y女士即使作为"空挂户"进入村庄,这也在村中引起了不小的震动。虽然村组织接纳了她,但村里人却难以承认她。

Y女士此后的经历也证明了这一点。1992—1995年期间,鉴于Y女士对村庄发展的贡献,村组织曾提请她出任村妇联主任的职务(在村庄中这个职务表明对她进一步的接纳),因为她"有文化,能干,村里镇里人头都熟",村干部和后接任的妇联主任都认为她是最合适的人选。但是,村民却难以接受这个外姓的妇联主任,特别是下户做计划生育的动员工作,更是遭到村内妇女的反对。村里人并不认同空挂的户籍,认为"她不是本村人,怎么能当妇女主任呢?"显然,这个与村里人密切打交道的职务是她难以出任的。她认为:"如果我丈夫是本村人,这个妇女主任我就当定了。"实际上同在这一职位上的另一位外姓主任,由于是本村的媳妇,村里人就自然地接纳了她。后来,村里另委任她担当了新建幼儿园主任的职务,她在这个职务上工作同样很出色,与外聘来的有多年幼教经验和研究成果的教导主任一起"拍档",使这所村办幼儿园达到了"一级一类"的高水平,这在当地的乡村中尚属头一家。

以"空挂户"的方式和相对远离本村村民的管理类职位,来接纳对村庄有特殊贡献的人,恰是村庄合作集团的"利""权""情"原则和秩序向外扩展的一种表现。这种由村集体组织用"政策"形式人为地联接的合作关系,拟家族村庄内部的合作,既照顾到原籍村民的基本利益不受他人侵占,又照顾到新加入者因贡献而应得的收益和地位。实际上,新加入者在与村庄发生这种合作和要求入村的动机中,也并不求获得完全与村民同样的待遇,而只是从各自实际要解决的问题出发,因此"空挂户"的政策他们也是可以接受的。如 Y 女士迁入时"最初不是为了进万丰村,而是想有机会从村里迁到镇上,因为先生在镇上教书,不是本镇人不能随他转非农户口。后来为了生二胎,户口仍留在村里,再后来就是为了孩子上学和自己今后长期在村里工作"。而村组织采取拟家族合作的方式,既照顾到本村人的传统文化和习俗,又照顾到对外合作者的情谊和道义。一位村干部评价说:"这样的做法大家都能接受,也不是说迫不得已,而是做起来实惠有效的。"

从中不难看出,万丰人非常巧妙地利用家族关系的拟制形式,来建立和扩展与外来人的合作关系。家族内部的合作以户籍村民为核心,继而扩大到非村民的家族亲属和姻亲亲戚,严格限制外来人进入这个内合作的圈子。但同时又利用拟家族村成员关系的"空挂户"方式,将那些对村庄有贡献、事业上有"情谊"的外来人引入村庄,作为外围的合作集团,以便适应大规模工业化要求扩展家族村落对外来人包容性的需要。

第二节　团年会

每年一度的春节"团年会",是村组织和村公司为答谢"关系户"而举办的大型宴客会。"关系户"包括与村庄有直接密切往来的地方各种机构,由此形成一个从驻村机构到镇、区,再推展到市范围的巨型网络。1996 年宴客会名单大致涉及了这个网络的范围(见表 14-1)。

表 14-1　宴客单位名单

单位类别	村及驻村机构	人数	镇级构	人数	区(县)机构	人数	市及以上机构	人数
政府	村委及公司	100	镇政府	20	区政府	20		
国土			国土所	10	国土局	10		

单位类别	村及驻村机构	人数	镇级构	人数	区(县)机构	人数	市及以上机构	人数
司法			司法办	3	司法局	3		
			法庭	5	法院	5		
					检察院	10		
建委			镇建办	10	建委	10		
房管			房管所	3	房管局	5		
工商			工商所	10	工商局	10		
税务			税务所	20	税务局	5		
公安	派出所	40	西线大队	10	公安局	5		
	治安队	70						
劳动	劳动站	5	劳动站	5				
民政					民政局	3		
财政			财政所	5	财政局	10		
外经			外经办	5	外经委	10		
					外经发展公司	11		
计委					计委	5		
供电			供电所	10				
海关					海关	10		
邮电			邮电局	5				
路桥			公路养征站	5				
			过桥征收站	5				

单位类别	村及驻村机构	人数	镇级构	人数	区(县)机构	人数	市及以上机构	人数
参股公司							发发、黎明、通讯公司	15
信用	信用社	12	信用社	10	信用联社	4		
银行	农行分理处	10	农行	10	农行	5		
			中国银行	4	中国银行	5		
			工商银行	3	人民银行	5		
工会					区工会	5	市总工会	10
人大					区人大	10	市人大	10
政协							市政协	5
商会							总商会	5
新闻					区报	5	各报	10
文化					文化馆	2		
医院	村医院	40	医院	5				
办事处	村驻市办	40						
其他	村股份公司	26						
	村民党员	52						
合计	村单位 10 个,370 人;镇单位 21 个,163 人;区单位 24 个,163 人;市单位 8 个,55 人;共计 63 个单位,751 人。							

　　这个巨型的网络主要涉及四大类的关系,也即村庄向外寻求支持和协作的几种关系:(1)行政关系。村虽然不是一级政府机构,但负有某些行政的职能,沿着这些行政的渠道,村组织与上级管理部门发展出种种正式的和非正式的关系,这对村庄在工业化过程中争取外来的行政支持起着重要作用。值得注意的是,这个工业化程度高、经济相对发达的村庄,在发展外部行政关系时,并不完全遵循原有的"村—镇—区(县)—市"格

局,而是以自己为中心,根据自己的需要来发展与外部行政体系之间的关系。宴客会所邀请的只是有可能出席的当地行政部门,尚不包括村庄与其他大中城市的行政联系,所涉及的各级行政部门已多达 40 余个,特别是超越了所属镇,直接与更高层的上级部门发生了广泛的联系。这是因为,这个超级大村自身的发展已经超过乡镇,仅仅依靠乡镇的行政支持远远不足以解决它所面临的各种经济和社会问题,而且它的经济触角已经进入更大范围的社会经济体系,自然需要更高层的行政力量的支持。于是,在寻求行政力量的支持时,它更多地寻求的是跨地区、跨行业、跨部门的和跨所有制体系的行政支持。(2)审批权关系。村庄在寻求外部行政支持时,获取"审批件"是其中重要的内容,因为这是实现经济自主和社区自治的村庄在开展正常的经济活动时所不可或缺的"通行证"。因此,村庄比以往任何时候都着力发展着同各级掌握审批权机构的关系,如计委、外经委、国土、房管、建设、工商等部门。(3)经济往来与协作关系。村办公司,是市场经济下才有的产物,从它产生之日起,就作为独立自主的市场主体,扩展着与外部的各种经济往来与协作关系。这些"关系户"包括信用社系统、银行系统、商会、海关、劳动部门,以及有直接经济合作关系的机构如参股公司和企业等。(4)保护性的或保障性的关系。这个村子的一些产业和经济项目虽然已经办在了域外,但主体部分特别是生产性企业仍然集中在祖居的村子里。随着本土经济活动的扩展,必然有大量需要依靠地方政府机构提供咨询和保护的事情需要办理,也有诸多涉及内外商户的经济纠纷和劳资纠纷需要处理,因而,向地方寻求合法保护和支持,就成为村组织对外关系的重要内容。村组织与地方司法、公安、检察等机构建立了密切的联系,还将一些部门的派出机构,如派出所、劳动站请进村,与村民事调节委员会和村治安队结成治安联防,一起协商和处理村域内日益增多的经济、劳资、民事保卫等方面的问题和事务。

进入村庄关系网络的还有一些特殊的关系户,一类是与村组织有某种特别关系的单位,如工会、人大、政协、文化馆、报社等,这是因为村组织的领导人有的是这些组织的成员,特别是因为这个村子的文化事业和理论研究颇有名气,村组织多年来一直与这些单位保持着良好的关系;另一类则是村庄为保证正常经济运行和社区生活而需特别加以关照的单位,比如交通站、公路养征站、过桥征收站等等。

　　一个村庄如此下功夫地营造出这样一张巨型的关系网络,是因为需要借助于它来获取外部"资源",以补充村作为工业经济主体在"资源"上的先天不足。可以了解到,这个村子依靠这张巨型网络结成的"关系",对大社会的资源配置方式产生着有效的影响,从而获取到一些原本与村庄无涉的重要资源,例如体制内的、城市中的或市场中的工业资源、技术、信息、人才、非正式的行政支持、政策优惠,以及其他社会性支持和保护等等。扩展社会关系,运用关系策略,正是这个村子能够在十余年的时间里,积蓄起雄厚的经济实力,实现快速经济发展的秘密之一。

　　这张巨型的网络,是依靠"关系的关系""滚"出来、"拉"出来的,寻其基础,仍是村子里以血缘和地缘为特点的人际关系。能够向外扩展的主要有三类关系,一类是村干部们行政时结识的各种关系,在任时,是正式的上下级关系,不在任时,转变成非正式的友情关系、熟人关系,这些关系盘根错节,牵一动十,往往能够帮助村庄直接或间接地获得种种行政支持。另一类是村民的社会关系,例如在外工作的亲属或原籍村民、战友、熟人、朋友、当年插队的知青,以及由他们再向外推出的各种人际关系。这个村子在重新建立合作组织、引资、建厂房、办工业、争取股票上市时,都曾动员村民将这类关系提供出来,由村集体统一安排调用,并因此得到过资金、建材、项目等方面的支持和优惠。还有一类是利用有长久合作关系的外商,在经济扩展活动逐渐建立起来的新关系,它们在引进新的"三来一补"企业、稳定外商企业、宣传公司绩效等方面,都发挥着事半功倍的作用。从中可以看到,这个村子不仅有效地利用了本土的传统社会关系,并且把它们推展出去,转换成大量有价值的非乡土性资源,在特定条件下,还将这些社会性的关系资源转化成了经济资本,例如他们以投入"关系"来获取稀缺资源、金融资本、人才资源和经济优惠政策等,为村庄求得了大量的直接的经济利益。

在这里,村庄所投入的"关系",并不能简单地理解为"人情",这些"关系"仍然是"利""权""情"三者的综合。村庄对外部关系有严格的选择,从中获取一定利益是发展这类关系的动力,因此,关系的对方一定是有身份的掌握资源和具有运用资源权力的单位或个人。另外,村庄自身的经济实力、信誉和人情的担保,也是维持和发展这种关系的基础。因而,村庄在建立和投入"关系"时往往首先利用的是正式的"同志""上下级"的关系,对这种正式关系的开发和运用,为村庄结成外部行政关系提供了一个易于打开的渠道,没有这种渠道,"人情"的关系就显得单薄。但是,只有正式的行政关系,村庄并不具备在行政组织系统内的竞争力,只有将正式的同志和上下级关系进一步转换成"人情"的关系,两者同时加以运用,才能取得合力的效果。因此,这个村子十余年来,一直在刻意地营造和发展这种带有亲密性、情感性的合作关系,把与外部原来正式的行政关系转化成了并不完全正式的"上下级"的工作关系。由于在正式关系以外建立了"交情",这个村子便能够在外资项目较少时拿到好的项目,在竞争激烈时,争取外部行政能给予良好的合作和支持。在村庄的经济往来中,利益、实力、信誉和人情,同样缺一不可。村公司主管银行贷款联系业务的驻深圳办事处负责人这样认为:

> 如果没有公司的实力和信誉做担保,像我们这样的村办公司根本不可能在这么多家高级的大银行中贷到款项。但是,如果没有我们多年建立的人情关系,就算政策允许你在这些银行贷款,你也不一定能拿得到贷款,特别是那些可以给你,也可以给别人的贷款,就不一定给。有人情才好通融,我们实力和人情两样东西都有了,每年才能完成贷款任务呢。

村庄在建立和运用关系资源时,显然坚持"利""权""情"的多重原则。不过,对关系的培育,却不完全着眼于利和权,有些关系是长期往来中无利益关系情况下形成的,只不过遇事借用而已,有的也不完全出于功利目的。另外,对关系的培育,也采用自己特有的乡土方式,实际是把从亲缘和地缘扩展出去的关系,都拟制化成了乡土的"缘"关系,再加上"人情"色彩,用"情义"来加强和维系它们,团年宴客会就是这种方式的一种正式仪式。

团年宴客会既保留村宴的传统,又带有一点"港味",主要的议程是嘉宾讲话、宴客和抽奖。讲话的有两种人,村公司董事长(村书记)是东道主,以热情洋溢之词答谢各方"一年来的关照和支持",表明村庄的发展与到会者的支持紧密相关,希望"友谊长存,发扬光大"。客方讲话的有上级领导(每年视参加者情况而定)和协作单位的代表,除去肯定和赞扬村子已取得的成绩外,也多表达增进合作情谊的愿望。

吃饭喝酒,是表示增进友情的普遍方式,新近又增加了抽奖活动,把宴客的气氛推向高潮。宴会上可以见到人们称兄道弟,热情交往,这样,便可以将一些平时难以启口的问题以"随便讲讲"的方式提出来,也可以将平时的积怨以玩笑的方式加以化解;在敬酒碰杯当中听到最多的话语是"请多关照""请多包涵"。很明显,宴客会集待客、谢客、信息交流、社交等活动于一体,包括了村庄对外公共生活的大部分内容。有关人士聚集村内,表达对村庄款待的感谢之意,借故商讨合作事宜。它也是向外界显示一个村子对合作的真诚态度、生活的富裕程度和精神风貌的极好机会,所以每年都投以大量人力和物力,尽力办好。组织工作由公司总裁助理承担,各项安排和宴会则由总裁亲自主持。席间要与各方见面,他的面子和友情,成为处理许多复杂关系的"调合剂",他所表达的言语,成为村庄对外的承诺和信用。显然,每年一度的宴客会,是村庄对自己所建"社会关系"的一次总搜求、总检阅,也是对进一步稳定和增进由此建立的人情关系的总关照。新年伊始,将它作为辞旧迎新的一个重要形式,对村庄显然有着重要的意义。

第三节　春茗会

春茗会也是村中一年一度最盛大的社交活动,款待的对象与团年会有所不同,主要是村中"三来一补"企业的中外方合作者。"春茗"是个借用的"意头",本指春茶新上,亲朋相聚品茗,借以辞旧迎新。当地并不产茶叶,但人们喜欢"辞旧迎新"这个好的"意头",开春茗会也成了一种风俗时尚。村公司为外商和其他中方管理人员举办的春茗会,意在"叙旧顾新",较之团年会更具有亲切随意、喜气洋洋的气氛。议程与团年会相似,不过董事长的发言更重于表达地主之谊。在表达对合作者的感谢之外,却也以地方村政府的立场分析当下的经济形势及村组织对合作的保障,借以稳定合作。外商则更多地表达与村庄合作的愉快之情,表示对合作的充分信心。在这个一年一度的重要场合,村方与厂方的重要人物都要露面。露面和餐会仪式都隐含着对合作中结成的正式和非正式关系的重视。在就餐和抽奖活动中,没有既定的座次安排,人们可以随意地寻找熟人和朋友就便而座,相互交谈,结交朋友。春茗会,显然也是村庄借以展示友情,总结、挖掘、稳定和发展对外合作关系的重要方式。

我在春茗会上结识的王氏厂港方财务总监周先生,特别重视与村庄组织和领导人之间的情谊。他指出:

> 我们由香港来这边办厂,没有当地人的支持是不行的。赚钱,是我们两方面都有的目的。但是,赚钱是一件互助帮忙的事情,我们可以在这里赚或者说给他赚,也可以在别处赚或者说给别人赚嘛。留在这里,是因为两方面合作的愉快,我们与董事长相互间经常走动,他会把想法告诉我们,有了问题可以商量商量,大家是很好的朋友。有的时候他资金周转不开,来找我们,我们就想法子帮他渡过难关,我们有问题需要村公司解决,他们也从不推托。

周先生是与村公司董事长关系密切的外商朋友之一,也是经常给他出主意、提建议的外商之一。在春茗会餐桌上,他就请同桌的村公司负责接待工作的陆先生转告董事长两项建议:(1)参照一家国内私人企业利用装帧漂亮的"公司简介"扩大宣传的做法,把村办公司的广告效应做大,介绍到海外去,他可以帮助策划;(2)村公司从长远着眼要培养自己的经营管理人才,花点钱送出去培养,不只让他们读书,还要让他们去大公司边做边学,因为村庄最终需要独立自主地办企业。

村庄将这种与外商的业务关系转换成人际的朋友或兄弟般的关系,也可以说是一种理性的策略。村公司举办一次春茗会,耗费巨大,参加人数往往有 1200—1500 人之多,摆宴百余桌,抽奖活动的金额也需数万元,两项总金额约 20 万元,据公司主管这项活动的人士说,这是村庄在发展人际关系方面规模最大的活动,这笔费用的支出是必要的。的确,村庄从中获得的收益或回报,是不能用钱计算的。村庄最大的收益,是用获利的机会、良好的投资小环境再加上"情谊"和"人情"关系,将外商稳稳地留在村庄,从而长期而稳定地从经济合作中获益。我曾问及,1994—1995 年间,由于当地在引进"三来一补"的政策上有所变动,舆论也不利于这类企业,一些外商纷纷迁往邻近的东莞市或其他地区,但这个村子外迁的并不多,外商大多较为稳定,原因何在。公司董事长对于村庄能不能长久留住外商企业并不十分乐观,他解释道:

> 我在春茗会上特意讲海峡两岸形势,是因为政治方面和贸易方面对外商还肯不肯在这里办厂起着大作用。那些情况变了,外商就会走,有了大波动我们也无能为力,所以下面最怕有大波动。不过,在有小波动的时候,我们却有办法留住外商,这就靠平时的走动和感情。我与许多外商都是私人朋友,有了什么情况,我去他们那里谈一谈,他们比较相信我,就不会想搬走了。

在这里,我们又一次看到,村庄巧妙地将冷冰冰的市场关系转化成人情的往来,在赚钱、用权的过程中,再加入一层拟家族村落中的"缘"关系那样的情义和联络,对村庄而言,不仅运作起来得心应手,而且很有成效。在这种合力作用下,一方面彼此利益上的互惠,会增进感情联带的深度,在遇有困难时,双方也会自愿牺牲部分利益而共渡难关;另一方面,合作中加深的感情因素,会使合作更趋于稳定,从而扩大和延长加工业务,继而增进双方的经济利益。这些恐怕正是这个村子在近十余年的对外合作中,历经市场竞争和地方引进政策的变动,却稳定地留住了外商,持续地发展了"三来一补"业务,并且从中获得了比较高的经济收益的奥秘所在吧。

第四节 公司的外聘班子

我们在分析村子的经济结构时曾指出,随着工业化程度的提高,村庄的非农经济体系已经创造出大公司经营的模式,这种模式无可避免地需要吸收村外暨家族外的管理人才进村。这种吸收力与家族对外来人的排斥力之间相互作用,也产生出"拟亲缘"联带的方式。公司的外聘班子就是这样联带出的团体。

村里的股份总公司并不直接经营"三来一补"企业。这一类企业的管理,并不需要通过科层分明的专业管理人员及组织来直接推动劳动生产组织的合理化。这部分工作已经分解到各厂家,由外商直接处理,只需要公司的外经部门和物业部门从中做协调工作,只要这些部门的几个核心干部与公司总裁配合密切,公司就能运转。公司内部虽然设立多个职能部门,实行经理制,但实际运作是由总裁组织的工作"班子"进行的,只要"班子"的成员对总裁尽职,公司就能高效率地运作。总裁组织"班子"时,除去考虑村子原有的权力结构外,还出于提高工作效率的考虑,依据个人对人才的偏好和人际关系等,选择可靠能干的人士进入班子。于是,外来的优秀人才就有了进入这个班子的可能性。由于他们直接对总裁负责,不进入一些要害的部门和职位,如财务部门及主管会计等,因此不会对村庄及公司原有权力结构产生大的影响,村里人只要看到他们工作有成,就不反对他们进入工作班子。

进入工作班子的外聘人员有自己特定的工作领域,一类是技能及专业领域,如外经、法律、财会、文教宣传等,另一类是域外机构。现有的外聘人员主要分布在以下岗位上:总裁助理1人,民事调解委员及律师1人,外经部主任1人,物业管理1人,财会3人,宣教、培训及接待办6人,刊物主编及编辑 2 人,域外机构 11 人。

　　技能及专业领域的外聘人员文化程度较高,不少有大专毕业文凭,这一类的工作本村人尚难以胜任,外聘的人员经过比较严格的挑选,大多都有独当一面的才干,村里人对他们在这些方面的才能也颇为欣赏。外聘人员在域外机构工作的占相当比例,实际上村子在域外机构的工作全部由外聘人员承担。这里有一些特别的原因促成了这种局面。一来本村人往往不愿意出村工作,生活上的不便、语言上的障碍和开创局面的艰辛,使他们不太愿意前往,而外来人本来就有闯天下的心理准备,对他们来说在村域内外工作并没有特别的区别,因而比较愿意前往。二来外聘人在村里不大容易被安排到负责任的岗位上,村公司为了给那些对村庄发展长期做出过贡献的外聘人以发展的机会,有意识地安排他们在域外机构从事独当一面的工作。这个村子派出的机构和单位主要有两类:一类是办事机构,在深圳等地共四处,均由外聘人员主持工作;另一类是房地产业开发公司和工业园区开发公司。设在海南省海口市、云南省瑞丽地区(今瑞丽市),广东省惠州市、中山市和东莞市的这一类公司,也主要由外聘人员管理和经营。这些外派机构与公司总裁和董事会保持直接联系,定期回来汇报工作,总裁也常派助理人员前去了解情况,协助处理棘手的问题。

　　公司总裁对进入工作班子的外聘人员,多经过比较严格的挑选,除去个人的才干和对公司的贡献外,人品是否可靠,对总裁和公司有无诚意和忠心,是否能够建立起良好的人际关系,均是考虑之内的因素。总裁依靠与他们之间良好的人际关系来推动工作,用拟家族村落内的亲子、兄弟、亲戚、朋友的关系,来与他们之间建立相互间的信任感、安全感和责任感,这种"交情"使他们逐渐将自己的工作、生活以及人生的重要阶段,与这个家族村联系起来,与它产生一体感、归属感和荣辱感这样一些"自己人"的意识。这种拟家族的"缘"关系,在本质上是亲密的、情感的、忠诚的和合作的。无论是村公司的总裁,还是他的外聘班子里的成员,都视它为一种重要的、难得的、无价的"本钱",这既是总裁作为聘用者所需要的,也是外来人才作为被聘用者所需要的。

正是因为有这样一个情感和心理转化的历程,目前这个村子里进入工作班子的外聘人员极少流动出走,他们大多已在村里工作五六年,最长的已近十年之久。最早进入村子的一批安徽"小知识分子",已在村公司工作七八年,尚无一人离开,其中一位已担任村驻深圳办事处负责人,一位担任资金策划部副主任,曾在海口市和惠州市负责办理过房地产业,一位在东莞市负责商品楼的销售租赁业务,还有一位任驻云南办事处主任,负责办理在那里的房地产业。他们与总裁之间情谊上的和谐,使得他们互相信任,配合默契,工作顺畅而有效率。

从这个村子"拟亲缘"联带的诸种方式中,可以看到,亲缘结构和关系模式向非亲缘团体推展,无疑是一个参与合作的人所经历的重要心理历程,并且是合作圈内的人作为行为主体运作的结果。这一切发生在一个家族村子里,有如水到渠成,自然而顺畅。不过,我们在分析和解释上述问题时,并不能忽略社会结构要素对这过程所产生的客观影响和制约。

从微观的社区层面看上去,"拟亲缘"联带方式的产生受到两种力量的迫使。一方面家族村的内部合作集团强烈地排斥他人进入,而另一方面工业经济所创造的大公司组织模式又要求突破这种封闭性,要求合作具有更大的包容性。可以说,这两种力量的抗衡造就了"拟亲缘"联带这一折中的模式。拟制的亲缘关系模式,既维护了家族处事方式,保证了内合作群体的利益不受其侵犯,又满足了新的工业组织体制对扩展合作的要求,因而在乡村基层社会变迁的过程中,被有效地加以运用。

从宏观社会组织的层面上看去,"拟亲缘"联带又是大社会的组织体制具有"双重"结构带来的产物。村庄所面临的组织体制是二元的,即行政控制的正式组织与非行政控制的非正式组织,两种渠道同时存在。对于村庄来说,可利用的行政组织资源是非常有限的。公社体制解体之后,村庄与行政组织体制的联系发生了很大的变化,村庄已经不再是国家行政体系的最末一端,村庄在获得自治权的同时,也在一定程度上失去了通过行政渠道利用正式组织的权利,即使利用,采取的也多是非正式的方式,更多地是在非正式的组织空间里进行活动。而在这个空间里,"人情"关系,特别是拟制出的亲密的"缘"关系,是一种重要的组织资源,村庄如果运用得当,就会非常有效。

最近十余年来,这个村子正是借助于此,不断地将那些可以利用的正式而等级森严的行政关系,乃至经济契约的关系,转化成了拟亲缘化的亲密的、情感性的和合作的关系,并利用这种关系和方式处理着与外界的各种往来,影响着村庄以外的其他合作对象,从而不断地把这些社会关系资源转化成了巨大的经济资本。这,也正是它获取成功的重要原因之一。

第十五章 村政府

这个潘姓的大家族,自明永乐年间从更大的家族分裂出来,迁居至邓家萌(又名万家萌,今万丰村)时,便有了村的概念。族村合一,村就不过是为聚居在同一地域上的家族群体又标出一条共同边界。自明清实行里甲制和保甲制后,村作为一个正式的体制,被正式纳入了中央行政体系。[1] 对于一个普通村庄来说,"村庄综合各种社会职能,有时承担一些小的单位不能胜任的特殊职能。这一切都由村长通过村政府来执行"[2]。但是,对于一个单姓聚居、家族组织完备的村庄来说,村内的各种社会职能往往是直接由家族组织来综合和执行的,乡绅治村,也为家族和村政的合一创造了条件。1949年之前,这个村子一直是由家族中的乡绅(地主)治理的,只不过外来的行政渗透不断给他们加上了各种不同的行政称号,由他们将事实上的体制和村政职能与法定的体制和职能两相结合,具体加以实施罢了。

不过,我们也看到行政力量的长期渗透,对这个村子最终发育出典型的政府职能,仍有着决定性的作用,特别是在 1949 年利用"集体制"方式渗入村庄后,这种作用更为明显。因而,当村组织的自治地位最终确立之后,终于完成了向村政府的转型。

第一节 行政与自治

这个村子从什么时候开始被纳入中央行政体系,并无确切说法。县

---

[1] 丛翰香主编:《近代冀鲁豫乡村》,中国社会科学出版社 1995 年版,第 3—16 页。
[2] 费孝通:《江村经济》,戴可景译,江苏人民出版社 1986 年版,第 75 页。

志大都根据地方国家行政延伸到村庄的正式设置,即明代的里甲制作为开始来记载。潘氏家族在万丰村落脚也是在明代,故可认为,从它一落村,在形式上就已被纳入中央行政体系之中。明末,新安县(今宝安县)实行"乡都图村"制,邓家萌当时属恩德乡第三都管辖。清初,为防范沿海居民与郑成功接触,实行"海禁"政策,下达"迁界"令,五省沿海边界内撤50里,万家萌村民曾背井离乡,外移他地。至康熙八年(1669年)始复界返乡,仍属新安县福永巡检司辖下恩德乡第三都的村庄。光绪三十四年(1908年),公布《城乡镇地方自治章程》,新安县改为县下设乡(镇),乡辖村的体制,万家萌仍属恩德乡管辖的村。民国初年,沿袭清末乡镇自治,民国十三年至二十一年(1924—1932年)实行区乡编制,万家萌属第四区管辖村之一,民国二十六年(1937年)又推行基层保甲编制,万家萌归并为第二区塘涌乡下设的村,编为第几保,尚无资料可查,保甲制一直延续到1949年宝安县主体解放。可以断定的是,地方政府的行政体系自30年代后,才直接顺保甲制延伸到这个村庄,也就是说,这个村子自这时起才成为最基层的行政单位,在这之前,沿袭乡镇自治,实际上是以地方绅士自治为主。在这个村子里,家族自治有着自己悠久的传统。那时的中央政府对乡村的控制,一方面是通过乡绅联系的文化网络展开①,另一方面,则以家国同构的框架,使家族治村与国家行政治村处于有机的联系和结合之中。

实现这种联系和结合,与家族在宋代以后的重建有直接关联。家族组织自宋代重建以后,就有了很大的弹性,人们不再教条地以血缘脉络来认宗子(族长、房长),而实行族人推举制。这样,同族的官僚地主和乡绅逐渐成为家族核心,并且控制了家族组织。② 家族控制者不管其名称如何,实际上所掌握的村务权力,随家族制度发展,逐步膨胀而且程式化。

---

① 杜赞奇:《文化、权力与国家:1900—1942年的华北农村》,江苏人民出版社1994年版,第13—22页。

② 刘广明:《宗法中国》,上海三联书店1993年版,第77页。

根据村里人的描述,他们不仅主持家族祭典,对族人(单姓村中亦为村人)有奖惩之权,受理民事诉讼和最终判决,还行清理督责赋税、组织族人自卫等权。这些职责由推选出的族人承担,对地主官僚控制家族极为有利,因此,他们也就成了未获政治特权的皇家"准基层官员"。到保甲制实行,保长所负责的管(清查户口、受理诉讼)、教(进行宣传)、养(摊派各种捐税)、卫(组织民团)等几项主要任务,家族组织早已大部分行使有方、行之有效了。更何况,治村乡绅往往与地方行政体系有千丝万缕的联系,也努力将这种事实上的家族管理体制,主动转换成法定的、受地方行政认可的体制。万丰村的最后一个治村乡绅潘贺天,就曾在县里做过官,是远近有名的官僚地主。解任归乡后,继续主持村内族内事务。行政上的保甲制,只是将官府下达的行政任务如催征钱粮、纠察举告、抽派壮丁等具体加以实施。这些为村人、族人所不齿之事,乡绅一般并不直接参与,因而出现了矛盾和争斗,仍要由他出面既在族内调停,又在外面与官府打交道。由此可见,对于村庄事务而言,外来强加的行政保甲制,并不能替代或接替事实上已被乡绅行使的传统职能。在这个行政区划同一个单姓大自然村落相重合的村庄里,历史上主要由同族集团治理,超族的政权组织往往与之同构,并没有得到充分发育。

解放以后,外来的行政体系才越来越有力地渗入村庄,深刻地影响到村里人的生活。1949 年广东内陆地区解放,1950 年土改工作队进村,村内设立了农协会,相继成立了儿童团、民兵队和妇女会,村内一切事务交由新的村政权处理和裁决。1953 年土改复查后,农会的历史使命完成,一切领导权归小乡政府(下辖万丰村、坐岗村和沙头村)。此后这个村子的行政变革直接纳入全国性规划,与其他村庄一起,共同经历了那一时期的各种政治变革。其中值得提到的是,公社初期,这个村子有史以来第一次与外村合并,与紧邻的坐岗村联合成立了坐萌大队。两个村子都曾在各自的祠堂中办过大饭堂,两村的孩子们可以就学校近便,随意进入哪个吃饭。但因两村都是单姓大村,"在家族的传统观念束缚下难以统率,除党支部一起研究工作外,其他生产活动等实际上独立运作"①。后来坐萌大队撤销,两村复又分为两个生产大队。1961 年在纠正"共产风"后,实行"三级所有,队为基础",以后村界名称再无变动,体制上一直实行公社、大队、小队体制。1979 年末 1980 年初,万丰村率先在当地试行土地承包制,1983 年全面实行家庭联产承包制后,又恢复了乡镇体制,解散了生产大队,成立村民委员会,实行现行的乡、行政村、小村村民小组制度。

在这一段较为漫长的行政体制演变中,外来的行政体制对村庄的渗透经历了三个过程。

土改工作组进村,是外来行政的第一个推动力。这个村子的土改、分田、镇反、除霸,以及组织互助组、禁毒戒赌、尼姑还俗、妇女识字等工作,都是在外来工作组帮助下完成的。在开展这些工作的同时,工作组还帮助村里成立了以贫苦农民为主体的农协会。农协会在一段时间内成了村里的权力组织,取代家族治村,将村庄事务的处理和裁决,第一次直接置于上级行政的监督和指导之下,村里人也第一次不再用家族的法规作为一切行动的准则和裁决的唯一依据。农协会下的妇女会依新法办事,处理过一起"男女问题",令村里人至今记忆犹新:

> 当时村里发生一件事,一个外姓的年轻寡妇因与另一男人偷情,让民兵抓到了。如果按照封建律例处理是很严的,轻者游街,重者浸猪笼。好在这件事发生在解放后,否则后果难以设想。曾末(妇女主任)在处理这个问题上,只做了教育处理,并没有发生像封建年代那样的残酷处理。②

新的基层政权为这个村子培养出一批土生土长的村干部和积极分子,他们与外来行政有着必然的联系,日后都成为各项工作的带头人,也是外部行政关系最基层的承接者和政策推行者。

集体化,是外来行政力量进入这个村子最重要的组织手段。集体化

---

①　潘强恩:《公共饭堂与饭锅》,《万丰文讯》1996 年第 25 期。

②　潘强恩:《妇女解放》,《万丰文讯》1995 年第 14 期。

的过程,从政治上看,正是中央行政关系在乡村社会渗透、扎根和深化的过程。这个村子从土改开始到实行互助合作,虽然有工作组作为外来行政力量从中组织和推动,但相当一部分村民的积极性和热情高涨,在村庄内部对此给予了积极的支持和回应。以后随着集体化进程的加快,村民逐渐失去了热情,而来自外部的推动则越来越强烈。在外部行政力量推动下,合作化范围不断扩大,最终将村庄从组织到人员、从生产到日常生活,全都置于行政网络的监督和制约之下。村庄的行政职能,也从税收、治安、执法,扩大到执行生产计划、组织政治运动等,甚至全国性的政治斗争也会沿行政渠道很快进入村庄。显然,这一时期集体制的目的不只在于改变小农传统的生产和生活方式,而在于从根本上改造它们,希望通过农业集体化而走向现代化。但是,这种超前意识和强制性的做法,在村子里并未得到农民的普遍认同,农民以被动的方式接受这个改造。到了公社时期,这个村子经历了办公共食堂,由公社统一调动劳力,用军事化的方式组织劳动,按性别和年龄编排劳动集体,物资上实行"平调"等等行政性运作之后,村庄原有的以血缘和地缘关系为基础的组织形式在相当程度上已被打破,只不过由于血缘越近的农户越是聚居在一起,所以生产队的划分并没有完全打乱村内血缘聚居的基本结构,而是将其功能压缩到了最低限度。以后在阶级斗争和贫困的困扰下,村内人际关系也趋向恶化。特别是行政的关系一直约束到村中的每一家每一人,连人身也几乎完全依赖于行政体系。不仅生产任务靠行政命令层层下达,统一安排,甚至一度连自留地和家庭副业的产品出售也不能自作主张,更不能从事农业以外的其他行业和职业。户籍制度和商品粮制度严格限制着农民的流动,这个村子更由于地处海防前线,村民甚至连小范围的出行也要受到限制,必须持有证明身份的介绍信,凡在本村以外的任何活动,都需要生产队、大队、公社去层层批准,小至儿童上学、妇女生产、到邮局领取挂号信或汇款单,大至婚嫁、建房、迁徙,离开了行政系统的"证明"和"公章",村民几乎寸步难行。这一时期的村庄,最终被演变成了一个行外政的单位,失去了自治的权力和能力。

　　尽管如此,集体化并没有把村庄直接变为一级正式的政府机构,只是把村干部变成了未获正式任命的行政者。行政的正式权力仍然集中在公社,吃"国家饭"、领工资的公社干部才是国家政府行政的正式代表,而"吃集体饭"的村(大队)干部正处在官民交汇点上,身份相当特别。一方面他们是经上级行政单位认可,能够执行外来行政指令的干部;另一方面他们又是经过社员推举,能够代表村庄和家族与外界打交道,办事有分寸、有公道心的村内能人。他们的言行必须为两方面都接受,砝码偏重哪一方则由他们根据内外干预的强弱而定。提到那一时期的村干部,当过的人说是"两头受气,都不买好",村民则说他们是"两面讨好,滑头滑脑",其实这正是对基层行政的实质和官民之间中介人双重性格的写照。

　　从村这一方说,干部行为的两面性,实际上是由村内事实上的权力结构以及传统的草根民主约束出来的。村民推举村干部的基本倾向是要求他忠实于村庄和家族,办事时不能损害整体的基本利益,否则"在干部这个位子上是坐不住的"。事实上,村干部行为的两面性是由国家和农民社会共同塑造出来的,即使在集体化时期,外来行政干预十分强烈、政治斗争严重的情况下,这两种约束的力量仍然同时存在,尽管全国性的统一政治文化直入村庄,但是并没有深入到将村干部的行为等同于国家基层行政官员,甚至村干部的任选,也不是可以由上级行政力量完全控制的。虽然地方政府通过行政的和党政的组织方式,对村干部有直接任免权,但也必须在村里找到国家利益适当的代理人。而所谓"适当",正是村民对干部任选产生影响的空间。从20世纪50年代中期到80年代初中期的30年中,这个村子的党支部书记就换过五任,大多不是出于上级单位的意图,而是与村内的民意要求和权力格局的变化有关。正如我们在讨论村干部代表权问题时指出的,这个家族村庄的正式权力结构往往是家族内部事实上的权力格局的外在形态。这种两相间的磨合乃至同构,使村干部不能不以维护家族村庄的基本利益为行动的准则。因为这个家族道德约束和村议传统极强的村庄,不会允许村书记和村长们的行为完全不着家族的边际,只偏向于官方行政,而会通过不断更换这个位置上的人选,让他们更贴近于家族。因而,村干部行政时,也即是外来行政力量向村庄渗透时,就具有了相当的弹性,家族村落原始的利益要求,经过他们的解释、转换和调和后,更具有了与外界对话的可能性和合理性。当 80 年代后国家放权给农民和村庄时,他们的这种能力和权力便得到了更为充分的发挥。从这个村子的实际情况来看,外部行政力量与村庄内部约束力量的长期互动和磨合,已经将"村干部"塑造成为一个真正的公共权威代表。一般来说,即使放弃了外加的行政头衔,他们仍是村民公认的处理村内公共事务的能人和权威人物。这也正是当初村干部敢于放弃集体制,带头试行包产到户,而后又有力量发动村民再行组织新的合作体制的原因之一。

党支部建在村上,是外部行政力量深入村庄的另一独特方式。集体制时代,国家和地方行政体系并没有正式延伸到村庄,村庄始终不是国家行政的一级政权单位,但是占统治地位的意识形态、中央政策和行政指令却可以直入村庄,其中,党支部建在村上就是一个最重要的制度保障。关于新中国建立之后,国家介入村庄的方式,已有研究指出,新中国虽然没有把国家机关延伸到村庄一级,但是国家机器却借助于另一种非正式的国家权力机构党组织来进行领导和管理。在生产大队一级,党支部替代了国家政权组织,并且党组织一直延伸到每一个自然村落。[1] 注意到这一点,对于理解这个家族村庄与国家和地方政权组织的关系,具有重要的意义。事实上,不论这个村子在集体制时期的内在权力结构如何作用,也不论集体制解体后其自治的程度多高,党组织系统作为外来权威和意识形态的执行者,对村庄的影响和作用都是不可低估的。

"村支书",是一个受到国家和地方政权组织认可的最高权力执掌者,在这个村子里,生产大队长、村长一般只当选为支部副书记,置于书记领导之下。这种法定的位置,对于确定村内的正式权威和权力结构,具有

---

[1]　黄宗智:《长江三角洲小农家庭与乡村发展》,中华书局 1992 年版,第 178 页。

深远的意义。在这个房系盘缠、村议传统久远、家族进取精神极强的村子里，不管哪种力量意欲掌握村中的最高权力，必先取得这个位置，在这个位置上独揽主要的决策权，以保证家族不致分裂，内耗不致太大，并且与外部政权保持一致性。于一个村庄而言，所谓官民交汇点，往往就是村书记个人，因而这个位置，历来是村内权力竞争的焦点，也是地方政权组织着力安排和培植的重点。

从这个村子集体制解体到实行股份合作制的过程中，还可以看到，党组织的存在和积极作用，使这个村子在组织上始终没有走向分裂。集体制的解体并没有在这个村子引起大的社会震荡，外来行政的触角从村庄收缩后，也并没有彻底动摇村内既有的权力结构和社会控制能力。除去家族所具有的内向聚合力之外，可以说，党支部体制的存在，是这个村子从"行政的集体制"顺利过渡到"自治的合作制"的一种制度保障。

在这个微观的经过工业化的村社中，党组织并不是一种独立的权力体系，它与村政组织（村委会）和村办企业组织有效地合为一体，即所谓"多种牌子，一套人马"。支部书记和村长就是企业的创办人，本身就是企业家，村里的能人也都集中在这里，干部一身几任，既合情理，又可高效率地办事。村里新近出现的"党支部书记—董事长"，"村长—总经理"的干部身份，就是这种"党政企"高度合一体制的表现。这个三位一体的组织，正是国家和地方政权组织、行政力量和各种法人组织与农民发生联系的中介，任何外来行政力量对村庄的介入都必需通过这个体制来进行。

"集体制"和"党组织"在村庄运作三四十年，功过两说，但从村庄行政的角度看，它们为村庄自行内政，提供了基本的参照框架，培养了一批有能力行政者，准备了既可与外部行政体系接轨，又可超越家族自治自理村政事务的组织基础。

作为一个单姓的大家族村落，尽管破除了封建家族组织形态，但其内部的治理，始终都存在自我运作的内部规律，从这个角度说，"生产大队"

"行政村"只不过是为了适应外部行政体系对村庄的渗透、影响和控制而"造"出来的。但是,村内公共活动领域的问题,始终需要一个超族的权威来处理,传统的"行政集体制"组织,显然被证明并不是一个成功的公共权威组织。特别是在工业进村之后,村社区的规模从人口到机构,都以数倍乃至十余倍的速度加快扩大了,大批非家族又非集体的人员和组织进入村庄,新型的非农经济聚集区,不仅需要一种超族的,也需要一种超传统集体的公共权威来自治。在"党政企"三位一体的村组织基础上演变而成的村政府,自然而然地担当起这个既行内政又行外政的责任。

村政府自治,并不是只给一个政策,组建起一个基层政权的新形式——村委会,就可以做到的。这个村子的自治,是伴随着工业化提出的一系列公共问题,如土地集中、村庄规划、资金合作、治安保卫、村民利益保障、村民与外来工关系、外商与外来工劳资纠纷等的合理处理,伴随着重建了自主自治的股份合作经济,形成了有实力的村财政,借助了村委会的组织框架,发育出类似政府的职能之后,才得以真正实现的。

当然,村政府并不是这个规模扩大了的社区内各种单位和机构组成的联合政府,而是以村庄的"党政企"合一的村组织作为基本框架的。在这个村子里,村政府行政经历了从公司行政过渡到村委会行政的过程。大量的"三来一补"企业进入这个村子后,从村庄转型为公司组织,是村子所经历的最重要的变革之一。股份公司或集团公司,不仅是村子的新称谓,也是它实际上借以生产、经营和管理的最基本的组织形式。而后,随着村政的目标与公司相对分离(见第十六章),村委会的行政职能逐渐独立化,更集中在社区的规划、建设、管理以及调节利益等方面。20 世纪90 年代中期,村财政所的正式成立表明这种转化已经有了制度化的形式(见图 15-1)。

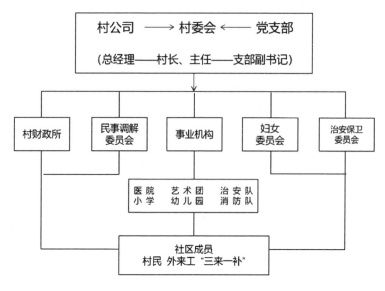

图 15-1　村政府执行机构图

这个村子的村政府现在已经具有了这样一些自治的职能:(1)制定社区政策,实施经济社会发展目标,规划和建设社区公共事业。(2)具有乡村"司法"意义的民事调解机构和治安保卫机构,其中民事调解机构不但处理村子内部的民事纠纷,而且处理外来企业与"打工仔"之间的劳资纠纷,民事调解机构还聘有一名专业律师专门处理村子与外界的经济和司法纠纷。治保组织也已经拥有一支装备精良、训练有素的治安队,还与驻村派出所联合形成了村内的治安和综合治理网络。(3)具有财政拨款的能力,由村财政所专门为村政建设聚财和理财。(4)推行社区协调和公平政策,制定"有差别的共同富裕"的社会目标,为村民创造充分就业的机会,也为救助贫困、帮助致富、提高绝对收入水平制定有多项具体政策。(5)提供较高水准的社区福利和保障。村政府的这些职能,显然已经是典型的政府职能,只不过它们不是"法定"的而是"村定"的,不是"行政"的而是自治的。

有关村政府行政、规划经济和村政建设、推行社区协调和公平政策以及提供福利保障的职能,在前面章节中已有所涉及,这里仅就村财政和仲裁与治安两项职能展开阐述。

第二节　村财政

在描述了村庄与行政体系的实际关系和自治能力之后,现在我们可以来看一看村政的中心——财政体系。财政这个名词,经济学家使用时是非常严格的,定义为行政当局依靠行政的强制力量,为支撑政府活动而进行的资金筹措和运用。对于村庄来说,冠以财政,实际上是一个值得研究的新现象。村财政,这里我们是在广义上借用这个概念,即把村财政看作支撑自治的村政府活动而进行的资金运作。

在村里,财政成为一项特定的资金活动,可以说是在外来的行政支持"断乳"和内部的自治范围扩大的两相矛盾中逼迫出来的。"集体制"解体后,村庄无论在名义上还是实际上,都不被包括进国家财政支持范围内。在地方乡镇的"制度外财政"即统筹资金中,虽然有一部分按比例返还给村,包括教育费、计划生育费、优抚费、民兵训练费、社会公益事业建设费等,但是这一部分也是由村庄上缴的。因此,自治权的另一个含义就是资金自筹自理。外来大工业进村之后,这个村子除去经济建设之外,还面临一系列新的社会问题和公共要求,为外来企业和外来工人提供可以公共消费的村财——优质道路、水电系统、医院、学校、酒店、公园、文化娱乐设施等;增设公共机构如治安队、消防队、民事调解和法庭;支付日益膨胀的行政开支,资助教育,主持收入的再分配,为村民"贷股"投资,调节贫富差别;等等。由乡镇统筹返还的资金,完全不足以应付这些所需要的开支,村政府必须有自己的"钱包",才能支撑和进行上述活动。这样,村组织逐渐建立起自己的财政体系,并且使它成为村政的基础和中心。

村财政体系的形成,与村庄中由谁来扮演政府角色有直接关系。在这个村子里大致经历过两个阶段:公司行政和村委会行政。从行使政府职能来说,这两种行政方式并无本质上的差别,但从管理和职能分化以及分权的角度看,确有不同。村财政所的负责人介绍说:

村财,在我们村一直都有,不过以前放在总公司账里没有专门的部门来管,现在建立了财政所,专门管理,专款专用。分开的好处是,责任分明,当然合在一起时能够节约开支。但是由于责任不清,实际上很多事情没有专人负责,财政上漏洞很大,比如有的商品房出租多年了,竟然没有收取房租。分开后,我们应该管什么,一清二楚,把一些常年漏掉的账都追回来了。

公司行政,表现出村级财政与中央和地方政府财政在性质上有所不同。它不可能,也没有必要是"行政当局依靠行政强制力量而进行的资金活动",因为在村里,政企是完全合一的。公司就是村集体组织办的,党支部书记即是公司董事长,村长即是总经理,村政事业自然就是公司的目标之一。从其积累中直接开支村政费用,不仅合理而且便捷,可以免去中转的成本。因此,公司行政在这个村子持续了近十年。村里各项大型社会事业的开支均由公司财政部直接支付,甚至一个时期内村委会的各项行政的专项开支,也是向村公司"申请拨款",以"实报实销"的方式进行的。村委虽然立有财务机构,处理经济事务和与小村合作社的经济往来账目及人平分配,也不过是公司财政下的二级财政。这种情形在周边一些举办股份合作制的村庄,以及东部长江三角洲那些集体经济发达、村办"乡镇企业"占据主导地位的村庄,也都可以见到。因为公司体制发育成熟,规模超出了村社区,村成了公司组织中的一个部分。村办的公司转而办村,正是这一类经济发达村庄普遍存在的现象。在一些村政事业开支巨大的村子,没有"村财"的说法和概念,也就不足为奇了。

不过,村政事务毕竟不同于公司业务,它有自己的运行规律,发展到一定程度,仍会从公司体制中分离出来。20世纪90年代初中期,村里的大型基础设施建设初具规模,进一步的管理和修建需要专理的机构。事业单位已增至七八个,也需要专业规划和管理。另外,村内新的就业制度,并不能保证村民在公司及下属企业内就业,从这层意思上说,村企并不同构,村庄仍有大量特定的分配问题需要专门机构来处理。再有,股份制的公司发展到一定程度,也要走出村庄,不能只专理村庄事务,也不可能保障村民股东的既得利益不受大公司遭遇风险的影响,公司内部分权,将村庄与公司相对分离,在这一时期也就成为一种必然。在这些背景下,村财政开始独立化,先于 1992 年分立了村财政机构,1995 年正式成立村财政所,属总公司和村委会双重领导,在体制上与总公司下属几大公司同等级别,在业务上专为村政府的活动聚财和理财。从政企的关系上,我们也可以认为发生了政企的相对分离,村政府有了自己可以独立规划和支配的村财,村里称之为"村的钱包"。"村的钱包"由财政所统一掌管,各小村合作社的财务仍具有相对独立性,由财政所监督管理。小村财务只负责合作社的收支账往来、人平分配和再投资等,并不承担任何村政建设、社会事业和福利方面的任务,与行政村的财政有着本质的差别。

村财政是自治性的,并不纳入国家和地方财政体系,因而收入的来源、数额和比例,都由村庄内部协商而定。从村际的差别来看,它具有一定的随意性,而于村子内部来说,却有一定之规,即是说它是分权体系的产物,比如村组织对村财政所在村财收入中应占有多大比例,就有明确规定;另外,它也是由村政府职能和活动范围的基本规模所决定的。

独立后的村财政收入,主要有四个来源,其中最主要的是村集体股份的分红收入。股份总公司按股份合作的协议,在股份收入分配前预先从中提留 30%,其中 10% 留在总公司,作为公司再投资和管理的费用,其余 20% 拨付财政所,作为村财收入,1996 年村财政收入达到 3200 余万元。从这个角度看,村财实际上也是"集体提留"和"积累"的转型,所不同的是,它已经独立化为由村政府自由支配的收益。这一笔年可收入 2500 余万元,约占村财收入的 75%。

另一笔收入来自地租,外来的"三来一补"企业除去租用公司出让的厂房外,还要占用不少用地搭盖辅助建筑,所交付的地租,直接由财政所办理。这一笔也可看作村庄土地所有权的收益。

再一笔来自废品收购投标收入。村公司与在村中办厂的外商有约在先,工厂的废品只能由村民收购。村财政所将收购任务在村民中招标发包,中标者须交付财政所一定的承包费用,作为村财政的收入。这一笔类似经营性收入。

后两笔收入虽然是经常性的,但并不稳定,大约占村财收入的20%。

还有一笔来自乡镇统筹资金返还,这一部分比较特殊,因为是由村财政直接从集体积累中统一上缴的,并没有摊派到村民。因此,常态下首先是村财政的支出部分,返还后也可视作"收入"。

这个村子的财政来源与一般村庄最大的不同,是没有向村民直接收取任何费用。乡按人头统筹的费用,均由村财政从积累中统一支付,发生的各种罚款也大都留在主办单位如治安队等。涉及村民利益的提留部分,早在分配前已完成。村民作为集资者虽然关心提留的总体比例,但是因为实际到手的股份收益已经是优于当地的水平,并且,村财中另有相当一部分用于人平分配和福利开支,因此,在村里很少有人将村财的积累视作"负担"而发生意见。对提留的比例虽有争议,但有"集体提留"的政策作为协定的依据,村财收入的主要部分是难以动摇的。

村财政的收入虽然是自筹的,但并不是完全用于村内的各项村政任务。村财政的一个重要任务,是作为村和村民的代表,统一应付外部社会的各种摊款、集资和地方政府的统筹款项。村财政的这个功能,是从工业进村初期处理无地农民与上缴国家农业税赋之间的矛盾开始的。20世纪80年代初期,村里实行家庭联产承包制后,国家与农民集体之间的关系发生了很大的变化,集体组织不复存在,农民家庭"一个个单独地站在国家权力机构面前"[1],成为被直接征税的单位。乡政府的征粮征税机构,或者在农民交公购粮时与农民直接结清税赋,或者下到村里,与村组织一起清收欠款,而村组织只承担造册和协助催收的工作,不再作为政府与村社利益的交汇点[2],国家权力与村社会在农户这个层次上直接接触了。80年代中期,村里集体集资举办工业之后,这种关系格局再次发生

---

① 黄宗智:《长江三角洲小农家庭与乡村发展》,中华书局1992年版,第322页。
② 黄宗智:《长江三角洲小农家庭与乡村发展》,中华书局1992年版,第181页。

变化,一方面村集体有了积累和财力,另一方面大部分村民没有了土地,或者土地已由农场经营,而农业的税赋尚未按土地量的减少相应地减少,于是,村财政承担起统一支付税赋的责任。一开始,这种责任和义务是以农户出让承包土地为条件,以后农业税赋随着这一地带城市化程度的提高而逐步取消,相应地村财政也因工业收益大幅度增长,实力雄厚,因而将替代村民支付外来税费、摊款和统筹金的职能一直延续下来。这种"集体代付",实际上已经演变成对村民持续非农化的一种保障或福利。这种情形不只发生在这个村子里,在周边和长江三角洲地区的超级村庄中也多可见到。甚至一些村庄在兼并贫困村时,将代付农业税赋和其他统筹费用,作为对贫困村仍从事农业的村民的一种福利性待遇。这样,自治的村财政创造出新的赋税方式,使我们再次看到国家权力和村庄利益复又在行政村这个层次上接触,村民生活中已无从感受到国家与他们之间的税赋(费)关系。这时的村集体与村民之间的利益关系,已经与公社体制下的集体大相径庭,而村集体的自治性质使村民实际上也难以通过与村集体之间的关系来间接体验国家权力的完整作用和意义了。这种新的赋税方式,使属于哪个村庄的问题,于村民最具有切身的利害关系,因而,村民与村庄重又紧紧地联系在一起了。

村财政支出的大量业务仍在于处理内政事务,这方面的开支主要包括基础设施修建费、事业单位费用、分配与福利费、教育培养费、救济和困难补助费等。

基础设施修建费,是村财政支出中最主要的一笔,大量"三来一补"企业进入后,这个村庄变成了一个非农产业的聚集区,百余个企业和近四万外来人口聚集在这里,对基础设施的需求日益增加,村财政先后投入巨额资金,在村内修建了医院、学校、幼儿园和各种高档酒店、宾馆、剧院、公园,以及道路、水电和其他公用基础设施。这些设施在村内构成了新的拟城景观,是村庄向城镇演化中最为突出的形象。村财政在这方面的巨额投资,不仅显示出经济上的实力,也因为它们具有"公共财"的性质,使村组织的政府职能更加明显。每年这方面的支出数视新上项目的性质而定,据 1996 年预算,仅此一项即将达到 450 万元。

事业单位费用也是财政支出的另一大笔费用,包括各事业单位的人员工资、行政开支、设备更新和房屋修缮费等等。1996 年开支的单位和费用预算如下:

事业单位费:总计约 345 万元,其中:

学　　校	60 万元
幼 儿 园	50 万元
艺 术 团	20 万元
治 安 队	100 万元
消 防 队	15 万元
合作医疗	100 万元(村民可报销 70%)

这些社会性的事业,不是外商投资的目标,也不是个体和私人经济活动的目标,在村里,只有村政府才能承担起供养事业单位、提供社会服务的职能。

人平分配和福利费的支出,表明村政府已经具备了收入再分配的职能。人平分配,是在村庄的工业引进项目和规划基本实现后开始实行的,数额每年有所递增,1996 年达到人均 6000 元。这部分支出体现着村政府的公平政策,也是保证村民的最低生活水平、缩小贫富差别的一项措施。福利费也具有同样的作用,不过在村里倾向用在救助老弱病残等方面,经常性的开支主要是老人金,每位 60 岁以上的老年村民都可以享受每月 100 元的津贴。村里有 300 余名老人,年开支在 40 万元左右。村里类似福利的开支,还有拥军优属方面,如对参军者照常发给工资,对家属困难给予补助。村里对特困户也有专门的开支,类似以前的"五保户"福利和保障,现在村里只有一位"五保"老人,由村委出钱常年请人照顾护理。

村财政在教育方面的开支一直逐年增长。常规性的开支是对村办小学和幼儿园的资助,另有一笔算作学生培养费,主要包括对村民大学生的奖励金,凡考上大学者,村奖励 1 万元;对村派大专进修生的培养费(学校收费及学杂生活费等),大约每人每年 2—3 万元,现在已有 23 人学成回村,分配在村公司和下属企业中工作,成为村庄有史以来自己培养出的第一代大学生。另有 43 名在学,每年的费用约 100 万元。这一笔在教育方面的高投资,曾在村民中引起争议,一方面是因为人力资本的投入在短时期内并不能显示效益,另一方面教育的高投入与受教育者实际所能提供的服务之间并不一定成正比例,因此,培养费用究竟应该由村政支出还是个人支出,在我调查结束离开村子时仍在争议之中。

现在,我们可以一个直观的图形对村财政的资金活动做如下归纳(见图 15–2)。

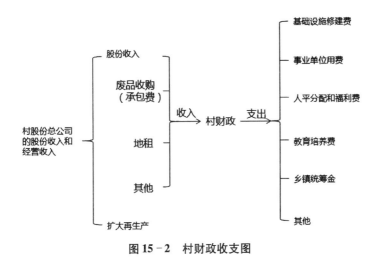

图 15–2　村财政收支图

显然,这样一种资金活动,已经是一种典型的政府财政行为。

第三节　仲裁与治安

"家有家法,村有村规",这是村里人治家治村的老规矩,办了工业,引来外商和"打工仔"之后,村子的规模大出了十几倍,活动的场所和设施也由聚居的老村扩展到村界内的每一个角落,甚至出了村域。原有的家法和村规就显得"小"了,不足了,治不住乱,也理不全事。建立公共权威,就成为维持新的社区结构和秩序的必要条件和当务之急。仲裁和治安,也就成为村政府的一项必备职能。

一、从家族秩序到社区秩序

村里人的相互交往,最易于处在正常有序的状态中,即使外来大工业进入村庄,也没有一下破坏这个状态,这便是一般意义上的秩序。换句话说,秩序也就是人们按照村庄主要社会关系进行的人我之间的有序交往。在这个家族村庄中,亲缘关系当然是最基本的社会关系,但它并不是在任何时候都处于主导地位,也就是说,家族秩序始终是村庄秩序的重要方面,但不一定是主导的方面。在有的时期,它甚至被压缩局限,仅仅在家庭生活的范围之内发生作用。比如,在严密的集体制时期,行政关系几乎统治了村庄,亲缘关系只在有限的生活领域里起作用,或者成为一种潜在的关系结构。在这个规模已膨胀了数倍的村社区中,不管它是显现的还是潜在的,都只能在社区全部生活圈中的一个部分——家族村落圈中起作用。

在村庄的公共生活领域中,实际上存在着三种秩序:家族秩序、行政秩序和复合的社区秩序。在公共生活的常态下,它们三者是交织并行的,各自在不同层面的社会关系下起作用。但就历史过程的不同阶段中的主导秩序来说,它们各自又都占据过统治的或曰中心的地位。家族秩序,在新政权的行政体系深入村庄以前,一直是村中占主导地位的秩序,族人严格按照家族关系和宗法关系交往,互动有序。家族秩序的中心是家族组织,组织的法规、律例和文化对这种秩序提供着制度保障和意识形态基础,因而这是一种高度整合的持久不衰的秩序。以后随着家族组织的解体,家族秩序不再处于主导的地位,而是变成了一种潜在的秩序,家族秩序作用的范围也发生了变化,它不只是遵循旧家族组织的原则,作用的范围也逐渐退出公共生活领域。新政权的行政体系渗入村庄之后,随着“集体制”的强化,行政关系超越家族而成为村庄公共生活中占主导地位的关系。行政组织突出了地缘和业缘的关系,并把它们严格限定在行政区划的框架之内,使之遵循行政的原则,因而尽管家族关系仍与地缘和业缘关系重合,但它的秩序原则却退位到潜在的地位上去了。不过,因为集体制框架内存在较强的民主制度,家族秩序虽然已潜在化,但仍有发挥作用的余地。

村庄实行自治并引进了大量外来企业之后,变成了超越家族边界和行政边界的非农经济聚集区。在村子的社会关系中,因为企业规模和人口规模数十倍地扩大,出现了新的地缘关系和业缘关系,相应地也出现了新的社会秩序。在这种分化的格局中,我们很难发现哪种关系和秩序是绝对占统治地位的。家族秩序、行政秩序、地缘秩序和业缘秩序共生共存,各自在不同的社会关系层面上发生作用,形成了复合的社区秩序。我们可以发现,村庄公共生活中出现了比以往乡土社会更多的摩擦、矛盾、对抗乃至冲突等紧张的相互关系,它们恰恰存在于上述四种关系的秩序之间,由于各自遵循的原则不同,处理的方式和制度安排也就不同,因而需要一种凌驾于它们之上的社区秩序。

让我们从区位的或村子空间分布的变化入手,来观察这个实际的过程。"三来一补"企业进入村庄后,这个村子在空间上明显地被分割成三个部分:工业区、新居住区和老村旧宅区。三个区在居住的地缘关系上有着比较明显的边界。工业区内散布着百余个外来企业,是外商、外聘管理和技术人员以及部分工人的聚居地,新居住区处在工业区与旧宅区之间,主要居住着盖了新房从老宅搬出来的村民户,老宅区仍然保留着,少部分村民在老宅基地上翻建了新房,大部分老宅出租给外来的"打工仔"居住。这三个区域是相对自治的,居民也形成了相对封闭的生活圈子,但是业缘的关系又使他们相互发生联系。村庄是工业区房地产权的拥有者,但企业基本上是由外商自治的。在这里发生的社会关系类型主要是业缘的,村公司为每个企业派村民任厂长和会计,主管与中方即打工者有关的人事和其他行政事务,协助工厂办理与地方政府和国家海关有关的业务。但是,村与企业之间并不形成政企之间的行政关系。在这个领域中存在的主要是依据业缘关系原则而形成的社会秩序,亲缘的原则失去了作用。虽然村庄的领导人与商家之间也发展着拟家族的关系,但并不占据主要的地位。企业对外来工的雇佣更是自主的,只有在出现劳资纠纷时,才会与村政府发生联系。

外来的"打工仔"集中聚居在村里的旧宅区。旧宅区大约有 2500 余间房屋出租,每间约有十人左右居住,估计有三万余人聚居在那里。他们按照自己的生活方式,或以亲属或以同乡为单位租房居住。由"户主"出面承租村民的房子,在治安队备有租房登记卡,按月将房租付给出租户,除此之外,与村民之间互不往来。不过,他们也与村民中的几个职业群体有着业缘的关系,比如厂长与工人、文职人员与工人的关系。这个小社区有自己的生活方式和内部秩序,"户"既是一个在经济上和生活上的互助单位,又是一个介绍工作、提供安全和保护的保障单位。从家乡新来找工作的人或是被企业解雇的人,都会暂时免费住在"户"里,大家有义务互相帮助。户间的交往也有一定的规矩,出现矛盾和纠纷,往往请同乡中有"面子"的内部权威出面调解。一般不会将问题发展到需要村政府出面解决的地步,因为在村中就业是他们来此地的目的,矛盾的公开化,意味着对村的正常秩序产生破坏,他们就必须离开。他们与工业区的商家是完全的雇佣和被雇佣的关系,就业与否并不由村组织来决定。

村民除去业缘的活动外,社会生活的圈子基本上也是封闭的。他们与外来人显得格格不入,生活方式和生活水平的差距很大。对外来人,他们既有主人的优越感,也有对安全和保障方面的担忧,除去因房屋租用的关系,与外来工、小商家有清还租款上的往来外,一般是互不交往的。近几年这种关系虽随"外来妹"频频嫁入村庄而有所改变,但就两个社区或两个群体整体而言,则完全是生活在两个不同的世界里。

村里这三个小社区,各自都有处理自己内部关系和秩序的原则和方式,他们之间的关系和问题是任何一方都难以用自己的方式来处理和解决的,如劳资之间的纠纷、村民与外来人之间的矛盾、外商与村民职员间的雇佣关系等等。由此我们看到了公共权威产生的必要性,而这个公共权威的中心必定是村政府。这是一个自治的村社区,外商企业和外来工的进入,都是协议的结果,即以遵守村庄公共生活的基本秩序为前提,因而在这里不可能产生跨家族、跨商家和外来工的联合政府,村政府就成了必然的法定权威中心。外商企业和外来工的大量涌入,也迫使村政府培养出了类似"国家机器"的性格,尽管它本身是村民或家族利益的代表,但现在它不能只站在维护村民利益的立场上与其他两方打交道,比如,它必须放弃对村民"终身雇用"的就业保障,给外商以聘用的相对自主权;它必须放弃以行政的原则来处理与外商企业之间的关系;它也必须在维护村民利益的同时,也要维护外来工在村中生活的合法权益,比较公正地处理村内人与村外人之间的关系;它还须作为外商企业与打工群体之间的中介人,处理好劳资间发生的纠纷。因而,在制度安排上,它不能仅仅依照血缘关系的原则,还必须照顾到与血缘并不重合的新生成的地缘和业缘关系;也不能仅遵照行政的原则,还必须用协商的非行政方式来处理与外商企业的关系,以及与外来工(非村雇佣者)的关系。否则,这个社区就无法维持正常的社会秩序。

在制度上,村政府作为非农经济聚集区的公共权威,也采取着与处理村庄内部事务所不同的安排,它更多利用的是协商、承诺、调解、自愿以及必要的强制机制。仲裁和治安,成为了村政府必备的基本职能。

二、仲裁的公共权威性

村里的仲裁,过去一直采取两种方式,一种是依照习惯法,由家族中的权威人士作为调解人和仲裁人,处理家庭内部或亲属圈子中的摩擦、矛盾和冲突等问题。另一种是由村组织作为正式的仲裁人,处理村民个人之间的、家庭之间的、个人与集体之间的各种问题。不过,即使在这个家族村庄中,后者的作用范围也越来越大,除去家庭内部的问题仍沿袭由亲属长辈出面解决外,家庭间的纠纷,一般已交由正式的仲裁机构处理。在这个层面上可以看到,村子里的父系文化特征虽然没有改变,但父权家长制传统已经受到极大削弱。在社区规模扩大之后,正式的仲裁机构还承担着处理大量的村民范围之外的各种社区秩序问题的责任。

在村庄实行村民自治制度以前,并没有正式的仲裁机构,治保主任、队长和支书就是仲裁人。以后建立了治安队,治安方面的纠纷转由治安队处理,治保主任则侧重于调解民事纠纷。1986 年村里先于其他村成立了"民事裁判处",设在村委会之下,成为专门的仲裁机构。1992 年经镇政府批准,正式挂牌,1995 年改名为"人民调解委员会",现设有调解主任和工作人员二名,另聘有法律方面的专业律师,兼管村庄涉及法律问题的案子。

　　调解委员会有权受理村社区内的民事诉讼,实行最终裁决,但保留诉讼人上诉政府法庭的权利。不过村内的民事问题极少有出村解决的,近年内只有过两例上诉法庭案例,一例为经济案,另一例为离婚案。村内诉讼的民事问题主要包括四类:劳资纠纷、经济纠纷、房基地纠纷和治安方面的问题。表 15-1 收集的是 1993 年、1994 年和 1995 年 1—8 月受理的民事案件,可以说明这四种类型各占的比重。

表 15-1　诉讼的民事纠纷案

登记案:件

类型	1993	1994	1995(1—8 月)	合计
劳资纠纷	80	75	54	209
经济纠纷	13	8	5	26
房基地纠纷	15	9	1	25
治安及其他问题	8	16	8	32
合计	116	108	68	292

　　从中可以看到,劳资纠纷成为诉讼的中心事件。外商企业里的劳资纠纷多由于解雇工人、工资低且拖欠不支、工伤病残赔偿不当、工作时间长、处罚严格等而引起工人不满,严重时甚至罢工。1994 年曾发生过 20 余起罢工事件,涉及的工人多达 4000 余人,少则 20—30 人聚众罢工,多则一次可达 400—500 人。劳资纠纷发生后,工人会结伴找到调解委员会,请求委员会出面与厂商交涉,合理解决问题。调解委员会处于一个中立的立场,受理诉讼后,先向双方了解情况,再考虑解决问题的可能性,最后会依据工人的合理要求,与厂方协商解决办法。对于工人的合理要求,

如补发拖欠工资、工伤赔偿等问题,则依据《劳动法》坚持让厂方补偿。调解委员会的裁决,在村中有"最终裁决"的意义,一经调解结案,双方都需照办。我曾问及,发生了劳资纠纷,工人为什么不去找镇政府设在村里的劳动站,他们比调解委员会更具有强制性的手段,如可给厂商和工人下"限令书",限期如何解决。外聘来村的律师解释说,区别在于政府机构利用的是强制性手段,村调委会则用协商的方式,"厂方更乐于接受协商的方案",工人则认为"找村子出面,解决的可能性更大"。我在村子做调查时,恰巧遇到一家企业的230余名工人闹罢工,原因是厂方拖欠十天仍不发给工资。罢工开始后,工人代表找到调解主任,说明理由,请村里出面与厂方协商解决。调解主任答应调解的条件是,工人要遵守厂规,听从调解。后经反复协商达成协议:厂方在四天内发给工资,工人立即复工,无正当理由不复工者,厂方可按厂规解雇。从法律程序上说,调解委员会的调解属于"诉讼外调解",如果调解失败,可以移交法庭处理。所以,村调解的实质是"给一个说法,让双方都下台阶",处理往往是"公道"的,厂方和工人都是村庄的"客",因而委员会调解的成功率很高。下面记录的几个案例,也反映出委员会的调解方式和成效:

1993年12月案例:一工人上班打瞌睡,拉长给以罚站、钻桌底的处罚。工人不服,找调解委员会处理。处理意见:拉长写保证,今后不得再这样对待工人;工人承认错误后继续留厂工作。今后不得互相报复。

1994年1月案例:一工人上班睡觉并旷工一天,被厂方解雇后要求重新处理。处理意见:厂方一次性为工人结清工资,并补发给路费150元,方可解雇;工人因违反厂规,应扣工资20元,在本月工资中扣除。工人应另找工作。

1994年1月案例:某厂20名工人原在包装部工作,厂方以原料不足为由调这些工人到制衣部工作,工人不同意调动,原因是调动后工资减少,双方发生对抗后,工人要求调解。处理意见:厂方有权根据工作需要调动工人,但应保证工人原有的工资水平;如果工人不同意调动,在原部门做满一个月后方可辞退。

　　劳资纠纷的调解方式,反映出村政府仲裁的两个特点:一个是裁决具有公正性和公共权威性;另一个是采用协商的方式,可以将已经开始激化的矛盾冷处理,让双方达成新的协议。在处理村庄内部摩擦和冲突时,问题就要复杂一些,往往需要补充以其他的方式。如经济纠纷案和房宅基地纠纷案就要涉及村民之间、村民与集体之间、村民家庭之间的问题。目前村内的日常冲突也主要发生在这两个方面。经济纠纷的类型与以往不大相同,以往"偷队里的番薯""多吃多占"即是严重的问题,反映了社员、干部与集体之间的关系。现在的经济纠纷多发生在公职人员和村内经商人员之中,如治安员私拿个体户的物资,报关员开空头合同非法获利,利用职权贪污,私自出卖工厂废品,等等。调解委员会受理后须秉公办理,一般做出退赔、罚款的处理。对于较严重的经济问题,村领导得知后,也会先交委员会审理,先用民事调解的方式,劝其立即清退,以避免构成经济犯罪。

　　宅基地纠纷的增多,反映了村民建房、拆房、转租活动的增加。村民生活富裕后,最重要的投资就是修建新楼,从而使古老的房地问题比任何时候都显得突出。以往房地问题多出现在近邻和大家庭内部,也多由家里的长辈出面仲裁。现在处理这类问题,亲属的权威已显不足,因为房地问题虽为家庭私事,有的却已涉及政策问题,需要公共权威的裁决,因此村民往往要"找村里做个见证人"。不仅建房多占了人行道、房界纠纷、强占他人猪舍等一类的问题,要调解委员会出面评理,做出裁决,而且,房屋转让、共墙拆除等一类的问题,也要调解主任做个见证人,署上名,盖上村委会印章后,双方才肯签协议,按手印。协议一式三份,村备一份,当事人双方各一份,以便在日后再发生纠纷时,以此为凭据。即使兄弟间转让祖屋,也要在调解委员会立有同样的证明书。下列一份,颇具代表性:

　　　　敬启者:本人潘某甲。潘某甲现将先父潘某名下之屋地转让给潘某兄用作建屋之用,售价为人民币四万元正。今后此屋地之产权属潘某兄所有,本人特立字为据。

　　声明人：潘某甲(章)、潘某甲(身份证号)

　　见证人：潘某乙(调解主任)

此致　　万丰村大队台启

1993 年 6 月 20 日

　　另：潘某甲之屋地界线说明。

　　批：性质属实。希沙井司法办另行办理过地转让公证书，为盼。

(万丰村民委员会章)

　　除去房地一类涉及村民家庭之间的问题外，即使是家庭内部的许多问题，村民也愿意请委员会这个正式的权威机构来解决，如夫妻感情不和、闹离婚、收养孩子、"男到女家"的养老义务等等，都要拿到村里立个字据。原因不仅是"公家说话没有闲议"，还因为正式的调解机构懂得法律，办事周全。一户无子女的村民要收养一个儿子，找调解主任的目的不是出证明上户口，而是让委员会帮助写下有水平的双方协议。条文经聘用的律师斟酌，把双方的责任、义务规定得清清楚楚，今后若发生当事人之间不(抚)养(老)，要按规定赔偿给对方，委员会是该协议的见证人。以往，家庭内如果发生这类问题，比如"男到女家"的女婿不养老人，家族虽会出面处理，施以压力，协调不好时，也只能依照习惯法"将他赶出村去"，并没有强制的补偿办法。

　　在这个家族村庄，离婚一直是村民不齿的事情。出现了夫妻不和，家内家外、远亲近邻都会出来调和，妇女主任还专门负有调解的责任，在村人的记忆中，村内至今尚未出现过一起离婚事件。因此，"夫妻不和"成为离婚的替代关系，也成为民事调解的重点。进入民事调解的"不和"关系，已濒临破裂，它的维持也需要公共权威给予强制的压力。

　　1992 年 6 月的一起调解协议，记录了如下的协定：(1)丈夫从今日起开始保证回家睡觉；(2)保证每月给妻子家用 1000 元；(3)保证每天回家吃饭；(4)凡要外出应酬，须打电话通知爱人；(5)双方共同搞好家庭团结；(6)今后谁先动手打人谁负责任。和解协议在村人的监督下执行，家庭关系仍可维持。

　　20 世纪 90 年代初期,村里出现了第一宗离婚案,引起全村的关注,调解委员会立即出面调解。委员会的总结中记录下了调解的过程:

> 　　首先对潘某的婚姻状况进行分析,认为潘某夫妇是自由恋爱结婚的,婚后夫妻感情和谐,生活幸福。但后来由于潘某生活条件变化及第三者的介入,潘某产生了与原妻离婚的想法,并常常借故刁难,甚至大打出手。据此,我们一方面对潘某进行批评教育,指出其错误思想的根源和做法。其次是对第三者进行说服教育,使她认识到自己的行为是破坏他人家庭和睦的不道德行为,是对自己也对别人不负责任的做法。经过摆事实、讲道理,使第三者认识了自己的错误,毅然退出了感情的纠葛。之后,潘某也认识了自己的过错,取得妻子的谅解,夫妻言归于好,恩爱如初,和睦相处。

　　调解成功后,这个在村史上为数不多的"出村案",终于撤诉。

　　这种解决村内摩擦和矛盾的调解方式,也反映出村政府仲裁的另外三个特点。其一是具有乡村"司法"的意义,调解机构扮演"见证人"和"公证人"的角色。村内的矛盾和冲突,发生在"爱得深恨得也深"的亲缘的和熟人的社会中,处理轻,没有"铁面"的"一、二、三条",就治不住乱,而处理重,丝毫不讲"情面",终归还要受族人的责难,因此所谓"司法",即是给一个正式的族人认可的说法。"给说法"的人具有公共权威性,并且由村政府任命。以往父系长辈的权威虽然存在,如果办事不公道,虽遭族人责骂,但并不能改变他长幼有序的权威,而仲裁人是众人推举出,又经村政府认可的,虽然一般多由有行政经验的、年长而有威信的同族人担当,但是如果办事不公,就可以被撤换,因此,仲裁人的人选是村里人极为重视的。其二是具有家事村事自理的倾向,"治家丑之责任在家族"的传统影响至深,至今极少有出村案发生,自治自理一直是这个单姓家族村的传统。其三是具有"安全出气阀"的作用,村内的矛盾和冲突,如果没有外来力量的介入,如政治运动等,当事人之间多不愿意撕破脸面,但又需要一个诉说和发泄的机会,仲裁人往往是一个好的倾听者,在整个调解过程中,听诉说、进行规劝和说服是最主要的内容,让双方诉尽说够之时,往往也就是问题解决之时。调解机构的设置,就等于给了一个有公证人在场的正式的发泄机会,即所谓"把工作做在事情发生之前",让当事人表白、倾诉、发泄之后,矛盾和冲突就不致激化。

三、治安的范围与机制

社区结构和秩序的变化,使村庄"治安"的概念和重心也都发生了相应的变化,从村内部事务由治保主任劝架,转为村社区秩序由专业治安队和其他有关机构治理,就是明显的一例。

村社区治安的范围,随着社区规模的扩展,也分三个区进行。在村民居住区主要是护宅、管理房屋出租和日常治安工作,内部事务和调解工作主要由村政府的有关机构处理。在工业区内主要是护厂和治安,工厂一般自设门卫和护厂队,村治安队则负责工业区治安协调工作和对职工住区的管理。比较复杂的是外来"打工仔(妹)"生活居住区的治安管理工作。外来工占村内新增人口的绝大部分,最多时聚集有近四万人,分两处集中居住,小部分住在工业区内提供的集体宿舍,大部分则住在老村宅内。住在村宅于他们有许多便利,可以按亲戚、同乡自由组合,聚集而居,可以在暂时失业时保留住所,还可以为新来找工作的亲属和同乡提供暂住的场所,等等。因此,只要可能,他们就会选择这种居住方式。由同乡聚集而居,再加上工厂随订单多少而招工和辞工,有为数相当的人经常处在无工作、换工作和寻工作的状态下,给这个居住区带来一些特定的问题,对它的治理,主要是解决劳资纠纷,调解同乡群体间的冲突,预防和惩罚犯罪,处理刑事案件,解决特困病残者及死亡的外来工的安置和抚恤等。

对外来工居住区的管理,成为这个村子治安工作的一项主要内容,这与外来人口大规模涌入村庄造成的治理上的压力有直接关系。第一任的治安大队队长曾做过这样的描述:

　　1988 年那一年,全国各地许多农村人来到广东。成千上万的农民涌来,每天都有从广州成群结队扛着铺盖卷过来的青壮年劳动力。……春节前后,万丰村里一下子来了三万多人。他们睡在马路上、屋檐下,大多数是湖南人、四川人。万丰人很同情他们,但实在接受不了这么多人。村领导叫治安队搭了一个大棚,先让他们安顿下来,还搞了一个临时饭堂,一边让他们吃好睡好,一边劝他们回去,让他们看看工厂满员的情况。经过治安队和其他同志的劝说,他们陆陆续续走了,临走时还给他们发放了路费。一些实在不愿回去的,工厂想方设法安排了一二千人。①

　　外来工居住区虽是村子的一部分,但已自成社区,内部有自己的生活秩序和协调管理办法,村里人对此默许,不加干涉,而村庄治安和治理工作却充分利用了这个条件。外来工从家乡出来找工作,一般都是同乡中有人先已在村里工作,回家时再带一批同村或同乡人出来。在村治安队暂住人口登记簿上可以看到,很少有人单个来到村里,一般都是几个人结伴而行,多的一次可以达到 30—50 人。来到村子后,与老乡联系,安排进老乡屋内住下。围绕同乡中的带路人,自然形成一个同乡网络。老宅区的住房出租办法,也给同乡人聚集提供了便利。村子里有 2000 余间房屋出租给外来工居住,一般由出租人公开贴出招租启事,承租者揭下启事后,与招租人议定房租,然后必须到村治安队租房登记管理部门正式签订租用合同。承租人可以将同乡安排在内居住,新来的同乡人先要让熟人打听有没有空位,经了解居住安全可靠后,才会进住。同乡间不管认识与否,都有互相帮助的义务,凡新人来住,找到工作之前,同住者不收其房钱,可以免费吃饭,日后找到工作,再按规矩付清所欠房钱。在这里,承租人或代管人是一个重要组织者,由他决定居住权,分摊房钱,并负责收费后交给房主,住房内发生了问题,一般也由他调停。打工人生活拮据,为

---

　　① 伊斌:《乡村里的都市》,载程贤章等:《深圳有个万丰村》,上海文艺出版社 1991 年版,第 66 页。

减少房租支出也为居住安全可靠,一般同乡屋内都聚居多人,一间不足 18m² 的房屋,搭有上下铺位要住 15 人左右。每人仅有一张铺位的空间,而且男女同屋,但内用间壁分开。我所访问的二区 108 号"打工户",居住着 17 个四川达县人,其中 3 对夫妇,5 个男青年,6 个女青年,房间 20 余平方米,被隔成数个适宜居住的小格子,大家分灶吃饭,共同承担房租,互相介绍工作,很像是一个小的群聚部落。同乡屋中有许多自定的规矩,一般都严格而自觉遵守,违反者,将被同乡责骂,甚至轰出村去。例如,同乡屋中男女同住,但有严格的规矩,男女不可互相侵犯,若有不轨的言行,即会遭众人责骂;同乡间对公开同居的则给予默许,但对非自愿的两性关系则持反对乃至严禁的态度;对无钱付费的,允许白吃白住,对有收入后仍拒付欠账的人,嗤之以鼻,对偷盗行为更是不容忍。这也许正是同乡屋能够长期维持,打工人自我保护的一种必要方式。

同乡屋承租人或代管人的身份,很像一个"户主",他在治安队立有承租合同,负有执行和监督执行村内各种规章制度的责任和义务,是治安治理工作经常联系的对象,一方面,打工人中的问题依靠他们自治自理;另一方面发生了问题,治安机构也要依靠他们了解情况,协调关系,化解矛盾。外来工居住区内超出同乡屋的其他问题,比如同乡群体之间的冲突、公共秩序的维护等,则要依靠其他办法解决,同乡网络里的中心人物、治安队雇用的外来人,以及工厂中负责介绍工人进厂的外来工等,都是治安治理工作中常动用的"关系"。

这个规模超大的村社区,仅仅依靠社会关系网络,并不能解决所有治安问题,拥有一支自治的治安队伍,仍是村政府执法和治理必备的手段。这个村子在集体制解体初期,首先成立的就是自治的保卫队,治安队长在介绍 20 世纪 80 年代至 90 年代初的情况时如是说:

> 我们治安队是 1980 年成立的,当时才几个人。1982 年工厂办起来,规模越来越大,外来的"打工仔"越来越多,人员复杂,治安状况一天比一天严峻。村党支部迅速扩大治安队成员,现有 48 人,两个

副队长,我负责处理各种事情,两个副队长办理外地人的户口和负责巡逻队工作。巡逻队白天分上下午两班巡逻,晚上分三班倒,工作十分辛苦,但我们没有怨言。村里对我们的工作很重视,认为这是保护投资环境、保护工厂、维持安定生活的重要手段。村里拨款买了 5 辆摩托车,30 多个对讲机,十多支警棍,还有消防指挥车、消防车、洒水车。我们受宝安县公安局领导,服装由深圳市统一发放,一年两套。队里有五支冲锋枪,是半自动的,这在其他地方是不配备的,只有我们这儿有,一年训练一次射击。董事长和总经理经常来看我们,问我们力量够不够,工资够不够,要不要补充人员。①

20 世纪 80 年代末期,村治安队按规定撤去武装,但其他设备和人员都大大扩展了。90 年代中期,人员已达 85 人,配备对讲机 32 台,下设三个分队,分管不同区域的治安秩序,护村护厂,就连打击犯罪破坏活动、侦破刑事和经济纠纷案件等活动也由治安队会同地方公安部门解决。1993年地方公安部门在村里正式设立派出所,主管治安联防工作,特别是负责对不法人员的监控,对涉外案件和其他经济纠纷的处理,对犯罪破坏案件的侦破等。村治安队则与之结成联防警区,监督治安管理条例的执行情况,处理违反条例的事件,协助派出所调查了解犯罪案件,以及对居民举报的其他案件的处理。

治安队对各种问题的调查和处理,往往不是独立完成,而要约请村调解委员会、妇女委员会一起办案,比如,发生劳资冲突,治安队便会同村调解委员会一起处理,治安队从维护治安的角度做出安排,民事裁判和处决则由村委做出。一些驻村机构进村后,这个"综合治理"的网络又扩展到内外的有关机构,设立了"综合治理领导小组",联结的机构包括派出所、治安队、民事调解处、外来人口管理办、出租房屋管理办、治安巡逻队、护村队、护厂队、护楼队、消防队等。这个网络机构设置齐全,规章制度也严

---

① 伊斌:《乡村里的都市》,载程贤章等:《深圳有个万丰村》,上海文艺出版社 1991 年版,第 64 页。

密规范,联合行动的举措,使它很有震慑力和效率。

村干部对"综合治理",有更深一层的考虑,认为要想做到长治久安,铲除邪恶,消灭犯罪,必须以每个社会成员积极参与社会治安、抵制邪恶势力为前提。为此,人头脑中必须有一个约束自己行为的准则,有一个明辨是非的观念。以往潘姓村长治久安,盛世不衰,就是因为有老家训"礼让传家"压阵角,这个传统今天也不能丢掉。村书记根据村民们注重遵循传统伦理道德的习俗,也参照新时期提倡精神文明建设的要求,将四字家训改为"礼让谦贤"。这个新四字伦理格言被张贴刻印在村子最显眼的地方——村入口处和公园牌匾上,并写入《万丰村规民约》和《万丰村精神文明建设规定》中,不仅在村民中大力弘扬,做到家喻户晓,尽人皆知,也要求一切进入村域的新居民和暂住者共同遵守。

村里的文人对新四字伦理格言做了如下诠释:

"礼、让、谦、贤"有新的丰富的内涵:一是号召村民有自强不息、自信自尊的精神,以增强村民的向心力;二是以正道直行、崇高气节培养村民扶正压邪、择善而从的是非感和正义感;三是以贵和忍让、坚持中道的修养,教育村民注重和谐局面,讲团结,顾大局,克服私利,维护公众利益;四是以平衡平等、共同富裕的思想去缓解矛盾,安定社会;五是用求是务实的精神教育村民面对现实,珍重人生;六是提倡豁达乐观、胸襟开阔、兼容并蓄;七是强调以道制欲,用理性节操自觉抵制黄色思潮的影响;八是用礼乐人伦、忍耐和谐的思想去教育村民讲究人格人伦、自尊和尊重他人,重视家庭和亲情,在朋友关系上讲道义信用,在家庭关系中讲父慈子孝。

村里人还使用了"软件"和"硬件"的新概念,来解释这一套新伦理"软件"与综合治理的各种"硬件"机构之间的关系,希冀通过二者的相互配合,让这个家族村的传统发扬光大,让新的社区长治久安。

第十六章 公司与社区

公司,原本不是乡村社会的组织方式,但在这个村的村民眼里,它却比"企业"(狭义的工厂概念)更易于接近和接受。因为村里没有自办企业的基础,大量的"三来一补"企业涌入这个地区,又营造了一个抑制地方工业的外部环境,因此把村里分散的资金集中起来使用,引进别人的企业,经营外来的加工业务,即所谓"办公司",就很自然地成为村里人努力逮捉的机遇。村里人的公司概念是"舶来品",他们认真参照过香港和内地城市公司的机构设置和管理办法,他们所办的公司完全是公司的典型形态之一,即公司不是经济活动的一个独立单位(企业),而是一个集资组成的联合单位,一个集中经营的企业群体。因此这个办在村里的公司,在外部形态上与城里的并无两样,但我们也看到村里人联合起来集体办公司的基础与城里人又有很大的不同,他们是在村社区的基础上办公司,即是说公司是新型的社区经济的外在形态,而在内部关系上,公司与社区几乎是同构的;然而,公司与社区毕竟是两种不同的经济和社会结构,当公司经济日益有能力在社区保护之外寻求发展,而社区的利益目标也日益独立化时,两者之间便出现了分化的趋势。在村里可以看到,一方面,社区非农经济化的过程把村庄变成了公司,让公司成为村庄实际上借以生产、经营和管理的最基本的组织方式;而另一方面,社区经济和社会生活以及社区文化的框架已经越来越难以包容和满足公司运作的目标和行动,公司与社区的相对分离已露出端倪,显然村庄正在寻求更为适宜的"村—企"体制。

第一节　村庄的公司体制

在前面的有关章节中,我们已经描述了这个村庄股份合作制产生的条件和背景,这里再从股份公司体制的角度,进一步探讨公司体制何以能在村庄中生长,以及这个长成了的体制所具有的特别之处。

一、村办公司

公司,虽然不是乡土社会的东西,但在村庄成为非农经济聚集区之后,却成了村庄最基本的组织模式,甚至是村庄最为炫耀的外部形象。在村域外的市场环境里,"万丰股份总公司"的称谓已经取代了"村"的名称,这一方面表明,村庄有实力与其他任何"身份"的公司站在同一个起跑线上平等竞争;另一方面也表明,村庄从经济结构上已经基本完成了向企业组织的转型。在村里,公司大楼已更换两处,每一处都是那一时期村内最为宽大显眼的建筑,每更换一次,村内主要的社会生活中心也随之变动一次。伴随公司而来的"公司文化"也深刻地影响到村里人的生活,最为明显的是"经理"的称谓已经成为村里人普遍接受的"尊称"。当你一时不能判定某个有地位的人的准确身份时,称呼为"×经理",总是会受到欢迎的。不过,这一切并不说明公司是从村社中长出的,相反,在某种程度上说,它是"办"出亦即"做"出来的体制。

村庄办公司的基础是社区。在社会的宏观或主流经济结构中,是没有村的位置的,比如村庄在办企业的初期,从银行几乎贷不出款项,也无法从体制内获取到任何资源。村办公司可利用的主要资源都需在村社区里寻找。经济的资源包括闲散的资金、剩余劳动力和可转为非农用的土地,这些资源对于启动一个不直接经营企业而主要是引进外来企业的股份公司,虽然不充分,但已基本够用,并且这些资源村集体利用起来最为便利。因而,被排除在体制外的村庄,在这一特殊时期反而获取到了引工业进村的有利条件,比起可以在体制内运作的镇,在地方市场中更具有竞争力。实际上,这个村子及其周边村庄的经济,确都比所属镇或邻近镇起步得早,发展得快。一个重要的原因就是,村庄得益于本社区的物质资源的支持,而镇则缺乏可以直接利用的条件。就此来说,村庄办公司离不开本土社区,需要社区经济资源的支撑,更为重要的是,村社区,特别是家族村落的社区,还提供丰富的社会性资源。在村内,虽然物质的和人才的资源都有限,但是,依靠这种社会性资源再组织起来的村民,就有了与命运抗争、参与社会竞争的力量,办法就是在村内开发保护性的经济。他们在村内举办的各种股份合作团体,从家庭扩展的集资团体,以房为基础的小村合作社和家族的联合股份合作社,都是不同层次的保护性经济实体。这种社区保护性经济给村庄带来的最显著的变化,就是管理人员群体和致富群体的崛起。我们在分析村民非农化的过程中已经指出,单个的村民在城乡二元社会经济体制的大社会环境中,很难获得有保障、收入高且稳定的工作,更不用说获得较高声望的职业了。但是,这个村子近年的发展表明,村民百分之百的非农就业机会是本社区提供的,他们中还成长出一个为数众多的厂长、经理和管理人员群体,这是他们获得社会流动,有能力和力量参与社会竞争的一个明显标志。在这个群体中不乏企业家人才,但是最近十余年中,却没有人在村外发展个人经营的区域和范围。企业家、管理者群体和致富的群体,不仅在本社区经济中获益,而且不断地再投资到这个社区,全心致力于社区的发展和建设。从这个意义上说,万丰这个村社区不仅是一种家族的社会力量和资源,同时还是家族再组织起来的经济力量和资源。现在,以社区经济扩展和壮大家族社会,又以家族社会保护社区经济,已形成一种良性互动,替代了以往依靠外来的行政体系谋求发展的模式。从这个角度看,我们也就不难理解,如今潘姓人总体上都株守万丰这个村庄,几乎无人再迁居他往,甚至个人向外扩展经营区域和范围的活动也很少,因为一旦离开了社区的母体,他们也就失去了竞争、就业、升迁和发财致富的最重要的保护。从这个意义上来说,社区保护性经济是村庄非农经济的实质,而公司只不过是这种经济的一个外在形态,不管这个外在形态如何变化,社区经济对村民的保护作用都是难以改变的。这正是公司与社区关系的实质。显然,保护性经济为这个社区带来了繁荣,没有公司与社区间的良性互动,村民就不可能集体地获得向非农转化的机会,也不可能跻身于与大社会的竞争。与此同时,随着对大社会经济日益深入的参与,保护性经济却越来越缺乏包容性,这也是日后公司与社区相对分离的原因所在。

公司是村办的,不仅是指公司产权归属于村,也指以村庄的方式办公司。这个村早期举办股份公司时,就直接将村组织的结构引进了公司体制,形成了"党政企家"合一的组织体系。这个体系的对外名称是"万丰股份总公司",内部的构造则既保留了村组织的全部特征,又引入了外来企业作为下挂单位。下面从三个层面对它进行观察。

从公司的领导体制看,产生了一个从未有过的新的社会分类。"党支部书记—董事长""村长—总经理",同时,他们还是家族推举出的代表人物。这个新的社会分类和管理体制将村组织和家族社区的多种目标直接带进了公司目标中,也使社区的社会事业直接由公司承担。这种结构,从经济学的角度看,具有节约组织成本、减少费用(谈判、交涉等)的特点;从社会学的角度看,则是公司体制借助了社区深厚的社会基础,具有了高度的内聚力和整合性的特点。由于公司主要不是一个直接组织生产和经营的企业,因而内部的工作方式也沿用着村组织和家族社区的方式。董事长可以更多地依靠感情、信任和承诺来组织自己的工作班子,在干部的任用、部门间的协调、公司与外商企业的关系等问题上,也不是用事本主义的态度,而往往是动用利、权、情结合的方式加以处理。同时,这种新的社会分类和管理体制,使公司可以充分利用社区内外的社会关系资源,协调和平衡村内外不同组织系统间的关系。公司的领导人就是村里的精英人物,既是村庄"党政企家"权力的执掌者,也是协调各系统的中间人。在村庄中可以看到,村政组织者的角色,使他们在领导公司时,不至于使公司的经济行为只遵循经济的原则而偏离社区利益太远;而企业家的角色又使他们不至于完全为了政治的和社区的利益,而使公司在经济上损失太大;党组织书记的角色,使他们具有行政的意识和观念,不至于使村庄自治脱离国家和社会的控制太远;而家族推举的代表人的身份,又使他们必须为家族的兴旺发达而做谋略,寻找到既能保障自我发展,又能为外部行政体系所接受的办法。总之,这种双重的性格和角色,使他们实际地维持着村子内部的,以及村庄与外部市场体系和地方行政体系之间的关系。

另从公司的基本构架上看,村组织与公司亦是合一或同构的。我们在第九章中曾经指出,村里的股份合作体系是一个多层级的合作体系,它的基础是集资团体(大的亦称公司)、股份合作社和合作联社,这每一个层级又是与家族村落的自然结构如扩大式家庭、房和族的结构相一致的。合作的原则中既有亲缘关系的原则,也包括行政村的地缘关系和集体利益的原则,这样结构而成的公司体系实则也是村庄的社会结构体系。

再从公司与下挂的外来企业的关系上看,百余家"三来一补"企业群体,与公司之间只形成部分管理的关系,并不由公司直接经营和管理。它的主要生产、经营和管理过程都独立于公司,只有一项必要的经济管理活动,即原料的入关和产品的出关,由公司专设的外经部协助办理,公司与企业之间依靠内地厂长上下沟通,公司只对其进行间接管理和政策方面的指导和监督。可以说,它们不是公司的实质性构造,因而基本上无从影响到村组织结构和村庄文化向公司的延展。

从上述意义上说,不管有无公司这个外在的组织形态,村庄的社区经济和社会构造都起着决定性的作用,公司只不过是一个做出来的、为适应新的内外部环境的一个社区变体。

二、公司办村

如果从组织变迁的角度看,村与公司之间的关系,又经历了从"村办公司"到"公司办村"的变化过程。工业进村之后,这个村子有史以来第一次成为一个自治的经济实体,一种可以参与大社会竞争的非农经济力量。村子不再仅仅是家族聚居、以农谋生的传统社区,也成为一个非农社会经济结构。在组织方式上,集团公司成了村的代名词,集"党政企家"权力为一体,在相当一段时间里,村委会都是公司内的一个分支机构,主管农业和村政事务,村财政也只是公司财政的二级核算单位,经济管理完全是以公司的方式进行的。从这个意义上说,村庄就是一个公司,是以公司的方式存在的。

但是我们发现,公司办村并没有改变村与公司之间关系的实质,而是在公司成为一个市场主体之后,更加强调了它在本质上作为村社区经济主体,对村庄所负有的天赋责任和义务,更加突出了它的多元目标中社区发展目标的重要性。

公司与社区的关系不同于国家计划中的工业企业与安置地的关系。村公司的非农经济是以社区方式存在的,是一种以社区为基础的生产和经营,不仅公司发展所需的经济和社会性资源来自本土,生产的基地在本土,而且向域外的扩展也以本土为中心,发展的终极目标仍是社区发展。因为大社会的主流经济并没有给村公司提供充分的在域外生存的经济空间,离开本土社区,它也就相应地失去了社区给予的保障,失去了原来发展中的种种优势。因而,公司办村的主要目标,是把祖居的社区建设成一个更适宜非农生产和经营活动的社会经济聚集区。

公司与村民的关系也不同于城市集体企业和国企与职工的关系。在这个实行股份合作制的村子里,公司是村集体和村民个人投资创办的,村民无论在形式上还是实质上都是公司真正的所有者,但却不一定是公司的职工,他们中为数相当的人从事公司经济以外的经营活动,而公司的职工特别是在下挂企业中工作的职工,主要是外来人,不具有村民身份。但是,公司必须首先为全体村民承担义务和责任,它的收益分配政策的覆盖面主要不是公司和企业的职工,而是全体村民,它也不是以收益再分配的形式让职工同时享有福利保障,而是让村民以财产所有者的身份直接享有财产收益,如享有股份分红、人平分配和其他保障。公司不仅是村政事业的财力后盾,也是村民生存保障、利益保障和事业保障的单位。

公司办村,主要承担着这样一些责任和义务:以拨款方式支付村庄经济建设和社会事业发展所需要的一切费用;承担国家和地方给村民的所有税赋和其他费用;以工补农,以工建农,在村内已无农业的情况下,则投资域外农业;为村民提供福利和保障,公司一方面以集体再分配的方式取代村民已失去的土地"终极保障",另一方面为村民提供各种优惠待遇和福利,还在村域内举办各种公共服务设施,为所有的社区居民提供消费性社会服务;等等。

由此看来,公司办村对这个村子具有划时代的意义,表明村庄已经完成了依靠农业社区的支持和积累实现工业化的初级阶段,以工业为中心的非农经济力量已经主导了村庄的社会经济生活。社区与公司如同母体与子体之间连有脐带一样,以相互间的生息依赖共生共存。

第二节　公司与社区的边界分化

观察公司与社区之间的关系,可以发现,由于各自活动和起作用的领域不同,它们有着不同的边界。社区的边界划定着村庄与外界之间的疆域性界线,如以亲缘和地缘关系为基础的地域共同体的范围、以土地所属为依据的村界、以行政关系制约下的村组织行政界限等。公司的边界则划定着村庄主要经济事务和活动的非疆域性边缘,如村庄的经济组织、市场网络所涉及的范围等。从上述意义上说,以公司成员身份划分的经济边界的范围,已经远远超出了社区边界。这种差异反映出村庄边界多元化的趋势:村庄是由多种独立的、不完全互相依存的边界构成,它们反映出村庄经济和社会生活的基本范围分化的程度。[1]

在这两个不同定义的边界内,村庄代表着不同的事物,根据不同的目的执行着不同的任务,并且受到不同社会规范的制约。

一、公司边界的开放性

村公司的目标是多元化的,但相对集中于经济效益,所对应的主要是

---

[1]　有关村庄边界的论述和其他引述,请参见折晓叶:《村庄边界的多元化——经济边界开放与社会边界封闭的冲突与共生》,《中国社会科学》1996 年第 3 期。

市场空间。作为一个建立在祖居地上的社区经济共同体,公司的经济活动并不受社区边界的绝对制约,而是以相对独立的商品生产者的身份,遵循市场的,也遵循社区"利""权""情"的原则,通过契约,也通过默契和信任,来与一切可以合作的经济伙伴建立新的经济关系。这种经济关系的结构也像一个网络,以村公司为中心,既沿着经济的从中心至边缘的差序格局,也沿着"利""权""情"的差序格局向外推展,直至参与国家大市场经济和国际经济。虽然现时的公司在某些经济行为上,仍带有社区保护性经济的封闭性特征,但它已经不是一个以本社区为边界的封闭性的经济组织,它既包括了村域外的经济合作伙伴或投资入股者,同时它自己也是域外其他公司的合作者或投资者,它的经济网络的边界已经是开放的。具体来说,其开放性表现在如下一些方面:

1. 外来资本和工业的聚集。引外来资本和工业进村,使这个村子的经济直接进入了国际市场体系,不再处于"孤立封闭的社区发展模式"[1]中。它的非农生产和经营活动,一开始就不是为满足社区需要,而是为市场目的进行的,并且这个市场已经扩展至国际市场,聚集在这个村子范围内的百余个"三来一补"企业,就是为国际市场生产商品的外向型经济。这种外向型经济,实际上促使村社区出让了土地、人力和物业资源,同时又引入了外来资本、技术和设备,在一定程度上打破了资本和资源市场的封闭性。

2. 人力资源的引入。伴随非农产业聚集的,是人力资源向这个村子的大规模集中。进入村公司的主要有进厂做工的工人和进入公司机关和企业的科技管理人员,其数量超过本村人口的近 20 倍。根据村里的外来人口登记簿的记录,他们近则来自本省腹地的贫困山区,以罗定县、高州县、信宜县农民为多,远则来自四川、广西、湖南、江西、贵州等近 20 个省

---

① 参见何道峰:《从封闭走向开放的历史抉择——从江阴县就业结构看社区型乡镇企业的历史功绩和封闭隐患》,载《乡村变革:当代中国农村政策问题探析》,人民出版社 1995 年版。

市,最远的来自新疆等地。这些外来人口作为整体,来源相对固定,成为村中相当稳定的暂住人口,但作为个人或群体的流动性仍然很大,每年都有大量的人往返于家乡和这个村子之间,有的一去不返,有的在返回时还带来一批新的求职者。这种钟摆式的流动,将这个沿海村子与内地和其他地区的就业等经济活动联系起来,其他地区不仅成为这个村子劳力的供给地,也从这些外出打工者的经济收益中获利,外出打工甚至成为当地农户脱贫的一种方式。① 在村里打工的人不同于一些去大城市"开眼界"的"打工妹",他们以吃苦赚钱为主要目的。村子里的打工者告诉我,他们定期或不定期地将打工赚得的钱带回或寄回家乡,大多数在二三年后就帮家里盖上了新房,有的帮助兄弟上学深造,有的为自己积攒下了办嫁妆的费用,还有的回乡后利用打工赚得的钱和"闯天下"的经验,在家乡开店、做小买卖等。总之,人力资源大规模地进入这个村子,不仅使村子和外来人不同程度地获益,也使村庄与内地和其他地区在经济和人员往来上发生了实际的联系,这在一定程度上既打破了这个村子,也打破了那些内地村庄以往孤立封闭的人力资源供给模式。

3. 本土资本和所有权的扩展。这个正在工业化的村子,不仅成为一个吸纳和接受外来资本和工业的开放地区,而且一当公司的经济实力足以使自有资本向外输出时,它作为一个投资者的欲望便不再局限于本社区内,于是走出村域,向一切可以进入的经济领域扩展。向当地城市的国营企业进行参股经营,是扩展的一种方式。20 世纪 90 年代初,深圳地区的一些大中型地方国营企业开始尝试股份制改造,总资产已超数亿元的村公司正在寻求域外发展的机会,便立即运作,以自己早已熟识的入股方式,向一家微电机股份公司、一家电子工业公司和另一家通信工业公司参股,投资总额 5000 多万元,当时分别占各企业总股份的 36%、28% 和 25%,成为控股公司之一。为了有效地参与经营,监督管理,还在深圳市设立了办事处。向城市国营大中型企业参股经营,并且成为控股公司,使

---

① 参见黄平等:《发展的困境——农村人口外流的后果》,《东方》1996 年第 2 期。

这个小村庄的经济以独特的方式进入主流经济,对地方宏观经济开始产生实际的影响。1997 年伊始,这三家参股公司中有两家的国有股部分已划拨给一家管理规范、规模庞大的上市集团,村公司作为它们的控股公司,将在这种格局中发挥怎样的作用,尚有待进一步观察。可以肯定的是,村公司的入股资本将随之向地方更深广的经济领域扩展。

这种资本和所有权的扩展,也促使村股份公司的产权开始向多元化的结构变革,具有了更大的包容性和开放性。村公司内部有多种产权主体存在,除去占主导地位的村集体股权外,还包括村民及社会个人股权、村内外乡镇企业股权、外资股权甚至国营企业股权。这种多元化的混合的产权结构,无疑使村庄经济具有了包容不同地区、不同行业、不同所有制的资金、技术和其他资源的能力,这种变化也无疑有利于促进不同产权的合理流转和组合,在逐步消除产权封闭性的基础上,实现资源配置的社会化。

4. 域外产业和经营。发展域外产业是村公司 20 世纪 90 年代以来的主要倾向。尽管在域外的发展遭遇到诸多挫折,几经扩展几经收缩,但是本域发展空间的狭小,迫使这个经济大村不得不顽强地去域外寻求机会。现在域外的产业和机构有 16 家(见表 7－2),除去在深圳市的三家控股公司外,设在海南省、云南省和本省惠州市的主要是经营房地产业的公司,设在本省中山市的主要是工贸公司,设在深圳市的办事处是一个综合性机构,既参与管理三家参股公司,负责金融往来和贷款,还负责收集经济信息和公共关系事务,是村公司在村外的一个窗口。设在邻近市区的工业区和办事处,则主要是为扩展新的"三来一补"企业。产业向域外的扩展有一个重要的特点,即与土地租赁和购买有密切关系。也许在村里人的意识中,有一块土地抓在手里,是最要紧的事情。外购的土地被派了两种用场,边远地带的土地因为有发展房地产的预测,多留下来等待地产热的到来。在周边地区所购得和租到的土地,则被用来建造新的工业园区,现有三处,大朗山大洋工业区占地 12 万平方米,清湖工业区占地 7 万平方米,公明工业区占地 4 万平方米,也都建在其他一些村子里,打算按本村发展的路子,引进新的"三来一补"企业,现已有一些厂商迁入。域外产业的基本目标,是直接参与地方市场乃至国内大市场和国际市场的经济活动。参股经营和经济窗口的成功,说明它有实际参与能力。尽管村公司在域外生存的可能性仍受到宏观经济格局的控制和影响,但突破自身的封闭性,也打破外部的体制壁垒和市场壁垒,参与大社会的经济竞争,已经是村公司十分明确的中长期目标了。

在这个村公司的经济扩展活动中,还应提到一笔的是,20世纪90年代中期它曾着力争取股票上市,欲将一个村的资产运营和产权推向市场。后因上市政策的限制和公司规范化管理方面的某些问题,未能成功,但这个由村里人积极运筹的行动,表明了村干部和村民突破村庄经济的孤立、封闭和狭小的决心。虽然公司股票上市,对于村集体和村民在资产所有权上将产生怎样的影响,一般村民并不清楚,但他们对手中的股票一旦全部卖出,还有没有对土地和集体资产的所有权、村子还是不是自己的等等问题,已感困惑,从中可以看出,这类产权变革终将对村社区经济产生重大的影响。在我们所研究的东部长江三角洲的超级村庄中,已经出现村公司股票上市的例子,村公司以这种方式进入宏观经济运作的大市场,将对打破村社区保护性经济的封闭性产生怎样的影响和作用,还是一个值得深入观察和研究的新问题。

二、社区边界的封闭性

公司经济边界的开放,无疑会使这个村子与更大范围的社会大体系发生密切的关系,现在它不仅是国际市场体系的次级结构,也是国内和地方经济体系的次级结构。在上述情形加剧的同时,我们却没有看到村庄解体的情形。与之相反,一方面,村公司与外部社会诸多体系的联系日益加强;另一方面,村社区的内聚力和自主性也在加强,这两者同时并存,互为因果和补充。虽然村社会由于经济边界的开放和社会流动的加剧,已经不是一个传统意义上的封闭社会,但原本就在村落文化作用下存在的社会边界的封闭性却依然存在,并且由于它对村社区经济的自我发展和自我保护更具有实际的意义,因而它不仅存在,甚至在工业化过程中更形加剧,还具有了新的适应力和两面性。下面让我们从它产生的社会根基——家族村落文化说起。

1. 村落文化的扩展及其内向聚合性。作为一个单姓家族村,这个行政村就是一个大自然村落。由于族大村大,内部仍存在着房村和族村之间的差别,房村逐渐演化成小自然村,族村则划为行政村。所谓村落文化的扩大,是指工业化过程中发生的村落文化特征及其作用范围的变化。在工业化过程中,这个村子的"自然"村落结构正在发生深刻的变化,房族村落文化的作用范围,随着村民工作范围的扩大、居住地域的变动和调整而有所减小,而"行政"村作为工业经济共同体的地位上升,家族亲缘关系和祖居地的地缘确认即社区身份之间也发生了更密切的联系。随之,村社区文化在村域里起着越来越重要的作用。村社区文化,在这里与发达村庄作为一个社会的和经济的共同体的结构特征有密切关系,它以社区资源和利益的共享意识为主要特征,超出了以信息共享为主要特征的村落文化[①],同时它还包括了对社区资源和利益共享的行为规范和价值观念。这种文化是由国家制度文化的大背景和村庄文化的小环境共同塑造出来的,既是传统的,又因为乡村工业化而被赋予了新的内容,因而在村庄社会结构发生变化时,它显现得尤为充分。

资源和利益共享价值观念和行为规范的强化,首先与国家推行"集体制"框架有密切关联。集体制的推行,使这个原有的家族村落更加显现出以村为边界的基层政权组织和集体土地所有制的制度特征,即使传统的集体制解体,也没有从根本上动摇这个制度特征,从而进一步加深了村庄地缘性的联带特征——封闭性,使村社区资源和利益的共享带有强烈的社区共同体意识和排他性。

就这个家族村来说,村社区文化中的资源和利益共享价值和规范,还与家族共同体的意识(在这里我们视之为非制度文化)有密切关联。在

---

① 李银河:《生育与村落文化》,中国社会科学出版社1994年版,第58页。

村里住过一段时间后,就可以发现,这个单姓家族村并不是仅靠"内聚"一种意识和力量来维系的,还存在着另一种与之相反的意识和力量,即"内抗",这两种意识构成这个家族共同体意识的双重取向。在这种既聚合又离散的力量作用下,这个家族村才不致破裂,也不致墨守成规而无变革。村社区资源和利益共享,正是这种双重取向共同作用的结果:内向聚合力决定了家族村的资源调动和利益分配,不可由外人参与,而离散的和不同利益主体之间的竞争,又决定着共享这些资源和利益的原则、规矩和方式。

不过,就"共享"意识和原则的本质来说,仍然是内向聚合的,"内抗"和离散,并不是为了促使共同体解体,而是让它达到新的内聚。因此,在面对共同体的整体利益和问题时,家族利益就高于房族的、团体的,更高于家庭的和个人的利益,历史上形成杂房村,与他姓村分村,以及后来实行股份合作制时为无钱户"贷股"投资,都有这种内向聚合力从中起作用。这说明,家族村的内向聚合力量是一种始终潜在的稳定的力量,只要族居的方式还存在,村民经营事业的活动还有明显的本土性,它就会不断地被激活并被加以利用。即使工业化的过程也没有削弱它,甚至进一步强化了它,因为办在村里的工业带有明显的地域经济的特点,是在传统的有着家族社会关系结构的生活聚集区内,实现着工业和其他非农生产和经营活动的聚集。

家族社区内向聚合力的联带特征是其社会边界的封闭性。这种封闭性,不仅表现为社区意识中具有"内聚"和"排外"的取向,也表现为内部的社会关系和合作圈子相对固定,以"亲—地"双缘身份为边界,还表现为社区资源和利益的配置具有"抑外""强内"的规则。这些特性,是在村庄的自我发展与自我保护成为一对并存的相关问题后而更加凸显的,并且与公司经济边界不断向外扩展呈相反的趋势:经济边界越是开放,社会边界越显闭合,越是形成一道保护的屏障。

2. 合作主义与社区保护。工业进村促使村里人在经济组织上采取了股份合作的体制,这个体制不同于一般的股份制度,从社区的角度看,它带有家族村合作的明显特征;从社会的层面进一步透视,合作就不仅是一种经济的意识和行动,也是村里人的社会意识和行动。因而合作主义包括两个层面:它既是村民在经济上和保障上联合与互益的一种行为规范,又是一种强调社区内部的社会关系、情感和长期利益的价值取向。这种文化所强调的关系和利益,往往是与公司所遵循的市场原则相悖的,其目的是在村庄经济发展的过程中,通过村政功能的作用,达到资源和利益共享的目标。因此,村民的合作行动具有强烈的排他性,并形成对社区的保护屏障。

其中,最彻底的莫过于对村民就业权利进行保护的意识。早在公社时期,就出现过为保护村民劳动权利而导致的农业"过密化"现象。因为"集体单位犹如大家庭,不能解雇其过剩劳力","不容忍部分人失业,哪怕这意味着对其他劳动力更有效的使用"。① 这种情形不仅在传统集体制下和农业经营时代存在,而且一直延续到现在乡村工业化后的新合作制时代。在村里可以看到这种现象,工业化初期,绝不能为了获取最大利润而首先雇佣价格便宜的内地劳力,而是必须首先满足本村村民就业要求,并支付较高的工资(实际上从事收入较高的管理工作),只不过后来因村内的劳力不足以满足大工业的需求,大批外来工的流入才淡化了这个事实。不过,现在村庄对村内劳力的保护,造成的并不是"有增长而无发展"的农业"过密化",而是村庄社会的相对封闭性。当村民劳动权的保护成为特权时,便在村域内形成了相对封闭的职业圈子。在许多村庄都可以看到村民专事管理,而外来人(除去村庄特聘的技术或管理人才)则大多数专事体力工作的现象。

村庄的合作主义还是一种以"村集体"为合作轴心的文化。在村股份合作体系中,虽然可以找到许多由家族、亲朋、自然村落形成的初级合作组织,但它们最终都以投资入股的方式与大村集体建立了合作关系。这种由村集体为主导的合作体系,使村庄的整体利益神圣不可侵犯,在村

---

① 黄宗智:《长江三角洲小农家庭与乡村发展》,中华书局1992年版,第200—201页。

民的意识中也再次确立了没有村庄的整体繁荣,就没有农户个体的长远利益的观念。但与传统"集体制"时代不同的是,新的合作主义既承认村民个人所有权的意义,同时又强调村民共同占有的合作精神。

以村集体为主导的合作主义,还与"共同富裕"的社会意识有一定的关联。村政府推行让村民"人人都富起来"的社区政策,通过集体的人均分配和福利等社区收益再分配的形式,保障村民的基本生活水平。由于共享社区资源和利益是村庄合作主义的基本目的,因此全面性的合作是以本社区为边界的,不与社区关系之外的人和组织发生任何关联。村公司以其他方式与外部发生的合作,并不参与对这些共享资源和利益的分配。

显然,村庄的合作主义追求的不是单纯的经济目标,即使在经济上追求的也不是绝对利润的最大化,而是以保障村民利益为前提的相对利润的最大化,以及让村民"共同富裕"的社会目标。尽管这种合作主义带有相当的封闭性,但却使村庄在工业化过程中的经济举措得到村民的认同,从而有效地吸引了村民的资金和劳力,迅速而顺利地实现了土地、资金、劳力和其他社会性资源向行政村的集中,完成了工业化的原始积累和扩大再生产,建设了村政设施,举办了福利事业。在这里我们又一次看到,在村籍制度、集体制传统和新的社区经济共同体的作用下,合作主义成为村庄发展的一个重要的文化资本。

村庄合作主义所联带的社区保护行为,是在多个层面展开的。亲缘保护是最基本的形式。

在村庄里,传统的家族关系几经削弱,已经不是一个明确的合作集团,但村民们在利益关系重大的问题上,仍然首先求助于亲缘的圈子。最初级的合作就发生在亲朋和亲族之间,因为他们被认为是可靠从而可以首先合作的对象。在亲缘圈子的意识中,远离亲人是不安全的,与他人合作远不如与亲族合作。亲缘保护的传统意识在农民重新组织起来时,不但没有淡化反而被加强了。

基于亲缘关系而建立的合作圈子并不是封闭的,它在村庄内部具有相当的开放性,因为开放的最大边界仍是亲族,任何一个村民,只要愿意合作,就可以平等地参与其中。而在村庄的再合作过程中,地缘的关系反倒显得更为重要,更具有相对的封闭性。这种以地缘关系为基础的合作,范围比亲族合作圈子小,因为它以村集体组织为核心,合作的对象是全体户籍村民,并不包括无村籍的亲族关系,因而受益和承担风险的也是全体村民。村集体合作体系的内部产权,是以不同层次的合作对象所拥有的股份份额来确定的。外部产权则具有强烈的排他性,因为这是以全体村民为法人成员的共同所有权,是以村民身份为边界的。在这里,强调村籍的地缘保护得到了加强。此外,在村域内还可以发现各种以社会关系为基础的生活圈子,如工作圈子、居住圈子、交往圈子甚至婚姻圈子等,都是以亲缘或地缘特别是"亲—地"双缘关系来划分的,"村里人"和"村外人"的分野,处处都很明确。这种相互间的排斥,不仅是村庄意识中的也是制度化的。其中,村籍制度和分配政策,都具有代表性。我们将村籍制度留待下一章与其他一些相关问题一起讨论,这里先说分配政策。

3. 剩余资产的福利性分配。村公司的剩余资产,来源于投资收益,是预先按比例从厂租收益中提留的,扣除用于扩大再生产的部分后,转入村财收入,属于集体积累的性质。如果说它的形成基本上是一个经济过程,那么分配就不完全如此,而更接近于一个社会过程。分配的原则和范围都受到社区合作关系和保护政策的严格制约,最明显的是,分配带有社区福利的性质,只覆盖具有村籍身份的社区成员,并且一人一份,平均进行。对这部分依靠股份合作所得的剩余资产,非社区成员不能从中受益,即使是有股份投入的出嫁女,以及新媳妇、"男到女家"的新女婿,在一定时期内也不能参与分配。还有在村公司工作,亦有股份投入的外聘职工,也不能参与这种分配。这在当地的股份合作经济中已成为一种较为普遍的现象。①

---

① 参见张晓山:《走向市场:农村的制度变迁与组织创新》,经济管理出版社1996年版,第110页。

非社区成员,包括那些投资入股的职工股东,对实际中蕴含着他们剩余劳动的剩余资产不具有索取权,在村民和外来人眼里,似乎都是很正常的事情,因为股份合作的剩余资产已经转形为集体积累,村集体合作体系之外的任何人都没有分享的权利。由此可见,虽然公司股份合作的范围有向社区外扩展的可能,社会股东可以在公司中占有一定的比例,但剩余的分配,却带有强烈的社区封闭性。拥有社区成员的身份,不论投资多少,都可以分享一份福利性分配;失去这个身份,即使拥有许多股权,也不再有分享剩余的权利。在这个经济发达的村子里,集体资产在十余年中一直保持着增值的趋势,这也就意味着,具有社区成员资格也就具有了获取利益并且利益日益增多的机会。正因为如此,"社区成员"是一个相对封闭的圈子,因为移入一个居民,就会分走一份剩余资产收入,也就意味着其他村民的收入会减少,而减少一个居民,原来分给他的那一部分就会节余。这也是村中出嫁女不愿意离开村子,被列为"空挂户"的原因之一。在这个实行股份合作并逐步向规范化股份制过渡的村子里,仍然保留着产权的社区所有制形式和村民的剩余财产收入方式,不能不说是村社区文化反作用于经济体制的结果。

从社区边界封闭的种种表现中,我们可以发现,这种在社区文化作用下产生的相对封闭性具有双重的影响。一方面它与市场原则作用下边界开放的公司经济时常发生着冲突,要求经济发展为村区利益做出必要的让步,经济理性必须依据村社区文化进行某些调整,因而它造成的封闭性,正在成为村庄经济持续发展中的难题;而另一方面,这种封闭性与公司经济的开放性之间又是共生共荣的,村庄的内向聚合力和合作精神、自我利益的保护机制等,又是村庄在缺乏外援的自我发展中,能够迅速在经济和社会两个方面都获得巨大成功的保障。因此,对于村社区边界的封闭性,我们不能不加具体分析地一概给予否定,在一定的发展阶段,它无疑是一个可资利用的必要的社区基础,是相对于主流经济的封闭性而产生的自我保护的积极的促进因素,也是防御主流经济对它冲击和排斥的"防卫界线"。不过,它们对村庄的持续发展和社区变迁将产生怎样影响,还是有待深入研究的问题。在这个村子里,我们已经看到,社区边界的封闭性正在促使公司与社区发生相对分离的趋势。

第三节　公司与社区的相对分离

我们在分析村财政时已经注意到,村公司与村行政组织从目标到所对应的空间,都已经发生了分离。公司的目标需要更集中于经济效益,所对应的是市场空间;而村政的目标需要更集中于社区的规划、建设、管理和利益调节等问题,所对应的是地域空间。又由于地域空间狭小,所通行的社区规则带有强烈的内聚力和排他性,难以包容公司经济要求打开封闭的边界、向外扩展的需要,因而,公司与社区的分离渐成趋势。

1. 法人资格的相对独立化。村里的公司不同于以往任何时候的乡村经济团体,"法人资格"使它具有了国家法律确认的正式身份。公司董事长可以在客户面前一拍胸脯,说"我是一级法人"。在外商和客户眼里,村公司与其他公司并无两样,与它建立契约关系并无区别。而其实它的权利来源却不同于许多法人企业,从根本上说它的权利是村民授权法律确认的。[①] 村民授权的方式是通过村集体实现的,村集体虽然不是法人团体,但其权利授自于村民,当它作了公司的大股东之后,也就自然拥有了村民作为股东授予的权利,成为法人代表。因此,它的"法人资格"隐含着社区集体的权利和身份,这正是公司与社区之间关系复杂、"剪不断、理还乱"的原因所在。

但是,具有现代法人团体特性的村公司的产生,又无可避免地促进了社区组织创新的进程。村里围绕着法人公司发生的再组织,对村民和社区这两个关系层面,都产生了重要的影响。

首先,公司的法人资产具有了独立于投资者个人的意志,公司,成为

---

① 参见李培林、王春光:《新社会结构的生长点:乡镇企业社会交换论》,山东人民出版社 1993 年版,第 64 页。

了独立的行动主体。这一点,我们在前面讨论"法人资产的集体含义"时已有明确说明:村民一旦加入股份合作体系,他个人投入的资本就经由原始产权转型为股份产权,从而不可能再逆转复归为原始产权,他个人也就失去了对入股财产的支配权,这个权交由法人管理。显然,法人产权形成后,就具有了相对独立于社区成员——投资者的意志和行动,也就是说,它所拥有的资源、利益、权利和义务,不一定就等同于组成法人的村民所拥有的资源、利益、权利和义务。村民作为股东也只对公司负"有限责任",当公司因经营不善而承担某种风险或承担某种法律责任时,村民股东可以不必承担,等等。这正是公司有可能与创建它的投资者个人分离的制度基础。

其次,公司作为法人企业所拥有的一系列独立的资源、利益、权利和义务,显然是不能分解到社区成员的,也不能直接等同于社区集体的权利和义务。这不仅因为村公司已经是一个多元产权主体,除去社区集体和社区成员外,它的参股者还有社会单位和股民,即使它的产权覆盖面等同于社区的范围,村社区也已经成了一种新的非农社会经济力量,公司的行动目标也难以与社区集体行动的目标完全达成一致。作为一个抽象的和虚构的法律实体,它在本质上已经无可避免地与社区分离了。① 比如,公司可以根据村政的需要,支付一切与社区建设和社会事业有关的费用,却难以如同村组织一样,直接作为村民的代言人,也难以如同村集体一样,通过集体行动来维护共同利益,因为它毕竟不是一个社区利益团体,这一类的行动,即使在"党政企"合一的公司体制中,也是分而治之的,即使由同一个村干部处理,也是以不同的角色身份和责权范围来进行的。村企合一,在相当程度上出于在资源配置上的相互配合,以便降低企业成本,既包括降低组织成本,也包括降低产品成本的需要。另外出于集权的需要,"党政企"(在这个村子里还应加上"家")合一的体制更便于集中而快

---

① 李培林、王春光:《新社会结构的生长点:乡镇企业社会交换论》,山东人民出版社1993年版,第66页。

捷地处理大工业进村引发的各种新问题。而当村公司的组织体制已基本定型,社区和公司的行动空间出现了分化,进一步有了分权化的要求之后,公司与社区在行动目标和空间上的相对分离,也就有如水到渠成了。

2. 村企分权体制。公司与社区分离的最早迹象是形式上的,即公司与村委会在地理位置上分开了。公司原先就设在村中心的行政村办公楼上,村企机构在最近十余年的时间里,不仅人员重合,办公在一处,就连财务也是一体两用的,真正是"多种牌子,一套人马"。20 世纪 90 年代中期,盖了新的公司办公大楼,地点选在村边东北角面临公路的地方。公司迁址时、与村委机构彻底分开,各自设立独立的职能机构,公司机构已由原先的经理室、财务科和外经科,增设到包括物业部、政工部、文教宣传等在内的六个部门。这个地域上的移位,不仅将公司景观更凸显出来,实际上也将村庄的权力中心和经济中心从村内移到了村边更引外人注目的地方。不过,这时公司还只是从地理位置上离开了村社的中心,还没有形成实质上的分权体制。

分权体制的明确标志是村财政所的建立。1995 年建立村财政所时,公司与村经济联社正式分家,以往村经济联社所欠债务,以拨付土地给公司的方式一次还清,以后再欠债务或再获收益,均与公司无涉。公司则按协定,将股份收入的三分之二直接转为村财,拨入财政所账户,财政所成为专为村政府聚财和理财的机构。村经济联社专职负责大小村集体经济的经营和管理,村公司则相对独立于社区事务,重点处理公司的自营经济、对外业务往来和开拓域外产业。这样分权的结果,使公司和社区的运作都更具有独立性,各自的利益边界也更明晰。更重要的是,分权之后,将村政府的职能从公司中彻底分离出来,村政成为一项相对独立的事业,不仅有独立的行政机构,而且有独立的财政和独立的运作方式。

村公司内部出现二级法人公司,是分权进一步深化的表现。总公司下新设的两个二级公司,一个主要经营和开展自有经济,另一个则主要处理村内房地产业遗留的问题。这个分权的方式,实际上是进一步将社区利益与公司利益划分开来。比如,村内新建的房地产业由于受到当地经济政策调整、房地产业萎缩的影响,一直处于闲置待兴的状况,成为村公司经营十余年来背上的最大经济负担。在总公司内部股份分红率尚未统一的情况下,这些项目投资者的收益明显低于其他项目投资者的收益。公司分权,另立法人公司经营这部分产业,不仅是保障总公司整体躲避风险、不致被拴在一起亏损的经济举措,也是将法人公司所负的经营责任与社区投资利益群体划分开的社会举措。分权后,这个二级法人公司的损失,不再直接涉及村集体和村民以往投资的部分,而由总公司从总收益中适当给予补贴。总公司为其制定了"暂不盈利,保本经营"的策略,使其不致倒闭,以便等待当地有可能再度复苏的房地产热。

由此可见,分权的实质是确保社区得益,并给公司以更大的经营自主权,并没有削弱公司的实力和实权。"党支部书记—董事长""村长—总经理"的工作重心仍在公司,公司仍掌握投资、经营的总政策和规划,控制经济总量和分配计划,仍是村庄权力中心所在。总之,公司代表着现阶段村庄作为一种非农经济力量的总趋势和总需求,分权只不过以"村定"的正式形式,将公司与社区的行动目标和所对应的工作空间,更加明确地划分开来,使各自向更典型的法人公司和政府形态演化。

接下来的问题是公司会不会远离社区。公司与社区在边界上分化和行动上分权,出现了相互逐渐脱离的趋势。那么,在村社区基础上成长的公司,会不会终将完成向现代公司的转型,从而远离社区,成为与社区不着边的独立的经济实体呢?这将是一个有待深入持续观察和研究的新问题。就万丰村目前的情形看,公司与社区虽然出现了分离,但二者之间的脐带关系仍有随之而系紧的趋势。从它们二者的本质关系来说,村公司是社区性的,它对社区负有天赋的责任和义务,社区发展一直是其终极目标。从体制和制度上说,公司与社区分权,并没有从根本上动摇"党政企"合一的领导体制,村企一体,仍由党支部等村组织从中维系。主办公司的村庄领导人,并没有取得独立的经济人格,他们所拥有的书记头衔和家族代表人的身份,仍对掌握公司实权有着决定性的意义,失去这些通过严格选举议程"村定"或"群定"的位置,即失去执掌公司的权力。这些都说明,在村社会基础上创立的公司组织,它的外形结构和经营管理体制纵然近似于现代公司,但其内在的结构及其与社区的关系并不一定会随之发生变化,只要村公司发展的制度背景、社区基础和经济条件不发生根本性的变化,村企之间仍有可能利用它们相互联系的优势,持续而稳定地发展。至于会有什么力量将摧毁它们之间的内在联系,尚有待于新的经验验证和进一步的研究。

第十七章 社区身份和职业分化

村里人以往的流动性很小,祖辈守住村子,在老宅里生活,是受尊重的传统生活方式。社区身份,对他们来说是自然获得、几乎一落地即有的东西,并不需要特别加以确认。户籍,虽然在他们与城里人之间划定了严格的界限,但相对于他们来说,城镇才是进不去的,农村则相对开放着。尽管家族村历来都排斥婚姻以外的人进入,却并不严格限制同族人的出进,即使一时失去社区身份,也还可以再恢复。因此,社区身份往往只被作为一个文化认同和社区认同的问题,户籍才被认为是阻碍社区流动的最重要的制度因素,似乎改革了户籍制度,也就搬除了社区活动特别是城乡流动的制度障碍。其实,问题远比想象的要复杂得多。在乡村工业化和地方市场化的过程中,以村籍为代表的社区身份,已经强于户籍而成为发达的乡村地区最重要的社会边界和制度安排之一了,而与此相关联的职业分化,也就以身份群体为其边界了。

第一节 地缘、村籍与社区身份

一、地缘:强化的社区关系

在单姓村子里,人人都能在亲缘关系上搭上界,只不过有远近的差别而已,算不得很重要的事情。以前,村里人在外谋生和就职的极少,村人记忆中只有几例,最早出去的是在 20 世纪 50 年代合作化前夕。"解放了,自由很多,可以打工,也可以种田。当时深圳能容纳的劳动力很少,农村的劳力主要流向东莞城、虎门镇、石龙镇、广州、佛山等地,尤其广州最多。"①出去谋生的人大多日后返回了,只有个别的永远离开未归,多数人并没有离去的可能。因而,地缘的关系也很平常,纯粹是因为居住和谋生在同一个村子里,只不过是由于地理位置的接近而形成的关系。

但是,发生在 20 世纪七八十年代的两件大事,改变了村里人对地缘关系的观念。70 年代中后期,村里大批青壮年离开村子去了香港,村里人第一次在血缘关系内发现了因居地和工作地的不同而产生的群体之间的差别。留在村里的人不甘忍受持续存在的贫困,将外来的企业引入村内,也获得了改变他们生活和社会地位的机会,连去香港"赚大钱"的原村民,也开始羡慕村里人的收入,甚至有的表示想回到村里来。于是,保护这些成果,只让创业的人共享它们,就成为村里人强化地缘关系的一个契机。

80 年代大量引进"三来一补"企业的同时,也将外来人口大量引入了村内。外来人不仅在村里的企业找工作,还想留下来加入村籍,甚至有一些城市来的人也想在村子里定居,这就使村里人对自己的富裕果实产生了更强烈的保护意识。

于是,他们开始认识并强调地缘关系的重要性,并赋予了它新的内涵,重视是不是还生活在祖居地上、有没有土地权等,即是说亲缘关系再加上地缘关系,才能完全获得村民的认同,才能取得正式的村籍。仅有亲缘关系的人,如现去香港挣钱或已经"农转非"的家族成员,就不能得到完全承认;而仅有一般的地缘关系,如因居住和工作在同一村子的外来人,也不能得到承认。

这样的地缘概念已经超出了一般的社会学意义,其核心是"地",即拥有土地权,是因"分田人头"而在村域内结成的关系,并且这种缘关系还与个人主要的社会关系是否还在村域内有关联,比如出嫁女的主要社会关系已在他村他地,即使仍住在本村,也不能再拥有土地权,因而也就

---

① 潘强恩:《互助组,合作社》,《万丰文讯》1995 年第 15 期。

没有了本质上的地缘关系。这种地缘关系,还是以获取正式的社区身份来认证的,村规民约中和合作社章程中有关村籍的规定、集体分配的造册原则以及户口登记册上有关"空挂户"的记载,都是这种正式认证的标志。

地缘关系的强化,更加突出了村社区作为现时农村社会最基本组织形式的意义。即使家族村也不例外,虽然家族与村社组织同构,但两种关系覆盖的范围已经不能完全重合,就社区的公共生活而言,村庄较家族是更重要的社会组织形式,社区关系和身份也就比家族身份具有了更为重要的意义。

二、村籍:加强的社区利益控制①

村籍制度是经济发达地区村庄工业化过程中出现的一种独特现象,是单个村庄超前发展,与其他村庄之间形成巨大的差别后进行自我保护和加强利益控制的一种制度,也是巩固地缘关系的制度化形式。作为一种社区身份,它仍以户籍为其基础。但是拥有户籍,并不一定能够同时取得村籍。村籍制度的核心是控制外来人口流入和防止村庄利益外流。在这个村籍制度严格的村庄,形成了一整套规范体系,这包括:1. 保留村籍的限度。例如,规定出嫁者在三年内仍可保留村籍,有权参加村内的分配,三年后村籍失效;而由外村嫁入或入赘者,则需在三年后才能正式拥有村籍并参加分配。2. 再入村籍的限制。例如原籍村民由于职业变动从农业户籍转为非农户籍者,再入村籍则要受到限制。3. 违籍的处置。例如违反村规民约严重者(如吸毒等),取消在村内的一切分配和福利待遇甚至开除村籍。

这些制度是以村规民约的方式明文制定的,受到村里人的严格遵从,特别是出于对保留村籍的重视,还没有人敢于冒失去村籍的危险去"试错"。万丰村所在的沙井地区是毒品走私、吸毒贩毒的重灾区,但是近年

---

① 有关村籍制度的问题,引用和参照了折晓叶:《村庄边界的多元化——经济边界开放与社会边界封闭的冲突与共生》,《中国社会科学》1996 年第 3 期。

来,万丰村民中还没有出现过涉及毒品的事件,恐怕就与违籍处置的威慑不无关系。

村籍制度实际上已经演变成一种与工资、福利、就业、教育等相关联的制度综合体系,拥有村籍,就具有了优先选择职业、享受村民福利和补贴、参加集体分配,以及在村内批地建房办厂、入股投资分红等权利。同时,村民也必须与村公司共担经济风险,遵守村规民约,承担村民应尽的各种义务,如合作互助、辅助病残、尊老爱幼等。失去村籍,村民就失去了在村中的一切利益,而新加入者则有权分享其中的一部分。因此,村籍制度控制下的村庄利益分配带有强烈的排他性,在村里可看到,出嫁女不愿离开村庄,村民不愿意接受婚姻以外试图加入村庄的人,也拒绝当年跳出农村转为城市户籍而今又想再入村籍的人。所以即使那些靠专门手艺在外谋生者,也保留村民身份,一旦再回到村庄,仍会成为村庄利益的当然享有者。由于"社区成员"是一个动态的边界,还包括那些尚未出生、尚未婚入的人员,因此村籍制度随着新增人口对分享社区利益的要求,也在不断修改和调整。例如20世纪90年代初期的村籍制度中规定:"本村籍女外嫁香港人及华侨者,除本人可享受万丰村民同等待遇,其子女不能入村籍,也不能享受万丰村民待遇。"1995年修改为"子女可以加入村籍"。原计划生育管理条例中规定:"凡是已经出嫁的女儿,一律要迁离万丰。如不迁离户口、不服从计划生育者,一律按本规定从严处理。"现改为:"户口可以不迁走,但其丈夫不能迁入,只可作为空挂户处理。但如果一家中都是女儿的,允许迁入一个女婿的户口。"

在这个家族村,村籍制度的存在有其特定的社会基础,它不仅受到家族村落文化封闭性的影响,也受制于现有的"亲—地"双缘社会关系,同时还是村庄产权的社区所有制和由此产生的福利制度的伴生物。由于村庄是通过增加社区内的公共福利开支使村民分享社区财产收益的,因此,移入居民会遭到村民的激烈反对;即使不反对恐怕也不行,因为这种分配方式将使更多的人力图获得村民身份,以至村庄无法承受。这样,村庄最好的选择就是利用外来劳力的同时,又不允许外来劳力移入。① 因此,在实行股份合作后,这个村子也仍然保留着产权的社区所有制形式和村民的隐含财产或剩余财产收入,即使有条件吸收部分有贡献的外来人加入村籍,或者将他们已有的管理权限加以扩大,也由于村民对"外来人"的强烈排斥而无法实现。

村籍制度并不是这个家族村特有的现象,在珠江三角洲和长江三角洲以及其他地区的许多发达村庄中都存在这种制度,只不过被强化的程度有所不同而已。这个普遍存在的现象反映出村庄归属的重要性,也反映出村庄作为乡村基层社会基本功能单位所具有的意义。总之,村庄的社会经济功能越强,利益控制的手段就越趋于完善,趋于制度化。

三、身份:加强的人口社会特征和权利

在村子里,获取到什么样的身份是很重要的。一个人有没有社会地位,受不受尊重,有没有资格做承诺,都与他的身份有关联。身份通过两种途径获得,一种是天赋的与生俱来的,比如房族的、家庭的背景、传承下来的辈分等。在家族村这样讲究知根知底、论资排辈的熟识社区里,这种一生下来就有、到死也不变的身份,始终受到重视。另一种是自致的,可以经过个人的努力获得的,比如职业的、财产的、权力的、教育的等等。这样的身份,除去一两个头面人物,一般村民在这些方面的同质性很高,多不拥有这类身份,虽然受村里人特别的尊重,但一般并不企望得到它。举办工业之后,拥有这一类身份的人在村子里多了起来,董事长、经理、厂长、文员……这些新的头衔,成了新的身份象征,特别受到村民的青睐。这些天赋的或自致的身份,划定了村里人的不同社会归属。不过,就我们所说的社区身份而言,村里人则是不分你我他,整体拥有,人人平等。

从本质上说,社区身份也是天赋的,只比家族身份多了一层村定的规

---

① 何道峰:《从封闭走向开放的历史抉择——从江阴县就业结构看社区型乡镇企业的历史功绩和封闭隐患》,载《乡村变革:当代中国农村政策问题探析》,人民出版社 1995 年版。

则,比如以"分田人头"为准等,只要你合乎村庄的规则,不自动放弃它,就法定拥有它。社区身份以村籍为正式认证,其目的是将社区成员与非社区成员之间的社会界限和权利划分清楚,将地位和尊重的砝码加重到社区成员一边。

由于村籍涉及村庄利益的分配,因此村籍形成的社会界限,也成为村社区的基本分层结构的基础。村里存在五种身份群体:一是拥有村籍身份的村民,他们拥有最优越的职业位置和最高的社会身份。二是"空挂户",即那些户口已入村册,但不享有与村民同等经济和社会待遇的人。他们与村庄有各种特殊的关系,其中一类是为村庄的发展做出过特殊贡献的人,实际上在村内已经担任管理类的职务,有条件在村内置办房产、举办商业等;另一类是因为婚姻关系应该迁出而不愿迁出,或者应该迁入而未能迁入的人及其子女。三是外来商户,虽无村籍,但长年在村中经营商业,有定居的趋势,也是一些希望拥有村籍的人。四是外聘人员,主要是村庄聘请来的高级技术人员和管理人员。他们的职业位置较高,但身份低于具有村籍的同职人员,一般不准备长期在村中落户。五是打工者,职业多为体力工人或在生产线上的初级管理人员,流动性很大,虽然其中许多人希望有机会在村庄落户,但可能性很小。他们与村民之间的社会距离最大,是村社区中社会地位最低的群体。

以地缘关系为基础的村籍和身份,在保护村民利益、防止利益"平调"、强化村庄整体利益等方面有着积极的作用,但在"村里人"和"村外人"之间挖了一道难以逾越的鸿沟。虽然在村社区文化中对此有着十分合理的解释,如村民享有的优惠是对他们在创业初期共同付出的艰辛和所投入的土地分期支付的报酬,"村外人"不能享有是因为他们没有付出等等,但这道鸿沟的存在也给村庄带来诸多难以解决的问题。这个村子的领导人虽然采用拟制的"亲—地"双缘关系,在公司班子周围聚集了一批外来的人才,但仍面临人才无法合理流动的问题。因为社区身份的隔阂,外来人才无论怎样努力,都有可能永远处于"打工者"的地位,村庄最终仍不接纳他们,他们也不认同于村庄。这样,村庄既不可能拥有稳定的技术人员、管理人员和工人队伍,也不可能保持稳定的人口聚集规模。同时,社区身份强化了地缘关系的权利,也限制了村民向村域外的合理流动。株守祖居地,虽然可以享受到发展带来的利益和保护,但因利益所在固守在村子里,对于一些人来说,也是以牺牲个人日益多元化的需求为代价的,比如一些年轻人为了保住既得利益,甚至不愿外出上大学,一些有志于在其他行业发展的人,也因利益所累而放弃了"闯天下"的打算。

显然,社区身份的强化对村庄的发展有着双重的影响,它们对村庄的持续发展将会产生怎样作用,仍是有待深入观察和研究的问题。

第二节　资源分配和社会流动规则

乡土基层社会有一套自己的资源分配与运作机制,尤其是这个家族村庄,历来如此,只要它作为一个基本社会单位的完整性没有被全面破坏,它们就会发挥作用,并且是沿着某种固定的轨迹有惯性地发挥着作用。即便在外部力量强有力的冲击下,情况也难以发生根本性的变化。从近半个世纪所经历的社会变迁来看,对村庄产生过强烈冲击的主要有两种外部力量,一种是行政的,另一种是市场的。

人民公社时期,是外部行政力量介入村庄最为强烈的时期。一方面,外来力量几乎控制了村内的资源,完全按照行政的需要来安排和配置,最极端的例子,是用行政的力量强制性地将这个村与另一个单姓村合二为一;另一方面,集体制又以一种畸形的方式,强化了村庄作为一个基本社会单位的完整性,最为明显的例子,就是用农业户籍身份将农民固定在土地上,限制他们流出村庄。在这种情形下,村庄规则产生的社会基础即其内生社会结构并没有被全面破坏,只是暂时被压抑下来,限制它发挥作用。限制的结果,使这种潜隐化的结构产生了某些适应性的功能,最突出的就是调适和利用集体制给定的合法空间,使党支部和集体组织成为有合法权力、能够掌握和配置村内资源的行政组织系统,不管哪种力量想对社区资源的配置产生影响,都必须加入这个系统,而一旦外部行政管制放松、村庄内生结构显现化时,也仍然要利用这种合法的形式和空间,使其有惯性地产生影响。

20世纪80年代中期开始的村庄工业化过程,将市场力量引入了这个村庄,不仅是地方市场的,甚至是国际市场的力量。那么,工业化和市场化有没有打破这个村子作为基本社会单位的完整性,从而使村庄惯行的资源配置规则也失去作用呢? 一些研究发现在其他一些工业化和市场化地区,比如温州,地方市场的力量正在比以往任何外部力量都有力地加速着村庄内生结构解体的过程,即使内部结构严密的家族村也不例外。①但是,在我们所考察的这个村子,却没有发生这种情形。看来,市场原则并不是万能的,而且不同类型的市场显然对村庄的分化产生着不同的影响。这个村子自80年代中期以来所面对的市场,并不同于温州等地区的地方市场,而是由大量大中型的"三来一补"企业联接的国际市场,它没有为单个而分散的农户提供机会,而是向有能量通过集体行动引进大工业的村庄整体开放的。因而,这个家族村即使在工业化过程中跻身于大市场时,也完好地保持着内生结构的完整性,村内资源配置的内生规则仍然有惯性地发挥着作用,只不过产生了对市场经济发展趋势的某些适应力和调适的功能。

可以说,最近十余年来,这个村子变迁的主要内容,实际上不完全是市场机会引起的资源分配规则的变化和社会分化,而是一种由内生的传统结构和文化,以及被内化了的集体制遗产和文化,与市场原则和机会相互作用而引起的社会分化。如果我们将社会流动的过程看作由于社会性资源在个人或群体所处社会位置上发生质和量的重新配置的过程,那么它所遵循的也是这个规律。

让我们仍从村内的资源分配规则谈起。

1. 抑外强内。这几乎是每一个有明确利益边界的组织或社区在资

---

① 参见王晓毅:《家族制度与乡村工业发展——广东和温州两地农村的比较研究》,《中国社会科学季刊》(香港)1996年秋季卷。

源分配中所通行的惯例。就村庄来说,它的资源是极其有限的,其中一部分如土地、水田、池塘等,都是不可再生产的资源,而且具有常驻性的特点,从形态上来说,谁也不可能将它们带出村庄去使用,从所有制关系上来说,它们也不可能转作农民弃农进城的资本,而村组织既可对其改变用途,有优先进行非农利用的便利,也有让它们的非农利用不出村的条件。将非农用资源截留在村庄,突出了这些资源配置的社区意义,这正是抑外强内规则产生的物质基础。不过,在村庄的自治程度较低、利益和机会较少的情况下,这个规则的作用并不十分明显。即使作为家族村,以往抑外,也主要是出于维护父系血缘关系延续的目的,虽然由此所形成的家族村落文化的封闭性,对村庄的内外社会关系有着深远的影响,但抑外的内涵是抑外姓人,对同族人并无排斥的意思。在最近十余年的改革和工业化过程中,当村庄的自治程度提高,村庄整体利益特别是经济利益的维护成为必要时,这个通则便因偏重于利益维护的目的而更加严格了。它以社区身份作为内外之别的界限,村里人因拥有它而有权获取和利用社区资源,也会因失去它而丧失对社区资源占有和享用的权利。由于社区身份的作用,抑外,就不只是对一切非婚姻关系而力图进入村庄者进行排斥,而且扩展到对异姓的"男到女家"的女婿、对出嫁女以及对远离社区的同族人进行排斥,将他们也列入"外"的范围。强内,也就不只是强化村内亲缘的关系,而是以"亲—地"双缘关系为"内",不仅以社区身份者作为资源配置的对象和范围,而且以"分田人头",作为确定"全额"利益的标准。

2. 合作共享。村庄文化在意识上具有资源和利益共享的特征,特别是在村庄内生结构的完整性未遭全面破坏的情况下,这种文化具有持续的影响力。这个村子久有家族内部合作的传统,在工业化和市场化的条件下,这种传统再次被张扬,并采取了别样的适应市场经济的新形式,即股份合作形式,这种合作产生的共同所有权及资产分配,建立在既承认个人所有又强调合作成员共同占有的基础之上。村内资源的共享不是以拥有社区成员的身份自然实现的,而是采取了制度化的合作方式,即是说,要想分享资源，就须首先加入合作的圈子，比如按照一定的程序将所承包的土地入股，还需以一定数额的私有资金入股，才能分享因再合作而形成的社区整体资源。为保障共享的范围覆盖到每一个有社区身份的人，村组织推行"让人人都成为股东"的社会政策，为无钱入股的村民"贷股"入社，最终让全体村民都进入了合作的圈子，可以完全地享有利用和分配社区资源及其利益的权利。通过合作来实现共享，不仅是村社区文化传统的惯性力量作用的结果，也不仅是因为工业化和市场化的特定背景催生了股份合作的经济体制，而且还因为村庄的社会性资源本身即有共享的特点和性质。它们不为个人所掌握和垄断，是为处于特定关系结构中的所有成员所共享的。这些资源在社区的大范围内被加以运用时，个人和小群体都难以动员和控制它，唯有以合作的方式，由家族和村集体组织才能加以充分而全面的开发和调动。所以，合作共享作为村庄资源分配的一项规则，实为村社区文化传统、集体制遗产与市场力量共同作用的结果。

3. 结构定势。从结构的角度看，村庄资源的分配是以社会位置为配置单位的。虽然因人设事也是村内资源配置时难免的现象，比如为退休的村干部安排合适的闲职等，但也须"设事"后才配以资源，而位置一旦确定下来，进入正式的组织体系结构之中，就意味着有一定质和量的社区资源包含其中了。凡要谋求某些资源者，必先取得相应的位置，才可合法得之。这是村庄为避内乱而形成的"法定"秩序。村中权力资源的配置最具有这个特点。村里人充分利用了《村民委员会组织法》给定的合法空间，将党支部和村政府造就成为异常发达的行政组织系统，不仅替代家族组织的某些基本功能，而且成为执掌党政企三大权力的集权组织。其中党支部书记和村主任是两个关键的位置，因为要经过任选，使它成为一种弹性的权力结构，只有经过竞争才有可能获得，又因为村公司就是村组织创办和经营的，只要占有这两个位置，就自然拥有对公司资产的执掌权，失去它们也就必须退出权力中心，同时失去党政企三位一体的权力。

那么，什么人才能进入这个有定势的结构之中呢？在村里还没有找到一例与村集体组织的领导班子无涉的人能进入这个结构体系的,这说明,村庄权力的接替有集体制传统的惯性。现任"党支部书记—董事长",任前是村里有文化的赤脚医生,后进入村组织班子担任过治保主任;原任"村长—总经理",是从第一届村集体班子就开始任文书、副书记、大队长、主管财经等工作的老村长,新任者在接替前,也已有十余年副书记、副村长的行政经历。还可以从另一个侧面说明问题的是,我们在村里没有发现行政力量与经济力量平衡的规则,某些在经济上有足够实力的普通村民,如集资大户,并不就能进入村庄的权力圈子核心,他们所拥有的财富和对经济资源的控制能力,并不一定与他们在村里政治生活中所处的地位成正比,他们反倒远离权力中心,自成一类有能量控制一部分经济资源的特殊群体。

4. 集团平衡。权力资源的"结构定势"规则,并没有限制村内经济资源向其他经营力量的配置。村内有大大小小 20 余个集资团体,以集资的方式批到村里的土地兴建厂房,经营厂租经济,其中有四五个集资(团体)大户,投资兴建厂房最多的达 20 余处,建筑面积近 10 万平方米,成为村里有势力的经济力量。这一批经济力量是工业化过程中由市场经济造就出的经营者,他们与村里的权力集团有明显的不同,一是他们之中没人有当过行政干部的经历,以非党员小村干部、专业大户身份的人居多,是村里出现的新的经营能人;二是他们无论集资多少,都只能从事由村集体控制之下的经营活动,厂租收益的 30% 按约定交由大村集体作为村财,村内经济资源配置的重心仍偏向于村集体。因此,他们各自的资产总量不可能超过集体资产总量,不足以成为与集体大股东相抗衡的力量,也不可能因为资产雄厚而对村庄的重大决策和资源总量的分配产生决定性的影响。他们与执掌村中最大资产——集体资产的权力集团,显然有明显的利益分界。权力集团中尚无人成为民间的集资大户,一方面他们的干部身份不便于在这方面发展,而执掌和运作集体资产可以使他们更有作为;另一方面则是村内资源分配中有集团平衡的规则在起作用,即给那些不可能进入权力集团的村中经营能人,也提供一些利用部分经济资源和发展的机会,他们中实力雄厚并兼有小村干部身份的人,同样可以进入公司董事会,在公司决策中也给他们提供说话的机会。由于集资大户在批地、建厂房、搞经营上得到村组织给予的便利和默许,他们有自己相对独立的经营范围,也有某些与村组织讨价还价的资本,因而并不力图涉足权力集团。但是为了保持他们相对独立化的利益,求得村组织持续不断的支持,他们与权力集团保持着密切的联系,不仅严格遵守上交提留的规矩,而且人际关系上保持着密切的往来。这也正是这个村子在构建村集体股份合作体系时,得以在经济上实现多种产权主体共存,并结成合作体系的社会经济基础。

集团平衡的规则,还体现在村组织对相对贫困的群体实行"贷股"政策,帮助他们整体地进入股东阶层,对干部群体实行封顶工资制度,对高收益者征收村税等等。

那么,在上述资源分配格局下,村民个人或群体的社会流动,又遵循着怎样的规则呢?

5. 转换与替代。这个规则适用于村里的精英集团。村里的精英俗称"能人"或"强人",是一批对村庄的生存和发展具有影响力的人物[1],他们围绕着村庄的党政企三位一体的权力中心聚集而成。按村里人的说法:强人就那几个,什么时候,什么"朝代",都是他们强能。这个说法道明一个事实,村子里的精英有某种固定性,他们的更替主要是集团内部角色转换的过程。[2] 如果我们考察改革前后这一段历史中的精英更替,就可以发现,集体制就是孕育这个集团的胚胎。20 世纪 50 年代以来集体制的强化,不仅摧毁了村庄旧精英存在、传承和继替的社会基础,而且为改革时期精英的角色转换提供了原始胚胎。村子里最近十余年来流动到社会地位最高职位上的人,都是村集体培育出的具有干部身份的人,只不过他

---

①　参见王汉生:《改革以来中国农村的工业化与农村精英构成的变化》,《中国社会科学季刊》(香港)1994 年秋季卷。
②　参见孙立平:《改革前后中国大陆国家、民间统治精英及民众互动关系的演变》,《中国社会科学季刊》(香港)1994 年春季卷。

们将党政干部这一单纯的角色转换成了更加适应市场经济趋势的新角色。这种转换并不是进入了全新的角色,而是在原有角色之外又增添了新的角色内容,使他们的精英身份更加具有了双重性,"党支部书记—董事长""村长—总经理",就是其中最典型的角色转换模式。

首先,角色转换是一个身份叠加、权力强化的过程。不仅村中的权力中心人物在其党政基层领导人身份和权力之外又加上了公司最高经营者、法人代表的身份,将单纯政治的、行政的权力直接推展至经济领域,而且"两委"(党支部委员会和村委会)成员一班人,也大多都兼有公司领导职务,例如,支部副书记、村委副主任兼有二级法人公司总经理职务,支委兼有村发展公司总经理职务,支委、村委兼有财政所长、发展公司副总经理职务等等。这种兼而有之的身份,使我们已经难以从精英影响力的来源上,将他们划分为单纯的党政精英或经济精英①,他们已经是一批集党政企三权于一身的复合精英。在他们所形成的精英集团内部,基本按照《村民委员会组织法》给定的合法空间,集党政企最高权力于党支部书记一身(村主任一般只任副书记、总经理),使他在村中的政治、经济和社会生活中享有绝对的权威,由他统一地协调村内不同社会生活领域之间的关系,其他具有复合身份的精英则按行政等级分担经营权力,各自对村庄生活有不同的影响力,成为集结于"党支部书记—董事长"权威之下的精英集团。

其次,角色转换是一个从"准行政"精英向自治精英转换的过程。从行政的角度看,集体制时代的村干部,是一类未享有国家行政编制但负有行政职责的"准行政"精英,他们是政府指令在村中的执行人。他们的立场往往在政府与家族村之间摆动,摆动的幅度取决于两种力量作用的强弱,当国家将行政指令和力量从村庄中收缩,放权于农民时,这些精英就利用他们历来是村中能人、强人的能量,很快转换角色,通过创办新型的

---

① 　王汉生:《改革以来中国农村的工业化与农村精英构成的变化》,《中国社会科学季刊》(香港)1994 年秋季卷。

股份合作组织替代原有的集体组织,成为执掌村内政治、经济和其他公共权力的自治精英。

最后,伴随着向自治精英转换的过程,村里精英角色的转换,还是一个从立场摆动的精英向民间统治精英转换的过程。在国家放权于农民社会时,村社区的自组织状态和社会结构基础是否严密和完整,往往决定着村庄精英角色转换时的立场取向,在农民组织松散、村社结构解体的村子里,可能会发生村庄精英远离农民社区,形成一种与国家和农民都不着边的独立的谋利集团的例子。[①] 但是,在我们所观察的这个村庄中,农民再组织的程度较高,村庄内生的社会结构保持着完整性,村议传统悠久,在国家放权给村庄时,原来的党政精英不可能完全脱离村社的监督,无视家族和村庄的整体利益,去成为专为精英集团谋利的利益实体。在村民的利益焦点仍然集中在村内,并未被地方市场分散地拉向村外,在家族道德约束和村议活动严格监督下,即使投身于市场经济,村干部精英们也难以不顾社区利益而径自发展自己的独立利益,他们更多地是回归村民社会,成为村民社会真正的统治精英。

精英集团内部角色转换的模式,并不排斥新旧精英的替代过程,在村子里,这两个过程是同时存在的。[②] 在这里,所谓新旧的替代,并不是由精英集团外的更适应于时代的新人来替代集团内的旧精英,而是由集团不断吸收更能适应时势的新人入围,首先成为受集团内部认可的行政精英,然后才有可能替代原有的或因自然淘汰如退休或不适应新形势需要的旧精英。现任的"党支部书记—董事长",在十余年前,即已从一名能干的赤脚医生进入村组织机构,主管与行医无关,但在当时因为大批村民"远走"香港而显得十分重要而紧迫的治保工作。他在这个职位上的政绩和试办制药厂的经营才能,使深感无力在市场经济环境里领导村民致

[①] 参见张静:《农村基层政权研究的有关问题》,《中国书评》1996 年第 5 期。

[②] 王汉生:《改革以来中国农村的工业化与农村精英构成的变化》,《中国社会科学季刊》(香港)1994 年秋季卷。

富的原书记十分看重他,后经原书记的推荐当选为新书记,这才开始他执掌党政企三权的精英生涯。

6. 市场推新。另一类流动到较高社会位置上的人,是村里的集资大户,遵循的是另一种流动的规则,即由市场机会引起的分化与流动。在集体制传统和新的基层政权组织的等级结构中,没有他们的位置,但市场却为他们提供了非常规的流动机会,允许他们经过经济竞争,从而占据由市场经济提供的新的受人羡慕的社会位置。在新的市场机遇面前,村内精英集团在一定限度内承认市场选择的结果,他们所维护的流动规则在一定范围内让位于因市场结构变动而提供的新规范。在这个范围内,市场的作用既突出于有惯性的行政等级体制,也突出于个人所拥有的社会性资源,如干部、党员、文化程度等,因而才使那些原来难以流动的群体,也获得了从普通农民流动到集资公司董事长、总经理位置上的机会。他们主要是凭借个人的经营才能、在村内外的人际关系、与村组织的合作态度和对村庄经济生活的影响力,获取经济上的成功。这些人也是村里新的经济精英,更确切地说是民间经济精英。

7. 集体流动。普通村民的社会流动,在这里主要指由农民向非农转化的过程,是通过集体行动实现的。关于村民们再次采取集体行动的原因和动机,我们在前面已经做过讨论,这里还需进一步说明集体流动作为一项社区规则的含义和作用。村民再合作的动机之一,是通过集体的力量,整体地向非农转化,这不仅是一种行动,也成为村组织和村民共同遵从的规则。这个规则的基本含义,是向每一个参与合作的村民提供非农化的初始机会,而且这个机会对普通村民来说基本上是均等的。前面我们已经讨论过,小村在入股安排上有均等的倾向,大村在举办第一个"三来一补"企业时,也有张榜招工、按户调整的平衡措施。在职业安排上,村民可能从事的几类职业,如厂长、文员、管理者等,都存在平等竞争的机会,比如村公司的就业安置机构可以从中推荐,但又需经过劳动力市场主要是招工方市场的选择。这里还要说明的是,集体流动的规则只在村民转向非农的初始过程中起作用,并且它并不意味着抑制差别和分化。当它将村民整体地推向非农化后,非农化作为一种社会分化机制的作用便开始显现,于是村民中出现了前所未有的地位差异和职业差异。

第三节 身份群体的职业分化

村子里存在的五种身份群体,在享有社区资源上有明显的差异,因而各自有相对固定的职业范围。也就是说,从业以社区身份为先决条件,身份一定,职业类型也就确定了。甚至职业与人的来源地也有一定的关联,比如外来的四川人、湖南人等是"打工仔",潮州人是开店的小商人,说普通话的则可能是"搞管理""管技术"的外聘干部,等等。

除去村里人外,其他四种身份群体的职业都是比较单一的,比如外来"街面户"主要是开店做小买卖,外聘人员主要从事普通管理类或技术类工作,如会计、技术员、设计师、杂志主编和编辑、公司部门管理人员等,外来工则主要在企业里做生产流水线上的操作工,也有少部分做初级管理者,如流水线上的"拉长"、治安队员等。"打工仔"是村里人对他们的统称,实际上它并不是一个职业概念,而是一种身份概念,只不过因为它与几种特定的职业紧紧联系在一起,二者合而为一罢了。对于空挂户群体和外聘人员群体来说,情形就不是这样了。他们所从事的管理类的职业,与村民有交叉,虽然职业地位是相同的,但身份相差甚远。在判定他们的社会分层地位时,必须考虑到职业和身份两个方面。

这几类职业的从事者虽然同有外来人的身份,但职业圈子之间基本上是相互封闭的。互不跨越的原因,有个人资历和能力的限制,比如做小买卖的和"打工仔"很难胜任技术管理和其他管理工作,也有职业保护的边界,比如"打工仔"即使有做生意的小本钱,也不会在村里开店,原因之一就是受到既定商业圈内人的排挤,"在这里做不到生意"。正因为职业圈之间不存在竞争,"好干什么的干什么",在这个一下子聚集起四万余人的村社区里,人们才能各谋其职,各得其所,从而相安共处。

村民作为一个地位优越的身份群体,在村子里从事着相对最好的职业,职业类型也比较固定,绝大多数的人已经从事着管理类的工作。除去我们已经描述过的几种地位较高的身份和职业外,普通村民可以从事的职业也主要是管理类的。可以一村和三村为例。

表 17 - 1　劳动人口的职业构成

职业	一村			三村			合计
	男	女	小计	男	女	小计	
大村书记—董事长	1		1				1
小村村长—经理	1		1	1		1	2
厂长	22		22	31	4	35	57
经理(集资团体)	3		3	2		2	5
会计、出纳	6	8	14	2	4	6	20
公司部门主管	2		2				2
公司文员(管理人员)	9	5	14	21	10	31	45
报关员					8	8	8
仓管员	1	1	2				2
医务人员				1	2	3	3
工厂文员	1	4	5		3	3	8
治安、消防员	2		2	6	1	7	9
银行收款员		2					2
门卫	3		3	3	1	4	7
水电、公园菜园管理员	8	2	10	5		5	15
生产线拉长		4	4		7	7	11
生意人	11	6	17	19	18	37	54
建筑工头	1		1				1
司机	6	1	7	21		21	28
流水线操作工	1		1	3	3	6	7
环卫绿化工	1	7	8	7	19	26	34
炊事员	1	1	2				2

续　表

职业	一村			三村			合计
	男	女	小计	男	女	小计	
专业养殖农民	1	4	5	2		2	7
家务劳动		30	30		43	43	73
无工作	1		1	9	11	20	21
合计	82	75	157	133	134	267	424

表 17-1 列出的是一村和三村劳动年龄的村民的职业构成。如果我们按照管理人员(包括专业技术人员和经营人员)和体力劳动者将村民从事的职业划分为两大类,那么管理者阶层的人数已占 59.4%,体力劳动者中,也有大部分人实际从事专业劳动,如受人羡慕的司机工作、流水线"拉长"等,做一线操作工人的只占很小比例。务农的是村里保留不多的几户养鱼专业户,虽然他们的职业已不受村民青睐,但收入颇丰。

专业与管理类职业中,已经形成了明显的等级层次:决策层包括村庄最高领导"党支部书记—董事长"、"村长—经理"、部门主管等;执行管理层包括公司管理人员、报关员、工厂文员等;经营层包括厂长、集资团体经理、生意人、建筑工头等;普通管理层包括治安、消防员、仓管员、水电管理员、生产线"拉长"等;专业技术层包括会计、出纳、医务人员、收款员等。虽然在农村,决策层、经营层、专业技术层的职业有着较高的职业声望[1],但村民在择业时,却有比较实际的选择,根据保存在村公司外经部的"村民求职登记簿",村民在"要求从事什么工作"一栏中,填写最多的职业顺序如下:厂长、会计、出纳、文员、报关员、仓管员、治安、消防员、门卫……

在村民实际从事的职业中,人数最多的有厂长、公司(文员)管理人员、生意人和环卫绿化工人,分别占统计总数的 13.4%、10.6%、12.7% 和 8%。这几种职业大致反映出村民的职业取向和非农生活的实际情况。

---

[1]　参见折晓叶、陈婴婴:《中国农村"职业—身份"声望研究》,《中国社会科学》1995 年第 6 期。

　　厂长,在村子里是一个极普通的职业,全村共有百余个。由于位置较多,工作并不复杂,收入较高,名声也好听,因而是普通村民可望又可求的职业,主要由男性从事。厂长职位的获取,一般需要经村公司与外商企业协商后,由公司外经部派出,最后的决定权在商家。因此,也是个人与职业相互选择的过程,仅有公司的推荐而本人能力低下者,并不能从事。村民厂长主要负责厂里的行政人事工作,对村公司、外商企业和中方工人三方负有不同的责任。

　　一位在村里最早一家"三来一补"厂工作的村民厂长,描述了厂长工作的状况:

> 　　我做厂长要管很多比较麻烦的事情,所有涉及内地的工作都由我来负责联络,比如内地工人的招收管理、劳资纠纷、工缴费结算、与海关打交道、向厂商介绍国内政策等等。公司派我当厂长,我代表村方,厂商给我发工资,我希望他发财,工人有事要找我,他们很困难,我也希望他们赚到钱,所以常常面对这三方面,有时很难办事,左右为难。最难办的是处理厂商和工人之间的问题。我一般都先把文件拿给香港老板看,让他了解内地的政策,给他讲讲形势,让他知道国内的做法。他们了解到是国家推行的,就会执行。遇到工人闹罢工,我就对老板讲:"工人是工厂的财产,没有工人就没有厂,给他们加一点工资嘛。"老板毕竟是资本家,他说"好好好",但不一定这样办。有时候解决不了问题,我就让公司出面,公司会派村委会和治安队来了解情况,大家一起做工作。我当厂长的很清楚嘛,没有老板投资,我们也办不了厂,但没有工人效劳,他老板也赚不到钱,所以哪一方面的工作都要做好。我是万丰人,当然主要为公司效力,一定要想法办好这个厂。

　　公司文员是青年村民向往的职业之一。"文员"是个舶来的称谓,村里人也说是"坐办公室的人",主要包括在村公司(或工厂)各职能部门工作的业务管理人员,如外经业务人员、物业管理人员、行政干部、宣教干部、经理助手等。这一类职业对从业人的文化程度和办事能力要求较高，通常由村里有文化的年轻人从事，男性为多。近年由村公司资助的受过大学培训的年轻人，回村后承接了这一类的大部分职位。一位学成回村的公司行政部文员，对自己的工作有这样的看法：

> 进公司工作并不容易。很多年轻人都想进来，这好像是村里最有前途的工作了。公司里的工作还蛮有意思啦，可以学会怎样搞管理，怎样谈生意，怎样与村外的人打交道。我还算喜欢，当然也有不满意。村里出钱让我们这一些人学习专业，回来后为公司工作，但是回村分配工作时，有了问题。比如我们一起有十个人学外贸专业，但回来后公司外经部已经不需要这么多人。我们上学前与公司订过五年合同，前两年学习，后三年为公司工作。公司只好给外经部安排了几个人，我是学外贸的，暂时被安排在行政部，不能搞专业了。我在这里也可以学到一些经验，合同期限内不会离开公司，但以后难说，也许去找一找更适合的工作。

生意人，是一个最模糊的职业概念。村里人把开小店铺的、联帮做小买卖的、帮别人跑腿拉生意的、给人介绍生意人的，凡做这些事赚到钱的人，都称作"做生意"的。生意的种类繁多，凡能经营的商品，从日常生活用品到建筑材料，从国货（内地货）到港货，都被列入其中，凡能赚钱的门路，也被列入其中。他们大多是中青年人，男女比例接近，其中一小部分从事过多种非农职业，都不成功，有的想在做生意上碰碰运气，在村里人眼里，他们有点"不做正事"，但大部分人做得很认真，收入令人羡慕。做生意在当地年轻人中，是一种评价颇高的工作，村里不少年轻人将从业的终极目标确定在"做生意""开公司""当老板"上，甚至于把在公司工作，也只当作过渡性的、增加见识、训练能力的工作。一位当过村剧院经理的现任公司行政部主管，这样介绍说：

> 村里的年轻人有自己的打算，学到一样专长最重要。如果有机会，就会把握住。大多数年轻人的第一选择，当然是当老板。如果公

司有条件让人发挥专长,也会选择在公司工作,在公司里可以学到很多经验,但不一定愿意去工厂工作。工厂是香港老板办的,管理经验是香港的,学了也不一定能用。我周围的朋友,都有正式工作,另外还做一点小生意。我们经常聚在一起,谈谈做生意的经验。大家觉得这样很好,平常花销靠自己挣来,还有钱交给父母,更重要的是,现在年轻就学习点经验,将来有条件了,自己办公司,当老板啦。

从事环境卫生和绿化工作的村民也占到一定比例。这类职业在村中是一项特别的就业安排,主要是为不适宜在公司和工厂工作的中老年妇女和需要村里照顾的对象准备的。我们在前面说过,"三来一补"企业进村之后,村组织不再能保障村民充分就业,但一些不适宜在企业和公司工作,也找不到其他非农工作的村民,仍需村组织给予安排。环卫和绿化工作即是为他们准备的类似于福利性的工作,收入不高,月 400—600 元,但可补贴家用,因而,这一类工作受到中老年人的欢迎。村里人对职业并没有城里人那样深的偏见,在跨越农与非农的界限之后,他们希望从事"不晒太阳,坐办公室"的工作,但并不歧视其他体力工作,只要能"赚到钱"的工作,都有人肯去做。特别是中老年人与年轻人有完全不同的想法,从事有保障、收入稳定的环卫绿化工作,是他们很感满意的事情。

村里妇女中有相当比例的人专事家务,既不要求安排工作,也无农事可兼,年龄有渐小的趋势。村里人说,以前没有妇女可以不在外边干活而专做家务的,现在多起来,主要是因为家家收入都高,一些人不需要出来赚钱了。另外去香港的人家很多,收入不低,留在村里的妇女家务负担也重,就不愿出来工作了。一村的 30 个专事家务的妇女中,有 16 人属于这种情况。妇女在家里不仅做家务事,一般家庭的出租房屋、收款清账,甚至家庭的投资、股票等事宜,也交由她们处理,精于理财,也是这个村子妇女的一个特点。

村组织近些年来一直号召"有工作能力的人都要参加劳动",村规民约中对此有明文规定,提倡村民"自食其力""勤劳持家",不做富裕后的

"食租人"。"以劳动为荣",仍然是这个富裕后的村子的风气,不过为此另加上了"以赚钱为能"的新诠释。不工作不劳动的人在村里是少数,其中有的是属于正在等待合适工作的人。村里人很有些自豪地说:"我们这里好吃懒做、不学好、不做事的'烂仔'很少。"村里人对工作和劳动的这种关照,不仅出于对发财致富、建设乡土的追求,显然也出于对家族兴旺、长盛不衰的责任。

第十八章　从"农"村到"工"村的演化

　　大工业的直接进入,给这个村子带来了多方面的变化,诸如我们先后涉及的产业和人口的非农化、非农人口大规模地向村社区聚集、社区成员身份和职业结构的分化,以及村庄外部景观的变化等等。但是,这个变迁的过程,是不是一定要摧毁村社区的乡土基础,从而使它转型为一般意义上的"城镇"呢?这个村子的实际情况,并没有向我们揭示这样一个"理想型"的变迁模式,而是表现出与工业化、市场化和城市化的经典模式迥然不同的复杂现象。尽管最近十余年来,农村的工业化、市场化和城市化都大为扩展了,但并没有完全削弱和破坏村社会的结构,而是加强了它。大工业直接进入村庄,使它一开始就转变成为市场而生产和经营的主体,村社区的聚居方式和生活方式不仅没有解体,反而因市场引起的开放和工业聚集引起的聚合而变得更为完备。显然,简单地将一般现代化国家的工业化和城市化模式套用到这个村子的经历是不适当的,即使是套用中国城市工业化的模式,也是不适当的。这个村子的发展,提醒我们去注意中国农村发展的某些新的变化、新的倾向以及新的前景。

第一节　乡村人口与农业人口的分离

　　如果按照现行户籍管理制度来规范,万丰村民无疑都是农业人口,聚集在村里的四万余外来人也绝大部分是农业人口。然而,这种划分在万丰这样的村社区中已不具有社会分类的意义了。从前面章节列举出的外来人口状况及村民职业构成来看,"农业人口"的两个基本含义都发生了变化。

其一，"农业人口"不等同于从事农业的人口。村民们绝大多数已经十多年不从事与农业有关的工作，而是担任管理类领导职务、厂长、经理、会计、出纳、文员等，从事司机、保安、护卫、管理员等工作，再加上其他经商务工的人，已占村民劳动人口的76%，仍然从事与农业生产活动有关工作的只不过占2%，外来人口也主要在工厂流水线上当操作工，他们实际上已经从名称到实际工作内容，都转变成了非农职业人口。

其二，农业户籍人口不等同于聚集在村社区内的人口。村子里较稳定的非农职业人口已40 000余人，而村民即本土农业户籍人口仅2000余人。这个巨大的差异表明，外来人口对这个村子的发展有着重要的贡献，从总体上来说，他们已构成这个村社区人口的主要部分。户籍，特别是万丰村户籍，对于他们非农化的水平（如流动到较好职位）仍有着决定性的影响，但已经不是他们初步转向非农的障碍。他们从内陆或边远地带的农村来到这里，以实现"打工"即从事非农工作的愿望。他们的非农命运在相当程度上是与这个村庄联系在一起的，离开这个村子，也就减少了一份从事非农工作的机会，在某种情形下甚至是唯一的机会。因此，只要还有工作的希望，他们总会千方百计地留在村子里，并且在总体上成为一种相对稳定的"暂住人口"。

伴随这两个分离过程，形成了现在意义上的乡村人口，我们在这里特指村社区人口，即那些较稳定地聚集在村社区里从事非农工作的人口，他们既包括本村户籍人口，也包括非本村的外来农业户籍人口和非农户籍人口。显然，这是一种由于乡村工业化而截留或吸引入村庄的非农人口，他们的数量和社会人口特质，都已达到或超过国家关于建制镇的人口标准。他们的现实存在，引出了一些不同于一般工业化和城市化的社会结果。

首先，农村人口的非农化或城市化，不一定以农业人口向城市的迁移和集中为模式。以往的小城镇研究已经提出和印证了这个看法，对万丰村一类超级村庄的研究，将进一步说明，乡村工业化甚至不一定会促使农村居民向建制小城镇迁移，而有可能促使他们聚集在超级村庄这样的工业点或工业基地上,将村庄变成一个工业和非农人口的新的聚集地或"中心地"。

其次,中国乡村工业化与城市化(指建制城镇增加、非农户籍人口增长的过程)虽然不同步,工业化发展并没有有效带动城市化发展[1],但并不表明村庄工业点没有发生城镇化的自然过程。伴随村庄持续工业化过程的,恰是如万丰村一样有竞争能力的半工半农村庄自身向城镇化的转变。从这个意义上说,中国乡村工业化与新的村庄工业点的自然城镇化却是同步进行的。

第二节　村庄工业化与自然城镇化

深圳地区的外来装配加工业务,一开始就直接进入了当地数以千计的村庄,并没有或很少设立在乡镇政府所在的中心地点,万丰村就是这些村庄中最早引进企业、工业化规模最大的加工基地之一。因而,这个地区并没有经历过像长江三角洲小城镇那样的发展过程,即"由大量白天在城镇工作的农村居民所促成","农民受雇于工厂并不意味着迁居到城镇"。而这一地区的农民总体上仍然留在村庄里,并且就留在自己的祖居地上创办的非农产业里,直接转化成了非农人口,大量的外来农民也进入其中,也就在村子里直接转变成为非农人口。研究者将这一类现象概括为"不含城市化的工业化"[2],以此说明中国乡村发生的工业化与城市化是不同步的。

从"行政或政策城市化"的角度看,这种概括和判断也许是有道理的。政策城市化,是以建制城市扩大、建制镇增加、非农户籍人口增长为标志的城镇化过程,它的确滞后于工业化。但是,这种判断却忽视了农村

---

[1]　参见中国科学院国情分析研究小组:《城市与乡村:中国城乡与协调发展研究》,科学出版社1996年版;邓英淘:《中国农村发展与城市化过程》,《中国农村经济》1993年第1期。

[2]　黄宗智:《长江三角洲小农家庭与乡村发展》,中华书局1992年版,第291页。

里发生的另外一个重要的现象:改革开放时期,这个地区的经济增长,实际上正是以万丰村这样的超级村庄为代表的乡镇企业的生产和贸易为支柱的。伴随这种经济增长的,正是非农人口在乡村的增长,而非农人口的增长又与超级村庄这样的非农经济聚集区的增加和扩展同步进行。也就是说,目前在农村发展的实际过程中,存在非农产业和人口向村庄工业点集中的趋势,这些工业点也就存在着"自然城镇化"的可能性。

　　所谓"自然城镇化"是相对于政策推动下的"行政城镇化"而言的。[①]这是两个被分割的双重的城镇化过程。一般来说,当一个人口聚居点发生如下两个主要的变化时,我们即称它出现了自然城镇化的过程:一是人口聚集达到一定规模;二是社区的产业结构和居民职业以非农为主,相应地居民的生产方式和生活方式也发生了向城镇的转化。世界城市化的基本历史经验表明,这个过程在工业革命之后,主要是由工业化带动的,工业化是城市化的基本内涵。不过,从发展成因上看,城镇的扩展一般都有两种方式,一种是"内源型"的,地点就选在区位较好、交通便利、人口较多、具有行政中心作用的社区。这种较为传统的方式,使这些社区一般都具有流通和消费的功能,但缺乏生产能力和带动能力,因而也存在自然衰落的可能。另一种是"外促型"的,即在"内源"发展的基础上,加上外力主要是经济力量和政策力量的推动,例如大型工业项目进入、大城市经济辐射、外资进入等等。城市化实际进程的加快,往往是国家和地方工业化以及城市化政策推动的结果,不仅外国的经验如此,我国以往的经验也是如此。所不同的是,我国的行政建制体制与城镇化政策相互照应,政府往往控制工业化的布局,出于某种政策考虑设置大中型乃至小型工业项目。而且,行政建制和级别往往直接影响和决定着城镇化的进程,我们称这个过程为"行政城镇化"。问题在于,城市化的偏差往往会扼杀自然城镇化的过程。确定城市的规模和中心功能,安排适宜的工业和非农产业项目,

---

①　文中有关自然城镇化和城乡关系的内容,参见折晓叶、陈婴婴:《超级村庄的兴起与新型城乡关系》,研究报告,1997年。

给予行政建置和财政支持,是我国以往计划性城市化政策的主要内容,它们主要是依靠国家利用计划来绝对控制资源的分配而实现的。也就是说,在计划体制控制下,实际上的自然城镇化过程是难以实现的。我国以往小城镇的萎缩和不发展,就是这种政策产生的负面效果,它也说明改革前我国的城市化过程主要是一种政策推动的'行政城镇化"过程,因而在计划体制下任何村庄都不存在自然城镇化的可能性。

农村经济体制改革之后,乡镇企业在农村蓬勃发展,促使社会资源分配的规则发生了变化,乡村不仅将一部分本土资源截留下来,而且还从体制空隙中将一部分城市资源引入乡村,从而启动了乡村工业化的过程。地方的城镇化政策也开始有利于小城镇的发展,在这种情形下,行政限制已经无法阻挡由乡村工业化带动的自然城镇化过程,于是出现了如上所说的自然城镇化和行政性城镇化并存的局面。一方面乡镇企业办在乡镇所在地,促进了那里自然城镇化的过程,于是国家建置城镇的数量也不断增多。此外,国家改革了"五级政权,四级财政"的财政体制,使乡镇一级有了财政上的支持,进一步推动了小城镇的发展。在这一个层面上,虽然存在着行政建置与实际的城镇化水平不相符合的情况,不过自然城镇化与行政城镇化两个过程最终达成了一致。另一方面,乡镇企业办在村庄,也带动一部分村庄发生了自然城镇化的过程,这个过程正是村庄"内源性"发展的一个重要面向。特别是那些如万丰村一样由半工半农的村庄发展而成的超级村庄,虽然没有国家和地方城市化政策和财政的支持,也没有行政建制的设置,但实际上已经具备了城镇的基本功能;虽然户籍人口没有转为国家认可的非农户籍,与暂住的非农人口一样都不能计入城镇统计人口,但实际上聚集的从事非农工作的常住人口已经达到或超过建制镇的人口。它们中有的已经超过了周边乡镇的发展水平。显然,在这个层面上,自然城镇化的过程已经大大超前于行政城镇化的进程。

上述情形,也正是我们在万丰村所见到的事实,只不过发生在这个具体村庄中,带有着自己有别于他村的一些特点。

这个村子的城镇化,起初是自然聚集的过程,以后才成为村政规划的目标和行动。"三来一补"加工业向村域的自然聚集,是城镇化的启动力量。这些企业进村,并不是地方工业规划的结果,而是村庄利用政策将工业请进村来,并且大部分是从香港游说来的,或由先来的企业介绍来的,因而带有相当的"自由性"和随意性。前已列出 1984—1995 年各年进入的企业数量,说明聚集的速度很快。一开始来者不拒,靠村庄的先天资源优势和政策运作随意吸收,后来村公司逐渐调整吸引政策,着重引入高科技—高劳动密集型企业,使村内形成了以电子、电器、机电、五金等为主导的产业结构。公司调整产业结构的目标,不仅仅是实现非农化和工业化,而是有明确的村政和社会发展目标,比如减少污染,引入高效益的、可以在村中稳定生存的、有实力的企业等等。

与非农产业向村域内聚集相伴随的是人口的聚集,大致也经历了自然聚集向规划聚集的过程。这个村子在 20 世纪 80 年代初中期曾遭遇到几万人自由涌入因找不到工作滞留村中而造成的危害,以后将外来人口管理纳入村治安队的正式业务,成立专门的机构,加强登记、疏导、安置和管理。现在村中聚集有超过小城镇规模的非农人口,其中有一小部分处于不断求职的状况,由于村组织和新近进入的地方政府派出机构——劳动管理站和派出所的联合管理,也由于打工群体内部的相助,这些自然聚集的人口在村内也形成了相对有序的生活秩序。

与上述两个聚集过程相关联的,是公共设施和公用事业在村内的聚集。这个聚集,则完全是村政行动的结果。可以列出一组由村财政投资兴办的基础设施和公用事业项目①:

1984 年至 1994 年 10 年中,投入基础设施建设费用近亿元。其中投资 3000 万元用于道路交通建设,已形成三条主路纵行路和三条横行路,为十余条大小街道定名,设立了 40 多个路标路牌,由村中老街扩展的主干路上近 4 千米通行公共汽车;水电站机构设备齐全,已安装变压器近150 台,总容量达 2 万千瓦,已重新铺设地下水管,全村使用自来水;

---

① 根据万丰村历年工作总结整理。

投资 100 多万元修建了万丰影剧院,占地 50 多亩,建筑面积 2000 多平方米,内设 1000 多个座位,有中央空调设备,被评为广东省一级影剧院;

投资 250 万元改善万丰小学教学条件,建有语音室、体育室、美术室、音乐室,增添图书 1130 册,学校藏书已逾万册;

投资 600 万元创办了万丰幼儿园,现有 22 名幼教师,6 名保育员,招收村内外幼儿 200 余名,分大、中、小及小小四种班次,每班配有"二教一保"(两名幼教,一名保育员),拥有现代化的幼教设备,试行由外聘来的教务长创造的专利项目"幼儿园主题单元目标",现已评为深圳市"一级一类幼儿园";

投资近 600 万元兴办了万丰医院,拥有留医病床 60 张,设有门诊部,有医务人员 90 多人,副主任医师十多名,设有手术室、X 光室、超声波室、化验室、心电图室等,可以做较大型手术,如胃切除、胆囊摘取、断指再植或严重外伤处理,拥有抢救危重病人的能力,每天就诊人数 400 余人,成为全镇第二大医院;

投资 50 万元修建了万丰图书馆,藏书 1.5 万册,杂志 15 种;

投资 400 多万元修建了万丰公园,占地 200 余亩,现已树木成荫,锦草铺地,湖光山色,是村民特别是外来工休憩的主要场所;

投资 200 多万元改建万丰文展馆,占有 1600 平方米建筑面积,分 17 个展室,展示万丰村的村史、建设及发展史;

…………

在这个城镇化的建设速度和水平都超过国家或地方投资建设中小城市和小城镇的村子里,所有的建设项目都没有纳入过地方城市化的规划特别是财政计划,没有接受过任何地方政策的和财政的支持,完全是依靠内部聚集力量,以内源的自然城镇化的方式建成的。

这样的城镇化过程,促使村社区的规模迅速扩展。首先是物业、人口和空间规模的扩展。物业的扩展使村子的空间规模比以往扩大了数倍,由老村一直延展到新区,布满了村域内三分之二的地面。这个昔日沿海小村 6.8 平方千米的范围内,建筑覆盖面积已占有 4 平方千米,建成的工业区内容纳了百余个外商企业,生活区内村民自有房产 1300 多幢,建筑面积达 25 万平方米。在各类房产中,两级村集体的建筑面积已超过 130 万平方米,修建有大型商场、大厦、酒店、厂房、工人宿舍等,房产总数达 440 幢。这些设施规模宏大,配套齐全,质量上乘,支撑着村庄新兴产业和服务业的发展,医院、学校、酒店、公园、影剧院,以及良好的道路、水电、通信设施和民居,不仅满足着村内产业发展的需要,也是村民生产和生活方式转变的物质基础。现在,这个初步建设成的新型村社区里,居住、生活、工作着 40 000 余人,人口密度高达每平方千米 6000 余人。其次是村内机构和外来机构的增加。产业和人口规模的激增,不仅刺激了村内商业贸易、服务、教育、医疗和文化娱乐事业的发展,也使村社区内的各种行政的、金融的、市场管理等机构大量增加。除去村政府的职能及其机构充分发育外,伴随着村社区经济和社会管理事业的需要,村域外的一些机构也纷纷进入,有地方政府的派驻职能机构,如公安派出所、劳动服务站等,也有金融及其他服务机构的分支,如信用社、银行、保险公司、邮电所、民航售票处等。这些机构大部分是由村庄根据需要陆续请进来的,它们在村内立足,开展业务,多有盈利,表明这个村子已经成为适应工业化和城镇化需要的、功能完整的社会单位。除此之外,村经济组织和社区规模向域外的扩展,也表明这个正在城镇化的村庄,已经具备了经济和社会聚集中心自然向域外辐射的基本功能。

这个村子的城镇化,还是一个自然中心化的过程。在以往传统的"城—镇—村"关系格局中,城是发展的中心,存在着由城到村的"核心—边缘"梯度发展模式,中心的作用随城市的大小递减,形成不同的辐射和管理层级。乡是这个格局中的边缘,村庄则是边缘的最末一端,一般只能逐级接受到微弱的辐射,无论在哪一个层级上,村都不可能与"中心"地位有任何关联。乡村工业化使万丰村这样的超级大村具有了自然城镇化的可能性,村庄自身的发展摆脱了原有的"中心—边缘"格局的束缚之后,出现了令人意想不到的结果,它自身发生了自然中心化的过程。对于这个村子作为新的地方中心的作用和功能,让我们留待下一章讨论村与周边城乡的关系时再作交代,这里先指出它中心化的自然方式。首先,它不是国家或地方政策支持和培植下的中心点,而是依靠内部力量的积蓄发展而成,自然地聚集了周边乃至全国各地的人力、人才、技术和资金,吸引了外来的装配加工业务。在经济实力、基础设施建设水平和公共服务水平达到一定程度后,还具备了中心地作为"发展极核"自然向域外扩散的能量和作用,可以看到它作为对外加工业中心、金融中心和服务中心的扩散速度正在加快,渗透的广度和深度都在增强。其次,它以自己为中心向城或乡双向进取和扩展,从它已建立的 15 个域外企事业机构中,可以看到它向城进取的深广程度,从它向边疆地区投资农业,也可看到它向乡进取的决心和实力。作为"边缘地带"新的"发展极核",这个村子向外扩散的能力已经不容忽视。

对于这样一个聚集有如此规模的非农产业和人口,拥有城市人文建设景观、社会服务设施和基础设施,并且发挥着聚集中心扩散效应的社区,显然已经无法依照国家城镇建制政策,再称之为"农村",它已经迈向城镇化,并且超过了周边建制乡镇的水平,正在对地方城市化的总体规划产生着实际的影响。

不过,我们也可以看到,这个村子的城镇化,又是一个"拟城化"的过程,不仅在建筑景观上拟城化,"与城市没有两样",而且在心理上拟城化,这也是富裕起来的在劳动和工作方式上非农化的村民追求城市生活方式的结果。村里人对村子变迁最自豪的言语中总有"城里人有的,我们这里都有"的表述,甚至在村庄的《精神文明建设规定》中也注有"做到城市有的我们都有"的文字。这种心理历程,一方面反映了村民对以往城乡差别的强烈反感,一有条件就先予消除;另一方面也反映了村庄在自然城镇化过程中与城镇竞争和竞赛的决心,还反映了村庄领导人为官一任,"为家族后代和村庄留一份丰厚家当"的夙愿。因而,村里的城镇化建设,既受到产业配套、增加经济效益原则的支配,又受到社区富裕、生存环境优越、社会服务方便、消除城乡差别等一系列社会目标,以及追求城市生活方式、"比城里人生活更好"等社会心理因素的支配,才能够十余年坚持不懈、持续不断地高投入,高收益,当然,同时也造成了高消费和某些项目的重复建设。村子里的高消费,当然是相对于城市普通居民和村民自己的实际生活方式而言的,由于有高收入的支持,香港生活方式的影响和驻港原村民的示范,在 20 世纪 80 年代中期到 90 年代中期十余年里,盖楼、装修、饮食、娱乐和日常生活消费,都出现了比内地城市居民高数倍乃至上百倍的花费。90 年代中期以后,盖好了房、建好了家的村民们,消费已趋向于稳定的日常开支,开始将资金更集中地使用在经营、投资和储蓄上了。

　　"拟城化"产生的另一个问题,是村内的一些设施和机构过于采取复制或扩大城市化景观的方式,因而出现建设总量和经济总量扩大,而效益并没有增加的情况。比如村子老街以外新建的商业大厦和狭长的商业街,虽然从设计和规划上有增加城市化速度、扩展社区规模的考虑,但是扩张的速度超过了提高效益的基础,因而闲置未用,最终成为困扰村组织和村民的大问题。

　　那么,由工业化推进的村庄自然城镇化,是否与一般的或政策推进的城镇化具有同样的规律或发展规则呢? 这个村子的实际告诉我们,在村社会基础上直接发生的自然城镇化,并没有经历产业革命对原有生产关系和社会关系的全面改造,推进和参与工业化和城镇化的主要力量,都是同一个村子的居民,虽然在实际的人口规模、产业结构和职业结构以及生态和人文建筑景观上,都完成了向城镇的转变,但是在反映社区本质特征的生活方式特别是人际关系方面,在相当程度上仍然保持着乡土生活的方式和秩序。显然,村庄的自然城镇化有自己独特的发展规则和社会结果。

第三节　工业化方式与村庄内生结构和秩序

　　工业革命之后,城市的兴起和发展往往是以工业化为主要条件的。

任何地方,一旦有了工业,就有了城市兴起的契机和条件,但这并不是一个充分的条件。中国乡村工业作为一个特殊的工业部类,虽然刺激了城市化要素在乡村的生长,但它却又是以乡村社会结构的存在为其生长条件的,即使像万丰村这样的外来加工业,已经摆脱了这个特殊工业部类的影响,与城市工业同构,但其生存仍然依赖于村庄特定的社会基础和运作方式。在村子里,我们已经发现这种外来的工业化方式与村庄内在的社会结构之间,存在着相互融合、交织并行、共生共荣的关系,比如前已讨论过的公司体制中延伸着村组织的权力结构和组织脉络,存在"拟亲缘"的关系模式;股份体制与家族自然结构相互配合,与社区所有制和社区合作主义相互支持;工业化组织方式对村集体合作体系的依赖等现象。

那么,工业化作为一种全新的产业组织方式,何以与村社会原有的结构相融并存呢? 在这里,我们又一次看到外来力量和宏观的制度背景,与村庄内在的传统力量具有同等的重要性,它们之间的相互作用,促进了这种融入磨合的过程。

在这个村庄引进外来工业的过程中,宏观制度背景所提供的法规和地方市场规则都缺乏确定性,需要借助于村社会惯行的其他非正式的手段,如身份承诺、熟识信用、关系策略、社区共同体意识等才能运作。在行政活动领域中,当地政府减弱了对村庄的行政控制,相应地也不再给村庄以行政和政策支持。村庄为了获取这些支持,必然去发展与各级行政之间的非正式关系,而地方政府为了从村庄经济中获取更多的财政收入和其他支持,也会用非行政的手段发展与村庄之间的关系。这样,行政的和非行政性的规则和社会关系就会融入交织,在基层的政治经济活动中同时起作用。[①] 在经营活动中,市场规则尚未健全,"基于社会关系之上的契约便会有一个重要的功用,即交易可以基于非经济性的社会关系,而不

---

　① 折晓叶、陈婴婴:《超级村庄的兴起与新型城乡关系》,研究报告,1997 年,第 69 页。

是通过匿名的市场进行"①。村庄内生的社会关系及其规则,恰在这些领域可以大有作为,只不过由于它们缺乏合法性,难以在参与外部社会经济活动时有效地发挥作用,因而又需要借助于外来的工业组织方式和制度背景所提供的合法规则,比如公司制度、法律规范、市场原则等等。在这样一种基础上引进的现代大工业,即使由境外的国际市场导入,也不是以村庄的传统社会关系及其结构为对立物,或以村社会传统的终结为前提,而是与之相互融合的。

　　这个村子里的外来工业是村庄主动请进的,倡导工业变革和承受这种变革的,都是这同一个村子里的干部和村民,这表明村庄内生的传统结构对工业化力量具有相当的弹性和包容性。不过传统经济结构对工业的包容性,不是以苏南农村工业化初期那样的"农工相辅"的兼业方式实现的,而是以特种农产品转由专业户和外资农场经营,或转向域外经营,将大量农业劳动力挤压出来,以较低的代价改变土地和人力的用途,适应外来的加工业对物业和廉价劳动力的需要来实现的。传统的社会关系结构,也以它特有的运作方式配合工业化的需要,例如对传统组织资源的利用,可以降低公司和企业的组织成本,以及内部的谈判成本,提高工作效率等等,这些都支撑着公司和厂租经济在十余年的时间里持续增长。总之,在这个村子里工业化组织方式与村庄内生社会结构之间,并没有表现出绝对的冲突,工业化方式并不意味着村社会结构及其文化特征和乡土生活秩序的完全消失,即使在有冲突的地方,也存在着强烈的乡土生活秩序,甚至存在着有利于村社会传统结构复苏和重建的条件和可能性。

　　上述的分析要求我们将社会组织(这里是工业化组织方式)与社会结构(这里是村内生结构)加以区别,区别的意义在于,首先,工业化组织方式与村社会的社会结构是两个可以相互独立存在的要素,工业化乃至由此带动的自然城镇化虽然基本上改变了这个村子的组织方式和外部形

---

① 何梦笔:《中国产业文化的组成特点——地方团体主义与家族主义》,《农村经济与社会》1993 年第 6 期。

态,但并不绝对地控制和影响村社会内生结构的存在方式。其次,可以重新评价"以往的因循守旧的看法,即认为现代化、都市化削弱血缘联系,并是在全新的基础上创立的一种新型社会组织。工业化确曾产生了一种新型的组织,它的外形结构纵然近似于现代西方社会中的组织结构,然而,它并不一定适应内在的结构变化。……这表明,基本的社会结构仍不大受社会组织变化的影响"①。这两个相互独立的要素在一个村庄中同时并存,说明乡村工业化及其带动的自然城镇化,有可能造就出一种既不同于传统"乡社会",又不同于"城社会"的中间社区形态——"工业村",在结构上我们可以称之为"非农社会经济结构",在社区类型上可以称之为"非农经济的社会聚集区"。②

目前万丰村就是这样一种新型的社会经济结构和社区类型,它在外部景观上已经"拟城化",也具有了相当的城镇功能,特别是已经形成了聚集非农产业和人口的功能以及地方中心的作用。但是,在内部组织构造、社区生活方式和人际关系等方面,仍然相当程度地保持着村社会的关系特征和秩序,仍然相当成功地将村社会的关系模式直接带进或移植进了正在城镇化的新型社区中。在某些领域中,这些关系和秩序始终是起主导作用的关系模式,而且在最近十余年中,它们一直是这个村子持续发展的生命力之所在。因此,它目前完成的只是向"工业村"的延展,至少在社区本质特征上,并没有向城镇转型,今后是否一定会向经典意义上的城市转型,仍是一个有待时间验证和理论探讨的新问题。在这个意义上说,也许将它定位作具有城乡中间特征的"拟城聚落"更为恰当。

村庄工业化和自然城镇化产生的另一个社会结果,也同样不太符合经典的模式,这就是工业化和自然城镇化并没有彻底动摇村庄作为当今中国农村社会最基本组织形式的根基。"村",至少仍然是我们所观察的南部中国珠江三角洲地区乡村工业化的主要载体之一,在村社会基础上

---

① 中根千枝:《日本社会》,许真等译,天津人民出版社 1982 年版,第 8 页。
② 折晓叶、陈婴婴:《超级村庄的兴起与新型城乡关系》,研究报告,1997 年,第 30 页。

发生的自然城镇化,将"村"变成了这些地区新的聚集中心,成为地方非农生产和生活的事实上的基本功能单位和中心地。让我们将这个问题扩展成为一个专门的话题,放到下一章中再做讨论。

第十九章　村社区关系的扩展

从功能上看去,我们所观察的这个村子,始终是一个基本的社会单位。在镇村制下,即使把数个这样的村子连接成一个更大的行政单位(在有的地区镇也是一个地方市场),也并没有能改变村子的这个功能,国家放权于村之后,村自为政更加强了这种功能。工业化和在此基础上发生的自然城镇化,同样也没有改变这种状况,只不过再次将它强化成为了一个工业村。在基层社会,人们更加承认村的界限,村与村之间的差距,也使属于哪一个村子对他们显得十分重要。村则以自己的地位作中心,根据自己实力的强弱,发展与外界的关系和划定推展关系圈子的大小。

第一节　村为边界的分化

一、村自为政

这个村子所在的深圳地区实行改革开放之后,国家和地方政府与乡村基层社会的关系发生了很大变化,国家放权给农民和村庄,实行"基层政权组织自治"。村庄自治权的建立,使"村情"特点更加突出,村自为政,各显其能,差不多成为最近十余年来农村社区运作的基本方式。由于各村面临的初始发展条件不同,村情各异,因而决定了它们各自有不同的分化方式、不同的收入分配、职业结构、权威体系和思想观念。[①] 在这一地区我们看到,村庄在外部形态、发展模式、组织构造、贫富程度等方面的

---

① 阎肖峰:《新时期中国农民独特的分化道路》,《农村经济与社会》1991 年第 5 期。

多样性,从未像今天这样令人惊异,村庄的重要性也从来没有像现在这样突出过。由于外来加工业直接进入村庄,村不再只是一个个家族的聚居地和依靠土地生产和谋生的单位,而是一种新的非农经济力量,一种非农社会经济结构。村庄存在方式的这一深刻变化,又反过来加强了村的相对独立性和自治程度。

总之,村自为政,对村庄的影响是深远的。作为一个政治背景,它激发村庄开发内源,依靠自己的力量,独立自主地完成非农化的过程。作为一种运作方式或体制,它则促使村庄急剧分化,从中分离出一批具有经济实力和社会服务功能的发达村庄,从而进一步拉大村与村之间的差距。

二、村与村的差别

在珠江三角洲一带的乡村,社区的分化一直到村,村与村之间的差别,成为农村基层社会分化的基本内容,即使在普遍面临外来加工业进入机会的同一个区域内,情况也是如此。可以万丰村所在的镇为例。沙井镇所辖的 26 个村庄,与深圳特区周边数以千计的村庄一样,在 20 世纪八九十年代面临同样的工业化机遇,但村际在产值和人均(平)收入方面的差距却很大,表 19-1 列出的是近三年的比较数据。

差别首先在于出现了一批产值超亿元的村庄。1993 年亿元村占镇村总数的 8%,1994 年这个比重达到 19%,还出现了一个两亿元村,1995 年已达到 27%。这些村庄较之普通村庄的工业化程度高,以 1995 年为例,亿元村的工业总产值一般都占到工农业总产值的 98% 以上,而普通村庄的只占 30%—80%,由此形成两类村庄在经济总量上的主要差距。1993 年最高村(万丰)比最低村(蚝二)在总产值上高出 78.5 倍,在工业总产值上高近 155 倍,在人均收入上高达 525 倍,1995 年的差距有所缩小,但也分别在 20.1 倍、67 倍和 163 倍左右。

表 19-1 村总产值和人均收入比较

村名	1993 年			1994 年			1995 年		
	工农业总产值(亿元)	其中:工业总产值(亿元)	人均收入(万元)	工农业总产值(亿元)	其中:工业总产值(亿元)	人均收入(万元)	工农业总产值(亿元)	其中:工业总产值(亿元)	人均收入(万元)
亿元以上:									
万丰	1.59	1.56	1.5	1.84	1.8	1.28	1.48	1.36	1.26
新桥	1.33	1.23	0.93	1.13	1.02	0.8	1	0.82	0.88
简边	0.27	0.01	0.35	2.43	2.42	0.46	2.52	2.51	0.95
沙头	0.13	0.06	0.91	0.54	0.48	1.055	2.43	2.4	2.14
马安山	0.04	0.03	0.88	1.57	1.57	0.71	1.11	1.1	0.79
博岗	0.40	0.37	1.25	1.24	1.21	1.03	1.98	1.96	1.08
辛养	0.10	0.09	0.63	0.78	0.77	0.72	1.81	1.8	0.66
亿元以下:									
后亭	0.06	0.03	0.63	0.12	0.05	0.75	0.16	0.13	0.87
步涌	0.09	0.06	0.42	0.29	0.2	0.67	0.21	0.15	0.7
共和	0.18	0.09	0.54	0.26	0.11	0.5	0.22	0.1	0.54
民主	0.11	0.05	0.34	0.26	0.07	0.39	0.24	0.09	0.41

村名	1993 年			1994 年			1995 年		
	工农业总产值（亿元）	其中:工业总产值（亿元）	人均收入（万元）	工农业总产值（亿元）	其中:工业总产值（亿元）	人均收入（万元）	工农业总产值（亿元）	其中:工业总产值（亿元）	人均收入（万元）
蚝一	0.12	0.00	0.43	0.14	0.03	0.41	0.30	0.18	0.49
蚝二	0.02	0.00	0.24	0.06	0.02	0.36	0.07	0.02	0.48
蚝三	0.08	0.06	0.34	0.25	0.22	0.77	0.70	0.64	0.81
蚝四	0.03	0.00	0.39	0.08	0.05	0.51	0.22	0.12	0.73
沙一	0.09	0.06	0.55	0.21	0.19	0.84	0.24	0.22	0.73
沙二	0.31	0.19	0.37	0.58	0.54	0.30	0.46	0.42	0.58
沙三	0.05	0.01	0.48	0.09	0.04	0.45	0.07	0.05	0.44
沙四	0.02	0.00	0.32	0.06	0.02	0.36	0.07	0.05	0.42
东塘	0.64	0.62	0.97	0.25	0.23	0.76	0.38	0.36	0.92
和一	0.19	0.14	0.24	0.20	0.14	0.35	0.16	0.07	0.33
大王山	0.03	0.02	0.49	0.43	0.42	0.61	0.82	0.81	0.64
新二	0.22	0.19	0.79	0.56	0.49	0.76	0.54	0.48	1.11
上星	0.21	0.83	0.83	0.41	0.40	1.15	0.61	0.60	1.27

村名	1993 年			1994 年			1995 年		
	工农业总产值（亿元）	其中:工业总产值（亿元）	人均收入（万元）	工农业总产值（亿元）	其中:工业总产值（亿元）	人均收入（万元）	工农业总产值（亿元）	其中:工业总产值（亿元）	人均收入（万元）
上寮	0.09	0.08	0.71	0.79	0.77	0.86	0.38	0.36	0.97
黄埔	1.22	1.19	1.02	1.02	0.43	1.52	0.66	0.62	1.08

资料来源：根据沙井镇历年《社会经济统计资料》整理。

从时段上比较,无论亿元村还是普通村庄,在经济总量上虽然逐年都有较大增长,但增长的幅度仍有相当差距。1995 年总产值最高村(簖边)与自己 1993 年相比,工农业总产值增长 8.3 倍,而最低村(蚝二)只增长 2.5 倍,工业总产值最高村增长 250 倍,最低村仅 2 倍,人均收入最高村增长 1.7 倍,最低村则只有 1 倍。

人均收入的高低,虽然不绝对受工业总产值高低的影响,农业产值的大小和村民人数的多少,都是产生影响的因素,比如四个蚝业村以养殖沙井镇有名的土特海产蚝为主业,尽管工业产值一直偏低,但农特产收入较高,因而人均收入一直相对较高。但从总体上来说,工业产值的增加,仍然是村庄大幅度提高人均收入的主导因素,几个亿元村的人均收入是各村中最高的,均已接近万元或超过万元,相应地,其工业总产值占工农业总产值的比重也是各村中最高的。

村与村之间的差距还明显大于镇与镇之间的差距。万丰村所属的沙井镇是宝安区经济总量最高的镇,据宝安区(县)1994 年统计资料,该镇与区属另 7 个镇相比,工农业总产值高于他镇的百分比分别为 17.1%(比西乡镇)、19.3%(比福永镇)、21.0%(比松岗镇)、18.8%(比公明镇)、31%(比石岩镇)、4.2%(比龙华镇)、21.3%(比观澜镇),从中可以看出,沙井镇比总产值与其相当的镇只高 4.2%,比总产值最低的镇高 31%。该镇工业总产值高于其他镇的百分比也分别为 18.7%、19.6%、22.7%、26.7%、33.8%、3.3%、19.2%,其中最高最低差也只在 3.3%—33.8% 之间。① 这两项指标的镇际差距都远远小于村庄之间成几十倍乃至上百倍的差距。

村与村之间的差别,使村成为这一地区农村社会分化最基本的边界。由这些差别而引起的人口在村际、镇际乃至省际的大规模流动,以及社区利益分配规则的变化,正是村籍制度、社区身份、社区福利和保障政策等形成的基础。这些差别也是村庄在向外扩展各种关系时,确定各自的相

---

① 　根据深圳市宝安区计划统计局编:《宝安区统计年鉴(1994)》,1995 年。

对地位、划定圈子大小的主要依据。

三、超级大村

在我们所考察的地区,亿元村作为一种新型工业村,已构成一个特殊的村庄群体,不过,从社区功能上看去,它们之间仍存在着较大的差别。

差别主要不是经济总量上的。这一地区农村经济统计中的"产值"计算方法并不科学,因为村庄依靠"三来一补"企业获取的主要是厂租收益,企业的产值,主要由商家最终计算,村一方是无法计算的,这里所说的"产值"只是经济总量的一个含糊的概括值,实际是指厂租收益和其他一小部分自营企业的产值,与其他地区乡镇企业的产值没有可比性。因而,我们在这一地区很难找到像苏南地区那种产值超过 10 亿元的经济大村,但这里村庄的收益和富裕程度却多有过之。另外,从年经济总量上看,这一地区亿元村之间的差别也不是太大。经济总量上的差别,与成为亿元村的时间有关,万丰村在 20 世纪 90 年代初期就已成为当地第一个亿元村,目前年经济总量虽然比后起的二亿元村有所差距,但资产总额 1996 年底已达 6.2 亿元人民币,年收入达 9000 多万元,仍是当地数一数二的经济大村。

亿元村之间的差别,主要在社区发展水平的落差上,如果我们将亿元村中社区发展水平最高的一类村庄称作"超级村庄",那么亿元村只不过是这类村庄的雏形,并不一定都能发展成为超级村庄。而万丰村,就是当地具有超级村庄特征的亿元村之一,除去"产值"过亿、非农产值占村庄全部产值的 98% 以上等特征外,它还具备其他一些更为典型的社区特征①,比如我们前已描述过的:这个村子已经形成了稳定的可用于村政和公益事业的"村财"收入,村财政的形成使的政权建设和各项公益事业

① 参见折晓叶:《村庄边界的多元化——经济边界开放与社会边界封闭的冲突与共生》,《中国社会科学》1996 年第 3 期。

有了财力基础,村政的功能也随之完善起来,已经具有了"准政府"的村政结构和职能,如经济的、仲裁的、村政建设的、福利保障的结构和职能;村里的经济组织开始采用现代集团公司的模式,已经不是一个以本社区为边界的封闭型的经济组织,它们不仅迅速向村庄以外扩展,经济触角已经伸向城市、海外,甚至以参股的方式渗透到地方大中型国营企业,成为其他公司的合作者甚至控股者,而且村公司还吸收村域外的经济合作伙伴或投资入股者,它的经济网络的边界已经是开放的;村社区内的人口成倍增长,聚集有大量的、超过村民人口总数近 20 倍的外来劳动力,虽然在村里,外来人口大多是"打工仔",与村民之间有严格的社区身份上的差别,没有永久居住权,流动性很大,但他们作为总体,已经有较为稳定的规模,成为村庄的"准居民";村内已经形成以职业和身份多元化为基本特征的社会分层结构。由于村里的工业、基础设施和公益事业与城市有着相当的同构性,因而职业结构也极其复杂。虽然非农化是其职业结构的基本特征,但与其产业中仍保留一定比例的农业相一致,村民中还有专业养殖大户。又由于村内聚集有大量的外来非农职业人口,村籍作为新的社区身份的特征加强,对村庄的社会分层体系有着十分重要的影响;村里的村政设施和公益事业发展很快,给村民生活方式和文化价值观念向非农转化,提供了物质基础,新的生活方式和价值观念正在形成,等等。

万丰村所表现出的上述一些超级村庄的特征,使它的社区发展水平在周边村庄(包括大多数亿元村)中都十分突出,甚至比所属镇和周边邻近的其他镇区都为先进,因而,它的存在,在某种程度上改变了周边原有城镇村之间的关系格局。

第二节　村与周边城乡的关系

这个原来在当地十分普通的村庄,发展成为超级村庄之后,竟然改变了原有的城镇村关系,逐渐成为影响当地社会经济生活的重要力量。20

世纪90年代初期我第一次进入这个村子时,它在当地就很有名气,有了许多个"第一"的赞誉,比如第一个尝试农村股份制,拥有最多的对外加工业务,镇财政的第一财税大户,拥有当地第一家酒店、第一个高档影剧院、第一个村内公园,等等。这种超前的发展,首先改变了它与所属镇之间的关系。

一、村与镇

万丰村离沙井镇不足八千米,镇位于数个村子的中心地,历来就有集市的功能,当地一直称之为"墟市"。村里人以往的农产品就运到墟市上交易,婚姻虽然有"对村亲"的习俗,但镇所在地是数个陈姓村庄的家族中心,因而也有婚姻中心的作用。历来的行政建制、解放后的公社和乡镇都设在那里,更是一个行政的和经济的中心。这种中心地的地位,在大工业进入村庄之前,一直十分稳定,"城—镇—村"的行政和经济层级格局从未动摇过。外来的大工业进入这个地区,特别是直接进入村庄之后,村的地位日渐突出,特别是出现了万丰村这样的超级大村之后,镇村之间在发展水平上首先拉开了距离,村径自走在了镇前头。

首先在经济总量上,万丰村等超级村庄在当地已占有相当的份额,成为镇乃至地区的财税大户,村办的公司成为所在地区特别是镇、区(县)最有经济实力的企业之一,有的已跻身于国家级优秀企业的行列。万丰村内引进有百余家"三来一补"企业,村公司在引进这些劳动密集型企业时对科技含量有所选择,对村内产业的布局有总体规划,外资企业的产品质量和外贸活动也由村公司监督和协助进行,因此,村内企业发展至今,整体的管理水平和产供销活动都获得了国家有关部门的认可,村公司也跨入了国家AAA级企业的行列,这在当地尚属首家。镇村在经济总量上的差距,可以表19-2列出的一组数据加以说明:

表 19 - 2　万丰村与所属镇经济指标比较　　单位:亿元

村镇比较	1993 年		1994 年		1995 年	
	工农业总产值	其中:工业总产值	工农业总产值	其中:工业总产值	工农业总产值	其中:工业总产值
万丰村	1.59	1.56	1.84	1.80	1.48	1.36
所属镇总计	8.46	7.25	16.26	14.88	21.36	19.90
占全镇比重(%)	18.8	21.5	11	12	6.9	6.8
镇办企业	0.71	0.55	1.12	1.10	1.48	1.47
村:镇(+、-%)	1.2 倍	1.8 倍	64	64	0	-7.4

资料来源:根据沙井镇历年《社会经济统计资料》整理。

从表 19 - 2 中可以看出,20 世纪 90 年代初期,这个差距是巨大的,仅万丰村一个村的工农业总产值就占到全镇的 20% 左右,比镇办经济总量高出一两倍,90 年代中期,这个比重有所下降,镇办经济的增长速度有较大提高,但在 1994 年万丰村的经济总量仍比镇办经济高 64%,1995 年基本持平。这个经济总量上的差距主要是由于"三来一补"企业直接进入了村庄,因而使得镇村在办工业企业和聚集劳动人口方面形成了巨大差距(见表 19 - 3)。

表 19 - 3　镇村企业和人数统计表

	1993 年	1994 年	1995 年
工业企业单位数(个)	550(100%)	585(100%)	720(100%)
其中:镇办	21(3.8%)	26(4.4%)	25(3.5%)
村办	529(96.2%)	559(95.6%)	695(96.5%)
企业人数(万)	8.56(100%)	10.64(100%)	11.79(100%)
其中:镇办	0.39(4.6%)	0.61(5.7%)	0.70(5.9%)
村办	8.17(95.4%)	10.03(94.3%)	11.09(94.1%)

资料来源:根据沙井镇历年《社会经济统计资料》整理。

我们在第六章讨论工业进村问题时,已经对造成这种工业格局的原因做过分析,指出国家财政体制长期以来使镇失去聚财的能力,镇经济在体制上不如村灵活,并且不占有土地、劳力和社区基本设施等方面的优势,因而,在村的经济主体意识越来越强烈,与镇在引进工业方面形成自由竞争局面时,镇显然不如村具备引进工业的优势。经过十余年发展上的落差,这一地区的村庄经济乃至村政建设、居民生活水平等都有明显超过周边乡镇的趋势。

其次是社区综合发展水平上的差距,经济实力上的强弱,使村镇之间在社区基础设施和社会事业等方面也形成较大差别。万丰等村庄在十余年内投入巨额资金进行村政建设,已经拥有高质量的基础设施,拥有了村办的商业服务体系如商业大厦、农贸市场和小商品市场,办有较高质量的小学、幼儿园、医院,拥有较高档的酒店、宾馆、公园、影剧院等服务性和休闲娱乐性的设施,还拥有良好的道路、水电、通信设施和村民住房。这些设施不仅从种类和数量上,已经赶上或超过周边镇,在服务质量和辐射范围上,也往往是镇区比不上的,特别是医院、学校、文化娱乐和服务设施,设备齐全,服务质量较高,在一些中小城市也不多见,而且辐射能力较强,不仅向周边村镇提供服务,有的还向邻近的城市居民提供服务。

这种差距在 20 世纪 90 年代初期就已经十分明显,这个地区最高大显赫的设施大多建在村子里,镇区在那时尚保留着旧貌,工业活动、文化娱乐活动和社交活动都转移到村子里去进行,万丰村在当地首建的影剧院、酒店、公园,都成了周边村子和镇区居民休闲的好去处。

镇比村在发展水平上的落差,使得超级大村在地方社会经济生活中的地位明显上升。村作为地方财税大户,其贡献大小直接影响到镇财政收入的多少,镇在投资地方建设、规划经济发展、确定城镇规划时,都必须考虑一两个超级大村在其中的地位。在地方决策中,当地政府虽然不像苏南地区的镇政府那样,直接将超级大村的领导人吸收进政府领导班子,将村庄在行政上升格为“党委村”,但也须认真征询他们的意见,求得他们在财力上的支持和行动上的配合。显然,超级村庄与地方政府的关系已经发生了一些微妙的变化。其一,村庄在行政上虽然仍受“城—镇—村”格局约束,但是这种制约已经比较微弱。超级村庄多以自己为中心,根据需要来发展与外部行政体系之间的关系,而且新建立的关系的强弱并不遵循原有的行政层级,镇政府在它们的外部行政关系中只占一个部分。像万丰村这样的超级村庄的对外行政联系已经远远突破了原有的地方行政格局,甚至与大中城市之间建立了直接的经济联系,所获得的行政支持也往往是更高层次乃至国家部门的。其二,在超级村庄兴起的地方,地方政府特别是最基层的乡镇政府,在国家与农民的关系链条中的地位发生了变化。改革开放之后国家大规模放权于农民、村庄乃至地方政府,国家权力逐步退出了村庄,不过,乡镇财政的建立使最基层的地方政府在利益分成机制的驱动下,仍试图加大控制村庄特别是财税大村的力度,但对那些占有重要经济地位、提供大部分社会服务的超级村庄,乡镇政府却难以做到这一点。实际上,超级村庄作为一种新型的非农经济力量和自然城镇化的社区,其经济实力和发展水平超越乡镇,甚至左右着乡镇的经济和社会发展,它们已经独立地站在国家面前,试图直接进入社会的宏观经济体系。它们努力发展与地方政府的关系,其目的不是依附于地方,而是与地方结盟,以便打通进入大社会的通道,它们的视野早已超越了地方,瞄准了宏观的大社会体系。万丰村的十几个域外产业大部分办在镇外、区外,正在向内地和边远地区扩展,就是一个有说服力的例子。其三,万丰村一类的超级村庄无可避免地形成了与乡镇竞争"地方中心"的局面,首先是村自身发生了自然中心化的过程,其次是镇的某些中心地位丧失,其中心作用也就自然地向超级村庄的功能聚集中心转移。显然,谁是地方中心,由于市场机会的增加,已经成为一个动态的过程。

二、新的地方中心

在国家和地方行政体制制约下发生自然城镇化的村庄,因为没有外来行政力量的支持和确认,所以不可能成为地方的政治中心,即使作为地方最有实力的经济主体,对地方事务的决策产生着实际的影响,目前在这方面的作为也是有限的。不过,它作为经济中心和社区服务中心的地位,却在市场化进程中被牢固地确立了。

1. 专门化的加工基地和非农经济中心。沙井镇是深圳地区对外装配加工业的重要基地之一,万丰村就是其中一个专门化的加工业中心。村子里集中有百余家"三来一补"装配加工企业,参与这类企业管理和工作的人数已超过三万人,集中了一大批专业化的管理人才和科技人才,还有大量专业生产工人。产业门类相对集中在机电、五金、电子等高科技、劳动密集型行业上。产业和人口在村中如此集中,带动了工商服务业的发展,村中另集中有 3 个农贸市场和 400 余个商业网点,非农从业人口已四万余人,是当地最大的非农经济聚集中心之一。这个聚集中心还由于与邻近的另一个有聚集作用的村庄相连,其地位更加突出。

万丰村呈一南北向的狭长带状,与之相连的有六个村庄,紧挨西北边的坐岗村也是镇区较有名气的亿元村,这两个村子连成一片,在镇区行政中心以外,形成一个新的非农经济和生活聚集区。这两个村子现有厂房的出租面积达到 102.5 万平方米,占全镇厂房出租面积数约 40%,当地"三来一补"企业有 28.8% 集中在这个区域内,工业总产值接近 3.4 亿,占全镇工业总产值的 16.7%,外来劳动人口六万余人,占全镇外来人口总数的 32.8%。① 在当地办厂的外商,也看中了两村聚集产生的产业效益。最早进入广东办厂的香港实用电器金属制品有限公司,在 20 世纪 80 年代中期开始将产业集中在这一地区,在当地的四个工区,有两个分别设在万丰村和坐岗村,另两个设在邻近的另外两个村子里。现在每个工区分别生产不同的产品,相互配套为机电、金属和电子系列产品,成为一个完整的加工基地。显然,专门产业的聚集和配套生产,使万丰村与周边村庄也有了经济上的联系,并且加强了它的经济聚集效益和中心作用。

2. 金融中心。万丰村作为地方经济中心的另一种功能,表现在它的融资能力上。融资是以资金入股的方式实现的。这个村子的股份公司是这一地区内最早创办的融资性质的公司,经济实力强,股息高并且相对稳

---

① 根据沙井镇政府《1995 年社会经济统计资料》、沙井镇驻万丰村劳动站《1995 年分站情况统计表》数据整理。

定,因此周边地区和更广范围的民间资金迅速流向这里。在村庄集资的高峰时期,村民们从县、镇、村的银行和信用社取出存款,到村里的股份公司投资入股,在当时曾对金融机构的储蓄产生过强烈冲击。但如果从动态的过程看,村庄的集资活动实际上刺激了基层金融机构的生长和发育。当地区银行受到冲击时,设在村子里的农行代办处和信用社的业务却得到异乎寻常的增长,村里农行分理处的负责人介绍过这样一个过程:

> 　　20世纪80年代末期,村民集资入股,把钱都取走投到公司里去了,对银行业务打击很大,县银行的储蓄额一下子降低很多。但是想不到钱都流到我们这些代办处(分理处的前身)来了,因为村里股份公司的账户就设在我们代办处,人们从市里、县里的银行提出款子,马上就到我们这里来入股,代办处的汇入额就大大增长,不得不组织人马日夜加班。入股最多的时候,我们一个小代办处的年存储额已从几百万增加到5000万,这是很少见的。现在我们分理处已与镇农行实现电脑联网,已有结算业务,存储额一般保持在3000万左右,主要是村公司、本村人和"打工仔"在这里存储,附近村子也有就近来存储的,银行的效益很好。今后这里将是本地区的商业中心,搞起来后,对银行发展很有利。

　　显然,这个村子作为经济中心的经营和融资活动都确有成效地刺激了村级金融业的发展,村内现在除去农村信用社和农行代办处外,还设有中国银行、建设银行的分支机构,专理村里和周边村股份公司的账户业务和村民以及外来工的储蓄业务。

　　3. 服务中心。万丰村不像有些村庄在历史上就有小村镇的基础,在村人的记忆中,它甚至连小集贸市场也没有过。它的服务功能是在相距传统墟市的镇不远的地方,以发展新型的适应地方工业化需要的服务产业开始的。1987年在村头上开设当地第一家四层多功能的酒店,因为"豪华",曾被当地人议论纷纷,后来很快受到外商和客户的欢迎,争相进入,才被认为是一个可以派大用场的场所。以后又相继办了另外一些有超前意识的服务设施,如影剧院、公园、市场设施等等。影剧院在当地很有名气,从镇到相邻的十余个村子,都没有这样高档的影剧院,因而成为娱乐的中心地点。90年代初期,日放映三场电影,在深圳新上映的片子,一般一个月后即可到达这里,吸引了周围众多的爱好者,村粤剧团也在这里演出,很受当地人欢迎。

20世纪90年代之后,文教、医疗、卫生事业在村域内迅速发展起来,表明村庄作为服务中心进入了一个新的发展时期。这些社会公益服务事业的发展,有几个方面的动力,其中之一是村民对提高生活水平的要求,促使服务设施向高档发展;之二是村社区内聚集的大量人口对提供基本服务的要求,促使服务设施向大规模发展;之三是周边村镇各类设施的竞争,促使服务机构提高服务质量,扩大服务范围。在这几种力量的推动下,万丰村的幼儿园、医院等设施和它们所提供的服务,都远近闻名,成为地方最具实力、服务能力最强的项目之一。重要的是,它们除去为本社区的村民和大量外来工提供服务外,还为周边多个村庄提供服务。村办幼儿园,不同于村办小学,在当地还是一个新鲜事物。由于村里的幼儿园不仅设备在当地尚属一流,幼教水平也因为推行普通话教育和新的幼教方法而受到称赞,成为当地事实上的"中心幼儿园",在条件许可的情况下,村幼儿园准备对外招生。在卫生所基础上发展起来的村办医院,已分设了门诊部和住院部,在规模上成为仅次于镇办医院的全镇第二大医院,同样因为设备先进,聘有多名专家,又离镇区有一定的距离,因而,吸引了周边村庄的众多求医者。村里的服务机构在服务意识、设备和人员条件上都已具备了对外扩大服务的条件,又由于这些服务设施大多补充或填补了周边设施的空缺,并且建成较早,发展较快,辐射范围相对固定,因此周边其他村镇再建的余地和必要性就小了许多。

这个村子上述中心作用的加强,使得发展相对落后于它的镇,一方面逐渐失去了以往作为服务中心的位置,另一方面也不得不确认村作为非农聚集中心而发展出的许多新型中心地的地位,因而促使镇政府适时地修订了镇区的总体发展规划,除去将旧镇区改造成为功能更加完备的行政中心地外,将工业中心地、金融中心地和商业、文化娱乐中心地,逐步转移到万丰村和坐岗村的所在地。在我调查离开时,新中心规划区的征地工作已经完成,从规划图上看去,它将与万丰村已建成的各种经济的和服务的设施交相呼应,配套营运。可以预计,由村庄自然城镇化而产生的中心地作用,将在地方行政的支持和配合下,更加显示出它潜藏的巨大能量和效力。

三、城乡关系的中介

一个村子以自己的实力和地位作中心,既向城又向乡扩展出去的关系,显然不同于以往。首先,它自身成为了城乡结合体,从乡这一方改造了原有的城乡分割格局,在村社区内部实现了城乡关系的融合,明显地缩小了城乡差别。在这方面它有着类似于小城镇的中介社区的性质,一方面它通过办公司、办乡镇企业,把国际大都市的工业、技术、设备、信息、市场和经营管理人才,与本地进而内地农村劳动力、土地和闲置资金紧密结合起来;另一方面又通过与城市的联营、合作甚至参股到国营企业,将自己的产品和服务推入市场,不但是周边的农村市场、地方城市市场,而且是国际市场,从而使城乡之间建立起一种内在的经济联系。这种联系既是实质性的经济协作和合作,又是平等竞争的关系,并且由于村庄以自身的经济实力参与合作和竞争,这种关系中摆脱了对城市的乃至国际经济中心的单纯依附。其次,它自身作为乡一方新的经济、文化和服务中心,成为了城乡社区新的联结点和中介体。它通过村社区内日益扩大了的"业缘"关系,把村与许多跨城乡、跨区域、跨行业、跨所有制关系、跨行政区划乃至跨国跨地区的企业、公司和各类组织联结起来,这种在村社区基础上的协作、合作和竞争,是打破原有城乡之间、"条块"之间、所有制之间乃至国别之间的界限的。最后,它自身表现出非城非乡又亦城亦乡的中间社区特征。一方面,它的主要生产方式、产业和人口职业构成、基础设施和服务机构、组织体系机构以及建筑人文景观等,都已经类似于城市而有别于以往的乡村;而另一方面不仅在产业上保留着农业,在预期目标中农业仍是投资的主要方向之一,而且在社会形态上保留着相当的传统色彩和乡土生活秩序。这样一种维持着中间特征的社区,在未来城乡关系的发展乃至地方城镇化的进程中,将注定扮演重要的不可低估的角色。

第三节 村为载体的大区域关系

村庄在工业化之后,自身成为一种非农经济力量,一个独立的市场主体,像万丰村一样,以"公司"的方式运作,有实力直接进入宏观社会经济体系,参与多种区域之间的经济和社会交换活动。村,从此也成为一个重要的区域关系载体。

以往的区域关系受到城乡关系和行政区划的制约,村不仅处在"城—镇—村"关系链条的末端,也处在大区域"中心—边缘"格局的边缘地带。"经济区域"的概念和组织方式形成以后,虽然在一定程度上突破了行政制约,但又进一步强化了从中心大都市到中小城市,再到乡镇村的层级经济结构,村也只是区域关系最基层的受体。村庄强盛成为超级大村之后,在区域关系中的这种地位便发生了变化,它不再只是一个受体,市场化的进程给了它突破原有关系,并以自己为中心发展市场网络关系的机会。在这个网络中,它是关系的中心和载体,它可以根据社区发展和需要向外推展与城与乡以至与国际市场的关系。

一、"前店后厂"——深港关系

像万丰村这样一个小小的沿海村庄的经济,能够进入国际市场,实际上就是深圳与香港的大区域关系发生变化的一个缩影。

当深圳地区改革开放一开始,这个村子的领导人利用"探亲"方式捷足先登香港时,就发现了香港地区与自己村子之间有发展关系的可能性:"人家遍地是资金、市场、信息、技术和管理人才,就是缺地皮和人手,而我们一没资金,二没技术,三没销售渠道,只有一片地皮两只手,离得那么近,政策又允许,为什么不搞一搞关系呢?"两地之间资源上的互补性和就近合理配置的要求,正是日后村子主动出击香港市场、港商敢于"冒险"进入村庄的内在动力。除此之外,深港之间历史上的社会文化联系,珠江三角洲试图充当对外经济联系的桥梁和进出口贸易基地的驱动,以及香港地区摆脱发展窘境的选择,都促使这两个地区产生了大规模的经济合作关系。①

后来,当地盛行的"三来一补"方式,终于将香港与这个村子联系了起来,村庄成为对外装配加工业务的生产基地,香港市场则成为产品出口销售的窗口,也就是当地俗说的"前店后厂"的经济合作方式。这个合作方式以有效地利用村庄的土地和人力资源、着眼于降低生产成本为目标,虽然两地经济要素在这个水平上的互补还是低层次的分工合作方式,但却十分适应村庄在发展初期的低起点,又有投资少、见效快等优点,所以仍受村庄的欢迎。实现产业互补,在几地之间因地制宜地发展各具特色,又相互密切联系、相互促进以及相互补充的产业群,被认为是突破这种低水平合作的新模式②,但对于一个具体村庄而言,"前店后厂"仍是它较长期的合作方式。在合作中,村庄并不是这种关系被动的或不平等的接受者,而是主动选择和参与配置的,比如在选择产业类型上,这个有运作实力和能力的村子,经过逐步调整,把重点放在某几类"高科技—劳密型"产业上,以此来弥补在"前店后厂"资源配置方式下村一方的劣势。

"前店后厂"所表现的深港合作关系,发生在村这个层次上,对这一地区农村的发展有着深远的影响。加工业基地设在村庄,使最基层的乡村社区摆脱了资源不足的困境,迅速开始了工业化的进程。进入万丰村的"三来一补"企业,引进的直接就是技术设备、成型的出口产品和新的产业,村内许多企业的生产设备和技术,已经达到发达国家20世纪七八十年代的水平,大量产品具有很强的出口能力。国际经济和市场意识、新

---

①　王光振等主编:《珠江三角洲经济社会文化发展研究》,上海人民出版社1993年版,第529—533页。

②　王光振等主编:《珠江三角洲经济社会文化发展研究》,上海人民出版社1993年版,第549页。

产业开发意识、效率意识和经营管理意识,也伴随这类企业一直进入了这些沿海的村庄。这一切为这个地区乡村的工业化提供了一种新的方式,使它们可以避免走依靠原始积累方式缓慢地实现工业化的老路,使原来尚未充分开发或只是低水平开发的土地和人力资源,迅速而有效地得到非农性的开发和利用。"前店后厂"的合作方式,虽然一开始出于降低成本的动机,只将劳动力密集型的制造业迁入了村庄,但很快就带动了村域内其他第二、三产业的发展,刺激了建筑、信息、服务、金融、通信、商业、文化、娱乐等新兴产业的兴起,使这些最基层的乡村工业点发生了自然城镇化的过程,出现了一些像万丰村这样有聚集中心作用的超级村庄。

"前店后厂"的合作方式,也反映出经济先发达地区对后发展地区不平等的经济关系,因为加工基地主要投入的是土地和劳力这类自然资源,资本和技术含量低,附加值少,又由于收益主要是厂租,并不能分享低成本产品在国际市场上的高额利润。另外,还存在我们在前面有关章节已讨论过的其他一些问题,例如村庄并不能直接参与企业的经营管理,企业并没有为村庄培养出一批生产经营性人才,企业迁入迁出的随意性较大等等,这些都将影响到这些已经工业化的村庄的长期利益和发展前景。我们了解到,不少村庄已经有了万丰村一样的忧患意识,它们在依靠"三来一补"企业获得经济收益和实利之后,正在努力开创自己的产业和经营,试图摆脱依附性经济带来的后患,最终将走上一条独立自主的富强之路。

二、"先资后劳"——沿海内地关系

万丰村域内提供给外来装配加工业的劳力,95%以上是从内地流入的外来劳动力,他们将这个沿海村庄与内地无数个乡村联结了起来。这些劳力最初来自广东省的贫困山区,但很快就不能适应大批"三来一补"企业进入村庄的需要,特别是不能满足电子装配、缝纫、玩具以及各类轻工产品加工业对年轻女性劳动力的需要,于是大量外省劳力涌入村中。一项有关珠江三角洲经济社会文化发展的专题研究指出,这一地区之所以大量地招用外省的劳动力,主要有如下一些原因:首先,珠江三角洲的企业要求招工成本低、适应性强、好管理的劳动力,外省农民工"老实""刻苦""耐劳",并且愿意接受低于本地农民工的"收入标准";其次,外省农业过剩劳力急于寻找就业出路,哪里有就业门路,他们就奔向哪里;再次,劳动就业制度的改革,使企业具有招工权,不再需要像过去那样受到政府部门的严格控制,因而促使涉外企业大量招用外省劳动力;最后,结构性的就业矛盾日益突出,为外省劳工的进入提供了更大的活动空间,一些粗、重、脏、累的体力工作,本地人不愿干,一般都由外省农民工填补了"空白"。① 我们在万丰村看到的情况也正是如此。值得注意的是,由一个沿海经济发达村庄承载数以几万计的几乎来自全国各省区的外来劳动人口,这正反映出了区域经济不平衡的关系。

村里的外来人大多来自本省和内地以及边远的贫困落后地区,那里生活条件艰苦,没有办工业的条件,大批农业剩余劳力甚至非剩余的劳力,将外出打工挣钱当作"脱贫"的一个主要途径②,他们大批地涌向沿海经济发达地区,进入办在村庄里的工厂,在那里找到挣钱的工作。他们一批人帮助家里脱贫后回到家乡,又换来一批新人,亲带亲,老乡带老乡,不断流入发达地区,有不少地区的村庄成为万丰这类超级村庄的稳定的劳动力供给地。据在村里打工的四川广安县(今广安市)人介绍,这个县常年在万丰一个村打工的人就维持在 8000 人左右,最多时达到万余人,有的村子整村的年轻人都来到这里,梭罗镇旭村的一个自然村有近 50 个年轻人全部在这里打工,他们说,靠打工赚不上大钱,但三四年后,个个都能帮家里盖上新房子,有的积攒有近万元的小本后,就回到当地开个小店做生意。

这些内陆贫困落后地区的劳动力,来到沿海先发达的富裕村庄,在那

---

① 王光振等主编:《珠江三角洲经济社会文化发展研究》,上海人民出版社 1993 年版,第 448—449 页。

② 参见黄平等:《发展的困境——农村人口外流的后果》,《东方》1996 年第 2 期。

里将他们的劳力与这些村子所提供的资金、厂房和引进的工业设备加以结合,使这些村子成为沿海—内地关系的重要载体。由它们所联结的这种关系,实际上是对深港之间的合作关系的一种模拟,或者说是由他们将这种关系推展延伸到内地广大的乡村地区。这种关系的实质,是利用区域差距形成阶段性的区域非均衡发展,它的推进和扩展的中心是发达地区,扩展沿着这样一种线索:由万丰一类先发达地区的村庄提供相对廉价的土地、劳力和厂房,将香港等国际经济中心的工业技术、设备、管理人才和资本,直接引入这些村庄,进而以村庄为中介,利用先进地区与落后地区存在的"收入标准地区差",向外来工业提供内地落后地区更加廉价的劳动力。这样,就形成了从现代化的国际经济中心,到沿海先进地区,再到内地落后地区的"三级梯度"的非均衡发展模式。这种非均衡的发展关系既体现出区域之间资源互补的合作关系,也存在着相对先进地区对落后地区的不平衡和不平等的经济关系。由于这种推进模式造成的是区域之间阶段性的差距和不平衡,它能带动多个地区在不同时期、不同程度地实现繁荣、发达或脱贫,目前仍是区域合作的主要方式之一。我们在一些发达地区,已经发现有经济实力的超级村庄,由于面临新的企业技术改造或扩大高科技产品的机遇,正在将自己劳动密集型的产业转移到内地或经济落后地区的农村,在那里就便利用更为廉价的土地和劳动力,发展那些在先进地区已被淘汰而在落后地区仍然有利可图的产业。这种方式如同我们所观察的这个地区一样,也形成由村庄带动的区域梯度发展局面。可以预见,我们所观察的这一类超级村庄,将在推进先进地区与落后地区、沿海与内地的大区域经济社会协作中,扮演重要的角色。

结　　语

在上面的 19 个篇章里，我以 20 世纪 80 年代工业进村和农民再组织为线索，描述了万丰村社会变迁的种种面相。在介绍了研究上的考虑和村庄的背景之后，第二篇的四个章节进入对农民的生产经营由彻底分散化到再组织的描述和分析，反映了工业化所表现出的社区特征和非农化对农民再合作的要求，进而说明社区基础和社会资本是农民和村庄非农化的重要资源。第三篇的五个章节写的是农民再组织中产权变革的社会过程，解释共有产权的多元结构对于激励全社区成员投资积极性的意义，以及村社区的特定人际关系和建立在其上的信任结构对于产生"模糊"产权的作用。最后一篇则用七章的篇幅描述村庄内生结构变迁的规则和轨迹，并对上两篇讨论的问题做出回应，进一步阐述村庄变迁的两条基线即内生结构中稳态要素的延伸和结构的不断重建和创新，是交织并行、共同发生作用的。我将这种变迁型式称为"村庄的再造"。在本书结束之际，我仍想就这个题目所包含的内容以及发生在一个村子中的变迁所预示的问题，再做一点说明。

研究村庄变迁的学者容易产生两种思维倾向，一种是把村庄与现代工业化和城市化社会加以比较，用二分法将村庄说成是传统的"非理性"的产物，而将现代城市社会说成是"理性"的产物，这从某些学者对乡土社会所做出的一些判断性界定中也可以看出，如将乡土文化称为"俗民文化"，与都市文化相对立，把乡村社会称为"前工业社会"，与现代工业社会相对立。在这样的假设之下，很自然地推导出传统村社区必然为现代社会所消灭的简单结论。20 世纪以来，中国的学术界和政论界也一直受这种现代主义思潮的影响，不同的论著中，往往可以找出相同的论点，这就是"封建残存"的"族权"和"神权"、家族传统及其意识形态、村落结构及文化、乡土传统人际关系和生活秩序等,是中国现代化的障碍。① 另一种是对村庄在现代工业化和城市化过程中还能否作为一种基本功能单位表示怀疑,认为工业化和城市化将最终从根基上动摇村庄,包括动摇它的组织形式和社区形式,从而借用"转型"的概念来解释村庄变迁的过程。因为"转"有方向,这个"型"是什么,就成为琢磨不定、存在争议的焦点了。而将"型"定为现代化社会的思维,很容易重又回到二分法的老路上。

在本书中,我力图避免用上述思维来判断万丰村的变迁过程,而是想通过对变迁的社会过程的探索,来观察村庄内生的社会结构和文化传统与现代工业组织和城市社区之间的冲突和共生关系。也就是说,我在讨论万丰村最近十余年来所经历的社会变迁时,把它与现代工业组织和城镇社区在中国农村的成长过程相联系。万丰村的实例证明,村庄传统与现代组织和社区并不是绝对对立的东西,它们二者在村庄中可以是两种独立存在、各自运作,同时又共生互融的东西,因而我们才得以看到一方面村庄复兴、非农社会经济结构创建,另一方面现代工业企业和自然城镇化社区成熟的景象。

这种情形正是村庄实现再造的结果。我在本书中,不只将村庄再造解释为文化传统的再造,而且还包含着村社组织和结构以及社区形态的再造。再造,正是在新时期特定条件下,对村庄结构和文化中的稳态要素加以再创造,或恢复并利用它们原来意义或形态,使之扮演新的角色的过程。②

从全国看万丰村,它处在中国最早实行改革开放的南部沿海地区,这一地区在最近十余年中成为区域经济总量增长最快、工业化和城市化最为迅速的地区之一,作为这一地区最发达的村庄之一,它虽然不代表一般

---

① 参见王铭铭:《社区的历程:溪村汉人家族的个案研究》,天津人民出版社 1997 年版,第 11 页。

② 王铭铭:《社区的历程:溪村汉人家族的个案研究》,天津人民出版社 1997 年版,第 153—154 页。

的情况,然而,它的改革经历和变迁过程却清晰地预示出 20 世纪 80 年代中期以来,特别是 90 年代以后,改革进程由沿海向内地推进过程中的一些值得注意的趋势。

20 世纪 80 年代初期以前,这个村子是当地的一个极其普通的村庄,虽然这一地区的自然生态环境比中国大部分的贫困地区优越,但长期以来作为政治边防的背景使它与当地数以千计的村庄一样,始终未能摆脱贫困和落后。改革开放以后,这一地区的村庄获得了特殊的工业化机遇,普遍工业化是这一地区村庄不同于其他地区的特点。但是与此同时,村庄之间也出现了有史以来从未有过的差距,因为并不是所有的村庄都抓住了机遇,只有那些同万丰村一样内部有强烈变革冲动,敢于大胆设计和尝试产权变革方案,巧妙利用村落传统并积极付诸行动的村庄,才获得了巨大的成功。这说明外来力量的推动既不能动根本也不可能持久,内在的传统力量和变革冲动与新的来自外部的力量,对于村庄的发展具有同等的重要性。这个 80 年代初期就在这个村子得到证明的道理,伴随改革由沿海向内地的纵深发展,正在越来越多的村庄得到验证。事实证明,落后村庄与万丰一类发达村庄的差异不在其实质,而在其内部变革动力的强弱以及区域特点的差异和时间上的先后。

农村工业化和自然城镇化对农民生活的影响,早在 20 世纪 80 年代中期的这个村庄就已很明显,90 年代以来,这种影响在全国范围内日益明显。乡镇企业在 90 年代初期仍有 80% 办在村庄里,其中一部分已经发展成为超级大村,一些地区的经济增长,实际上正是以万丰村这样的超级村庄为代表的乡镇企业的生产和贸易为支柱的。这些村庄自身发生了自然城镇化的过程,聚集有大量的非农产业和人口,使中国城乡发展出现了新的局面。从这个角度说,农村工业化和自然城镇化在这个村庄变迁中所起过的作用,也正在其他一些地区的乡村发展中显示出来。

农民再合作是我们所观察的这一类超级村庄在大规模非农化过程中出现的新趋势。在 20 世纪 80 年代初期面临外来大工业进村时,这个合作的取向就已出现在这个南部村庄里。值得研究的是,发生在这个曾经彻底分散化的村庄中的再合作,不是一个纯粹自发的再组织的过程,公社体制的遗产——村政组织和村集体经过市场化的改造后,仍然是新的合作体制运作的支柱和内核。虽然这种合作方式并不是现时期非农合作特别是农作领域合作的唯一方式,但至少是我们所称谓的"超级村庄"这类发达村庄中合作的主导方式。尽管各地区的发展模式有所不同,但发生在超级村庄中的再合作却大都是以村集体为主导的。比如,我们在南部珠江三角洲村庄中发现的是以村集体为主导的股份合作制,在东部苏南地区的村庄中发现的是集体制合作体系,在东南部晋江地区的村庄中发现的则是村政组织与民营企业之间的合作体系。这些合作体系的成功都是因地制宜的,但其共同特点是都融入着村庄文化传统、制度遗产和市场原则的精髓。在这个意义上说,万丰村的合作模式具有分类和比较的意义及作用。

20 世纪 80 年代由这个村子提出的股份"共有制",在产权设计上尝试将个人股权、团体股权、村集体股权、地方国营企业股权加以结合,并在村子里以集体为个人"贷股"投资的方式推行"人人都是股东"的政策。这一变革对传统集体制的改造和混合产权的存在提供了新鲜的经验。90年代以来,产权变革不仅成为乡镇企业变革的实质性内容,也成为城市企业特别是国营企业变革的实质性内容。实际上在许多地方,在许多领域,在不同的制度框架中,我们都发现存在混合产权的可能性,人们并不是只在"公有"或"私有"之间做简单选择,而且这两种产权的存在方式也不一定是相互排斥的。这个 80 年代初期在村庄发展中起过决定性作用的举措,已经开始在多个领域的产权变革中发挥作用。

这些,就算是这个小村子对大社会的一些预示和贡献吧。

参 考 文 献

薄一波:《若干重大决策与事件的回顾》上卷,中共中央党校出版社 1991 年版。

曹锦清等:《当代浙北乡村的社会文化变迁》,上海远东出版社 1995 年版。

陈介玄:《协力网络与生活结构:台湾中小企业的社会经济分析》,联经出版事业公司 1994 年版。

陈俊杰:《"关系资源"与农民的非农化:浙东越村的实地研究》,中国社会科学出版社 1998 年版。

程贤章等:《深圳有个万丰村》,上海文艺出版社 1991 年版。

丛翰香主编:《近代冀鲁豫乡村》,中国社会科学出版社 1995 年版。

丹尼斯·麦奎尔、斯文·温德尔:《大众传播模式论》,祝建华、武伟译,上海译文出版社 1987 年版。

杜赞奇:《文化、权力与国家:1900—1942 年的华北农村》,江苏人民出版社 1994 年版。

费孝通:《江村经济》,戴可景译,江苏人民出版社 1986 年版。

费孝通:《乡土中国》,生活·读书·新知三联书店 1985 年版。

葛承雍等:《金色帝国的耕耘人》,天津人民出版社 1994 年版。

辜胜阻:《非农化及城镇化理论与实践》,武汉大学出版社 1993 年版。

韩松等主编:《邓小平理论指导下的万丰模式》,海天出版社 1993 年版。

何道峰:《乡村变革:当代中国农村政策问题探析》,人民出版社 1995 年版。

黄宗智:《长江三角洲小农家庭与乡村发展》,中华书局 1992 年版。

李丁财:《"三来一补"在宝安的实践与探索》,海天出版社 1995 年版。

李培林、王春光:《新社会结构的生长点:乡镇企业社会交换论》,山东人民出版社 1993 年版。

李银河:《生育与村落文化》,中国社会科学出版社 1994 年版。

林毅夫:《制度、技术与中国农业发展》,上海三联书店 1992 年版。

刘广明:《宗法中国》,上海三联书店 1993 年版。

曼瑟尔·奥尔森:《集体行动的逻辑》,陈郁等译,上海三联书店 1995 年版。

尼尔·J. 斯梅尔塞:《社会科学的比较方法》,王宏周等译,社会科学文献出版社 1992 年版。

潘强恩、鲍光前:《共有制初论》,海天出版社 1994 年版。

潘强恩、陆文强编著:《共有制与农村改革》,红旗出版社 1995 年版。

R. 科斯等:《财产权利与制度变迁》,刘守英等译,上海三联书店 1994 年版。

深圳市教育局教研室编:《深圳史话》,广东教育出版社 1990 年版。

宋林飞:《现代社会学》,上海人民出版社 1987 年版。

王春光:《社会流动和社会重构:京城"浙江村"研究》,浙江人民出版社 1995 年版。

王光振等主编:《珠江三角洲经济社会文化发展研究》,上海人民出版社 1993 年版。

王沪宁:《当代中国村落家族文化:对中国社会现代化的一项探索》,上海人民出版社 1991 年版。

王立诚、查振祥主编:《中国农村股份合作制》,北京农业大学出版社 1992 年版。

王铭铭:《社区的历程:溪村汉人家族的个案研究》,天津人民出版社 1997 年版。

吴泽霖总纂:《人类学词典》,上海辞书出版社 1991 年。

徐平:《羌村社会》,中国社会科学出版社 1993 年版。

许嘉猷:《社会阶层与社会流动》,三民书局 1986 年版。

杨国枢、余安邦主编:《中国人的心理与行为:观念及方法篇》,桂冠图书公司 1993 年版。

张晓山:《走向市场:农村的制度变迁与组织创新》,经济管理出版社 1996 年版。

中根千枝:《日本社会》,许真等译,天津人民出版社 1982 年版。

中国基层政权建设研究会:《中国农村村民代表会议制度》,中国社会出版社 1995 年版。

中国科学院国情分析研究小组:《城市与乡村:中国城乡与协调发展研究》,科学出版社 1996 年版。

周敏:《唐人街:深具社会经济潜质的华人社区》,鲍霭斌译,商务印书馆 1995 年版。

附　　录

宝安万丰股份有限公司章程

序　言

以共同富裕为其基本原则而产生的"万丰模式",现已成为我国农村发展社会主义公有制经济的一个典范,其影响已超出了农村的领域。其成功的秘诀何在?为什么万丰村会以如此快的发展速度,使生产力得以迅猛提高,使全村的面貌得以翻天覆地的变化,使人均收入进入全国农村——实际上已不仅仅是农村——的前列?其实万丰村成功的秘诀并不神秘——万丰人选择了一条符合社会主义经济发展规律的与实际相结合的公有制性质的、共有制形式的道路,其核心即股份制,其特点即生产资料由全体村民共同占有,单一的公有制成分改为多元公有制成分并存,使资产真正地社会化,使公有制的特征得以更充分、更具体地体现,为建设具有中国特色的社会主义现代化农村开辟了一条可行的全新道路。

由于万丰股份有限公司(含其前身)在1984年便开始实行股份制,当时无任何模式可依,国家亦无任何有关规定,完全是自身探索,因此与现在市政府颁布的《深圳市股份有限公司暂行规定》相对照,尚有一些不够完善之处,现在逐步调整完善。作为本股份公司的章程也是如此,现仅是一个处在不断完善中的草案,待本公司的全部资产(股本)重新核定后,本公司将严格按照有关规定,对章程进行规范,并在经政府批准后,向工商局申请重新登记。特此说明。

深圳宝安万丰股份有限公司

一九九二年九月一日

第一章　总则

第一条　为了进一步发展"万丰模式",壮大社会主义共有经济,走共同富裕的道路,建立股份公司企业的运行机制,保障本公司股东的合法权益,增强本公司自我发展和自我约束的能力,根据国家和深圳市政府的有关规定及精神,制定本章程。

第二条　本公司名称为:深圳市宝安万丰股份有限公司。

第三条　本公司驻所为:深圳市宝安区沙井镇万丰村。

第四条　公司全部实收股本,由发起单位所有的集体资产折股和向公司职工及向社会公众募集新股构成。公司的领导人及主要发起人如下:

万丰股份公司,法人代表:潘强恩(董事长)

万丰经济发展公司,法人代表:潘九根

法定地址:宝安区沙井镇万丰村

第一股份经济合作社,代表:潘锡林

法定地址:万丰一村

第二股份经济合作社,代表:潘锦田

法定地址:万丰二村

第三股份经济合作社,代表:潘榜英

法定地址:万丰三村

第四股份经济合作社,代表:潘水兴

法定地址:万丰四村

第五股份经济合作社,代表:潘乐平

法定地址:万丰五村

第五条　本公司是经宝安区人民政府批准,在宝安区工商局注册登记的具有独立企业法人资格的定向募集式的股份有限公司。

第六条　原发展公司的全部业务、资产及债权债务,不因此次的改组而变更或中断。

第七条　本公司的集资截止日的实收股本,应为公司的注册资本。

第八条　股东对公司所负的责任,以其认缴的股份为限;公司对其债务所负的责任,以公司的全部资产为限。

第二章　公司宗旨和经营范围

第九条　本公司宗旨为:追求共同富裕,发展社会主义共有经济,为探索农村实现四个现代化的路子,遵照一制多式的原则,采用股份制的有效形式,发挥集团和市场优势,把万丰股份公司建成中国农村具有代表性的规范的现代化股份企业,并保证全体股东获得满意的经济效益。

第十条　本公司的主要经营范围是:中外合资建厂,合作经营,出租厂房,经营房地产,生产加工的主要产品有电脑、电话、电风扇、塑料制品、电发钳、按摩机、冷暖风机,电须刨、收录机、五金零部件、厨具、塑料制品、服装、高档玩具等。本公司的经营方式为:开发、生产、合资、合作、配套、承包、销售、服务。

第十一条　本公司可根据市场导向、业务发展的需要和自身的能力,经政府部门批准,适时地调整投资方向、经营范围和经营方式。

第十二条　本公司为永久性股份有限公司。

第三章　股份

第十三条　本公司的全部资本划为等额股份,每股面额为人民币壹元正。本公司总股本现估算为叁亿伍仟万元,股本构成比例:万丰村经济发展公司35%,下属5个经济合作社占10%,其他法人企业占5%,社会公众个人(含内部职工)占50%。股东持有的本公司股份可以转让、赠予、继承和抵押,但不得退股。其中股份的转让,应按照国家的有关法规和本章程的规定进行。

第十四条　持本公司股份的每股享有同等表决权。股份的红利随着公司的利润变动。

第十五条　本公司只设置普通股,暂不设置优先股。

第十六条　本公司原注册资金为壹仟万元,现已拥有资金总额估算为叁亿伍仟万元。

第十七条　当有关条件具备时,经政府有关部门批准,本公司将转为社会募集公司,向社会公众公开发行股票。

第十八条　若经深圳市人民政府批准,本公司股票将在深圳市公开上市,挂牌交易。

第十九条　本公司在增资扩股时,原中外股东享有优先认股权。

若一方法人股东自愿放弃其优先认股权,另外各方法人股东可按比例优先认股。

第二十条　原合资股东各方中任何一方转让,或以其他方式处置其部分或全部股份时,应经董事会同意,将出让条件以公告形式通知其他各方。公告三个月后,享有优先认购权的其他股东并未办理认股手续的,可转给别人。

第二十一条　原各方持股未转成正式股票时,不得在市场上买卖。

第二十二条　公司可将股票售予本公司董事或职工,但该股票在认购后半年内不得转让。

第二十三条　公司可因发展需要扩大资本数额。公司增资发行新股应由董事会提议,经股东大会通过,并向市人民政府有关部门提交增资可行性报告,经批准后,向市证券管理机关申请增资募股。

公司增扩新股数额,不得超过原有股总额的一倍。

第二十四条　公司通过如下方式发展新股:

1. 经批准可向社会公众募集股份;

2. 以公司红利增加股份;

3. 向公司原有股东配售股份;

4. 将超过公司注册资本50%以上部分的法定公积金,转化为股份。公司连续两年亏损,不得增发新股。

第二十五条　未经股东大会决议和市政府批准,不得向其他法人或自然人发售新股。

第二十六条　公司增加资本后,即向工商局申请变更注册登记。

公司可视需要,减少公司资本。减资事宜,应由股东大会做出决议。

第二十七条　股票(在未转为社会募集公司时为股权证)是公司证明股东在公司中拥有权益的凭据。公司股票应由董事长和常务董事签名、公司盖章方为有效。

股东手册如有遗失或损毁,股东应以书面形式报告公司,并在公司指定的报纸上连续广告三天,如在 90 日后,无人提出异议,经公司审查批准,可以补发股东手册。

第四章　股东和股东大会

第二十八条　经公司登记签名盖章的股份持有人,为公司的股东。股东是公司的所有者,以其持有股份份额享有权利和承担义务。

股东分红的确认,以公司的登记记录和股东的印章或签字为准。

第二十九条　公司上市后,社会公众可以认购公司的股份,而成为公司股东。任何自然人股东所持有的股份,不能超过公司总股本的5%。

第三十条公司股东享有如下权利:

1. 参加或委托代理人参加公司股东大会,并行使表决权;

2. 依所持股份领取股息和红利;

3. 依有关法规和本章程规定转让股份;

4. 依所持原有股份比例优先购买新股;

5. 对公司董事会的工作进行监督、建议和质询;

6. 公司终止时,依法按股份分得剩余财产,清偿债权债务。

第三十一条　公司股东应履行如下义务:

1. 遵守公司章程;

2. 依据认股和入股形式缴纳股金;

3. 依所持认股比例承担公司亏损和债务;

4. 服从和执行股东大会和董事会决议;

5. 支持和促进公司改善经营管理;

6. 维护公司利益,反对和抵制有损公司利益的行为;

7. 向公司提交本人印鉴或签字,如实提供本人住址和身份资料等,如有变动应及时报告公司。

第三十二条 股东大会是公司最高权力机构。

第三十三条 凡拥有本公司股份的股东都有权出席股东大会,或以书面委托代理人出席。

第三十四条 股东大会分例会和临时会议。股东例会每年举行一次。两年例会之间最长不得超过十五个月。

第三十五条 有下列情况之一时,董事会应开股东临时会议:

1. 董事会认为必要时;

2. 占股份总额五分之一以上的股东提议时;

3. 董事缺额达三分之一时;

4. 公司亏损达注册资本额三分之一时。

第三十六条 股东大会由董事长召集并主持。如董事长因故不能履行职责时由常务董事主持。常务董事因故也不能履行职责时,由董事中推选一人主持。

公司清算期间召开股东大会,由清算委员会负责人主持股东大会,公司应于股东大会召开的30日前将会议日期、地点和议题在《深圳特区报》上公告,并以书面形式通知股东。

第三十七条 股东大会行使下列职权:

1. 听取并审议董事会的工作报告;

2. 审议公司发展规划、年度经营计划和财务预算方案,批准公司年度报告、资产负债表、损益表及其他财务报表;

3. 决定公司股息和红利分配;

4. 决定公司增减资本、发行证券和弥补亏损方案;

5. 讨论公司的分立、合并、终止和清算,并做出决议;

6. 选举或罢免董事会成员,决定其报酬和支付方式;

7. 修改公司章程;

8. 讨论并通过股东提出的各项决议草案;

9. 讨论公司其他重要事项并做出决议。

第三十八条　股东大会应由持有和代表公司发行股份总额半数以上股份的股东出席,方为有效。其普通决议应由占出席会议的股东所持有股数半数以上的股东同意,方为通过。特别决议应由占出席大会股东所持有股份总额三分之二以上的股东同意,方为通过。

股东大会做出特别决议的事项,为第三十七条的第三、五、七款所规定的事项。

第三十九条　每一普通股有一票表决权。

代理人参加股东大会,应出具股东签署的委托书和本人身份证明。

第四十条　出席股东大会的股东或代理人所代表的股份达不到第三十八条规定的数额时,会议应延期 15 日举行,并再次通知未出席会议的股东。

延期召开的股东大会,出席的股东或代理人所持的股份仍达不到第三十八条规定股数时,则视为已达到规定股数,大会做出决议有效。

第四十一条　出席股东大会,股东应持有公司股东证书和公司的书面通知,代理委托书应写明股东姓名、持有和代表的股份数额及签发人的签字和签发日期。

第五章　董事会

第四十二条　公司董事会是股东大会的常设权力机关和经营管理的决策机构,对外全权代表公司进行业务活动,在股东大会闭会期间处理公司的重大事项。

第四十三条　公司董事会由 23 名董事组成。

公司设董事长和常务董事一名,董事长是公司的法人代表,董事长因故不能履行职责时,可授权常务董事或其他董事代理;常务董事可由总经理兼任,协助董事长工作。董事的酬金由董事会提出方案。股东大会通过决定公司的法人股东为董事时,该法人应指定一个自然人作为其长期代表,该代表不要求具有股东身份并可由职务关系随时改派。

公司可设名誉董事,但名誉董事不能享有表决权,平时不领取报酬,但董事会可根据公司经营情况,经股东大会同意,每年一次给予名誉董事奖励。

董事会根据需要,可邀请非董事人士出席董事会会议(但无表决权)。

第四十四条　董事由股东大会选举产生,董事长由董事会选举产生。常务董事由董事长提名,董事会通过产生,罢免亦同。

名誉董事由公司董事会聘任。

董事长和董事任期三年,经股东大会通过,可以连任或延长任期。

第四十五条　董事会应有三分之二以上的董事参加方为有效。董事会决议应有参加会议的董事三分之二以上的票数同意方为通过。

董事会会议实行一人一票制,争议票数相等时,董事长有多一票的表决权。

第四十六条　董事会行使如下职权:

1. 决定召开股东大会并向股东大会报告工作;

2. 执行股东大会决议;

3. 审议公司发展规划,年度生产经营计划和财务税后决算方案,股息、红利分配方案及弥补亏损方案;

4. 制定公司增减资本,发行公司债券方案和公司分立、合并方案及公司终止、清算方案;

5. 任免总经理,并根据总经理提议任免副总经理,任免高级管理人员,任免下属公司和驻外机构高层管理人员,决定上述人员薪酬和支付方式;

6. 决定承包、租赁经营并提出方案,报股东大会批准,履行发包责任;

7. 聘请董事会名誉董事长、名誉董事和高级管理、技术及法律顾问;

8. 确定职工工资标准和福利、奖励办法;

9. 制定公司行政、财务、人事等重要规章制度;

10. 公司股东大会授予的其他职权。

第四十七条　董事会每半年召开一次,经三分之一以上董事提议可召开临时董事会议。

第四十八条　董事会行使职权时应遵守法律、法规、公司章程和股东大会决议。

董事会决议违反前款规定,致使公司遭受损失时,参与决议的董事,应以个人财产对公司负连带赔偿责任,但经证明曾表示异议的董事,可免除其责任。

第四十九条　董事会会议在表决与某董事个人有利害关系的议案时,该董事无权表决,但在计算出席法定数时,该董事应被计入。

第五十条　董事长行使下列职权:

1. 召集和主持股东大会和董事会议;

2. 检查董事会决议实施情况并向董事会提出报告;

3. 签署公司股票、债券、重大合同及其他重要文件,或以书面委托形式授权他人代表签署;

4. 在董事会闭会期间,对公司的重要业务活动给予指导;

5. 提出公司总经理人选,交董事会讨论决定。

董事长因故不能履行职责时,应授权常务董事或其他董事负责,一般股东或其他股东人士不得充任董事长代理人。

第六章　经营管理机构

第五十一条　公司实行董事会领导下的总经理负责制。

公司设总经理一名、副总经理若干名,副总经理协助总经理工作。

公司总经理在董事会的授权范围内全权经营管理公司事务,处理公司对外、对内的一切活动。

公司副总经理或以上人员调配、任免由董事会批准。

第五十二条　总经理可以成立管理委员会,协助总经理研究公司决策。

第五十三条　总经理主要行使下列职权:

1. 组织实施股东大会和董事会决议,并就实施情况向董事会提出报告;

2. 全面负责公司的日常生产、经营管理事务;

3. 提出公司发展规划、年度生产经营计划和财务预决算方案以及税后利润分配方案和弥补亏损方案,并向董事会报告;

4. 调配任免公司各部门负责人;

5. 组织制定公司各项管理制度;

6. 决定对公司职工奖惩升降、加减薪及聘用和辞退;

7. 对外代表公司处理重要业务;

8. 批准董事会授权的资金调配,如果一项开支超过授权范围或批准的预算项目的 10%,事前应由董事会另行授权或批准;

9. 董事会和董事长授权的其他职权。

第五十四条　总经理不得变更或超越股东大会和董事会的授权范围行使权力。

第五十五条　公司的董事和经理人员不得在公司之外从事与本公司竞争或损害本公司利益的一切活动。

董事和经理人员因失职和违法行为而造成公司重大经济损失的,经董事会决议和股东大会通过,可随时解聘,并应承担经济和法律的责任。

第五十六条　董事的酬金应在年度报表中予以说明和公告。

总经理、副总经理的辞职应于事前三个月书面通知董事会,部门管理人员的辞职,应于事前一个月通知总经理。

第七章　财务与会计

第五十七条　公司财务工作接受董事会的监督、审核和审计。

公司的财务会计文件经由核准登记的注册会计师事务所验资评估后重新编制存档,并定期向深圳市工商行政管理局、深圳外汇管理局和证券管理机关汇报,并向社会公告,允许公司股东和债权人查审复制。

第五十八条　公司的会计制度,采用公历,自 1 月 1 日起至当年的 12

月31日止。公司的第一个年度为自本章程生效之日起至本年的12月31日止。

第五十九条　公司的财务会计制度按照《中华人民共和国中外合资经营企业会计制度》及其补充规定办理。同时参照深圳市人民政府的有关规定和股份有限公司的国际通用的原则和惯例。

公司采用国际通用的权债发生制和借贷记账方法。

第六十条　公司的一切会计记录、凭证、账簿和报表用中文书写,也可用英文书写。

第六十一条　公司根据经营需要,凡经政府外汇管理机关批准,可在中国银行深圳分行和国内外其他银行分别开设人民币账户和外汇账户。

公司采用人民币或董事会决定的其他货币为记账货币。

第六十二条　公司应由自己的创汇收入保证外汇收支平衡。公司也可采用国家政策允许的其他方法使外汇收支平衡。

公司可以使用公司自有外汇用于平衡中国境内由本公司投资的企业外汇收支。

第六十三条　公司依法缴纳政府规定的应缴税款。

第六十四条　公司缴纳税款后的利润按下列顺序分配,违背下列顺序的分配无效。

1. 公积金为:35%—50%;

2. 公益金为:5%—10%;

3. 奖励金为:10%;

4. 股息、红利为:35%—50%。

以上分配的具体比例由公司董事会提出分配方案,须经股东大会审定通过。

第六十五条　董事会出于保证公司发展和维护股东权益之目的,可根据公司盈利状况提取一定比例的税后利润作为公司公益金(见第六十四条之二)。

第六十六条　除第六十七条所述外,如果公司本年度亏损,不得分配股息和红利。上年度亏损可结转至下年度,没有补足上年度亏损,也不得分配股息和红利。

公司出于生产经营上的需要,经董事会提议,股东大会通过,将上年度的利润留存下一年度一起分配。

第六十七条　公司发生亏损时,董事会为维护公司信誉,在公司法定公积金已超过注册资本总额的 50% 或上年所提盈余公积金已超过该年税后的 40% 时,可以其超过部分之 5%—6% 的比例充派股息、红利。

第六十八条　公司每年派发一次股息、红利,按各股东持有股份的比例进行分配,分配在每一年会计年度前四个月内进行。

第六十九条　公司股息、红利以下列形式派发:

1. 现金股利;

2. 股票股利。

以上两种形式可以并用。

第七十条　公司应按国家有关规定代扣股东的股息红利收入所得税。

第七十一条　公司应聘请在中国注册的会计师事务所审核财务会计文件。

公司应于会计年度结束的六个月内向股东大会提交审定的年度报表,以及审计报表。

任何股东经董事会同意,可自费派一名会计师(可以是中国注册会计师或国外注册的会计师)代表该股东审计公司账目。该会计师有权查阅财务会计文件,但应对其保密,并对其审计报告负责。

公司公告的财务会计文件应以中国注册的会计师事务所审计验证为准。

第七十二条　公司应在经营期内,为公司资产购买财产保险并维护全部资产的安全,以防火灾、工伤和其他通常需要投保的风险可能造成的损失。

上述保险还包括产品责任保险和公司外籍员工的个人责任保险,该项保险的具体金额和保险范围应与国际行业厂商通常投保的相同。公司应优先向中国的保险公司投保，投保可用人民币或外币。

第八章 劳动人事

第七十三条 公司在遵守国家和深圳市有关劳动人事法规、政策的前提下，根据生产经营的需要，自行招收和辞退员工，全权制定和实行劳动工资和人事管理制度。

公司聘用员工，应依国家法律、政策签订劳动用工合同。

第七十四条 公司保证安全文明生产，遵守中国政府劳动保险条例，执行中国政府制定的劳动保险制度。

第七十五条 公司有辞退员工的权力，员工有辞职的自由。

公司辞退员工和员工辞职应履行公司人事管理规定和程序。

经过公司专门训练的员工辞职和调动应由总经理批准。

第九章 终止与清算

第七十六条 公司出现下列情形之一的，应予终止并进行清算：

1. 股东大会决定公司解散；

2. 严重违反国家法律、法规，危害社会公共利益而被撤销；

3. 经营不善导致严重亏损而无法继续经营或公司资产不能清偿到期债务导致破产；

4. 因战争、特大自然灾害等不可抗力致使公司目标不能达到，或致使公司不能有效经营。

第七十七条 公司决定终止后，董事会应于清算前召开股东大会，发布终止公告，并于公告之日 15 日内，成立清算委员会；

清算委员会的组成由股东大会确定，清算委员会的成员可以（但无须）是公司的董事或高级职员。

董事会可以聘请会计、律师等专业人员为清算委员会成员协助清算委员会工作。

第七十八条　公司因第七十六条第三项终止的,比照适用《中华人民共和国企业破产法》的有关规定。

第七十九条　公司清算委员会成立后,应在 10 日内通知债权人,并在两个月内至少公告三次。

债权人应自通知书送达之日起 30 日内,未接到通知书的自公告之日起 90 日内向清算委员会申报其债权,债权人未在上述期限内申报债权的,不列入清算处理之内,只能在未分配的剩余财产内请求清偿。

第八十条　清算委员会职权如下:

1. 接管公司财务,编制资产负债表和财产目录;

2. 处理公司业务,代表公司进行民事诉讼活动;

3. 制定清算方案,报董事会批准;

4. 执行清算,清理和处理公司财产;

5. 在发现公司不能清偿到期债务时,应向人民法院申请宣告破产,进入破产程序。

第八十一条　公司决定清算后,不再从事生产经营活动,任何人未经清算委员会批准不得处理公司财产。

第八十二条　清算费用包括清算委员会成员和顾问的报酬,应在债权人索偿之前从公司资产中优先拨付。

第八十三条　公司财产按下列顺序清偿:

1. 公司员工工资、奖金和劳动保险费用;

2. 国家税款;

3. 银行贷款、公司债券及其他债务;

4. 各股东按比例分配剩余财产。

第八十四条　清算时外资股东分得的部分,公司应以外汇支付。

第八十五条　清算结束后,清算委员会应提出清算报告,经会计事务所验证,报深圳市人民政府批准,向深圳市工商行政管理局申请注销登记,公告公司终止。

公司清算时的各种财物账册和文件等档案正本应交国家有关档案机

构保存,股东有权要求查阅或留存副本。

第十章　附则

第八十六条　本章程的解释权属公司董事会,章程未尽事宜,由董事会提议股东代表大会做出决议。

第八十七条　本章程经股东代表大会同意,并报深圳市人民政府、宝安区人民政府批准后生效。

本章程应由全体董事投票一致同意,方可进行修改,修改章程的董事会决议须经股东大会通过,报深圳市人民政府、宝安区人民政府批准,方为有效。

万丰村经济联社章程

第一章　总则

第一条　万丰村经济合作联社为万丰村各合作社联合组织起来的独立的群众性经济团体。其任务是帮助各合作社发展经济,兴办实业,协助办理有关业务;协助群众落实土地承包责任制,抓好双层经济管理,发展生产力,提高社员的物质生活与文化生活,逐步走向共同富裕。

第二条　万丰村经济合作联社是代替大队、生产队二级所有制而组成的公有经济与个体股份经济的联合体。为实现第一条所规定的任务,行使下列职能:

1. 有权召开万丰村所属合作社的代表大会;

2. 制定合作社的有关各种规章制度;

3. 帮助本村所属合作社制定经济计划,协助其组织生产、资金运筹、并监督其完成各项指标;

4. 指导检查各合作社经营、生产、经销、运输、财力、会计、计划、统筹等;

5. 组织并指导所属合作社向各级企业和外商签订协议或合同,采购生产资料、产品原材料,负责产品销售以及固定资产积累提留;

6. 协助各合作社对设计基建、生产设备、运输工具的购置,并给合作社的厂房、仓库寻找出租客户;

7. 引导社员把消费资金投向生产,教育社员爱集体,爱国家,树立良好的道德风尚,教育社员遵守社章和民主制度。

8. 保障社员权利,维护合作社的财产。

第二章　合作社

1. 根据万丰村实际情况成立第一、第二、第三、第四、第五合作社。可用资金入股的办法吸收外地人加入各合作社。合作社的社员资格构成：承包土地补偿费以及其他生产资料可折价入股。入股后其财产归合作社所有。

2. 入社不能强迫，要求自愿。入社后如果退社，必须经社员大会批准，不能擅自退社。如果处理退社可求助公证处解决。

3. 合作社是一个综合式的经济组织，同时也是一个经济实体。根据国家政策可进行外引内联，引进技术资金兴办各种实业，促进城乡经济发展，解决就业，提高社员生活，为国家提供财政收入；同时，办好社会福利，强化集体经济是合作社的根本宗旨。

4. 社员大会是合作社的最高权力机构。执行机构为合作社委员会。委员会由社员大会选举产生。委员会有权召开社员大会，研究合作社一切重大问题，制定重大决策。有权对合作社工作人员任免。每年要向全体社员公布经营状况、财政收支情况，检讨盈亏原因。

5. 合作社根据社员的志愿进行经营，并确立法人资格，自负盈亏，风险共担。

6. 在经营中所得利润30%交合作社给万丰村民委员会作财政收入，70%除提留积累以及完成税项外，按股分红。

7. 合作社可根据需要组织帮工队，协助社员承包经营土地以及发展工副业，但必须收取劳务费。除给帮工队员工资外，可提留部分作合作社积累，对贫弱者，可作适当劳务照顾。

8. 合作社可根据需要建造或维修各项公共设施，有义务举办各种社会福利。

9. 合作社有权实施按劳分配、按股分配和各种福利性质的分配以及贷款。

10. 合作社加入万丰股份公司，是万丰股份公司的当然董事。

11. 合作社可以以生产者的身份和消费者的身份联合起来筹集股

金,建立商业网络和生产基地,自产自销。

第三章　社员

1. 凡万丰一村、二村、三村、四村、五村的万丰籍村民任其自愿均可以自由加入一个合作社,一个人或一户人可以同时加入几个合作社,但其合作社所在地必须由社员大会决定。

2. 不分男女、老少、年龄、职业、种族、宗教信仰、出身均可参加合作社,但一律以自愿为原则。未满18周岁的社员无被选举权。未满16周岁的社员无选举权和被选举权。

3. 加入合作社的社员其股金超过50 000元者,可优先解决就业,其就业选择由委员会决定。

4. 凡是合作社的社员必须以股金投入或允许以生产资料作价入股者,数额达到人平500元以上者才有社员资格,参股的数额多少由委员会决定。外地加入万丰合作社者,其股权40年,40年后归万丰合作社集体所有。

5. 合作社社员有权对合作社提出批评建议,有向合作社购买商品或推销物的优先权。

6. 合作社社员有遵守社章社规、服从决议、维护合作社利益、保护合作社财产的义务。社员违反社章社规或决议时,得依情节轻重予以批评、警告、定期停止优先权或开除处分。开除社员应经社员代表大会通过执行,但有破坏合作社、贪污行为、严重渎职者,社员大会有权将该犯上诉予刑事处分。

7. 合作社年终结算时除规定提留上调外,由大会通过分配。各种积累比例由大会自行规定。

8. 合作社社员申请退社必须由大会通过,根据合作社的盈亏,决定回退股金的数量。如合作社拿不出款项退股,合作社有权不给退股。合作社社员死亡,其股权应转移或退还其合法继承人。

第四章　合作社资金来源

1. 合作社社员交纳的股金。

2. 特种基金。

3. 盈余积累。

4. 各种收入。

5. 银行贷款。

第五章　解散

根据合作社的决定,通过合作联社的审核批准,依照法定手续清理一切债权债务,清点如下财产,按合作联社决定处理。

第六章　附则

本章程由万丰村合作联社通过后执行。

万丰联队股份制章程

万丰联队原为 20 个生产队,在 1985 年后整编为 5 个联队(小队),在土地承包到户之后,生产队集体经济已名存实亡,引起了村民委员会的关注。在党支部的领导下对原生产队进行重建,分别为一村、二村、三村、四村、五村,利用群众集资、贷款、扩大再生产等办法。一村集体固定资产达 210 万,二村达 250 万,三村达 230 万,四村达 67 万,五村达 85 万。现 5 个小村已对群众再分配,填补了生产队解体以后的分配制度,因此写出如下章程:

1. 各小村的集体固定资产永远属于该小村所有,大村不得占有其股权;

2. 小村财产以人口平均名义到户,便于群众监督,每年按人平分配;

3. 凡本人嫁出,在三年内有分配权利,三年后自动失效;

4. 凡因工作或其他原因迁出,户口不在万丰,不给分配;

5. 现役军人在当兵期间,可享受分配待遇,退伍后如国家安排工作,不给予再分配;

6. 嫁入万丰村,出具迁入证明书者,在三年后才可以参加集体分配;

7. 违反计划生育、超生者,没有集体分配权利;

8. 死亡者分配权利自动消失;

9. 名义股权不能转让,不能继承;

10. 股份增值按时价以及所得盈利按比例计算;

11. 群众集资者,除却提留积累外,其股权属本人,产权为 50 年;

12. 已分家者,分配权属本人。任何亲属不得占有;

13. 建立联队财务制度。会计、出纳由联队聘请,负责管理财务。做到日清月结、年终公布；

14. 小村村长为该队的财务监督，审查一切开支。并有权召开群众股权大会，决定提留积累、处理分配；

15. 村民委员会有权对小村财务进行清理，提出合理建议。

以上章程各股东遵照执行。

万丰联队股份小组

一九九一年三月十八日

万丰村村规民约

为加强万丰村的民事管理、治安管理,加强社会主义法制建设,维护安定团结大局,为发展经济创造一个良好的社会环境,经讨论制定《万丰村村规民约》,实行依约办事、违约必究,希全体村民遵守。

一、村民共同守则

凡本村的村民、在万丰工作的外地人员,不论党员、干部和群众,不论男女老少,都要共同遵守下列守则:

1. 认真贯彻党的各项方针、政策,执行党支部和村民委员会的决议,完善生产责任制,种好责任田,走共同富裕的社会主义道路。

2. 正确处理好国家、集体、个人三者关系。坚决完成国家的各项任务。任何时候都要同中央保持一致,遵守国家法规,不做任何违法的事。

3. 搞好计划生育,提倡晚婚,提倡一对夫妇只生一个孩子,控制二胎,坚决杜绝第三胎,违者按《万丰计划生育条例》处理。

4. 移风易俗,提倡新事新办,反对铺张浪费,反对搞封建迷信活动,提倡尊师爱生、尊老爱幼,反对虐待老人,反对不道德的行为,爱护公共财物。

5. 开展和睦家庭,邻里互相帮助,家庭、邻里都要做到互爱、互助、互谅、团结,树立新风。

6. 积极参加各项有益身心健康的文体活动,禁止赌博。要教育群众,不听黄色的歌曲,不看黄色书籍、录像。坚持抵制资产阶级腐朽思想的腐蚀,把广大青年培养成有理想、有文化、有道德、守纪律的共产主义接班人。

7. 搞好村中基建,任何人不得擅建,不经村规划部门批准,不准随意建房。否则作违章建筑处理。

8. 搞好卫生,人人有责。各家各户,一律要服从万丰村环卫队的卫生监督。不准乱堆垃圾。凡是垃圾,一律倒在村设的专门垃圾桶内。不准随地倒屎倒尿,不随地吐痰,违者罚款人民币 30 元,如不服罚,从严处理。

9. 搞好绿化,美化环境,任何人不得乱砍滥伐树木,不得乱铲公共地方以及山上草皮,不得乱摘花朵。违者根据情节进行罚款或行政处分。

10. 支持治安巡逻队的正常工作,对坏人坏事敢于揭发,敢于斗争,坚持正义。打击恃强凌弱,做好防火、防偷、防毒等三防工作,共同维持社会秩序和社会治安。

11. 每个村民要做到讲文明、讲礼貌、讲道德,严禁流氓聚众闹事,搞乱社会治安,违者严肃处理。严禁村民参加黑社会,严禁吸毒。

二、社会治安处罚细则

为打击违法活动,维护社会治安,确保社会主义现代化建设顺利进行,保护集体经济和群众利益,打击破坏治安的违法犯罪分子,经村民委员会通过,制定处罚条例(本条例处理范围仅限于违反村规民约的行为。凡是触犯国家法律者,一律交政府处理)。

1. 对于一切违法行为,如打架、破坏社会治安、无理闹事者,就其情节轻重进行处理。触及法律者,送公安机关处理。

2. 对工农业生产造成损害,侵犯群众利益,不按照国家所制定的法律标准,分别罚款 100—200 元,情节较重者,可处以 500 元以上的罚款。

3. 凡不遵守有关规定造成损害公共财物以及设施者,根据损害程度进行赔偿。并看其动机,量其程度,进行罚款或者上交司法机构处理。

4. 凡破坏树木花草园林,一律视其情节处理。偷砍树木者,没收工具,并以罚款,砍一根赔偿 50—100 元。

5. 偷生果(荔枝、大吉、龙眼)每个罚 30 元以上。

6. 偷窃公家或私人物件,价值 100 元以下,罚款 300 元,并审查在案;价值 100—500 元交由治安大队拘留处理,罚款 3—5 倍;超过 500 元以上者,押送公安机关处理。

7. 偷家禽、牲畜者,视其情节按第 5 条处理。

8. 故意伤人、打人者,根据受害者的受伤程度,一律罚款赔偿给受害人,并根据情节的轻重处理。情节严重者,押送给公安机关处理,并赔偿生活费、工资、营养费、医疗费。

9. 无意伤人或无意损坏他人物件者,亦根据情节进行赔偿、罚款,其情节严重者亦交由法院处理。

10. 禁止赌博,如发现,每人罚款 30—60 元,并没收所有赌具、赌款。

11. 禁止吸毒,如发现吸毒者,一律押送戒毒所处理。并取消其在万丰一切福利,再不安排任何工作,取消本人在万丰一切政治权利。

以上条款,经通过后执行。

万丰村民委员会

一九九〇年十月

万丰村社会主义精神文明建设规定

根据党中央的指示精神,在抓好物质文明的同时,更加要抓好精神文明建设。在新的形势下,使我们的群众和党相一致,做好人的思想工作,提高群众的文化、道德水平,提高人民的素质,因此,根据支部意见,定出下面文明建设的规定。

一、加强党支部对社会主义精神文明建设的领导

1. 党支部和全体党员,一定在精神文明建设中,在思想上要重视这项工作,落实在行动上,经常召开关于如何搞好精神文明建设的专题会议,专门做干部检查、督促具体的精神文明工作,发现问题,及时布置解决。

2. 首先,全体党员带头抓好党的建设,以表彰和树立榜样,在群众中树立新风,促进全体的精神文明建设。

3. 支委经常分工下去对群众宣传党的路线、方针、政策,并对群众进行经常性的法制教育。

二、提高群众的觉悟,提高青年的素质,培养社会主义一代新人

1. 要坚持对群众进行爱国、爱党、爱社会主义、爱集体的教育,认真开展"五讲""四美"活动。号召群众多看有益的书籍,养成爱读报的习惯,使群众了解形势,了解国内外动态。集体坚持为每户群众订两份以上报纸。

2. 抓好青年的素质培养,组织他们学文化。并组织各种各样的成人教育班,使青年学到各种各样的职业技术,成为工厂的骨干和培养一批适应现代大生产的管理人员。为办好本村工业以及各种企业输送人才。

3. 为提高年轻一代的素质,一定要抓好教育,全体村民要树立尊师重教的良好美德,抓好学校的学风建设,使学生明确学习方向,端正读书的思想,引导学生勤奋读书,从小树立高尚的理想。同时加重对学校的基本投资,完善各项教学设备以及各种设施。对学生要抓好德、智、体全面发展的教育。进行奖励品学兼优的学生。考上大学者,奖励人民币一万元。入读小学一律免费。

4. 建设各种文化体育设施。办好学校图书馆,经常利用业余的时间组织青少年进行各种球类比赛以及各种文化活动。

5. 提倡"礼让谦贤"四字教育。对坏人坏事,及时揭发,对好人好事,及时表扬,做到隐恶扬善。教育村民注意社会公德,发扬互助互爱的精神。树立良好的社会伦理道德风尚。

6. 抓好团支部的工作,对表现好的青年,发展加入共青团。经过几年以上考验,若在工作岗位上取得成绩的青年,发展其入党,使其成为社会主义事业的接班人。与此同时,抓好外来青年的教育工作,团结他们,爱护他们,尽量解决他们就业、生活、文化生活,使他们到了万丰村,就好像到了家一样。

三、移风易俗,树立好的村风、民风

1. 破除迷信,反对各种封建迷信活动。青年结婚,反对铺张浪费,提倡节约办婚事。老人逝世,提倡节俭办丧事。端正社会风气,使民风淳朴,村风高洁。

2. 教育群众爱国爱村,正确处理好国家利益、集体利益和个人利益。反对一切损人利己、损公肥私、金钱至上、以权谋私、讹诈勒索的思想行为。提倡尊重老人、尊重妇女、爱护儿童,反对虐待老人、歧视妇女、残害儿童的行为,使全村群众树立社会主义道德风尚。

3. 抓好计划生育,实行晚婚晚育,凡生两胎以上的夫妇,必须节育、结扎。全体人口出生率控制在千分之十以下。

4. 加强村干、合作社干部、公司职员业务学习,提高他们的素质,定期学习,定期考核,同时加强政治思想教育、职业道德教育。对人热情、大方、得体,不论什么人到访,必须以礼待人。树立全心全意为人民服务的思想。

四、强化法制观念,搞好社会综合治理

1. 村委会每年要分期分批组织村民学习法制教育,使他们心中知道社会有法律,对坏观念有约束感,从而增加他们的是非感,敢于坚持正义,敢于和坏人坏事做斗争。提高遵纪守法、维护社会治安的自觉性。

2. 在发动群众学习村规民约的同时,接受群众的建议,完善有关的规章制度。使群众自觉自律,自觉遵纪守法。

3. 力抓青少年教育,利用各种节日,采取多种形式,加强青少年的爱国主义、集体主义、共产主义理想的教育,组织青少年开展学习雷锋、树立新风等活动。并对他们灌输中华民族的优良教育,在"礼让谦贤"四字上下功夫,使他们成为一代有理想、有文化的新人。

4. 加强治安大队、消防队的管理,提高队员的政治思想水平,使他们疾恶如仇,增强是非观念,树立打铁必须本身硬的思想,为维护国家财产、维护人民的生命安全而奋斗拼搏,勇于斗争。同时发动群众,对治安实行群防群治,坚持刹住打架、斗殴、赌博等歪风邪气,严肃处理违法分子,奖励敢于与坏人坏事做斗争的积极分子,树立良好的社会风气。

五、搞好公共设施,办好公共事业,缩小城乡差别

1. 搞好万丰村的总体规划。以镇区一级的建设规模作为万丰的规划蓝图。做到城市有的我们都有。抓好全村的绿化,美化建设,努力改善村民的居住环境,坚决处理各类违章建筑。

2. 爱护各类公共设施,对酒店、影剧院、道路、学校、运动场、通信电话、自来水设施、供电设施、市场、村委会、公司大楼,合作社办公楼、公园等公共建筑设施重点保护,如发现破坏,从严处理。

3. 维护各厂、企业的安全,保护工人宿舍免受干扰,搞好各区域的环境卫生,严防爆炸、火灾。

4. 在工厂、企事业单位、村民家庭,开展卫生清洁户的评比活动,每年进行评比两次。获先进的给以表扬和物质奖励。

5. 抓好医院建设,购置新设备,抓好医务人员的服务态度,抓好环境

卫生防疫工作,制定严明的奖罚制度,确保万丰工业村群众身体健康,对本村群众实行津贴医疗。

6. 提倡尊敬老人,关心五保户,关心残疾人。每年提取一定福利金作为福利开支。

7. 开展文明家庭活动,使90%以上的家庭成为和睦家庭。

万丰村党支部支委会

一九九一年十一月三日

万丰村委会村民自治民主议事制度

　　根据《万丰村委员会组织法》的精神,本村委会实行村民代表会制度,实行公开办公、民主议事、群众监督的原则,为村民参与村务创造条件。特定如下制度:

　　1. 村民会议或村民代表会每年至少召开一次,村民小组会议每年至少召开五至六次,使群众能充分反映问题,便于及时解决问题。

　　2. 涉及全体村民利益的事,必须由村民代表会大多数代表表决方能通过。

　　3. 村民会议或村民代表会议由主持会议的干部记录在案。

　　4. 村民会议或村民代表会议在年终进行总结评比。村民委员会或村民小组要向会议做年度工作总结,并部署新一年的工作任务。

万丰村民委员会

一九九一年十月

万丰村关于户籍问题的规定

1. 本村籍女外嫁,其夫迁入万丰并在万丰工作,可享受万丰籍居民同等待遇。

2. 本村籍女外嫁香港人及华侨者,除本人可享受万丰村民同等待遇,其子女不能入村籍,也不能享受万丰居民待遇。

3. 本村籍女嫁万丰以外地方,本人可享受万丰居民待遇。但其夫及子女不在万丰工作、居住或户口未迁入万丰者,不能享受万丰居民待遇。本人不在万丰工作者也不能享受万丰居民待遇。

4. 外籍男子与本村籍子女结婚,其户口未迁入万丰者,本人及其子女均不能按本村籍人待遇。

万丰村民委员会

一九九〇年三月二日

作者注:村籍制度随着新增人口对分享社区利益的要求,也在不断修改和调整。例如 20 世纪 90 年代初期的村籍制度中规定:"本村籍女外嫁香港、华侨者,除本人可享受万丰村民同等待遇,其子女不能入籍,也不能享受万丰居民待遇。"1995 年修改为:"子女可以加入村籍。"原计划生育管理条例中规定:"凡是已经出嫁的女儿,一律要迁离万丰。如不迁离户口、不服从计划生育者,一律按本规定从严处理。"现改为:"户口可以不迁走,但其丈夫不能迁入,只可作为空挂户处理。但如果一家中都是女儿的,允许迁入一个女婿的户口。"

万丰村加强外来人员管理规定

为维护社会治安,保障万丰工业村的工人、农民、投资商和企业的安全,根据上级有关规定精神,加强外来人员管理,特做如下规定:

1. 凡是在万丰村临时居住或工作的外来人员,必须持本人身份证及两张一寸相片到治安大队办理住宿手续,并由治安大队拨发准住证,办理准住证以后再领取临时户口申请表,到沙井镇外来办,办理临时户口手续和延期手续。

2. 没有申领暂住证的外来人员,一律不准在本村范围内居住或工作,凡是外省人员,必须到治安大队申报。

3. 租用房屋住定后,不能随便变动或移居。如有变动必须事先通知村委会,并将新住址向治安大队申报并办理手续。

4. 凡在工厂宿舍内居住的外来员工,一定要到厂方那边办理暂住证以及住宿手续。治安大队将按照厂方登记人数发给户口申请表。新进厂工作人员,在工厂宿舍居住,没有办理暂住证或登记者,一律不予发给申请表及户口延期手续,并处罚款。

5. 任何工人,在本村宿舍内,未经许可,不得收留其他厂外人到本厂宿舍居住。没有办理暂住证或住宿登记的,如本人在本宿舍发生案件或其他问题,村委会一概不受理。

6. 凡是未入厂、没有办理暂住证的外来人员,将视作“三无”人员处理。按乡规民约罚款30元,并强行驱逐出村。

7. 租用屋住定后,还没有办理登记手续,一经查出,罚款处理。

8. 凡是在万丰村内作案的一切外来人员,不论男女老少,严重者上交公安机关处理,轻者由治安大队从严处理后,一律驱逐出村,并永远不准入万丰村。如经发现,再作犯案处理。

9. 本规定从一九九一年十一月一日执行。并以通告形式公布,广泛宣传。

万丰治安大队

一九九一年十一月一日

万丰文展馆文字说明

第一部分

中华古国有 5000 多年历史,万丰村是中华民族中的一脉支系,历史也很悠久。作为炎黄子孙,对自己的祖先,自有景仰追念之情。

万丰村原名万家萌村,族姓潘,其源于西周姬姓,原籍陕西。因其一支封于河南荥阳潘地,遂改姓为潘。潘姓在河南分成若干支系,其中一支分向河北大名,数支分往江苏、江西、福建、广东及全国各地。万丰支系是北宋潘美后人于南宋末随宋帝昺流徙广东,定居于万家萌(现万丰村),绵绵繁衍,以至于今。

千百年来,潘姓子弟在历史上做出贡献者不乏其人。如北宋名将潘美,随宋太祖赵匡胤与大将曹彬一道,为削平残唐、五代十国,统一中国,南征北战,做出巨大贡献,成为威震华夏的名将名相。

万丰村立村 600 余年,也出过名人,如明朝进士潘甲第,威名远扬,明朝万历年间曾任江西省布政使,后任福建省盐运官(海关官员)。清同治年间,潘育齐乃一代名将,被同治皇帝赐予"旨赏戴蓝翎",至今奖牌及将军府第仍在。万丰村有其人文历史地理的特点,我们应怀念往昔,重视自己的历史,展望美好的将来。

第二部分

1944 年初,日本侵略军侵入沙井,包围大王庙,40 个沙井民团全部战死。日军进而侵犯万丰村(万家萌村),抓住 50 多个群众,严刑拷打,杀死了鸡公灿,被俘群众还受到侮辱。莫耀同志率领东纵救援,在万丰村东邻陂桥大战日军,使日军死伤 200 多人。日军为了报复,出动了一个团的兵把万丰村1000多人包围在大边山。正在大开杀戒的时候,突然发生龙卷风,结果全体村民得以逃脱。抗日胜利后,转入了解放战争,莫耀同志受党组织所托,前往香港购买军备。遭陈培出卖,在石岩墟白芒村惨遭国民党兵杀害,五马分尸,然后示众,光荣牺牲。在抗日战争与解放战争中,东纵司令曾生、副司令王作尧(后南海舰队司令)、支队长陈新都在万丰工作、战斗过。在攻打沙井衙边国民党据点中,万丰村潘植长善战,救出几位伤员。

第三部分:传统生产工具及生活用具

从猿人发明石器用具以后,5000年的人类文明史的出现,传统生产工具为社会发展立下了汗马功劳。可这5000年的发展可谓是相当缓慢的。自从欧洲发明蒸汽机以来,人类科技发展带来生产力的发展。可是我们农村生产力的发展直到1979年以前还是相当落后的。本室展出的生产工具及生活用具,说明它属于悠久历史文明;从另一方面看,说明在漫长的历史上,我们的生产相当落后。而1980年改革开放到现在15年间,万丰村走完了千年以上的历史。

第四部分:土改反霸 抗美援朝

1950年,广东解放,土改工作队进驻万丰村。工作队长名叫刘历,村中土改积极分子有潘来妹、潘有权、潘永、潘贺恩、潘乐公、曾未、齐二娘、潘水后、潘岁后、潘灿培、潘风、潘作良、潘九根。潘永、潘贺恩、潘来妹分别担任过农会会长,曾未、齐二娘担任妇女主任。担任土改儿童团长的是潘秋庆,成员有潘衍成、潘满笑、潘桃笑、潘任培、潘丙、潘太允。他们发动群众斗争潘子机等十多个地主、恶霸分子,进行分土地运动。沙井镇则枪毙了恶霸陈培、潘乃枪等人。

在抗美援朝期间,万丰村潘广二当上了志愿军,成为解放后万丰村第一个革命军人。

第五部分：妇解运动　禁毒禁妓

土地改革开始后，妇女解放运动深入进行。解放前，实行婚姻包办，哑人盲嫁的事时有发生，缠足的陋俗仍没有根除。神权、夫权、族权紧紧压在妇女头上。解放后，人民翻身当主人，妇女走上了领导岗位。曾未、齐二娘就是当时村里最早的妇女主任。新社会坚决破除神权、族权、夫权等封建权力，实行婚姻自由，不准父母或家庭包办，解放前留下的一系列封建婚姻后遗症，都按新婚姻法处理。沙井地区还解散了云林妓院，使妓女弃娼从良。还提倡出家还俗，万丰村善缘庵有十几位小尼姑还俗后结了婚，组织了家庭。

与此同时，实行禁毒。解放前万丰村抽鸦片烟的有 20 多人，全部进行强行戒毒，促使他们重新做人。

第六部分：互助合作运动

斗地主分田地以后的 1953 年底，开始组织互助组，对劳力缺乏的进行工帮工、户帮户、耕牛换工的互助形式，打破了单家独户小块经营的种田模式，对农业生产的发展与农村经济的恢复，起到积极的作用。

1953 年以后，农会基本结束，一切领导归乡政府，万丰村与坐岗村、沙头村合在一起，乡长潘锦和，副乡长潘作良、陈松喜。那时，因有些人出现了依赖性，互助组随时组合或解散。那时，一些青年进城找工作，很多人盲目进城，加大城市压力。后来政府采取措施，开导农民回乡种田，并试行合作化运动，使互助形式推向一个新阶段。

当时万丰村成立第一个合作社，社长是潘植培，副社长潘浩庭。合作化运动推行以后，又利用土地、农具、耕牛、资金或其他生产资料作价入股，掀起了合作化的高潮。

第七部分：合作社公私合营

随着形势发展，乡政府贯彻上级的精神，从新民主主义过渡到社会主义的构想，即对资本主义工商业实行改造。到第一个五年计划以后，工业中的国营企业,其比例大大增加,而私人资本主义工商业压缩到20%左右,还打算征一些私人工厂变为国有。在10—15年内,将全国农民组织到合作社及集体农场内,基本实现中国农业集体化。大会传达后,不少人高声欢呼。但一些先富起来的人怕自己的财产被收为公有,把耕牛卖掉了;有的人怕增产后任务更重,公粮的指标更高;有的人甚至把家畜处理掉。在这同时,城镇工商业都进行公私合营。万丰村仅有的几家商店是试行公私合营的经营模式。

全面实行合作化以后,潘植培担任了万丰村第一任党支部书记。当时各地都按照过渡时期的总路线,完成了对资本主义工商业的社会主义改造,变私营工商业为国家所有制或集体所有制。

当时的合作化运动出现偏颇现象。潘植培推行了安徽省凤阳县的合作化经验,调整了合作化的一些做法。

第八部分:人民公社

1958年中秋节,召开万人大会,宣布超美人民公社成立。超美人民公社范围较广,包括现在的福永镇、沙井镇、松岗镇、公明镇、光明农场。后来由于规模大,按上述地方又分开,沙井地区则为沙井公社,直到80年代初才解散。

从高级社进入人民公社,在人们的感觉上超越一级,实行向共产主义社会过渡。为了消灭私有,家家户户都把锅头交出来,连一些家具、农具都集体交公;土地归人民公社所有,实施一大二公,没有私有财产。家里不用做饭,男女老少都到公社大饭堂免费吃饭。当时提出了"三顿干饭不用忧,一家有事不用愁"。有衣同穿,有屋同住,有福大家享。

实施劳动军事化。公社集中力量修了石岩水库、七沥水库、罗田水库、求雨坛水库,把万丰村、坐岗村合并为一个生产单位,名叫"坐萌大队"。

当时鼓吹亩产万斤稻,亩产十万斤番薯,亩产百万斤甘蔗,浮夸风开始流行。

当时,党的号召是鼓足干劲,力争上游,多快好省地建设社会主义。一些基层干部的过热的做法,误导了中央,使中央不能如实地贯彻方针政策,造成了1959—1961年三年大浪费、大饥荒,给国家带来严重损失。

第九部分:恢复时期与"四清"运动

中央发觉浮夸风误国误民,及时采取措施,纠正了不正之风,提倡实事求是,进行体制下放,开始给农民留一定数量的自留地,缩小经营体制。在包产到户的思想支配下赢得了1963—1965年三年恢复时期,群众生活慢慢改善。

1965年"四清"运动,它是一场针对农村基础干部的运动。在"四清"运动的思想指导下,农村干部存在着严重的四"不清",起码有80%的党支部烂掉了,提出了很多党支部变成了国民党支部。于是派出工作队对基层干部进行逼供,实行"慢火煮鱼"、层层剥皮的做法,打击了一大片基层干部的积极性。毛主席及时纠正,提出"一小撮资本主义当权派在党内",用"二十三条"调整农村政策,受到农民和基层干部的拥护。

第十部分:"文化大革命"

"文化大革命"发生于1966年,当时北京来了红卫兵,进行"破四旧,立四新",首先在万丰善缘庵动手,把庵里的住持与尼姑都抓起来,接着村里掀起了批斗走资派的高潮。有封建迷信的物件统统销毁,部分干部群众遭批斗,大队里成立了以红卫兵为骨干的造反组织,提出"抓革命,促生产",破除私有制,铲除"资本主义法权",限制搞自留地,限制养三鸟。把凡属"封资修"的书都烧掉,掀起"文化大革命"的高潮。

由于生产上不去,群众生活困苦,也由于香港经济持续上升,引发了大外逃。这次大外逃,万丰大队逃出人员达1000人以上,淹死了2个人。整个沙井公社逃出8000多人,使劳动力大量流失,丢荒土地达70%。

第十一部分：农村改革与土地承包

1979 年冬天，万丰大队从传闻中得到安徽凤阳县土地承包的消息，马上行动，在一个月内，把 4000 亩土地全部承包下去。农民积极性一度提高，在 1980—1983 年，出现了专业户、万元户，当时县里还召开了专业户、万元户的表彰大会，肯定他们发展经济的成绩。群众生活慢慢好转，在这段时间，取消了人民公社体制，恢复了乡镇体制；解散生产大队，成立具有自治性质的村民委员。万丰村党支部把原来 20 个生产小队进行整编，改编为 5 个小村，以小村为单位，重新发展集体经济，重整集体经济，为 1984 年的股份制、合作社、合作联社奠定了基础。

第十二部分

1981 年以后，万丰村党支部做了调整。党支部坚决响应邓小平同志有关改革开放的号召，根据十一届三中全会的精神，实施改革开放，以发展经济、提高生产力、实现群众共同富裕为主要目标，调整产业结构；以发展乡镇企业为主攻目标，引进外资，引进了香港万丰渔业有限公司，开发 500 亩鱼塘，并联合办工厂。在 1982 年 3 月，成功地引进顺利塑胶花、丝花厂，一次性地解决了万丰群众 200 多人就业。在 1982 年 5 月，又成功地引进了香港实用电器厂，该厂在 1982—1984 年中，为万丰的经济发展打下了坚实的基础。1983—1985 年三年，连续引进了香港几家大型公司，如伟丰制衣厂、彩星集团、爱美商集团、香港利民集团、一鸣玩具公司、启业、三荣、三发、王氏、高力勤等公司，促使了万丰经济迅速腾飞。

第十三部分：在全国农村中，首次推行股份制，实现了共有制

开放改革发展非常顺利，但那时国家实行第一次金融收缩，要发展就缺乏资金，面对大好形势，就把股份制逼出来了。当时对于股份制，姓资姓社刚开始，群众对股份制的做法还是不太接受，党支部通过统一思想后，开了几次大会小会进行动员，才动员 60 多人参加；又强调万丰村党支部党员每人带头拿 5000 元出来做参股资金，第一期集资了 25 万元，揭开

了农村股份制的序幕。

此外,把万丰村两家最大的集体企业实用五金厂、彩星玩具厂的资产进行评估,评估后为 600 万元,果断地卖给村民 300 万元,迅速回笼了 100 万元资金。1985 年,第二期股份制参股率达 20%,人们看到股份制的前途,掀起了股份制的高潮,万丰村因势利导,又办了多个企业。在 1987 年,集体借给群众 400 万元,实行了人人是股东,实现了共有制,从而提出了共同富裕的共有制理论。

第十四部分:万丰村加工装配业产品

万丰在十多年中,以突飞猛进速度发展,取得了丰硕成果。万丰 100 多家各种企业,产品多种多样,有家用电器,如吹风筒、发钳、电须刨、电视机、手袋、文具、塑胶玩具、制衣、按摩器、CD(镭射)、电话、电脑、无线电话等产品远近驰名。另外,还有全国最大的现代化养猪场。万丰在短短 15 年中,在开放改革指导下,引进并创办了多种企业,解决了 5 万多人就业,总资产达 10 多亿元,培训了大量的人才。在产品方面,不少是高档次的高科技产品,产品大量销售出口世界市场。

第十五部分:万丰文化

万丰文化是中国儒家文化与现代文化相结合的文化。古时,万丰村一直受传统的中原文化的熏陶,改革开放后,观念更新,在毛泽东思想、邓小平理论的指导下,在实践方面取得了可喜的成果。以往几十年,万丰村宣传队、艺术团一直演出传统剧目,宣传儒家理论道德,维护家庭完好。"文革"时期一度中断,改革开放以来,注意了传统文化与现代文化的结合,配合政治时事演出现代剧目,推动两个文明建设。

近几年,出版长篇小说《浴血青山》《壁垒森严》《侠胆柔情》,散文小说集《无心插柳》,创办了《万丰文讯》月刊;在万丰模式实践基础上,提出共有制理论,此理论已在北京人民大会堂及中央党校研讨过,获得理论家们的认可,与此有关的理论工程论文达百万字。万丰为社会科学研究做出了应有的贡献。

此外,为了使村民的思想接受传统教育,提出"礼让谦贤",树立新村风、新民风,遵纪守法,争做文明户、文明村民,使万丰村被评为文明村。

第十六部分:十五年来万丰村取得的丰硕成果

万丰村面积有 6.8 平方千米,属原籍的人 1936 人,后增加职工人数 5 万人。1979 年总收入只有 60 万元,人平 350 元;1994 年达到产值 7 亿元,收入达 8000 万元;1995 年收入超亿元,万丰本村人平收入 1.9 万元。

通过 15 年发展,万丰发展公司资产已达 3000 万元,股份公司资产达 10 亿元,商厦公司资产达 2 亿元。宏丰公司能生产滤水器,万丰电器厂能生产美发吹风筒、电子玩具遥控器,万捷微型马达厂能生产出多种功能的微型马达。参股国营企业——深圳发发微电机厂占股份 36%,黎明电子工业公司占股份 28%,参股深圳通讯公司,生产种种通信器材及光纤电缆。

万丰的城建范围为南北 4 千米,东西 1.5 千米,已发展成一个城市化的新村,建筑面积达 130 万平方米,新民房 1100 幢 20 多万平方米。十多年来,万丰引进外资(设备)达 15 亿元,100 多个项目,解决了 5 万人就业,年创汇达亿元以上,自营合资企业达 12 家。家家有程控电话,不少家庭有空调机,90% 家庭有电视机、音响、冰箱,用石油气做燃料。万丰村达到了共同富裕。

为了保障工人、村民健康,投资 800 万元,办了万丰医院(医务人员 100 多人);投资 100 万元建起了万丰影剧院;投资 900 万元建万丰公园;还设有派出所、治安大队、消防队、环卫队等组织,实行自来水供应。

第十七部分:亲切关怀

万丰村经过十多年的实践,形成了共有制理论,1990 年和 1991 年底,在人民大会堂进行了两次研讨,专家们称之为"万丰模式"。1992 年 1 月 2 日下午,邓小平、万里、刘华清、吕正操、李德生、陈锡联等同志在人民大会堂亲切接见了赴京的万丰人。

　　一些领导做了评论及题词，一些到过万丰或接触过万丰材料的领导、专家、学者也做了题词。杨成武同志在《万丰之谜》一书中，为万丰的创业者题词"民族之魂"；吕正操同志题词"万丰模式，永远高举社会主义旗帜"；李德生同志题词"实现共同富裕，体现社会主义优越性"；陈锡联同志在题词中写道"坚持社会主义道路，向共产主义目标迈进"；薄一波同志题词写道"锐意改革，开拓前进"；陈慕华同志写道"万丰明天更美好"；中国社科院胡绳院长参观万丰时写道"不是城市似城市，如此农村胜城市"。

　　深圳市委书记厉有为同志到万丰视察时写道"万丰更富更美"；市委副书记、宝安县原县委书记李容根同志写道"敢为天下先"；李广镇副市长题词写道"办好实业，共同富裕"。

　　万丰村在邓小平同志理论指导下，做出了一点成绩，受到中央及省、市、区（县）、镇领导的关怀及重视。万丰人当以此作为前进动力，在未来的发展大计中，在以江泽民同志为首的党中央领导下，为国家和民族做出更大的贡献。

编纂万丰村(万家荫)村志序

　　中华古国素有尊敬祖先、重视宗祠的传统习尚,千百年来,炎黄子孙都将先祖所建树的业绩引为自豪,以发扬先贤们克勤劬劳的美德为荣。宋代历史学家司马光在《宋史·艺文志三·臣寮家谱》中就有过这方面的论述。其实,世界所有民族对自己的祖先都有敬仰追含之情,以"数典忘祖"为耻。宋代著名文学家苏洵所著《族谱引》指出,族谱(即家谱,或宗谱)具有悠久的历史,它记录一个氏族在历史上的变迁沿革,反映了历史沧桑与氏族繁衍的梗概,也为后裔留下了宝贵的本族历史人物的有关资料。而有些家谱还保留了数量不等的诗词歌赋、人物传记、抒情散文等等,这些作品无疑又是本氏族的精神财富,也是弥足珍贵的。我国古代有"盛世修志""盛世修谱"之说。意思是,举凡太平盛世,人们有感国家民族的兴旺发达,积极地进行地方志和家谱的编修。它反映了民众的美好的愿望,其目的是为勉励儿孙后裔继承发扬先贤的创业精神,使本氏族出现更多的有志之士、有为之才,以报效国家和民族。值此九州安定团结、四海祥和昌盛之胜日,许多地区业已完成或正在抓紧从事县志、州志的编写工作,而重修家谱也成为很多地方群众的普遍要求。万丰村潘氏世系溯源久远,祖德降厚,支脉很广。缅怀先祖开拓之功,回顾最近数十年艰难创业之路,展望锦绣前程,无不欢欣鼓舞。故拟整理旧谱,以振家声,殷期今日族人与后裔能够策远志,励操守,奋发有为。我受族人嘱托,欣然命笔,整理编纂这本家谱。现根据旧藏潘氏家谱所有序言,逐篇逐句做了校对,增加了译文、注释、笔误的勘正,连同原存所有序言,一起誊清入谱,并撰写了这篇序。

　　原藏潘氏家谱,计有《重修荥阳潘氏家谱序》两篇,一篇是明代万历三十一年(1603 年)十世孙潘公甲第所撰；另一篇是清代雍正十年(1732 年)十七世孙潘公玺辑撰书。有《重修荥阳家谱序》一篇，是清代雍正十年十五世孙潘公应昌、期甫撰写。《怀德房重修家谱序》一篇，是雍正元年十四世孙潘公元槚撰写。《重修家谱告竣序》一篇，是乾隆丁巳年(1736 年)十六世孙潘公扬烈、光甫所撰。《博罗潘氏名贤记》一篇，未署年月姓名。《送潘给事知兴化府序》一篇，是明代天顺元年(1457 年)邱濬撰写。加上近年来收集的《潘氏姓源》等 16 篇，本书共计 22 篇。七篇《序》《记》则翔实记录了潘氏世系的连绵繁衍与南北迁徙的梗概，文辞简洁，达意畅贯；尤其每篇序言，或长或短都深蕴了对祖先的敬仰与追念之情。为了使今日族人和后人易于理解序言的内容，特加以翻译、注释。七篇《序》《记》均按原文抄录，加上现代规范化的标点符号，逐句译成现代文，此其一。二、原文中有重复多余的字、漏写的字以及笔误的错别字，分别在文章后面注明。三、文章仍按原来的先后次序排列；原文所署年月均按干支纪年法，这次的译文加上公元纪年；对原文中的难词在文章后面加上注释，以裨益于阅读。四、原家谱所有文字都用繁体字按传统的竖式书写，为尊重原谱格式，这次所抄录的《序》《记》一如原貌，只是译文、注释和这篇序的文字，按现时语言文字规范化的规定，一律使用简化字。

1949 年以后，万丰村经历了初级社、高级社、"大跃进"、人民公社化和"文革"；接着欢欣鼓舞地迎来了党的十一届三中全会的胜利召开和改革开放的万里东风。万丰人和衷共济，坚定地走社会主义道路，终于脱贫致富，改变了家乡的面貌。我们决心以实际行动告慰先祖，展望未来，将更加奋发有为地开拓进取。

一九九四年十月一日潘强恩谨撰

后　　记

在我交出这本书稿时，我的话已经说完了，接下来它所面临的就是读者的评说。我把它献给读者，希望它是写给读者看的。我期待他们看后的评说，因为我欣赏这句话："评说是社会自由阅读对创作的监督机制。"除去让人阅读之外，我之所以不揣自己学识浅陋，不厌其烦地叙说发生在一个村子里的故事，大胆地将它说成是当前中国社会变迁中不可忽视的部分，是出于我对学术界应提供案例研究的期望和要求。因而，我期盼更多有学术价值的个案研究作品问世，给比较研究一个扎实的基础，让理论和结论更多一些经验的铺垫。

为了完成这部书的写作，我曾三次进入万丰村，在那里生活过几个月的时间。最让我不能忘怀的是村里人给予的热情、关怀、理解和实质性的帮助。他们不仅一次次地接待我进村入户，无私地提供各种情况和资料，并视我作朋友，说下"什么时候想来就来"的真诚之词。我要特别感谢村书记兼公司总裁潘强恩先生的帮助，他曾带我看过村子的角角落落，不只是热闹、好看、可以炫耀的场所，也有值得记住的旧宅、村围，以及龌龊和落后。他曾多次与我做过长谈，讨论过各种问题，并提供过他正在写作的文章手稿。他对理论问题的兴趣和敏感以及独到的见解，对我多有启发。虽然我们各自对事情有不同的理解和看法，但他十分宽容"学问人"保持己见、发表看法，对村里的事"可以自由评说"，使我得以完成这部文责自负的作品。我还要感谢总裁助理林玉萍女士所给予的真诚帮助，她不仅安排和照顾我在村内工作和生活的各种细节，也成为我的无话不谈的好朋友。她是来村公司工作的外聘大学生，对村子的进步和发展有着深切的关怀，对当地的事物也有自己精辟的看法，这些都使我受益匪浅。我还要感谢的是在村中的其他一些朋友,他们的热情,使我在那里度过一段愉快的时光。

这部书稿得以完成,还与中国社会科学院在 1995 年设立的招标课题"超级村庄的兴起与新型城乡关系"有关。中标这个课题,使我得以将万丰村的研究正式纳入计划,得到了一些科研方面的确认。更为重要的是,我和合作者陈婴婴博士得以在万丰村调查的基础之上,又对地处苏南和晋江的另外几个不同类型的超级村庄进行了调查,将这一专题研究进一步推展到比较研究的阶段。陈博士与我在学术方面有诸多共同的志趣,她的许多有见地的观点、建议和评论,使我受益颇多。她对研究的执着以及对我的不断鼓励和支持,也使我在种种困难面前不敢却步。这里我还要提到的是我们在社会学所的一个学术研究小组,我第一次接触万丰村的书记和进入这个村庄,就是与小组的成员同行,也就在那时,我们大家立下了认认真真研究和剖析中国基层社会的决心。那以后,这个志向一直鼓励我们各自坚持不懈,努力为之,这个小组的成员有李汉林、王颖、孙炳耀、陈婴婴、夏光等。

在我对这个村庄进行调查和研究的经历中,还要特别提到的是两家重要的学术刊物给予我的帮助,它们是《中国社会科学季刊》(香港)和《中国社会科学》。我在本书中表述的一些基本看法和观点,最早曾在这两家刊物上刊载,它们对于形成该书的分析框架起到关键性的作用,在这部书稿的部分章节中,我仍引用了它们。在这里,我要感谢曾作为文章责编的冯小双女士,她对文章所给予的肯定和倾注的心血,是我难以忘记的。中国社会科学出版社综合编辑室的任明副主任也对本书的写作给予了积极的支持,并负责编辑出版了本书第一版,在此一并致谢。

最后,我还要再次重复我所欣赏的那句话,"评说是社会自由阅读对创作的监督机制",诚恳希望得到同行和读者的批评指正。